入門 社会経済学 第2版
資本主義を理解する

An Introduction to Political Economy

宇仁宏幸・坂口明義・遠山弘徳・鍋島直樹 著
Uni Hiroyuki, Sakaguchi Akiyoshi, Tohyama Hironori & Nabeshima Naoki

ナカニシヤ出版

第2版へのはしがき

　本書の初版が出版されたのは約6年前の2004年6月である。初版の「はしがき」にも記したように，本書はポスト・ケインズ派，マルクス派および新リカード派という非新古典派が共有する経済理論にもとづく教科書であり，現時点においても日本では類例のない存在である。また本書の構成も，**第Ⅰ部**「資本主義の基本的構造」の後に，**第Ⅱ部**「現代資本主義の制度的基礎」と**第Ⅲ部**「現代資本主義の動態」を配するという独自なものである。幸い，多くの読者に恵まれたおかげで，初版は第6刷まで増刷を重ねた。

　この6年の間に，日本では賃金・雇用制度の変化に起因する賃金格差拡大や雇用の非正規化が大きな社会問題となった。また，アメリカのサブプライムローン問題を発端とする世界的な金融危機が2008年に起き，産出量の低下や失業の増大に直面した各国において，大規模な財政出動による景気対策や金融規制改革が進められている。このような資本主義の新たな側面や新たな局面の本質を理解するうえでも，本書の説明はかなり有益であり有効であったと我々は考えている。

　今回の第2版では，上記のような最近の出来事に言及することや，数値データをできる限り直近まで延長することなどの改善を加え，説明をよりリアルなものにした。また，本書を教科書として用いた授業での経験にもとづいて，説明の仕方をよりわかりやすく改めた箇所もある。他方，本書の内容をより高度化したり，複雑化したりすることは，基本的には避けたつもりである。このような改訂によって，資本主義の変化と多様性の理解にとって，本書がいっそう役立つことを，我々は願っている。

　この第2版の出版にあたっては，初版と同様にナカニシヤ出版の酒井敏行氏にお世話になった。お礼を申し上げたい。

2010年2月

筆 者 一 同

はしがき

　本書は，これから社会経済学（political economy）を学び始める人に対して，社会経済学の基礎的理論を，体系的にかつ平易に説明する目的で執筆された。また，最新の研究成果を随所に盛り込んでいるので，すでに社会経済学を一通り学んだ人も，本書によって新たな知見を得ることができるだろう。本書は，**第Ⅰ部**「資本主義の基本的構造」，**第Ⅱ部**「現代資本主義の制度的基礎」，**第Ⅲ部**「現代資本主義の動態」の3部で構成されている。一応，この順序で読まれることを想定して執筆されてはいるが，失業や金融危機などの経済問題に強い関心を持つ人は，**第Ⅲ部**（第9～13章）から読み始めてもよい。また，雇用・賃金制度，貨幣・金融制度，福祉制度など，経済制度について特に知りたい場合は，**第Ⅱ部**（第5～8章）から読み始めることもできる。

　本書の最大の特徴は，ポスト・ケインズ派，マルクス派および新リカード派が共有する最新の経済理論をベースとする教科書である点である。新古典派経済学をベースとするミクロ経済学やマクロ経済学の教科書や，マルクスの『資本論』をベースとするマルクス経済学の教科書は，すでに数多く存在している。しかし，ポスト・ケインズ派，マルクス派および新リカード派の理論をカバーする社会経済学の教科書は欧米でも数少なく，日本ではやや高度な内容を持つ1点しか存在しない（Bhaduri [1986], Lavoie [1992], Bowles and Edwards [1993], Nell [1998], 植村ほか [1998]）。このことが社会経済学を学ぶさいの大きな障壁になっている。本書の執筆者4名は，この障壁をいくらかでも崩したいと考えて，本書を企画した。本書を通じて，より多くの人が社会経済学に出会うこと，そして，現実の経済を見る眼がより豊かになることが我々の願いである。さらに，読者自身の日々の諸活動において，本書で学んだことが少しでも役立てば幸いである。

　4名の執筆分担は巻末の執筆者紹介に記した通りであるが，約1年に及ぶ執筆過程においては，4名の相互批判と討論を通じて，大幅な改稿を何度か行った。最後に，我々のかなり野心的な企画に賛同され，本書のような他に類のない書物の出版を快く引き受けて下さったナカニシヤ出版と編集担当者の酒井敏行氏にお礼を申し上げたい。

2004年6月

筆　者　一　同

目　次

第2版へのはしがき　*i*

はしがき　*iii*

序章　社会経済学とは何か　*1*
1. 資本主義の時間的可変性と空間的多様性を理解するために　*1*
2. 社会経済学はどのようにして生まれたか　*3*
3. 社会経済学の特徴は何か　*6*

第Ⅰ部　資本主義の基本的構造

第1章　市場と資本　*12*
1. 資　本　主　義——資本の目的，運動および構造　*12*
2. 市　　　場　*14*
3. 資本と労働　*22*

第2章　価格，賃金，利潤　*37*
1. 生　産　価　格　*37*
2. 市　場　価　格　*42*
3. 賃金と利潤　*46*
4. 利潤の源泉　*51*
5. 価格と賃金と利潤の長期的変化　*55*

第3章　資本蓄積と所得分配　*63*
1. 経　済　成　長　*63*
2. 投資と資本蓄積　*65*
3. 資本蓄積と所得分配との結びつき　*73*
4. マクロ経済の不安定性　*83*
5. 利潤は誰のものか　*92*

第4章　技術変化と労働過程　　96
1. 資本主義における技術変化　*96*
2. 労働生産性上昇と経済成長　*99*
3. 技術変化と失業　*103*
4. 技術選択をめぐる論争　*106*
5. 技術変化による労働過程の質的変容　*108*

第Ⅱ部　現代資本主義の制度的基礎

第5章　貨幣・金融制度　　118
1. 貨幣・金融制度　*118*
2. 貨幣の諸機能　*119*
3. 貨幣の諸形態　*121*
4. 銀行の役割　*129*
5. 中央銀行の機能　*137*
6. 貨幣の信認　*143*

第6章　国家の経済への介入　　147
1. 国家と政治　*147*
2. 国家と経済　*150*
3. 国家の経済介入の理由　*152*
4. フォーディズム国家　*159*
5. 個人主義・社会・国家の再編　*163*

第7章　企業と労使関係　　172
1. 「企業と労使関係」へのアプローチ　*172*
2. 政治的構造としての企業組織　*175*
3. 寡占企業と労働組合　*181*
4. 企業と諸制度　*188*

第8章　国際体制　　195
1. 国際的相互依存と国際体制　*195*
2. 貿易利益の発生とその限界　*199*
3. 覇権と協調　*203*
4. 国際貿易体制　*205*

5．国際通貨体制　*213*

第Ⅲ部　現代資本主義の動態

第9章　所得と雇用の決定　*226*
1．ケインズ経済学の登場　*226*
2．有効需要の原理　*227*
3．消費と投資　*229*
4．国民所得の決定　*235*
5．乗　　数　*237*
6．所得決定理論の要約　*239*
7．経済政策の効果　*240*

第10章　インフレーションとデフレーション　*247*
1．物価の変動をどうみるか　*247*
2．インフレーションとデフレーションの社会的費用　*249*
3．コンフリクト理論——マルクス派の見解　*252*
4．賃金コスト・マークアップ理論——ポスト・ケインズ派の見解　*256*
5．価格伸縮性は完全雇用をもたらすのか　*258*

第11章　景気循環　*263*
1．景気循環とは何か　*263*
2．景気循環の特徴と類型　*264*
3．マルクスの周期的恐慌論　*267*
4．マルクス派景気循環論の諸類型　*271*
5．カレツキ＝カルドア型の非線型景気循環理論　*274*
6．ミンスキーの金融的景気循環理論　*279*

第12章　投機とバブル　*284*
1．バブルとは何か　*284*
2．資産市場と投機　*290*
3．資産市場の動態　*295*
4．資産市場と実体経済　*306*

第13章　資本主義の構造変化　*314*
1．資本主義の時間的可変性と空間的多様性　*314*

2. レギュラシオン理論　*315*
3. 蓄積体制と需要　*321*
4. 資本主義の長期的変容　*326*
5. フォーディズムから多様な成長体制へ　*328*

参考文献　*337*
社会経済学基本用語集　*343*
索　　引　*355*

■ 本書の使い方

●本書の構成について

本書は序章と3つの部および13の章から構成される．各部の最初には，それぞれの概要を簡潔に示してある．また，各章の最初には「本章の課題」を，最後には「本章のまとめ」を記してあるので，理解の手がかりとしてほしい．

●読書案内について

各章末に，より詳しく学びたい読者のために簡単な読書案内を付した．読書案内は原則として，現在書店で入手することが可能なものを中心に選んである．ただしやむをえず入手困難な図書を挙げる場合は，その旨を明記した上で紹介した．また，序章末には古典文献の読書案内を付した．

●本文について

本文中，重要な語句についてはゴシック体で表記した．そのうち★のついたものは，巻末の社会経済学基本用語集で取り上げた語句である．

●参考文献について

執筆にあたり引用あるいは参考にした文献を，巻末に一覧で掲載した．参考文献は著作者のアルファベット順で並べてある．外国語文献については，邦訳書がある場合はそれも表記した．本文中で文献を指示するときは，著作者の姓と刊行年を記した．

（例）植村ほか［1998］

　　　⇒植村博恭・磯谷明徳・海老塚明［1998］『社会経済システムの制度分析——マルクスとケインズを超えて』名古屋大学出版会．

Keynes［1936］

　　　⇒ Keynes, J. M.［1936］*The General Theory of Employment, Interest and Money*, reprinted as *Collected Writings of John Maynard Keynes*, Vol.7, Macmillan. 塩野谷祐一訳『雇用・利子および貨幣の一般理論』東洋経済新報社，1983年．

●社会経済学基本用語集について

巻末の社会経済学基本用語集では，社会経済学を学ぶ上で最重要な語句を集め，簡潔に解説してある．紙幅の都合上，必要最小限のものしか選ぶことはできなかったが，理解の一助にしてほしい．

●索引について

重要な用語・人名等が検索できるよう，巻末に索引を付した．特に重要な語句については，その語句についての中心的な定義がなされている部分を表記している．

（例）価格　35-44

序　章
社会経済学とは何か

1．資本主義の時間的可変性と空間的多様性を理解するために

　1970年代後半から80年代前半にかけて，自動車や電機製品の好調な輸出が日本の経済成長を支えた。また，80年代後半には，地価や株価が高騰し，日本はバブル景気を謳歌した。しかし，90年代初めには，このバブルは崩壊し，その後10年以上にわたり，日本経済の停滞が続いた。他方，1990年代のアメリカでは，情報通信技術（IT）の進歩や企業組織の再編などを通じて，比較的高い経済成長が実現した。2000年代初めの短い「IT不況」の後，活発な住宅投資に導かれて再び高成長に戻るが，その背後には，信用力の低い個人に住宅ローンを貸し付け，さらにこの高リスクローンを複雑で難解な証券化商品に組み替えて世界中に売るという仕掛けがあった。2006年をピークに住宅価格が下落に転じると，この高リスクローンは回収困難となり，その影響はアメリカの金融機関の経営危機にとどまらず，世界的規模の金融危機と経済収縮をもたらした。

　経済のこのような大きな変動はなぜ起きるのだろうか。また国によって，経済の状況が多様なのはなぜなのか。このような問いに経済理論は答えなければならない。しかし，「新古典派経済学」と呼ばれる現代の主流派理論は，このような問いに対して十分に答えることができない。したがって，どうすれば長期停滞を克服し，失業をなくし，生活を豊かにできるかという問いにも十分に答えることができない。後で述べるように，新古典派経済学には多くの欠陥があることが判明しており，図0-1の右下部に示すように，新古典派の内部でも理論的改革を模索する動きがある。他方，図0-1の左下部に示すように，新古典派経済学とはまったく別の経済理論を構築しようとする動きもある。本書が提示しようとしているのは，後者の動きである。

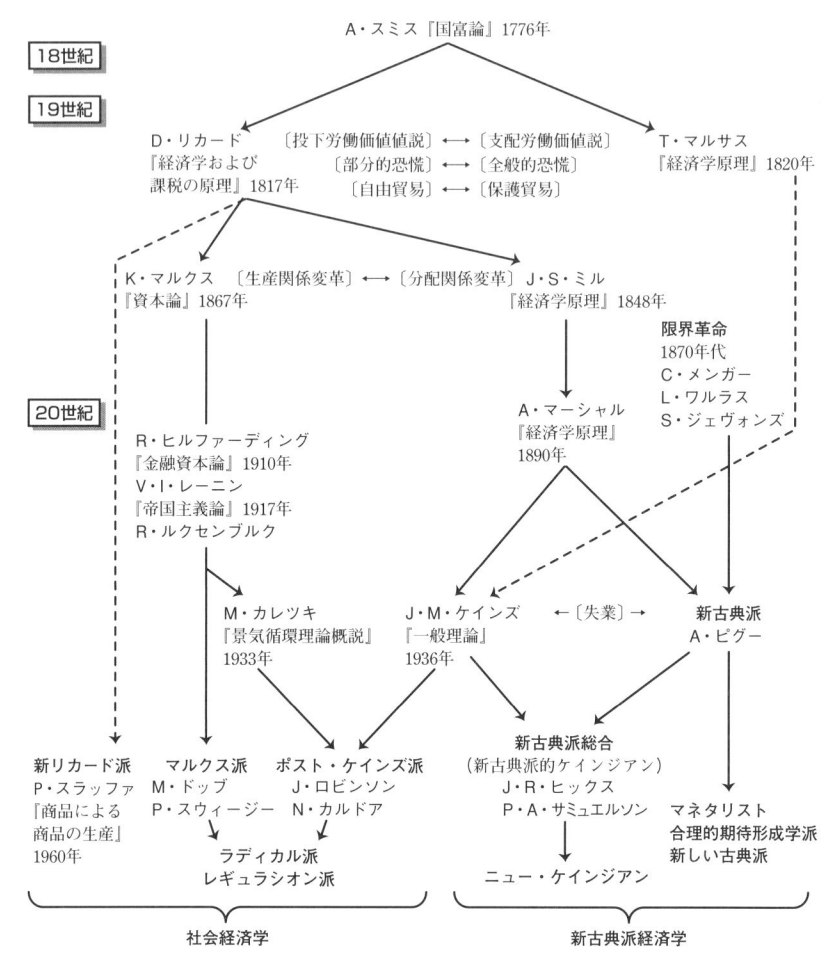

図0-1 経済学の系譜

18世紀	A・スミス『国富論』1776年

19世紀:
- D・リカード『経済学および課税の原理』1817年
- 〔投下労働価値説〕 ↔ 〔支配労働価値説〕
- 〔部分的恐慌〕 ↔ 〔全般的恐慌〕
- 〔自由貿易〕 ↔ 〔保護貿易〕
- T・マルサス『経済学原理』1820年

- K・マルクス『資本論』1867年
- 〔生産関係変革〕 ↔ 〔分配関係変革〕
- J・S・ミル『経済学原理』1848年

- 限界革命 1870年代 C・メンガー L・ワルラス S・ジェヴォンズ

20世紀:
- R・ヒルファーディング『金融資本論』1910年
- V・I・レーニン『帝国主義論』1917年
- R・ルクセンブルク

- A・マーシャル『経済学原理』1890年

- M・カレツキ『景気循環理論概説』1933年
- J・M・ケインズ『一般理論』1936年
- ←〔失業〕→
- 新古典派 A・ピグー

- 新リカード派 P・スラッファ『商品による商品の生産』1960年
- マルクス派 M・ドッブ P・スウィージー
- ポスト・ケインズ派 J・ロビンソン N・カルドア
- 新古典派総合（新古典派的ケインジアン）J・R・ヒックス P・A・サミュエルソン
- マネタリスト 合理的期待形成学派 新しい古典派

- ラディカル派 レギュラシオン派
- ニュー・ケインジアン

社会経済学 | 新古典派経済学

　もともと**社会経済学**（political economy）は，スミス（A. Smith），リカード（D. Ricardo），マルクス（K. Marx）など**古典派**と呼ばれる人たちの経済理論の名称であった。

　economyの語源は，古典ギリシア語のオイコス（家）とノモス（法・規則）にあり，家の賢明な管理あるいはその管理法を意味した。古典派経済学者がpoliticalという形容詞に込めた意味は，家という単位ではなく，イギリスやフランスといった政治的な単位を分析の範囲とするということである。そして，

この範囲内における社会的生活を通じたニーズの充足活動の総体が古典派経済学者の分析対象であり，特に政治的な活動が重視されているわけではない。したがって，political economy の訳語としては，「政治経済学」よりも「社会経済学」の方が適切である（八木［2006］p.2）。

19世紀には，約10年周期で「恐慌」と呼ばれる経済危機が発生し，企業や銀行の倒産，大量の失業，物価の暴落などが現在よりも激烈に起きた。古典派経済学者はこのような諸問題の解明に取り組む中で，今日の経済理論の基盤を創出した。それは経済領域だけでなく政治や文化などの領域をもカバーする広い社会的視座を持つとともに，数世紀に及ぶ歴史的時間をカバーする長期的視野を持っていたので，「壮大な動学」とも呼ばれる。しかしながら，今日の新古典派経済学は，数学的な形式を備えているが，社会的視座と長期的視野を欠いている。このような今日の状況の中で，19世紀の古典派経済学者の「壮大な動学」と20世紀のケインズ（J. M. Keynes）の有効需要理論とを結合して「社会経済学」を再構築しようとする潮流がある。図0-1の左下に位置する**ポスト・ケインズ派**，**マルクス派**，**新リカード派**などがこの潮流に属する。「非新古典派」とも総称されるこの潮流の経済理論を，本書では**社会経済学**と呼ぶ。そして，この社会経済学が，現代資本主義の基本的構造（**第Ⅰ部**），制度的基礎（**第Ⅱ部**）および動態（**第Ⅲ部**）をどのように捉えているかを明らかにする（本書では古典派にマルクスを含めているが，厳密にいうとマルクスは古典派経済学の批判的継承者である。また新古典派経済学という呼称についても，価格調整，セイ法則，限界生産力説，貨幣の中立性を基本教義とする経済学という広義の意味で使われている。社会経済学には，上記3つの学派のほか，ヴェブレン Th. Veblen が創始した制度学派を引き継ぐ流れも含まれる）。

2．社会経済学はどのようにして生まれたか

まず，経済学という学問の歴史を簡単にたどり，社会経済学のルーツはどこにあるのか，社会経済学と新古典派経済学との理論的分岐はどのようにして生じたのかを明らかにしたい。

16世紀の「大航海時代」を経て，世界市場が成立した。世界市場での交易という商業活動は，既存の資源や生産物の空間的配置を変えることを通じて，

国民が手にする富を増大させる。この時代の経済学は「重商主義」と呼ばれ，輸入に対する輸出の超過を重視した。しかし，資本主義において富を増大させる中心的方法は，製造活動を通じて生産物の量と種類を増やすことである。科学の生産活動への応用や，生産方法の効率化や革新的製品の開発を通じた富の増大が本格化するのは，イギリスで産業革命が起きた後，19世紀以後のことである。19世紀に発展した古典派経済学は，生産および労働生産性の増大を分析の中心におくことによって，資本主義経済の長期的成長メカニズムを解明した（Pasinetti［1981］Chap.1）。

しかし，1870年代に，ジェヴォンズ（W. S. Jevons），メンガー（C. Menger），ワルラス（L. Walras）らは，古典派が分析対象から捨象した希少資源の最適配分問題を，経済学の中心的な分析課題に設定し，限界原理を使ってそれを解く手法を開発した。この**限界革命**を契機として，図0-1では右下に位置する新古典派につながる流れが始まった。新古典派経済学の理論的コアは，「ワルラス体系」と呼ばれる生産を捨象した純粋交換経済モデルである。新古典派ミクロ経済学は，このワルラス体系に新古典派生産関数を付加することによって，生産を理論体系に組み込んでいる。さらに，新古典派マクロ経済学は，不完全稼働という特殊ケースにおける短期的調整を扱う理論としてケインズ理論を取り込んでいる。しかし資本財を希少資源とみなすという不自然な仮定を持つ新古典派生産関数は，理論的矛盾を引き起こすことが，1960年代に明らかになった（第4章第4節参照）。

一方，19世紀の古典派経済学の理論的有効性も20世紀に入ると低下した。20世紀に入ると，大量生産技術の成立といった技術面の変化や，巨大企業の出現といった企業組織面の変化によって，市場の調整パターンは大きく変化した。20世紀において，多くの工業製品については，需要量と供給量とのギャップは，価格変化によって調整されるのではなく，供給量の変化によって調整される。これは「数量調整」と呼ばれる。供給量の柔軟な変化は，大企業が持つ過剰生産能力によって可能となった。さらに，大企業は市場価格をコントロールする力を持つようになった。また，20世紀には，利潤と投資との関係も変化した。19世紀の古典派経済学者は，経営者が，得た利潤量の大きさに応じて次期の投資量を決定する，つまり「利潤が投資を支配する」と考えていた。しかし，20世紀になると，生産設備は巨大化し，建設期間が長期化し，また，

銀行借入など外部からの資金調達も増えた。したがって，金額的にもまたタイミングにおいても利潤と投資は乖離し，投資量と現在の利潤量との結びつきは弱まった（第3章第3節参照）。市場調整パターンの変化および利潤と投資との関係の変化をふまえて，ケインズとカレツキ（M. Kalecki）は，1930年代に新たな経済理論をつくった。これは**ケインズ革命**と呼ばれる。このケインズ革命を契機として図0-1では左下に位置する社会経済学につながる流れが始まった。ポスト・ケインズ派，マルクス派および新リカード派は，短期の経済調整を扱う理論として構成されていたケインズとカレツキの理論を，古典派経済学者たちの長期理論に結合することをめざしている（Kregel [1973]）。

ポスト・ケインズ派の流れは，ケインズとカレツキの理論の革命的側面を徹底的に追求しようとしたロビンソン（J. Robinson）やカルドア（N. Kaldor）らイギリス・ケンブリッジのグループから始まる。その後ミンスキー（H. P. Minsky）の金融不安定性の理論やグッドウィン（R. M. Goodwin）のマクロ動学理論など多岐にわたる発展を遂げている（ポスト・ケインズ派の理論の歴史についてはKing [2002] が詳しい）。**マルクスの理論**は，経済学分野だけではなく，哲学，政治学，社会学分野なども包括する壮大な体系であるが，1960年代末から「マルクス・ルネサンス」と呼ばれる理論的革新が各分野で行われた。経済学分野では，マルクスが『資本論』で提示した命題の多くが，資本主義の歴史的変容や経済理論の進歩をふまえて再検討され，補足修正され，また，より厳密な形式で再定式化された。それには置塩信雄や森嶋通夫など日本の経済学者も貢献した（置塩 [1977] [1987], Morishima [1973]）。**新リカード派**は，リカードの着想を数学的に厳密に定式化したスラッファ（P. Sraffa）の著作『商品による商品の生産』（1960年）から始まる。このスラッファの体系は，新古典派経済学の欠陥を明らかにする上で大きな役割を果たし，またマルクス理論の刷新にも応用された（マルクス派と新リカード派の理論の歴史については Howard and King [1992] が詳しい）。社会経済学における近年の理論的展開としては，制度的調整を重視して資本主義の多様性や可変性を分析するレギュラシオン理論や，制度や組織の進化に着目する進化経済学などがある。

3. 社会経済学の特徴は何か

　次に，新古典派経済学との比較を通じて，社会経済学の特徴を明らかにしたい。表0-1に示すように，新古典派経済学と社会経済学とは，基本的な考え方がまったく異なっている。

　新古典派経済学の理論的コアはワルラスの純粋交換経済モデルであり，これは生産を含まないなど非現実的な基礎仮説から出発している。これは，理論とは現実との結びつきを持たない単なる道具であるという「道具主義」の立場である。他方，社会経済学は，基礎仮説と現実との関連が説明されなければならないという立場をとる。

　また新古典派経済学では，社会は個人の合意による構成体であると捉えられる。そして個人の行動から出発して社会現象を説明できるし，説明すべきであるという「方法論的個人主義」の立場をとる。これに対して，社会経済学では，個人が社会を変化させる面と，その個人は社会に制約されている面との両面が考慮される。

　人間の経済行為を方向づける有力な指標が合理性であることは間違いない。しかし，この合理性についてはさまざまな捉え方がある。新古典派は，合理性を個人の頭の中にあるものと捉え，しかもしばしば完全な合理性の存在を仮定する。他方，社会経済学は，個人の視野の限界や計算能力の限界などの理由により，限定された合理性しかありえないと考える。しかも，その合理性は個人の頭の中にだけあるのでなく，社会の中に制度化された手続きとして存在すると考える。したがって，制度の形態やその変化の分析が社会経済学では重視される。

　新古典派経済学の中心的な研究課題は，さまざまな制約条件の下で，希少な資源をどのようにして効率的に配分するかという問題である。そして資源の効率的配分メカニズムとして，市場メカニズムを位置づける。さらに，この市場の基本的な調整パターンはいつの時代も価格調整であるとされる。他方，社会経済学の中心的な研究課題は，どのようにして社会経済システム全体が安定的に再生産されるのかという問題である。そのさい，大部分の資源は希少なものではなく，労働などの投入量を増やしさえすれば，需要に応じて増産することが可能であると考える。また，市場の主な機能は，さまざまな制約条件を突破

表0−1 新古典派経済学と社会経済学の比較

	新古典派経済学	社会経済学
理論と現実との関係をどう考えるか	理論の基礎仮説は非現実的でもよい（道具主義）	理論の基礎仮説にも現実性が必要である（実在論）
個人と社会との関係をどう考えるか	社会は個人の総和である。個人から出発して社会を説明できる（個人主義）	個人と社会とは相互に依存しており、分割不可能である。（社会有機体論）
合理性をどう捉えるか	完全合理性	限定合理性、手続的合理性
分析の主要な課題は何か	希少な資源の効率的配分と均衡	社会経済システムの再生産
分析の焦点は何か	交換	生産と分配

（出所）Lavoie［1992］p.7 および Lavoie［2004］邦訳 p.8 の表をもとに筆者が加筆。

するイノベーションを生み出すように経済主体に対して圧力をかける点にあると考える。さらに市場の調整パターンは時代とともに変化し、価格調整だけでなく数量調整もあると考える。また、市場による調整に加えて制度による調整も重要な役割を果たすと考える。

最後に、分析の焦点は、新古典派経済学では交換におかれるが、社会経済学では生産と分配におかれる。

■ 読書案内：社会経済学の古典

社会経済学の諸潮流は、生産と分配に関する古典派経済学の分析や、ケインズとカレツキの有効需要分析を継承し、それを現代的な形で発展させることによって、新古典派経済学に代わる新しい経済理論を構築しようと試みている。したがって社会経済学を学ぶ者は、資本主義経済の歴史的運動法則の解明という壮大な課題と格闘した理論家たちの知的遺産に、折にふれて立ち返る必要がある。以下では、図0−1に則して、社会経済学の伝統につらなる主要な古典を紹介することにしよう。

古典派経済学の体系は、**アダム・スミス**（Adam Smith, 1723 ～ 1790）の**『国富論』**（原著1776年、水田洋監訳、全4巻、岩波文庫、2000-01年）によって成立した。スミスは、各人の私的利益の追求が「見えざる手」のはたらきに導かれて社会全体の利益を増進させるとして、経済的自由主義の政策を提唱したことで知られている。しかしながら、彼の貢献はこれにとどまるものではない。スミスは、商品の交換価値についての詳しい議論を展開しており、その議論は、古典派の価値論の出発点となった。また彼は、資本家・労働者・地主という3つの階級の間でどのようにして所得が分配されるのかという問題にも大きな関心を寄せていた。

リカード（D. Ricardo, 1772 ～ 1823）の**『経済学および課税の原理』**（原著1817年、堀経夫訳、雄松堂出版、1990年）と**マルサス**（T. R. Malthus, 1766 ～ 1834）の**『経済学原理』**（原著1847年、小林時三郎訳、全2巻、岩波文庫、1968年）は、スミスによって確

立された古典派経済学を，それぞれ異なる方向へと発展させていった。リカードは，スミスの価値論を「投下労働価値説」という形で継承した。すなわち，商品の価値は，その生産に投下された労働量によって決定されるという見方をとった。これに対してマルサスは，商品の価値は，それが購買・支配することのできる労働量によって測られるとする「支配労働価値説」を主張した。また1817年にナポレオン戦争が終結して以後の不況をめぐっては，リカードが，セイ法則とほぼ同じ見解にもとづいて部分的恐慌論の立場をとったのに対して，マルサスは，過少消費に焦点をあてた全般的恐慌論を展開した。マルサスの恐慌論は，後にケインズの「有効需要の原理」にも大きな影響を与えたといわれている。

リカードの投下労働価値説を批判的に継承し，それを剰余価値説へと発展させたのが**マルクス**（K. Marx, 1818～1883）である。彼は，搾取・貧困・恐慌など，当時の資本主義経済が直面していた経済問題を解決するためには，資本主義的な生産関係それ自体を廃棄しなくてはならないと主張した。マルクスの主著『**資本論**』（原著1867年，向坂逸郎訳，全9巻，岩波文庫，1969-70年）は，資本主義の発展とともに，労働者階級の窮乏化，利潤率の傾向的低下，周期的恐慌の激化などの諸矛盾が深刻化していく仕組みを客観的に明らかにすることを目的とするものである。これに対して，マルクスとは異なる方向で古典派経済学の継承・発展を試みた**J・S・ミル**（J. S. Mill, 1806～1873）の『**経済学原理**』（原著1848年，末永茂喜訳，全5巻，岩波文庫，1959-63年）は，生産の法則は物理的な要因のために変更不可能であるが，分配の法則は法律や慣習に依存しており，人為的に変更することが可能であると論じる。したがって彼は，財産制度や課税制度の改善を通じた分配的正義の実現をめざした。

マルクスの理論と思想は，その後，多くの熱烈な信奉者を集め，一般に「マルクス経済学」と呼ばれる1つの有力な流れを形づくっていく。しかし，19世紀末から20世紀初頭にかけて資本主義経済は大きな変貌を遂げ，マルクスの分析をそのまま適用することのできない問題も多く現れるようになる。そこで，現実の資本主義の発展過程を説明するために，マルクスの理論をどのように修正・発展させていくのかということが重要な課題となった。**ヒルファーディング**（R. Hilferding, 1877～1941）の『**金融資本論**』（原著1910年，岡崎次郎訳，全2巻，岩波文庫，1982年）は，銀行資本と産業資本が融合して形成された独占体を「金融資本」と呼び，金融資本による経済の支配によって資本主義は新たな段階に移行したと論じた。**レーニン**（V. I. Lenin, 1870～1924）は『**帝国主義論**』（原著1917年，宇高基輔訳，岩波文庫，1956年）において，金融資本による国内市場の支配が成立し，さらに資本主義列強による世界の政治的・経済的分割が完了した「資本主義の最高の発展段階」を「帝国主義」と位置づけ，世界の再分割をめぐる帝国主義戦争が社会主義革命の導火線となるであろうという展望を示した。

他方で1870年代初めに，W・S・ジェヴォンズ，C・メンガー，M・E・L・ワルラスの3人の経済学者がそれぞれ独立に限界効用理論を提唱した「限界革命」によって，今日の主流派である新古典派経済学の基礎が確立した。新古典派経済学は，**マーシャル**（A. Marshall, 1842～1924）の『**経済学原理**』（原著1890年，永澤越郎訳，全4巻，岩波出版サービスセンター，1991年）によって体系的な理論へとまとめ上げられる。生物学的な概念にもとづく彼の有機的成長の理論は，近年あらためて注目を集めている。しかし新古典派経済学は，1930年代の大不況のさいに生じた大量失業に直面して適切な診断と処方箋を下すことができなかったため，非自発的失業の発生を説明することのできる経済理論

が強く求められることになる。

　マーシャルの弟子である**ケインズ**（J. M. Keynes, 1883 ～ 1946）は，『**雇用・利子および貨幣の一般理論**』（原著1936年，塩野谷祐一訳，東洋経済新報社，1973年）において，生産と所得が需要によって決定されることを説く「有効需要の原理」という斬新な考え方を打ち出し，失業が需要の不足によって生じることを明らかにするとともに，雇用を改善するための国家の政策的介入に理論的な根拠を与えた。またほぼ同じ時期に，ポーランド生まれの経済学者**カレツキ**（M. Kalecki, 1899 ～ 1970）も，マルクスの再生産表式分析から出発して，ケインズとは独立に同じ理論に到達していた。有効需要分析を先取りしていた『景気循環理論概説』（1933年）の主要部をはじめとする彼の主な貢献は『**資本主義経済の動態理論**』（原著1971年，浅田統一郎・間宮陽介訳，日本経済評論社，1984年）に収められている。ケインズとカレツキの著作は，今日なお，ポスト・ケインズ派の経済学者にとっての着想の源泉であり続けている。また，リカード理論の現代的再生を通じて，新古典派の限界理論に代わる価値と分配の理論を構築しようと試みた**スラッファ**（P. Sraffa, 1898 ～ 1983）の『**商品による商品の生産**』（原著1960年，菱山泉・山下博訳，有斐閣，1962年）は，新リカード派の出発点となった著作であり，彼らにとっての理論的基礎とされている。

第Ⅰ部　資本主義の基本的構造

第1章　市場と資本
第2章　価格，賃金，利潤
第3章　資本蓄積と所得分配
第4章　技術変化と労働過程

　第Ⅰ部では，社会経済システムがどのようにして再生産されるかという点に焦点をあてて，資本主義の仕組みを説明する。第1章で説明するように，資本主義に不可欠な条件の1つは自由競争的市場であり，もう1つは生産手段を持つ資本家とそれを持たない労働者の存在である。この条件の下で，個々の企業は生産に関する決定を独立的に行うが，社会全体をみれば，すべての企業は直接的あるいは間接的な取引関係を通じて相互に依存しているという独自の社会的分業が形成される。また，企業内部をみれば，労働契約にもとづいて経営者は労働者に対する指揮命令権を有し，労働者は賃金と引き換えに命じられた労働を行う義務を負う。しかし，経営者と労働者との関係は，絶えず抗争にさらされている。このような企業と企業との関係，および資本と労働との関係が再生産されなければ，資本主義は存続できない。この点を重視して，第2章では，商品価格，賃金率，利潤率がどのような関係にあるかを説明する。また，資本主義経済は，通常，成長経済である。経済成長の主な原動力は，第1に，企業の設備投資活動を通じた資本の蓄積であり，第2に，技術変化にもとづく労働生産性の上昇である。第3章では，資本蓄積について，所得分配との関係を重視して説明する。この説明はマルクスなど古典派経済学者の長期理論と，ケインズの短期理論とを結びつけることによって行われる。第4章では，技術変化と雇用との関連，および労働者に対する支配力との関連について説明する。

第1章

市場と資本

本章の課題
1. 資本主義経済はどのような基本的特徴を持つのか。
2. 市場はどのようなはたらきをするのか。市場の資源配分機能および規律づけ機能とはどのような機能か。
3. 資本の運動はどのような形態をとり,その運動の目的は何か。
4. 労働と資本の関係は市場の場と生産の場とではどのような違いがあるのか。
5. 利潤とは何か。利潤はどのようにして生み出されるのか。
6. 商品としての労働力はどのような特徴を持つのか。
7. 生産の場において資本が労働者をコントロールする力=権力(Power)の基礎は何か。また,資本はどのようにして労働・資本間の利害対立を抑えるのか。

1. 資本主義——資本の目的,運動および構造

　現代経済は「資本主義」経済と呼ばれる。この呼び名は,経済社会の持続的再生産が「資本」の目的を基礎に編成されることに由来する。
　「資本」という用語は,日常的な意味では元手となる「お金」すなわち資金を意味し,より広くには資金集めの手段である株式や社債等の金融商品を指しても使われる。また,個人がそうした金融商品を購入する行為は「投資」と呼ばれる。この行為は,金融商品を販売した企業の側からみれば,お金が個人から企業の手元に移動したことを意味する。企業はこうして得たお金を設備や建物の購入にあてる。こうした企業の行為も「投資」と呼ばれる。そのさい,企業が生産のために利用する設備や建物は「資本(財)」である。
　企業が生産に利用するために購入する設備等も,個人の購入する金融商品も

「資本」と呼ばれ，そうした企業の購入行為も，個人のそれも「投資」と呼ばれる。なぜ，そうしたモノやお金を買うことが「投資」と呼ばれるのであろうか。そこには「資本」の基本的な性格が現れている。個人も企業も「投資」する場合，投下したお金が一定期間後にプラス・アルファの価値をともなって戻ってくることを期待する。個人であれば，金融商品の購入を通じて利子や配当を受け取ることを期待する。また企業であれば，生産設備等の購入を通じて生産能力を拡大し，財の販売を増加させることで収益の上昇を期待する。いずれの投資行為も，一定期間後にプラス・アルファを生むことを期待する購入である。したがって購入される「資本」とは，将来においてプラス・アルファを生み出す「お金」＝価値である。資本は，そのもっとも簡単な運動形式としては投下した価値が一定期間後に増加し戻ってくるという形式をとり，その目的は価値を増加させることである（「資本」のより正確な定義は第3節において与えられる）。

資本は価値を増加させるためにこうした運動形式をとるが，その運動を支える基本的な構造はどのようなものであろうか。

現代の資本主義経済においては市場が社会生活のほとんど全面に及び，もっとも目につく制度となっている。言うまでもなく市場は資本主義経済の重要な制度の1つである。しかし市場は，資本主義経済を構成する複数の経済制度の1つにすぎない。資本主義経済は，そのもっとも基本的な構造においてさえ市場だけから構成されるような一次元的な経済ではない。むしろ，重層的な構造を形成する。すなわち資本主義の「表面」をなす市場と，その「深部」をなす生産過程である（Marx［1857］）。資本主義経済は市場領域だけではなく，生産領域も取り入れた二層的構造から理解されなければならない。

本章の第2節は資本主義経済の「市場」側面の説明にあてられる。市場は商品交換の場であり，商品交換は販売と購買の時間的・空間的分離の可能性をはらんでいる。だが，市場は無数の経済諸活動を調整する機能を持つ。一般的に，「見えざる手」（Smith［1776］）と呼ばれる市場の機能であり，市場のもっとも重要な役割と理解されている。だが，本章においては，市場がこうした機能を完全な形で発揮するには市場の規律づけ機能が不可欠だということを指摘する。その上で，そうした規律づけ機能が不完全にしか機能していないケースが，むしろ，一般的ケースであることが強調され，そうした不完全なケースを一般

化した「抗争的交換」論が説明される。

　すでにふれたように，資本を規定するもっとも基本的な特徴は，自己の価値を増殖させることにある。この増殖分を「利潤」と呼ぶとすれば，資本の目的は投下された資本から利潤を創造することにある。だが，利潤創造は市場領域においては説明されない。いかにして利潤が創造されるのか——この点を説明するためには生産過程へと進まなければならない。市場の分析では，市場を通じた経済諸活動の調整に焦点がおかれるために，市場に参加する経済主体はすべて法的に対等な人格として扱われる。労働者と資本家も市場においては商品所有者として，法的に対等な人格として出現する。しかし，生産過程においては両者の関係は階層的な支配・従属関係へと転化する。資本は利潤創造のために労働をコントロールする。利潤創造は，生産において資本がどれだけ労働者の行動に影響を与え，利潤創造に好ましい行動を誘発できるかどうかに依存する。

　第3節では，こうした労働と資本の関係に焦点があてられる。市場領域における資本家と労働者の間の「労働力」商品の交換，生産領域においては階層的な関係を基礎とした資本による労働力の消費——こうした重層的構造から資本の価値増殖が説明される。

　さらに，資本の運動の基本的特徴を示した上で利潤概念と利潤の源泉について説明する。次いで，労働力商品の特殊性と資本の権力についての説明を与え，利潤の生産をめぐる労働と資本との対立を指摘する。そして，その対立が資本の権力を通じていかにして抑制され，利潤が創造されるのかが説明される。

2. 市　　　場

　どのような社会であれ，人々の経済活動は相互依存的である。個々の労働者は，質的に異なった生産活動に従事し特定の財やサービスを生産する。こうした活動は相互に関連しており，そうした活動の総体が1つの多肢的体制＝**社会的分業**を形成する。こうした活動総体を通じて，社会の維持，拡大に必要な財が生み出される。

　資本主義経済の下で経済活動における相互依存性を媒介するのは市場である。すべての財やサービスが商品として，言い換えれば市場に向けて販売され

るために生産される。市場とは，特定の財・サービスを交換しようとする人々が参加し，自己の財・サービスを販売したり他人の財・サービスを購入したりする「場」である。人々の生産活動が社会的分業の一環であるかどうか，またその結果たる商品が社会的に有用であるかどうかは，その財が販売されることによって，すなわち貨幣と交換されることによって初めて確かめられる。貨幣との交換に失敗すれば，自己の労働も財も社会的に有用なものではなくなる。こうした理由から，商品から貨幣への転換は「**商品の命がけの飛躍**」（Marx [1867]）と呼ばれる。

　商品交換が物々交換の形式（この場合，最初の商品はその具体的な形態において後者の商品と異なる）をとるのであれば，市場に供給された商品は常にそれに等しい需要を生み出すことになる。だが，貨幣経済における商品交換は商品と商品の直接的交換ではなく，商品-貨幣-商品の形式をとる。この形式は，商品所持者が自己の商品を販売し貨幣を得，その後にふたたびその貨幣を使って別の商品を購入する，ということを表現する。いま商品を C（= Commodity），貨幣を M（= Money）と表記すれば，この形式は C-M-C と表現される。商品の所持者は商品と交換に貨幣を手に入れるが，売り手は手に入れた貨幣を即座に使用するとはかぎらない。市場においては経済活動に関する意思決定が私的に行われるため，C-M（販売）が常に反対の行為 M-C（購買）をともなうわけではない。C-M と M-C は，時間的にも空間的にも分離の可能性をはらんでいる。

(1) 市場の調整機能

　市場においては常に C-M（販売）と M-C（購買）の時間的・空間的分離の可能性がみられるものの，同時に無数の生産活動を調整する機能も見出される。市場においては，経済全体を制御するために，ある特定の経済主体——たとえば中央集権的な政府——が直接的な命令を下すことはない。それにもかかわらず無数の経済活動が調整される。市場競争が効力を発揮しているかぎり，市場は経済全体をコントロールする機能を持つ。

①競争市場，需要と供給

　ここでは，財に対する数多くの潜在的な需要者と供給者の存在する市場が想定される。こうした市場は競争市場と呼ばれる。競争市場では，市場参加者の

価格(円)

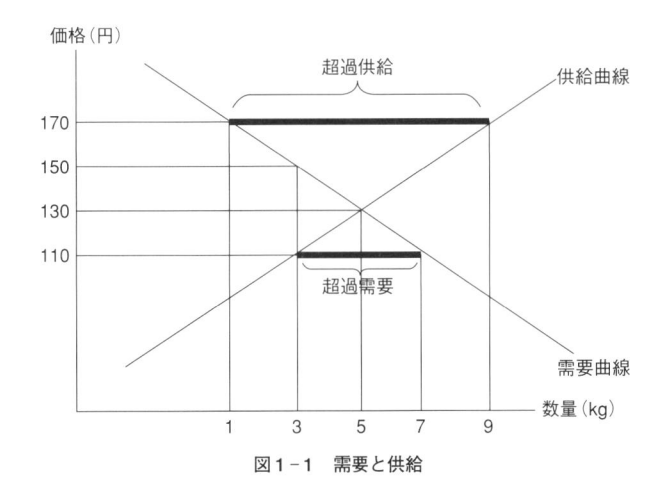

170 ┣━━━━━━━━━━━━━┫ 超過供給　供給曲線
150
130
110 ┣━━━┫ 超過需要
　　　　　　　　　　　需要曲線
　1　3　5　7　9　数量(kg)

図1-1　需要と供給

影響力が他の参加者すべての行動によって制限されている。こうした市場のもっとも重要な結果は，どの市場参加者も価格に影響を及ぼすことができるような市場支配力を持たない，ということである。したがって市場参加者は価格をコントロールできない。このため彼／彼女が下す唯一の意思決定はどれだけの財を購入するか，もしくはどれだけの財を販売するか，ということになる。

　競争市場がどのように機能するかは，需要と供給の相互作用をみることによって理解することができる。たとえば，お茶という商品が交換される市場を例にみてみよう。この市場には2つのタイプの主体が登場する。需要者すなわちお茶の購買を欲する人々，および供給者すなわちお茶を販売したいと望む人々である。

　図1-1に描かれている右下がりの曲線は**需要曲線**と呼ばれる。需要曲線は市場における購買者側の行動を表現し，価格が与えられた場合，購買者がどれだけの財を需要するのか，ということを表現する。たとえば茶の価格が1kg当たり150円の場合，購買者は3kg購入しようとする。また価格が130円の場合，需要者はお茶を5kg購入しようとする。これによって，価格と需要量の組合わせについて2つの点を得る。さらにこうしたことを繰り返すことによってさまざまな価格と需要量の組合わせを得る，そしてそうした点を結びつけることによって需要曲線を得る。需要曲線とは——他の条件が変化しない場合——，ある与えられた価格の下で消費者がどれだけの財を購買するのかということを示

すものである。

　需要曲線は，図1-1において描かれているように，一般的に右下がりである。価格が上昇すれば，たとえば茶の価格が1kg当たり170円に上昇するならば，消費者は茶の購入量を相対的に減少させる。価格が低下するならば，たとえば110円に低下するならば，需要者はお茶の購買量を相対的に増加させる。こうして価格が低下すればするほど，購買者が購買しようとするお茶の量はますます増加する。

　他方，図1-1に描かれている右上がりの曲線は**供給曲線**と呼ばれる。供給曲線は市場の販売者側を表現する。それは，お茶の価格が与えられた場合，供給者側がどれだけのお茶を販売しようとするのか，ということを表現する。たとえば，お茶の価格が1kg当たり170円ならば，供給者は9kgのお茶を販売しようとするであろう。また110円では供給者は3kgのお茶を販売しようとする。

　供給曲線は一般的に右上がりの曲線として描かれる。価格が高くなるとき，供給者は価格が低いときと比較してより多量の財を販売しようとする。供給曲線は──他の条件が変化しない下で──，価格が変化したとき供給される財の量がどれだけになるかということを教える。

②市場の清算

　供給と需要は取引量と価格の両方を決定する。図1-1のグラフ上では，需要曲線と供給曲線が交わる点において価格と取引量が決定される。これは市場を清算する価格である。すなわち，供給者が販売したいと望む量と需要者が購買したいと望む量が一致する価格である。そこでは超過需要も超過供給も取り除かれ，市場は清算されている。

　いま仮にお茶1kg当たりの価格が170円だとしよう。この価格の下では供給者は，供給曲線から理解されるように，9kgの販売を望むであろう。これに対して需要者はわずか1kgのお茶しか望まない。その差8kgは**超過供給**である。購買者を見つけることができない供給者は，消費者を引きつけるために価格を引き下げるであろう。超過供給が持続するかぎり，価格を引き下げ続ける。そうした結果，価格が1kg当たり130円にまで低下する。この価格の下では，供給者が販売したいと望む量（5kg）はちょうど需要者が購買したいと望む量（5kg）と等しくなり，超過供給は取り除かれる。したがって供給者による価格の引下げはここで止まる。

同様に，市場でのお茶の初期価格が1kg当たり110円であれば，**超過需要**が発生する。需要者は，この価格で購買したいお茶に対する供給者を見つけることができない。その結果，購買者は価格を引き上げる傾向を有する。超過需要は，市場価格が130円に達したときに解消される。

このように財を求める競争が傾向的に「市場清算」的価格を生み出す。市場清算価格の下では超過供給も超過需要も解消され，市場は「清算」される。この場合，市場清算価格は130円である。

③「見えざる手」

競争市場では，無数の購買者と販売者の相互作用によって大半の経済的成果が達成されている。しかし市場は，実際，どのようなはたらきをしているのであろうか。この点については2つの理解が存在する。1つは，市場は競合する諸目的の間に希少な資源を最適に配分する手段だと受け止めるものであり，もう1つは市場が利害対立の場であり，剰余を高め，イノベーションを生み出す手段だとみる見方である。こうした市場理解の相違は，価格の捉え方の相違——静態的および動態的理解——に対応する。

価格の静態的な理解においては，価格は希少性を反映するものと理解される。他方，動態的な理解においては，価格は——経済システムの持続的再生産に必要な物や労働量が与えられた場合——技術の相互依存性を反映するものと理解される。こうした動態的理解の焦点は，どのようにして剰余が生産され，誰がどれだけの剰余を取得するのかという点におかれる。ここから市場は利害対立の場であり，市場競争は剰余を高め，イノベーションを生み出す手段だと受け止められる（こうした価格の動態的理解については，本書第2章においてその基本的な枠組みが説明される）。

新古典派経済学のテキストにおいて与えられる説明は静態的理解であり，そうした理解にもとづいて市場のはたらきが説明される。本項目③においても，最初に，そうした価格理解と市場のはたらきに関する説明を与える。だが，以下の(2)においては新古典派経済学と異なり，価格が静態的に理解された場合でも，市場が利害対立の場となるということを説明する。

価格の静態的理解の下では，市場は2つのはたらきをする。市場は財・サービスの購買者と販売者に経済的に重要な情報を提供し，同時にその情報にもとづいて行動するように動機づけを与える。

市場が価格を通じて提供する情報は，財・サービスの**希少性**の大きさである。希少性とは，ある財を欲する欲求とその財を取得する難しさの関係である。たとえば，その取得が難しいにもかかわらず強く望まれる財は希少であるといわれる。競争市場において希少性を測る尺度は価格である。この価格の情報にしたがえば，ある財の価格の上昇はその財が希少であることを伝え，価格の低下はその財の希少性が低いことを伝える。

　市場は生産者と消費者に次のような動機づけを与える。消費者は，自己の欲求をみたそうとする場合，より低い価格の財を購入することでみたそうとする。これは希少性の観点からみれば，希少性の低い財によって自己の欲求をみたそうとすることにほかならない。他方，生産者についてはどうか。生産者はより大きな利潤を得るために相対的に低価格の原材料や資本財を利用し，相対的に高価格で販売される財を生産しようとする。これは，希少性の観点からみれば，希少性の低い財を利用し，より希少性の高い財を生産しようとする，ということになる。

　したがって，消費者も生産者も価格にしたがって合理的に行動するとすれば，希少であるものを節約し，豊富なものを利用する。こうした結果，競争市場においては資源の浪費のない状態が出現する。これが，**資源の効率的配分**と呼ばれる状態である。それは，ある特定の経済主体――たとえば，中央集権的な政府――が市場参加者にそうした行動を要求したり命令したりすることによって実現されるのではない。市場参加者は，そうした行動をとることが自己の利害にかなうという理由からそうするのである。かつてアダム・スミス（A. Smith）が述べたように，自己の利己的な目的だけを追求する個人が，あたかも「見えざる手」に導かれるかのように，社会全体の利益を拡大するように行動することになる（Smith［1776］）。

(2) 市場と規律づけ機能
①規律づけ機能
　市場のもっとも重要なはたらき――「見えざる手」――が理想的な形で機能するためには，すでに説明したように，市場参加者が市場の提供する情報にもとづいて行動するように動機づけられなければならない。こうした動機づけは，市場が市場参加者に対して自己の行動の結果に対して責任を負わせることで実

現される。優れたパフォーマンスを示した市場参加者には報酬を与え，お粗末なパフォーマンスしか達成できない市場参加者には罰を与える。こうした市場の機能に注目すれば，市場は市場参加者の行動を規律づける上で優れた制度といえる。こうした市場の機能を**規律づけ機能***と呼ぶことにしよう。

　最初に，市場の規律づけ機能を理解するために，中央政府によって経済全体がコントロールされ，資源が分配される経済と比較してみよう。こうした経済では，中央の経済計画の立案者は数多くの詳細な情報——たとえば，消費者のニーズ，利用可能な資源量，技術等——をもとに計画期間中に実現可能な生産目標を設定し，それを各工場に割り当てる。ある工場が当該計画期間中に割当量を上回る生産を実現したとしよう。それは，この工場が高い生産能力を有すると中央の計画立案者によって評価されるため，その工場にとっては次期以降さらに高い割当量が課されることを意味する。このため工場の管理者は，生産量を抑え生産能力を過小に申告する傾向を持つ。なぜならば，そうすることが次期の割当量を減らし，その達成を容易にできるからである。こうした経済システムでは，企業が生産能力を過小申告したとしても損失をこうむることはない。だが，市場経済において自己の生産能力を偽って申告するということは，企業の利潤を低下させることを意味する。

　競争市場においては，利潤最大化をはかる企業が生産量を決定するさい，生産量を追加的に1単位増加させたときの収入の追加的変化分（収入の変化分は追加的に増やした1単位の生産量×1単位の価格，つまり価格）と費用の追加的変化分（限界費用と呼ばれる）を比較し，両者が一致する点——価格＝限界費用——に生産量を決定する。この生産量は利潤最大化を実現する水準である。そのさい企業が，上記の工場管理者と同じように，生産能力を偽って，そうした費用以上で財を生産すれば，すなわち限界費用＞価格で生産すれば，企業は利潤を低下させることになる。市場は，生産能力を偽って申告する企業には利潤の低下という罰を与える。こうして市場経済では，企業はその真の生産能力を開示するように規律づけられることになる。

　私的所有と結びついた市場制度の下では，市場参加者は，自己の行動の結果得た便益を受け取ることができるが，自己の行動の結果招いた損失も負担しなければならない。優れたパフォーマンスを示した参加者には報酬を与え，お粗末なパフォーマンスしか達成できない参加者には罰を与える。こうして市場は，

市場参加者が間違った選択を行ったり情報を歪めたりする場合，それを修正するように動機づける。

②不完全な市場の規律づけ機能

市場には，市場参加者に規律づけを与えるという特性が存在する。だが，そうした機能が市場の重要な特長であるにもかかわらず，常に完全な形で機能しているわけではない。むしろ，現実の市場においては，その機能が不完全にしか機能しないケースも観察される。

たとえば，資金の借り手と貸し手が「資金」という商品を交換する市場を考えてみよう。借り手は貸し手から資金を受け取り，それとの引き換えに一定期間後に一定の利子と合わせて資金を返済する契約を結ぶとする。

借り手は資金を利用してある投資プロジェクトを実行し，その結果得る所得を自己のものとするとしよう。また，そのプロジェクトから得られる所得が，借り手の選択するリスク水準に依存するとしよう。つまり，借り手は高リスクの投資プロジェクトから高い収益を得ることができる。他方，貸し手はその投資プロジェクトからは利益を得ず，しかもプロジェクトが失敗した場合，資金を失う。こうして貸し手と借り手の間には，リスクの選択をめぐって利害の対立が存在することになる。したがって貸し手は，借り手が過度に危険な投資プロジェクトを実行することを望まない。

ここでは，借り手は自己の行動——ハイリスクの投資プロジェクトの選択——の結果に対し責任を負わない。言い換えれば，市場の規律づけ機能が不完全にしか機能していない。もちろん，こうした不完全な市場の規律づけ機能を改善する方法を考案することもできる。たとえば，貸し手が融資を行うさいに借り手に「担保」を要求することを通じてである。この場合，借り手は，プロジェクトが失敗した場合，担保を没収される。そのため，より慎重な投資プロジェクトを選択するように規律づけられる。

このように，市場の規律づけ機能が不完全にしか機能しないケースが観察される。現実の市場においては，むしろ，そうしたケースは一般的ケースである。こうしたケースを一般化した理論は**抗争的交換***論と呼ばれる。

③抗争的交換

最初に，次のような交換を考えてみよう。

購買者Ａが販売者Ｂと交換関係に入る。ＡにとってＢの財やサービス

の属性（もしくはBの行動）が価値を持つ。Bが，そうした自己の財やサービスの属性をAに提供するさい，Bにはコストがかかる。また，Bの財やサービスの属性は，Aにとってまったくコストのかからない交換・契約においては完全には特定化されえない。

この場合，事後的な交換の成果は，契約において特定化することができないBの財・サービスの属性（Bの行動）に依存する。そのため，AはBから望ましい属性（もしくは適切な行動）を引き出すために監視システム，制裁システムもしくは誘引メカニズムを制度化しなければならない。

そうしたメカニズムの中でも中心的な位置を占めるものは，**条件つきの契約更新**と呼ばれる戦略である。すなわち購買者Aは，販売者Bのパフォーマンスに満足した場合にかぎり，契約を更新するという約束を結ぶ戦略である。これによって販売者Bが従順な行動をとるように誘導する。だが，契約・交換の更新が行われないことが威嚇となるのは，購買者Aが販売者Bにとっての次善の代替的契約——すなわち販売者Bが購買者Aとの間で現在結んでいる契約にとって代わる契約——以上の条件を提供する場合にかぎられる。そこで条件つき更新の威嚇効果を効果的なものとするためには，購買者Aは販売者Bに一種の**レント***——販売者Bに購買者Aの望む行動をとらせるために必要な最小限の額を上回る超過分——を提供しなければならない。レントが提供されている場合，購買者Aが販売者Bとの交換を止めた場合，販売者Bはレントを失うことになる。したがって，ここでは購買者Aが，販売者Bの行動に影響を与えることができる力を持つのである。

このように交換が理解されたとき，市場においてさえ購買者Aと販売者Bは不均等な権力（Power）を有し，対等な関係ではなくなる。市場交換も，生産過程と同様に，権力行使を梃子にした抗争の場と化すのである。こうして交換は**抗争的**と特徴づけられることになる（Bowles and Gintis［1988］）。

3．資本と労働

これまでの説明は市場に焦点がおかれた。もちろん，市場は「資本主義」と呼ばれる経済システムを形成する基本的な制度の1つである。しかし，「資本主義」を規定するもっとも重要な特徴は生産にある。資本は自らを増殖する価

値の運動体であり，不断の利潤創造を追求するが，その利潤創造が生産の場に求められるからである。本節は資本の価値増殖の説明にあてられる。このため，説明の中心は資本主義経済の市場領域から生産領域に移される。

(1) 剰余の生産

　資本主義経済は，私的に所有された物的資本——原材料，プラント，生産設備等——，および賃金との交換を通じて市場で購入された労働力を利用し，利潤の取得を目的に商品を生産する経済システムである。したがって，こうした経済システムは，次の3つの基本的特徴から説明される。第1に，生産活動は利潤追求によって動機づけられる（価値増殖）。第2に，商品の生産において利用される資本財は私的に所有されている（生産手段の私的所有）。第3に，商品の生産に利用される労働力は賃金との引き換えに市場において購入される（労働力の商品化）。

　第1の特徴すなわち利潤の追求は，資本の運動そのものを特徴づける。利潤を創造する資本の運動を持続的に可能にするには，その運動を支える基本的な構造＝社会関係が前提とされる。労働力を販売する労働者（第3の基本的特徴）と，資本財を所有する資本家の存在（第2の基本的特徴）である。この両者の関係を**資本・労働関係**と呼ぶ。両者は市場においては「労働力」商品の販売者，購買者として対等な法的人格として相対するが，生産においては両者の関係は階層的な支配関係へとその様相を変化させる。生産過程においては資本は労働者をコントロールする力を有し，その権力を梃子に資本と労働の間の利害対立を抑制し，剰余を取得する。資本家の権力の源泉は第2の基本的特徴すなわち資本財の私的所有にある。

①資本——自己増殖する価値の運動体

　資本主義的経済システムの下では，生産活動は利潤追求によって動機づけられる。この基本的特徴をもっとも簡単に表現したものが，マルクスの**資本の一般的定式***である。それは，$M-C-M'(=M+\varDelta M)$ として表現される。そこでは M は貨幣，C は商品，M' は剰余によって増加した M, $\varDelta$ は増分を表す。たとえば，企業の経済活動を考えてみよう。企業は，市場において，一定額の貨幣（M）でもって商品（C）を購入する，次いで購入した商品を利用し新たな商品を生産する，そして生産した商品をふたたび市場において販売し，一定額

の貨幣（M'）を回収する。ただし，**剰余**（ΔM）——利潤——を加えて回収する。こうした運動においては，最初に投下された貨幣は市場を経て自己の価値の大きさを変える，すなわち自己の価値を増殖させる。この運動それ自体が資本概念を提供する。すなわち資本とは**自己増殖する価値の運動体**（Marx [1867]）である。したがってこうした運動の担い手は，便宜的に企業と呼ばれたが，正確には資本家と呼ばれる。もちろん，現代のように，大半の企業が株式企業の形態をとる場合，資本の運動は資本家と呼ばれるような個人もしくは個別企業によっては体現されない。株式企業の下では，所有は株主，経営は経営者に分離されているが，こうした分離の下では資本の運動は，資本所有者（株主）の利益の最大化を目的とする経営者の利潤最大化活動によって体現される（この点については第7章において説明される）。

　資本主義経済システムの下では，こうした資本の自己増殖運動を通じて社会の維持，拡大にとって必要な財・サービスが生産される。同時に，資本・労働関係も再生産される。言い換えれば，社会的再生産と資本・労働関係が資本の自己増殖運動を通じて実現されるということである。したがって，資本主義経済システムの下では，社会の構成員の生活水準を高めることと，利潤追求が両立しない可能性が発生する。後に示すように，社会的再生産が資本の運動を通じて実現される場合，資本主義に固有の社会的対立を抱え込むことになる。

②利潤の源泉

　企業は市場において商品を販売することによって利潤を実現するが，その利潤は販売に先立つ生産過程において生み出される。その点を明示し資本の一般的定式を書き直すと，図1-2のような拡大表現を得ることができる。以前と同様にMは貨幣，Cは商品である。Lは労働力，MPは生産手段，Pは生産過程を表現する。点線は市場から離れ，生産過程にあることを意味する。企業は商品すなわち生産手段MPと労働力Lを購入し，生産過程（…P…）において両者を結合し，新たな商品，剰余の増加した商品を生産する。最後にふたたび市場に戻り，商品C'を販売し，利潤を実現する。

　市場において実現された利潤は資本家の所得となるが，それ自体は生産過程において生み出されたものである。すなわち，利潤とは，生産において生み出された**剰余生産物***の資本主義的形態である。剰余生産物とは，総生産物から必要生産物を控除した後に残る部分である。いま，社会がある一定期間におい

$$M \text{---} C \begin{cases} MP \\ \\ L \end{cases} \cdots\cdots P \cdots\cdots C'(=C+\Delta C) \text{---} M'(=M+\Delta M)$$

図1-2 資本の運動

て一定の大きさの財とサービス——これを総生産物と呼ぶ——を生産するとしよう。この総生産物は必要生産物と剰余生産物に分割される。

総生産物＝必要生産物＋剰余生産物

必要生産物は2つの部分から構成される。1つは総生産物の生産に携わった労働者およびその家族の生活資糧にまわる部分（消費部分），もう1つは総生産物の生産にあたって利用された資本財（正確には減価償却）と原材料に利用された部分——この労働手段と労働対象は生産手段と呼ばれる——である。

さらに，総生産物から利用された原材料と資本財を補填するために利用される財・サービスを引いた部分が，純生産物である。言い換えれば，純生産物は，剰余生産物と労働者の消費にまわる部分を足したものである（図1-3参照）。

ここで，第3章の経済成長モデルの理解を容易にするために，剰余生産物概念とマクロ経済学で利用される **GDP概念**との対応関係を説明しておこう。

国内総生産（**GDP**；Gross Domestic Product）は，1年間に国内の居住者によって生み出されたすべての最終的な財・サービス（他の財・サービスの生産のために利用されないそれ）の価値を集計したものである。それは3つの面から測ることができる。第1に，GDPは，生産面に注目し，生み出された財・サービスの貨幣価値を集計することで測ることができる。だが，その集計にあたっては，生産額から中間財の費用を差し引き，新たに生み出された付加価値だけが計上される。これは二重計算を避けるためである。たとえば，自動車の生産には鉄鋼等多数の中間財が必要とされるが，そうした財は自動車の生産を通じて自動車という財に変換され，その中に含まれる。仮にGDPの計算のさい，自動車の他に中間財の価値も加えてしまうと，中間財の価値が2度計算されてしまうことになる。したがって生産面からみたGDPは次のように定義される。

GDP＝企業の付加価値（＝企業の収入－中間財の費用）の合計

図1-3 GDPの諸概念と剰余生産物

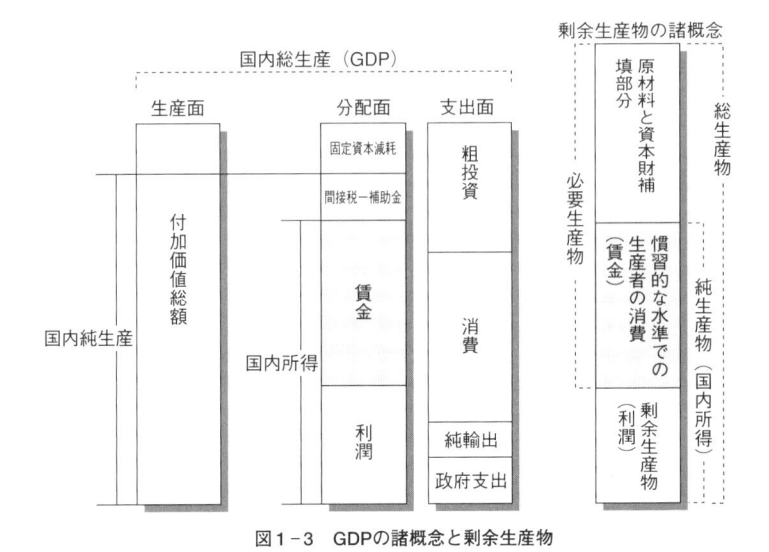

　この定義から理解されるように，GDPは付加価値の「総額」であり，国内総生産と訳される。この「総」（正確には「粗（Gross）」）という表現は，生産に利用された機械等の資本財価値の減耗部分——固定資本減耗と呼ばれる——を含んでいることを意味する。

　第2に，GDPは財・サービスの生産額ではなく，その販売によって得た所得の面からも捉えることができる。企業の収入は，財・サービスの販売によって得られるが，政府から補助金を受け取っている場合，その分だけ増加する。企業はこうして得た収入と補助金を労働者への支払，中間財の購入，利子や地代への支払，間接税の支払にあてる。これ以外に企業は，固定資本減耗部分——会計上，減価償却と呼ばれる部分——も収入から控除しておく。そして残りを企業の利潤とする。すなわち，企業の収入＋補助金＝賃金＋利潤＋利子＋地代＋中間財の費用＋間接税＋固定資本減耗である。ここでは単純化して利子と地代も利潤に算入すると，企業の収入＝賃金＋利潤＋中間財の費用＋固定資本減耗＋間接税－補助金となる。また企業の付加価値＝企業の収入－中間財の費用であるから，企業の付加価値＝賃金＋利潤＋固定資本減耗＋間接税－補助金となる。したがって，所得の分配面から捉えたGDPは次のように定義される。

GDP＝賃金＋利潤＋固定資本減耗＋間接税－補助金

　第3に，財・サービスが社会の中のさまざまな人々によって需要されることに注目すると，GDPは支出面からも測ることができる。支出は次の4つの項目に分けて考えることができる。すなわち，消費（個人による財・サービスの購入），粗投資（企業による資本財・サービスの購入）——上述のように，「粗」という表現は固定資本減耗が含まれていることを意味する——，政府支出（政府による財・サービスの購入），輸出（海外の経済主体の財・サービスの購入）である。ただし，輸入（海外への支出の漏れ）を差し引いた純輸出（＝輸出－輸入）が支出の計算に入れられる。したがって，

GDP＝消費＋粗投資＋政府支出＋純輸出

である。
　GDPは，以上の3つのどの測り方を採用しても同じ大きさになる。最初に生産面と支出面を考えてみよう。たとえば，ある企業が，4000万円の中間財・サービスを使って1年間に1億円の生産物を生み出したする。その場合，企業の付加価値は，1億円から4000万円を差し引いた6000万円となる。この企業の生産額（付加価値）は6000万円である。いま仮にそのうち5000万円しか売れないとしよう。そうすると1000万円の売れ残りが発生する。だが，売れ残りはこの企業もしくは他の企業——小売や卸売等の流通業者——によって在庫投資として計上される。在庫投資を支出の一部であると考えると，支出の総額＝5000万円＋1000万円（在庫投資）となり，生産総額6000万円と一致する。
　次に生産額と所得の関係を考えてみよう。ここでは事例を単純化し，固定資本減耗，間接税および補助金は考えないものとする。企業は，生産物を販売することで得た収入1億円を賃金の支払（たとえば，4000万円としよう），中間財の購入（上述の例と同じく4000万円としよう）にあてる。そして残りの部分を利潤とする。そうすると，企業の生産額（付加価値）は1億円（収入）－4000万（中間財の費用）であり，所得の合計＝4000万円（賃金）＋2000万円（利潤）と一致する。販売額から費用（中間財と賃金）を控除し，残りの部分を利潤として計算することによって生産額（付加価値額）と所得の合計は一致

する。

　GDPの3つの測り方は，2つの会計ルール——在庫を支出として扱う，および販売額から費用額を控除した残りを利潤として計算する——によって常に一致する。

　以上のGDP概念を基礎に，その他の諸概念を紹介しよう。上述のように，生産に利用された機械等の資本財は，その利用過程において減耗する。そうした部分は固定資本減耗と呼ばれたが，この固定資本減耗部分をGDPから控除すると，国内純生産が得られる。

　　　国内純生産＝GDP－固定資本減耗

　国内純生産からさらに政府の収入（＝間接税－補助金）を控除すると，国内所得を得ることができる。すなわち，

　　　国内所得＝国内純生産－（間接税－補助金）

　また，分配面から捉えたGDP（＝賃金＋利潤＋固定資本減耗＋間接税－補助金）を考慮すると，

　　　国内所得＝賃金＋利潤

である。この他に国民所得という用語も利用される。国民所得は厳密な意味では国内所得に，（国外から受け取る所得－国外に支払われる所得）を加えた大きさを指す。だが，広義には，国内所得に政府の収入（間接税－補助金）と固定資本減耗を加えたものがGDPであるから，GDPを指して使われることもある。

　以上のGDPの諸概念と剰余生産物概念の対応関係は，図1-3のように表現される。

③利害対立と変化

　利潤を社会の生み出す剰余だと理解した場合，2つの点が重要となる。第1に，剰余の存在が社会の変化を可能にする点である。第2に，剰余をめぐって利害対立が発生するという点である。

　第1の点からみてみよう。剰余は社会の変化を理解する鍵である。必要生産物は同一の生産規模を維持するものであるが，剰余生産物は社会の生産規模を

表1-1 剰余生産物の拡大と労働者の経済的厚生

剰余生産物を増加させる方法	労働者の経済的厚生を高める方法
労働者の慣習的な消費水準を低下させる	労働者の慣習的な消費水準を引き上げる
労働節約的な技術を導入する	
資本財節約的な技術を導入する	
労働強度を高める	労働強度を低下させる
労働者の労働時間を(慣習的な消費水準を変化させずに)延長する	労働者の労働時間を(慣習的な消費水準を変化させずに)短縮する
輸入財の実質価格を引き下げる	

(出所) Bowles and Edwards [1993] p.58

拡大することができる。剰余は,経済の生産能力を高めるために投資される。たとえば,新技術を体化した資本財の購入,労働者の教育・技能訓練に対する支出,研究開発等への支出である。こうした剰余の利用の仕方は,経済の生産能力を高め剰余を拡大することができる。したがって剰余を取得する資本だけにとどまらず,社会全体に便益をもたらす(この点については第3章「資本蓄積と所得分配」において説明される)。こうした場合,剰余をめぐる対立は緩和される。

次に第2の点,剰余をめぐる対立を取り上げてみよう。剰余=利潤は資本が受け取り,直接生産に携わる労働者が受け取ることはない。このため労働者の利害は,剰余を取得する資本の利害と対立する。資本は剰余=利潤の拡大を追求する。剰余の拡大は労働節約的な技術の採用,輸入原材料価格の引下げ等,労働者の利害と対立しない方法もあるが,その多くは労働者の利害と対立する。資本は剰余=利潤の拡大のために,労働強度の強化,長時間労働,労働者の消費にまわる部分の縮小を望むであろう。しかし,労働者の労働時間の短縮,労働強度の低下は労働者の経済的厚生を引き上げる。ここに,剰余の生産をめぐり両者の間に利害対立が発生することになる。こうした対立は表1-1に示されている。ここに示した剰余の拡大方法のうち3つの方法は労働者の利害を損ない,資本と労働の間に利害対立を引き起こすものである。

こうした利害対立はどのようにして抑制されるであろうか。以下の(2)で示すように,こうした対立は資本による権力の行使によって抑えられる(なお,「賃金と利潤の対抗関係」については第2章第3節において説明される)。

(2) 利潤創造をめぐる資本・労働の対立

前述のように,資本の運動を特徴づけるものは不断の利潤追求である。だが,利潤の創造が可能となるためには,労働・資本間の利害対立が抑制されなければならない。

①労働力商品の特殊性

資本財を所有せず,自己の労働力を資本家に販売し,資本家のコントロールの下で労働を行う人々は**労働者**と呼ばれる。労働者は市場(労働市場)において,賃金と引き換えに自分の唯一所有する商品「労働力」を一定の時間決めで資本家に販売する(労働者が生産手段を所有せず,販売できる商品としては自己の「労働力」以外に所有していないという意味において,労働力は唯一所有する商品である)。労働者は,市場においては「労働力」商品の所有者として,法律上平等な人格として資本家に相対する。労働者は市場においては自由な個人として,労働力を自分の所有する商品として処分できる。こうした関係が継続するためには,労働力商品の所有者が同商品に対する自己の所有権を放棄しないということが必要である。したがって,労働力の譲渡は一時的にのみ行われる。もし労働者が労働力商品をひとまとめに1回で販売してしまうとすれば,自分自身を売ることを意味し,奴隷に等しい存在となる。

仮に労働者が労働力商品とは異なった商品を生産するための生産手段(原材料や労働用具)を所有し,商品を生産し販売できるとしよう。その場合には労働者は,自己の生活を維持していくために労働力を商品として販売する必要はない。しかし,一般的に,労働者は商品を生産するための生産手段を所有していない。したがって,自分と自分の家族の生活を維持するためには,労働者が唯一所有する商品すなわち労働力を販売する以外にないのである。労働者は雇用先を見つけなければならい。

②労働の抽出をめぐる対立

市場において労働と資本との間で労働力商品の交換が実現されたとしよう。すなわち,雇用契約が成立したとしよう。しかし,**労働力**というこの商品の独自性は,購買者と販売者との間の契約の締結によっては労働力の使用がまだ現実には購買者の手の内には移行しない,という点にある。労働力は労働者の肉体すなわち生きている人格のうちに存在し,商品を生産するさいに初めて発揮される肉体的および精神的諸能力の総体である。したがって労働力という商品

の譲渡と労働力の実際の利用は時間的に，空間的に分離する。

「労働力」という商品は，それを所有する労働者という人格とは不可分である。市場において「労働力」が商品に擬制されるものの，意思と感情を有する人格から切り離すことはできない。したがって雇用契約が成立したとしても，そうした労働者の意思や感情——労働意欲や努力を特定化できることはない。このため市場において，賃金と引き換えに労働者が使用者の権威に従う合意が成立するとしても，また契約によって事前に賃金率や労働時間を特定化できるとしても，労働者が実際にどれだけ使用者の権威に服し，どの程度熱心に働くか（すなわち労働努力水準）は事前に特定化されえない。労働者が資本のコントロールの下でどれだけ熱心に働くかは，市場での交換（雇用契約成立）の後，すなわち労働力商品が実際に利用される場面において初めて確認されることである。

③資本・労働関係と資本主義の二層構造

資本主義経済は市場と生産過程という二層構造を形成する。市場交換は購買者と販売者の関係であり，それぞれの当事者が市場交換に自発的に参加したり撤退したりする。労働と資本も市場においては他の商品と変わることなく「労働力」商品の販売者と購買者として，法的に対等な人格として出会う。しかし生産過程へと，すなわち労働力が実際に消費される過程へと移ると，両者の関係は自由で対等な関係から階層的な支配関係へと変わる（図1-4参照）。

資本主義的生産過程においては，資本・労働関係は命令・服従の関係に変わるが，その場合労働者に対する資本の支配は，暴力によるものでもなければ国家の強制によるものでもない。労働者に対するコントロールは，後に説明するように，経済的資源を梃子に実行される。

④資本の権力——生産手段の私的所有

労働と資本の関係は，市場領域での自由・平等な関係から生産過程へと降りると階層的な支配関係へと変わる。すなわちそこでは資本は労働者に対して権力を有する。言い換えれば，資本は労働者に対して制裁を科すことによって，もしくは科すと威嚇することによって自己の利害を拡大するように労働者の行動に影響を与えることができるのである。反対に，労働者は資本に制裁を科すことにより資本の行動に影響を与えることはできない。すなわち，両者の間に逆の関係は成立しない。こうした**権力関係の非対称性***が成立している場合，

32　第Ⅰ部　資本主義の基本的構造

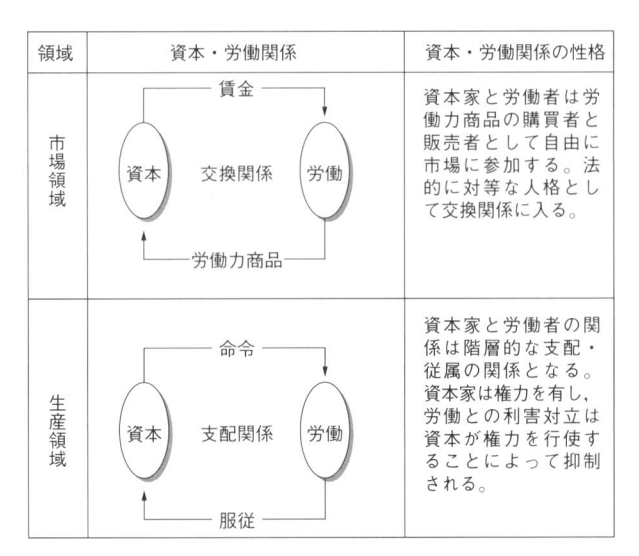

領域	資本・労働関係	資本・労働関係の性格
市場領域	賃金／労働力商品を介した資本と労働の交換関係	資本家と労働者は労働力商品の購買者と販売者として自由に市場に参加する。法的に対等な人格として交換関係に入る。
生産領域	命令／服従を介した資本と労働の支配関係	資本家と労働者の関係は階層的な支配・従属の関係となる。資本家は権力を有し、労働との利害対立は資本が権力を行使することによって抑制される。

図1-4　資本・労働関係と資本主義経済の二層構造

資本が労働者をコントロールする権力を持つといわれる。こうした資本の権力の源泉は生産手段の私的所有にある。

　近代市民法体系の下では，所有権は所有者に次のような権利を与える。所有財産を誰がどのような目的で利用するかを決定する権利，その財産を処分する権利，そしてその利用や販売から得た便益を取得する権利である。したがって資本財の私的所有は資本家に次のような権利を与えることになる。1)資本家は，資本財および資本財を利用して生み出した商品を自己の裁量で自由に利用したり販売したりすることができる。2)資本家は，資本財の利用の結果生じた所得やその他の便益を取得することができる。3)資本家は，他者が資本財を利用することを排除できる。

　資本主義経済の基本的特徴を表現する生産手段の私的所有権には，2つの経済的意味をみることができる。第1に，私的所有権は，生産過程において生み出された財やサービス，およびその結果生み出された剰余＝利潤を，直接生産に携わる労働者にではなく，資本家に帰属させる。資本にとって，生産過程は，市場で購入した自己の所有物の使用もしくは消費の過程にすぎない。したがってその結果生み出される財・サービスおよび利潤も彼／彼女に帰属することになる。

第2に，生産手段の私的所有にはもう1つの経済的意味が見出される。それは，生産過程において労働者をコントロールする力を資本家に与える，ということである。私的所有権には，自己の財産に対する他者のアクセスを排除する権利が含まれる。他者のアクセスを排除する権利は，労働者が資本財を利用することを拒否する権限を資本家に与える。したがってこうした権利は職場から労働者を追い出すこと，すなわち労働者を解雇することを意味する。労働者を雇用したり解雇したりする権利は，資本財の私的所有者にとって自己の権利の一部を構成する。これが，資本家が労働者に対して行使しうる権力の源泉となる。資本はこうした権力を基礎に，利潤＝剰余をめぐる対立を抑制しようとする。他方，すでに説明したように，労働者は一般的に生産のための資本財を所有していない。したがって，自分と家族の生活を維持するためには雇用されなければならない。

⑤資本と労働の対立，威嚇としての解雇および失職コスト

　すでに指摘したように，労働と資本の間には利潤＝剰余をめぐり基本的な対立が存在した。資本は利潤の上昇を追求し，労働努力水準の引上げを求める。だが，労働努力の引上げは労働者の経済的厚生を引き下げる（表1-1参照）。こうした資本と労働の対立は，資本が労働者に対して権力を行使することによって抑えられる。

　雇用契約を更新しないこと，すなわち解雇は資本財の私的所有権の一部である。資本は，解雇の威嚇を利用することによって，労働者から自己の望む労働努力を引き出すことができる。資本は，労働者の努力水準に満足した場合にかぎり雇用を継続するという方法によって，労働者を自己の命令に従うように誘発することができる。もし労働者が資本家にとって満足のいく労働パフォーマンスを示さなければ，資本家は労働者を解雇する，もしくは解雇すると威嚇することができるからである。こうした解雇の威嚇を基礎に労働者から労働努力を引き出す。

　雇用契約を更新しないという威嚇の効果は賃金に依存する。労働者が解雇され現在の職を失ったとしても，現在の職で得ている賃金水準と同程度の賃金を提供する代替的な職を容易に見つけることができるのであれば，労働者にとって現在の職を失うことはそれほど深刻な脅威となることはない。ところが，代替的な職から受け取ると期待する賃金が，現在の職から得ている賃金よりかな

図1-5 労働抽出曲線

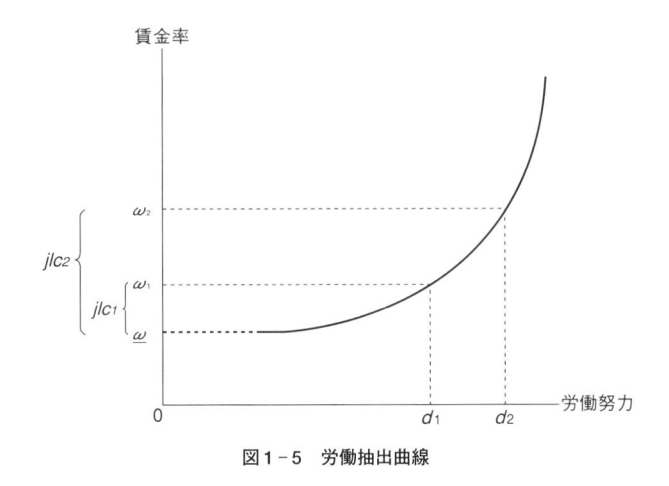

り低いとすれば，労働者は現在の職を維持することに強い関心を抱くことになる。この場合資本は，雇用契約を更新しないことによって，すなわち解雇の威嚇を行使することによって，自分の望む労働努力水準を提供するように労働者の行動に影響を与えることができる。

現在の職を失うことによって労働者が失う所得の大きさを，**失職コスト**★と呼ぶとしよう。失職コストが大きくなればなるほど，資本が労働者をコントロールする力はより強くなる。この場合，職を失う恐怖は，その恐怖が存在しない場合に労働者が提供する労働努力水準に比べ，労働者からのより高い水準の労働努力の抽出を確実なものとする。

失職コストと労働努力水準の関係は，図1-5の曲線によって描くことができる。縦軸には賃金率，横軸には労働努力の水準が描かれている。$\underline{\omega}$は最低保証賃金である。この賃金は仮に労働者が現在の職を失ったとしても，容易に代替的な職を得ることができ，しかもそこで受け取ると期待される賃金である。したがって，現在労働者がω_1の賃金を受け取っているとすれば，失職コストは$\omega_1 - \underline{\omega}$である。この失職コストを$jlc_1$と表記すれば，現在この職を有している労働者は$jlc_1$に対応する労働努力$d_1$を提供する。資本がさらに賃金を引き上げ，$\omega_2$の賃金を提供すれば，失職コストは$jlc_2$（$=\omega_2-\underline{\omega}$）となり，労働者はより多くの労働努力$d_2$を提供することになる。こうした関係を描いたものが，**労働抽出曲線**★と呼ばれる。

資本家は，労働者に最低保証賃金以上の賃金を提示する場合，労働者からその賃金にみあった労働努力を引き出すことができる。こうして資本家は，解雇の威嚇を基礎に労働努力をめぐる利害対立を抑制することに成功する。これは，資本家の戦略が効果的であることを示す。

以上のように，解雇の威嚇を基礎にした資本家の労働抽出戦略が効果的であるケースが示された。だが，そうした戦略によっても資本と労働の間の利害対立が解消されたわけではない。資本主義経済システムが資本の持続的な自己増殖，したがって資本・労働関係の再生産を前提とするかぎり，両者の利害対立が解決されることはない。それは抑制されるだけである。したがって資本は，その利害対立を抑制する方法を絶えず追い求めることになる。ここで説明された労働抽出方法はもっとも基本的なものである。この方法を基礎としつつも，解雇による威嚇を弱め，内部昇進，成果主義賃金等の利用を通じて労使間の協調を高め自発的な労働努力の提供を促すような方法も可能である。

■ 読書案内
● K・マルクス『マルクス資本論草稿集① 1857-58年の経済学草稿』（資本論草稿集翻訳委員会訳）大月書店，1981年。
　通常『経済学批判要綱』と呼ばれている草稿。流通と生産からなる資本主義経済の「二層構造」論等，マルクスの経済理論に関する研究においては『資本論』とは異なった独自の理論的意義が認められている。ただし，現時点では入手が困難。
● 青木昌彦編『ラディカル・エコノミックス』中央公論社，1973年。
　ラディカル派経済学の論文集。階層的な労働組織が技術的優越性よりも階級的利害にもとづいて導入されたとするS・マーグリンの古典的論文「ボスたちは何をしているか」等が収められている。ただし，現時点では入手が困難。
● E・O・ライト編，S・ボールズ，H・ギンタス著『平等主義の政治経済学——市場・国家・コミュニティのための新たなルール』（遠山弘徳訳）大村書店，2002年。
　アメリカ・ラディカル派経済学者S・ボールズとH・ギンタスによって展開された「抗争的交換」論およびその規範的主張——所有権の移転，資産の再分配にもとづく平等主義的経済システムの制度設計——を理解する上で格好の論文集。

■ 本章のまとめ
1. 資本主義経済は資本の目的のために社会的再生産が編成される経済システムであり，その基本的構造は市場と生産という二層からなる。
2. 市場は資源を効率的に配分する機能を持つが，そのためには市場参加者が市場の提供する情報にしたがって行動するよう規律づけられなければならない（市場の規律づけ機能）。だが，市場の規律づけ機能は不完全にしか機能しないケースが一般的である。

3. 資本の運動は $M-C-M'(=M+\varDelta M)$ で表現され，資本の目的は価値の増殖にある。すなわち，利潤の持続的な追求である。
4. 資本家と労働者の関係は市場においては法的に対等な関係であるが，生産領域においては支配・従属関係（非対称的な権力関係）に変わる。
5. 資本は利潤の創造を目的とするが，利潤は生産過程において創造される。利潤とは剰余の資本主義的形態である。利潤の創造をめぐっては労働と資本の間に利害対立が存在し，利害対立を抑制しないかぎり，資本は利潤の創造を実現できない。
6. 労働力という商品の独自性は，購買者と販売者との間の契約の締結によっては労働力の使用がまだ現実には購買者の手の内には移行しないという点にある。労働力は労働者の肉体すなわち生きている人格のうちに存在し，商品を生産するさいに初めて発揮される肉体的および精神的諸能力の総体であり，それを所有する労働者という人格とは不可分である。
7. 資本が労働者をコントロールする力の基礎は生産手段の私的所有にある。私的所有権は資本に労働者を解雇する権利を与える。資本は解雇の威嚇を基礎に労働者の行動に影響を与え，利潤創造のために高水準の労働努力を労働者から引き出すことができる。

第2章

価格, 賃金, 利潤

> **本章の課題**
> 1. 生産価格とは何か。
> 2. 市場価格はどのように変動するか。
> 3. 賃金率と利潤率はどのような役割を果たすか。賃金率と利潤率とはどのような関係にあるか。
> 4. 利潤の源泉は何か。
> 5. 価格, 賃金率, 利潤率は, 長期的にみて, どのように変化してきたか。

1. 生産価格

(1) 産業連関構造が存続するための商品交換比率

　分業をともなう経済システムにおいては, 生産者と生産者との間で, および生産者と消費者との間で, 商品と商品とを交換することが必要である。物々交換の経済システムにおいては商品と商品とは直接的に交換される。そのさい, ある商品1単位が, 別の商品何単位と等価交換されるかという交換比率が存在する。貨幣経済システムにおいては, 商品は貨幣としか交換されない。ある特定の商品が貨幣何単位と交換されるか, この交換比率を示すものが価格である。たとえば日本でいうと貨幣の単位は「円」であるので, すべての商品の価格は何円と表示される。貨幣経済システムの詳しい説明は第5章で行われるが, 本章では, とりあえず価格を表示するという機能だけを持つ貨幣単位が存在すると想定して, 価格の説明を行う。

　商品には, 土地や美術品のように, 社会に存在する数量が固定されているた

めに，すべての需要に応じるのに不十分な商品と，工業製品のように，労働などの投入量を増やしさえすれば，需要に応じて増産することが可能な商品とがある。前者は**希少財**と呼ばれ，後者は**再生産可能財**と呼ばれる。この2者の価格の決まり方はまったく異なる。この世の中にある圧倒的多数の商品は再生産可能財である。したがって，本章では再生産可能財の価格がどのようにして決まるかについて説明する（希少財のうち，土地や株式の価格がどのようにして決まるかについては第12章で説明される）。

価格は，異常気象や戦争など偶然的で一時的な諸要因の影響によっても変化する。したがって，長期的にみた価格のトレンド（趨勢）がどのようにして決まるかという問題と，このような短期的要因によって実際の価格がこの長期的トレンドからどのように乖離するかという問題を区別する必要がある。価格の長期的トレンドを示すものが**生産価格**★であり，短期的要因の影響も受けて日々変動する実際の価格は**市場価格**★と呼ばれる。この節で，生産価格がどのようにして決まるかを説明し，次節で，市場価格がどのようにして決まるかを説明する。

多種の諸産業は，それぞれ異なる多種の商品を生産している。そして産業と産業とは，商品の取引関係で結びついている。たとえば自動車産業は，自動車を生産するために，鉄鋼業から一定量の鉄鋼板を購入し，自動車生産の原材料として投入する。また，鉄鋼業は，鉱業から鉄鉱石を購入し，鉄鋼板生産の原材料として投入する。1つの経済システムにおける，諸産業間の取引関係は，**産業連関構造**と呼ばれる。経済システム全体が長期的に存続するためには，この産業連関構造が毎年毎年維持されなければならない。そしてこの構造を持続的に維持することのできる諸商品の交換比率が存在する。この交換比率が**生産価格**である。

産業連関構造は表に表すことができ，その表は**産業連関表**と呼ばれる。現代では多くの国の政府は，数百の産業に関して調査を行い，原材料としての諸商品がどれだけ投入されているか，また各産業は生産物をどれだけ産出しているかなどを，産業連関表としてまとめ，数年おきに公表している。この数百の産業に関する産業連関表にもとづいて，数百の商品の生産価格を導くことができる。しかし，以下では，説明を簡単にするために，商品としての鉄を生産する鉄産業と，小麦を生産する小麦産業という2つの産業しか存在しない仮想的な

表2-1 産業連関表1（賃金も利潤も存在しない場合）

	鉄産業	小麦産業
鉄の投入量	4 kg	4 kg
小麦の投入量	1 kg	2 kg
	↓	↓
産出量	8 kg	3 kg

経済システムを想定し，この経済システムを長期的に維持する鉄と小麦との交換比率，つまり生産価格がどのようにして決まるかを説明する。以下では3つのケースを順次説明する（より詳しい説明は Pasinetti［1977］および Sraffa［1960］参照）。

(2) 賃金も利潤もない場合の生産価格

　第1のケースの産業連関表は表2-1のように表される（この表の数値には現実的意味はなく，計算しやすい値が設定されている）。このケースでは，労働の投入なしに生産が行われると仮定しており，賃金は存在しない。また利潤も存在しないと仮定している。表2-1を縦方向にみることによって，1年間に，鉄産業では4 kgの鉄と1 kgの小麦を原材料として投入し，8 kgの鉄を産出していることがわかる。また小麦産業では4 kgの鉄と2 kgの小麦を原材料として投入し，3 kgの小麦を産出していることがわかる。この産業連関構造を維持するために，つまり，次の年に，前年と同じ生産を行うために，この2つの産業の間で，年末に，鉄と小麦がどのような比率で交換されなければならないのだろうか。

　容易にわかるように，鉄産業は産出した8 kgの鉄のうち4 kgを小麦産業に渡し，それと引き換えに，小麦産業は産出した3 kgの小麦のうち1 kgを鉄産業に渡せばよい。そうすれば，両産業とも次年度の生産に必要な原料を取得でき，前年度と同じ生産を繰り返すことができる。つまり産業連関構造を維持するためには，鉄4 kgと小麦1 kgとが等価物として産業間で交換されなければならない。もし円という貨幣単位があるとして，生産価格を円で表すとすれば，たとえば，鉄1 kgに1000円，小麦1 kgに4000円という価格を付ければよい。そうすれば，鉄4 kgは4000円と評価され，小麦1 kgも4000円と評価されるので，両者は等価物として交換される。この第1のケースでは，原料をどれだけ使って製品が生産されるかを示す**生産技術**だけが，**生産価格***を左右す

表 2-2　産業連関表 2（賃金はあるが利潤がない場合）

	鉄産業	小麦産業	消費
鉄の投入量	4 kg	4 kg	0 kg
小麦の投入量	1 kg	2 kg	5 kg
労働の投入量	4 時間	8 時間	
	↓	↓	
産出量	8 kg	8 kg	

る要因である。

(3) 賃金はあるが利潤がない場合の生産価格

次に，表 2-2 に示されるような第 2 のケースを考えよう。この第 2 のケースでは，生産において労働の投入が必要である。利潤はなお存在しないと仮定している。鉄産業では 8 kg の鉄を生産するために，原材料としての鉄 4 kg と小麦 1 kg に加えて，4 時間の労働が必要である。小麦産業では 8 kg の小麦を生産するために，原材料としての鉄 4 kg と小麦 2 kg に加えて，8 時間の労働が必要である。労働者は労働の対価として賃金を受け取り，それで小麦を買って消費するものとする。労働者全体の総消費量は小麦 5 kg である。

表 2-2 に示すようなこの産業連関構造を維持するための，つまり，次の年に，前年と同じ生産を行うための，鉄と小麦との交換比率すなわち生産価格はどうなるか，また，1 時間当たりの労働に対する賃金（**賃金率**＊と呼ばれる）はどうなるかという問題を考えよう。この問題はケース 1 のように簡単には解けない。そこで，この問題を解くために，それぞれの産業において，生産に要する原材料費用と賃金費用との合計が生産物の生産総額に等しいという関係を表す方程式（**価格方程式**と呼ばれる）を利用しよう。鉄の価格 p_1，小麦の価格 p_2，両産業共通の賃金率を ω で表すと，鉄産業の価格方程式は(2-1)式，小麦産業の価格方程式は(2-2)式のようになる。

$$4p_1 + 1p_2 + 4\omega = 8p_1 \qquad (2\text{-}1)$$
$$4p_1 + 2p_2 + 8\omega = 8p_2 \qquad (2\text{-}2)$$

この 2 本の方程式から，$p_1 = \frac{2}{3}p_2$ および $\omega = \frac{5}{12}p_2$ という式を導くことができる。したがって，たとえば，小麦 1 kg の価格が 3000 円であるとすれば鉄 1 kg の価格は 2000 円，1 時間当たりの賃金は 1250 円となる。つまりこのよう

な価格および賃金率であれば，表2-2に示す産業連関構造を毎年維持することができるだろう。この第2のケースでも，原料と労働をどれだけ使って製品が生産されるかを示す**生産技術**だけが，**生産価格**＊と**賃金率**＊を左右する要因である。

(4) 賃金も利潤もある場合の生産価格

次に，生産において労働の投入が必要であり，利潤も存在する第3のケースを考えよう。各産業で生産に必要な原材料の量と労働の量は表2-2に示される第2のケースと，同一であると仮定する。利潤の額は，各産業の原材料費用に両産業共通の利潤率rを乗じた金額であるとしよう。この利潤額が生産費用に追加される。したがって，生産に要する原材料費用と利潤額と賃金費用との合計が生産物の生産総額に等しくなるので，各産業の**価格方程式**は(2-3)式と(2-4)式のようになる。

$$(4p_1 + 1p_2) + (4p_1 + 1p_2)r + 4\omega = 8p_1 \qquad (2\text{-}3)$$
$$(4p_1 + 2p_2) + (4p_1 + 2p_2)r + 8\omega = 8p_2 \qquad (2\text{-}4)$$

この2本の方程式には，p_1，p_2，ω，rという4つの未知数があるので，第2のケースのように，小麦1kgの価格が3000円であるという仮定をおいたとしても，この2本の価格方程式だけから生産価格と賃金率と利潤率を決定することは不可能である。つまり，利潤が存在するケースでは生産技術だけからは生産価格は決定されない。生産価格を決定するためには，もう1本の方程式を追加する必要がある。つまり生産技術に加えて，これらの未知数を結びつけるもう1つ別の関係を考慮に入れなければならない。それは賃金率ωと利潤率rを結びつける関係である。つまり，社会全体の総所得が利潤所得と賃金所得とにどのように配分されるか，すなわち**所得分配**＊にかかわる社会的諸関係である。資本主義経済において利潤は必ず存在する。したがって資本主義経済においては，生産技術だけでなく所得分配も生産価格を左右する。所得分配については，第3節と第4節で詳しく述べるが，さまざまな社会的諸関係が関与している。つまり**生産価格**＊は，**生産技術**だけでなく，**所得分配**にかかわる社会的諸関係の影響も受ける。

たとえば，所得分配にかかわる何らかの制度を通じて利潤率rが0.25に決定

された場合，(2-3)式と(2-4)式から，$p_1 = \frac{8}{11} p_2$ および $\omega = \frac{41}{176} p_2$ という式を導くことができる．したがって，たとえば，小麦 1 kg の価格が 3000 円であると仮定すると，鉄 1 kg の価格は約 2182 円，1 時間当たりの賃金は約 699 円である．このような価格および賃金率であれば，第 3 のケースの産業連関構造は毎年維持することができるだろう．

2. 市場価格

(1) 市場調整パターンの歴史的変化

　生産価格が長期的にみた価格のトレンドを示すものであるのに対し，**市場価格***とは，短期的要因の影響も受けて日々変動する実際の価格である．市場による調整形態は 1 つではなく，時代によって，国によって，あるいは商品によって異なるという点に注意する必要がある．大きく分けると，**価格調整***と**数量調整***とがあり，この 2 者の市場価格の変動パターンはまったく異なる．価格調整の典型例は，1 つの商品について多数の小企業が競争していた 19 世紀半ばのイギリスにみられる．これらの小企業は生産能力の余裕をあまり持っていなかったので，たとえば，商品の需要量が突然増えた場合，それに直ちに対応して供給量を増やすことができなかった．したがって，この場合，商品の価格が上昇し，需要量の増加を抑える役割を果たした．需要量と供給量との間のギャップの調整において，価格の変化が大きな役割を果たすので，このような市場による調整形態は**価格調整**と呼ばれる．多数の小企業があたかも原子のように競争し合う**原子的競争***と呼ばれる 19 世紀のこのような状況は，20 世紀に入ると大きく変化する．つまり，多くの工業製品については，市場の大部分をごく少数の大企業が占有するような**寡占的競争***に変わる．これらの大企業は，巨大な生産設備を有し，この生産設備がフル稼働していること，つまり稼働率が 100 ％ であることはまれであり，通常，稼働率は 80 ～ 90 ％ である．したがって，商品の需要量が突然増えた場合，大企業はそれに対応して供給量を増やすことができる．需要量と供給量との間のギャップの調整において，供給量の変化が大きな役割を果たすので，このような市場の調整形態は**数量調整**と呼ばれる．以下では，この 2 つの市場調整パターンを比較する．

(2) 価格調整

　ある商品について価格調整が作用するためには，その商品の市場は，最低，次の3つの前提条件をみたさなければならない。第1に，各企業の市場占有率（シェア）は小さく，個々の企業は単独では市場価格を動かすことができない。第2に，各企業は生産コストを引き下げることにより価格を下げるという方法で相互に競争する。つまり，競争手段はもっぱら価格競争である。第3に，他企業によるこの市場への新規参入は自由に行える。

　19世紀半ばのイギリスにおいて，多くの商品市場はこの3つの条件をみたし，価格調整が作用していた。スミス（A. Smith），リカード（D. Ricardo），マルクス（K. Marx）など古典派経済学者が明らかにしたのは，価格調整を支えている次のような二重の運動メカニズムである。第1の運動メカニズムは，先に述べたように，需要量と供給量との間のギャップに応じて，次のように価格が変化するというものである。

　　需要量＞供給量　→　価格上昇
　　需要量＜供給量　→　価格低下

　第2の運動メカニズムは，価格と商品1単位当たりコスト（ここでのコストは，生産費用だけでなく社会的平均利潤をも含む）との間のギャップに応じて，次のように供給量が変化するというものである。

　　価格＞コスト　→　供給量上昇
　　価格＜コスト　→　供給量低下

　この第2の運動メカニズムを可能にしているのは，新規参入や退出など資本の自由な移動である。価格がコストを上回る場合は，社会的平均よりも大きな利潤が得られるので，その商品市場には新規参入が数多く起き，その商品の供給量は上昇する。

　この二重の運動メカニズムは**クロス・デュアル・ダイナミクス**（cross dual dynamics）と呼ばれる（森嶋 [1973]）。この二重の運動メカニズムがはたらく結果として，図2-1に示すように，**市場価格**★は周期的に上昇と低下とを繰り返す。このような市場価格の循環的変動には，変動の中心となる値が存在し，それこそが先に説明した**生産価格**★にあたる。実際，図2-2に示すように，19世

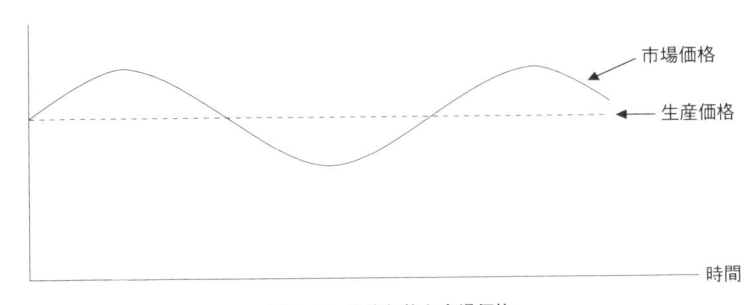

図2-1　生産価格と市場価格

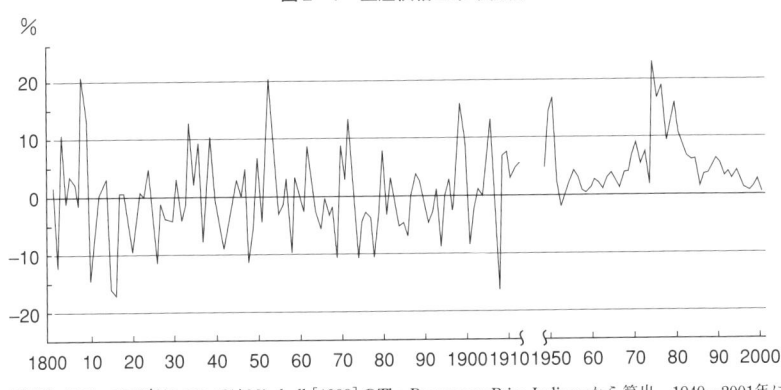

（出所）1801～1913年についてはMitchell [1988] のThe Rousseaux Price Indices から算出。1949～2001年についてはIMF, International Financial Statisticsから算出。

図2-2　イギリスにおける工業製品物価上昇率の推移

紀イギリスにおいて，価格調整が作用した商品市場では，工業製品や原材料の市場価格は好況期には上昇し，不況期には低下するといった短期的な上下変動を繰り返した。経済の短期的変化ではなく長期的変化に強い関心を持っていた古典派経済学者は，市場価格の長期的トレンドにあたる生産価格を重視して分析を行ったのである。

(3) 数量調整

20世紀に入ると，大量生産技術の成立といった技術面の変化や，巨大企業の出現といった企業組織面の変化によって，先に述べた価格競争の3つの前提条件はいずれも成り立たなくなった。第1に，この巨大企業の市場シェアは大きく，個別企業が市場価格を動かしうるようになった。第2に，競争手段は多

様化していき，価格競争だけではなく，製品差別化や広告宣伝など非価格競争も重視されるようになった。第3に，かなりの生産規模以上でないと採算がとれないような巨大設備の建設が，新規参入の際には必要となるなど，新規参入が容易ではなくなった。

その結果，価格調整を支える二重の運動メカニズムは，2つとも次のように変化し，20世紀においては多くの工業製品については，価格調整は作用しなくなり，数量調整が支配的になった。数量調整とは，先に述べたように，需要量と供給量との間のギャップに応じて，価格が変化するのではなく，次のように供給量が変化するというものである。このような供給量の柔軟な変化を可能とするのは，大企業における過剰生産能力の存在である。

　　　需要量＞供給量　→　供給量上昇
　　　需要量＜供給量　→　供給量低下

価格の運動メカニズムも変わった。巨大企業は市場価格を決定する力を持つようになり，その価格水準は**マークアップ原理**★により決定される。マークアップ原理とは，第7章で詳しく説明されるように，商品1単位当たり生産費用に，利潤分として，マークアップ率と呼ばれる一定率を乗じた金額を上乗せしたものを製品価格とする方法である。価格とコスト（ここでのコストは利潤分も含む）との間のギャップが生じた場合，企業は次のように価格を改定する。

　　　価格＞コスト　→　価格低下
　　　価格＜コスト　→　価格上昇

デュアル・ダイナミクス（dual dynamics）と呼ばれるこの新たな二重の運動メカニズムからは，図2-1に示されるような市場価格の循環的変動は発生しない。また20世紀においては，商品市場における市場価格の運動と，労働市場における賃金変動や，資産市場における株価や地価の変動との関連も深まったので，20世紀における市場価格の変動は，単に商品市場での価格と数量の調整だけでは説明できないものになった。特に第2次大戦後から1970年代にかけて，先進国では不況期における市場価格の低下はみられなくなり，**インフレーション**★と呼ばれる持続的で全般的な価格上昇が起きた（図2-2参照）。この現象の背後には賃金をめぐる労使の対抗関係があり，それについては第10章

で説明される。また90年代以降の日本で起きているような**デフレーション**★と呼ばれる持続的全般的な価格低下に関しては，商品市場と労働市場に加えて資産市場の影響もある。これについては第12章で説明される。

20世紀以降，価格調整が姿を消したというわけではない。農産物等一次産品については，供給量の柔軟な調整が技術的に難しいため，価格調整が支配的である。また，工業製品については，数量調整が支配的であるが，生産設備が完全稼働状態に達すると，それ以上の供給増加は不可能になるので，その時点以降，数量調整は機能せず，供給量を上回る需要量は，価格上昇を引き起こす。つまり，完全稼働状態では数量調整に代わって価格調整が支配的になる。

3．賃金と利潤

(1) 均等賃金率と均等利潤率

第1節の最後に説明した第3のケースにもう一度戻って，賃金と利潤について考察しよう。第1節の第3のケースは，生産において労働の投入が必要であり，利潤も存在するケースであった。鉄産業の価格方程式は(2-3)式で，小麦産業の価格方程式は(2-4)式で示された。

$$(4p_1 + 1p_2) + (4p_1 + 1p_2)r + 4\omega = 8p_1 \quad (2\text{-}3)$$
$$(4p_1 + 2p_2) + (4p_1 + 2p_2)r + 8\omega = 8p_2 \quad (2\text{-}4)$$

第1節では説明しなかったが，賃金率ω，利潤率rとも，両産業で等しいと仮定されている。それぞれ**均等賃金率**，**均等利潤率**と呼ばれる。

賃金率の均等化を保証するメカニズムは，労働者の自由な移動である。たとえば，鉄産業の賃金率が小麦産業よりも高い場合には，労働者の自由な移動が保証されているかぎり，労働者は鉄産業に移動しようとするので，小麦産業は，必要な数の労働者を確保できないかもしれない。それを避けるためには，小麦産業は，鉄産業と同等の賃金を支払わなければならない。また当然，労働者が自由に移動できる範囲には制限がある。たとえば，国境を越えた移動は，言語や文化の違いや国家による入国管理などによって妨げられることが多い。したがって賃金率の均等化メカニズムが作用する範囲は，国境の内部に限定されることが多い。

利潤率*の均等化を保証するメカニズムは，資本の自由な移動である。たとえばある産業で平均よりも低い利潤率が続く場合，企業経営者はその産業から撤退し，高い利潤率が見込める産業に新規参入しようとする。一部の企業の撤退により，競合する企業数が減るので，この産業の利潤率は高まる可能性が高い。一方，高い利潤率が見込める産業においては，多くの企業の新規参入により，企業間競争が激化するので，この産業の利潤率は低下する可能性が高い。このような資本移動を通じて利潤率は均等化する。国境を越えた資本の移動は，労働者の移動と比較すれば容易ではあるが，いくつかの制約がある。最大の制約は，企業経営をとりまく制度的環境が国によって異なる点にある。たとえば日本企業が他の国に進出したとして，日本的な経営手法もそのまま採用した場合，その国の制度的環境と摩擦が生じることが多い（世界には多様な資本主義が存在する点については第7章と第13章で詳しく述べられる）。経済のグローバル化は近年の顕著な傾向ではある。貿易自由化や金融自由化により，多くの商品と貨幣の移動については，国境という障壁はほぼなくなりつつある。しかし，労働者の移動についても，資本の移動についても，国境という障壁は幾分低くなったとはいえ，なくなってはいない。したがって，賃金率，利潤率の均等化メカニズムが作用する領域は国境の内部に限定されている。産業の数を増やせば，つまり価格方程式の数を増やせば，(2-3)式と(2-4)式からなる連立方程式と同様の形で，現実の経済システムにおける，価格と賃金と利潤との関係を表現できる。しかし，それが表現するのは，国という単位の経済システムである。この経済システムは**国民経済**と呼ばれる。

次に，国民経済システムにおいて均等賃金率と均等利潤率が果たす役割を考えてみよう。(2-3)式と(2-4)式をみると，均等賃金率は，労働時間に乗じられている。したがって，労働時間に比例した所得すなわち商品購買力を労働者に付与する役割を均等賃金率は果たしている。一方，均等利潤率は原材料費用に乗じられている。原材料などの流動資本だけでなく機械等の固定資本をともなう生産の場合は，これら資本ストック額合計に均等利潤率が乗じられる。したがって，資本ストック額に比例した所得すなわち商品購買力を資本家に付与する役割を均等利潤率は果たしている（次章で詳しく説明するように，成長経済においては，利潤所得の多くは，資本ストックの追加購入のために支出される）。**賃金所得**は労働時間に比例して配分され，**利潤所得**は資本ストック額に比例して

配分される。これが**所得分配**★の基本的な原理である。

　賃金率，利潤率の均等化メカニズムが作用する領域が国境の内部に限定されるということは，上記のような所得の配分は国民という単位で行われることを意味している。たとえば経済成長にともなって国民1人当たり生産が増加し，国民1人当たり所得も増加していく。この経済成長の成果は，その国の国民全体に対して賃金率上昇などの形で配分されるが，他の国の国民には原則として配分されない。このような経済成長の成果分配が当該国の国民に限定される点が**国民経済**と呼ばれる経済システムの基本的特徴である。グローバル化によって，複数の国民経済間の相互依存は強まっている。しかし，国民経済間の相互依存の強化によって，国境を越えた所得分配が実現するわけではない。

(2) 賃金と利潤の関係

　(2-3)式と(2-4)式という，2本の価格方程式には，p_1, p_2, ω, rという4つの未知数がある。未知数の数が方程式の数より2個多いので，第1節で述べたように，生産価格と賃金率と利潤率の絶対水準をこの2つの式だけから決定することは不可能である。しかし，以下に示すように，賃金率と利潤率との相反関係だけは導くことができる。

　まず，価格や賃金率，利潤率は円で表示されるのではなく，小麦で測られると仮定する。つまり，鉄の価格は「鉄1kg = p_1円」という表示ではなく，「鉄1kg = 小麦 p_1 kg」というふうに表示され，賃金率も「労働1時間 = ω円」という表示ではなく，「労働1時間 = 小麦 ω kg」というふうに表示されると仮定する（このような仮定をおくことにより，貨幣価値の変化が賃金に及ぼす影響を排除することができる。名目賃金率（貨幣賃金率）を消費者物価指数で除したものを**実質賃金率**★と呼ぶが，小麦で測った賃金率も実質賃金率の一種である）。この場合，小麦の価格は「小麦1kg = 小麦 p_2 kg」と表示されることになり，当然，$p_2 = 1$である。これを(2-3)式と(2-4)式に代入した上で，両式からp_1を消去して，整理すると

$$\omega = \frac{r^2 - 10r + 5}{4(3-r)} \tag{2-5}$$

という式を導くことができる。(2-5)式は賃金率ωと利潤率rとの関係を表している。縦軸を賃金率，横軸を利潤率とする平面にこの関係を示すと，図2-3

図2-3 賃金率と利潤率との関係

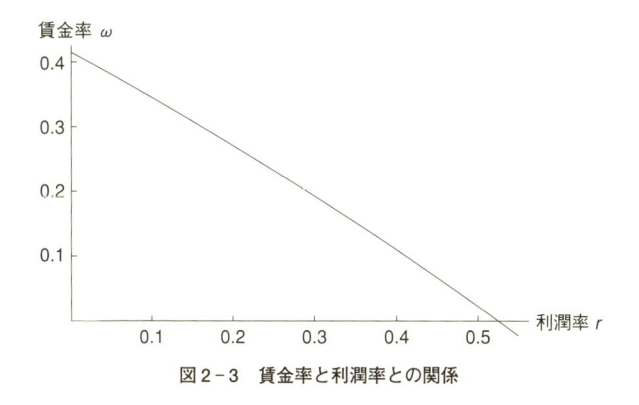

のようになる。この図が示す通り，賃金率 ω と利潤率 r との関係を表す曲線は右下がりである。この曲線は**賃金・利潤曲線***と呼ばれる。(2-5)式を利潤率 r で微分すると，

$$\frac{d\omega}{dr} = -\frac{(r-3)^2 + 16}{4(r-3)^2}$$

となる。これは明らかに負であり，賃金・利潤曲線が右下がりであることを裏づけている。賃金・利潤曲線上の各点は，国内で生産された生産物すべてを購入できる購買力を国民全体に配分する均等賃金率と均等利潤率との組合わせを示している。賃金・利潤曲線が右下がりであることは，賃金率と利潤率は一方が上昇すると他方は低下するということを意味する。つまり賃金率と利潤率とは相反関係にある（ただし，第5節で述べるように，技術進歩により，原材料や労働の節約が進む場合，この相反性は弱まる）。

(3) 古典派経済学者の見方

(2-5)式および図2-3に示されるような賃金率と利潤率との関係があるので，たとえば，何らかの社会的関係にもとづいて，利潤率 r が0.25に決定された場合，小麦で測った賃金率 ω は約0.23に決定される。さらに，(2-3)式あるいは(2-4)式から，小麦で測った鉄の価格 p_1 は約0.73に決定される。このように，何らかの社会的関係によって，利潤率と賃金率のうちどちらかが決定されるならば，価格，賃金率，利潤率のすべてが決定される。**所得分配***を左右するこの何らかの社会的関係として，どのようなものが考えられるだろうか。19世

紀の古典派経済学者はどのように考えたか，現代の経済学者はどのように考えているかを簡単にみてみよう。

　古典派経済学者の多くは，利潤率ではなく賃金率が先に決定されると考えた。しかし，何が賃金率を決定づけるかに関しては論者によって見解が異なる。まず，リカードは「生存費説」を唱えた。これは，「労働者たちが平均的にみて生存し，彼らの種族を増減なく永続することを可能にするのに必要な」水準に1人当たり賃金が決まるという考え方である（Ricardo［1817］第5章）。またミル（J. S. Mill）は「賃金基金説」を唱えた。これは，社会全体で労働投入のために支出される資金総額があらかじめ決まっており，それを労働者総数で除した金額が1人当たり賃金になるという考え方である（Mill［1848］第2篇第11章）。マルクスの考え方は，リカードの生存費説に近いが，この労働者の生存費は，賃金の最低限界にすぎず，賃金自体は非常に弾力的であると述べている（Marx［1867］第22章）。労働者の賃金交渉力が強まるならば，「労働者は，自分の要求を資本家の利潤と比べて，自分がつくり出した剰余価値からの一定の分け前を要求する」という見解も，マルクスは述べている（Marx［1857-58］p.487）。総所得は賃金所得と利潤所得に分かれるが，賃金所得あるいは利潤所得が総所得に占める割合を，労使の力関係が決定づけるという考え方をマルクスは示唆している。

(4) 現代の社会経済学者の見方

　このマルクスの予想通り，20世紀に入ると労働者の交渉力が強まり，労働生産性の上昇に応じた実質賃金の上昇傾向が顕著になり，生存費説などは姿を消す。また所得分配と経済成長との結びつきの解明が進んだ結果，賃金率が先に決まるのではなく，経済成長率に対応する利潤率が先に決定されるという考え方が現れる。ポスト・ケインズ派，新リカード派，マルクス派の経済学者たちは，利潤率あるいは賃金率の決定に関しては，次のいずれかの考え方を採用している。第1の考え方によると，労使の力関係などに応じて，図2-3に示すような**賃金・利潤曲線***上の特定の点が選ばれる，つまり賃金率と利潤率との特定の組合わせが先に決定されるという考え方である。この考え方によれば，その後で，その利潤率に応じた投資や経済成長率が決まる。第2の考え方は**アニマル・スピリッツ**と呼ばれる資本家の投資意欲などによって，経済成長率と

利潤率が先に決定され，次に，賃金・利潤曲線を通じて，その利潤率に応じた賃金率が決まるという考え方である。第1の考え方はマルクスの考え方を引き継いでいる。第2の考え方はケインズ（J. M. Keynes）の考え方を引き継いでいる。この2つの考え方については次章第3節で詳しく説明する。

4．利潤の源泉

（1）剰余アプローチ

　第1章で説明した通り，剰余の一部が利潤である。そして，利潤の源泉は労働者の行う労働である。この**剰余アプローチ**★と呼ばれる考え方はリカードやマルクスに始まり，現代ではポスト・ケインズ派，新リカード派，マルクス派の経済学者たちに引き継がれている。しかし，19世紀においても，現代においても，これとは別の考え方が支配的である。19世紀においてスミスなど一部の古典派経済学者は「三位一体範式」と呼べるような考え方を述べた。これは賃金の源泉が労働であり，利潤の源泉が資本であり，地代の源泉が土地であるという考え方である（図2-4参照）。また，現代の新古典派経済学者は，1870年代にワルラス（L. Walras）やメンガー（C. Menger）やジェヴォンズ（W. S. Jevons）らが唱えた「限界原理」による稀少資源の最適配分理論を，生産の問題にまで拡大適用して，「限界生産力説」をつくり出した。これは，労働の限界生産性が賃金率に等しく，「資本」の限界生産性が利潤率に等しいとする考え方である。利潤の源泉を「資本」に求めている点で，新古典派理論は，現代の「三位一体範式」と呼べる考え方である。この考え方は次のような決定的欠陥を含んでいる。「資本」の限界生産性を定義するためには，現実の資本ストックが機械設備や建物など多種の商品から構成される点を無視し，資本ストックが，土地と類似した同質的な自然資源であると，むりやりみなさなければならない。

　マルクスは，「三位一体範式」と呼べるような考え方を批判し，**剰余アプローチ**をより厳密な理論として展開するために，「価値」と「剰余労働」という概念を使用した。そして「利潤が発生するためには剰余労働が存在しなければならない」という命題は，今日では**マルクスの基本定理**★と呼ばれ，いくつかの制約はあるにしても，かなり一般的に成立することが証明されている。この

図2-4　剰余アプローチと新古典派アプローチ

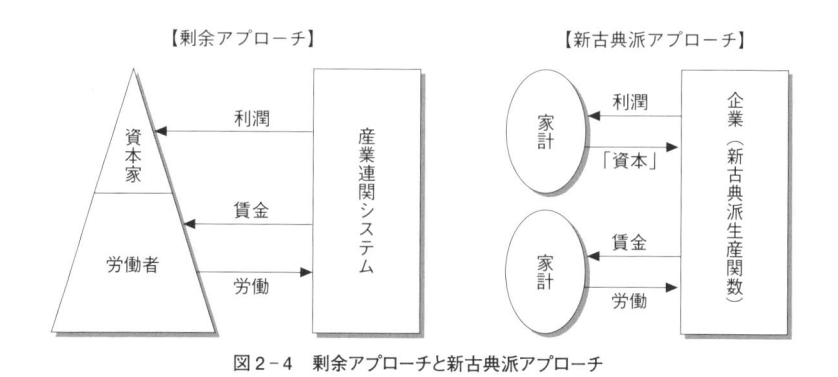

定理が成り立つことは，利潤の源泉は剰余労働であることを意味する。以下では，まず，「価値」と「剰余労働」という概念を説明し，次に，数値例を使って**マルクスの基本定理**を簡単に紹介する。

(2)「価値」概念

日常用語では「価格」と「価値」とは，類似した概念として使用されているが，経済学では，この2つはまったく異なる概念であるということに注意する必要がある。「価格」は，第1節で説明したように，商品と貨幣との間の交換比率である。価格は通常，各国の貨幣単位の名称で表示されるが，正確には商品1単位が貨幣何単位と交換されるかを示す単なる比率である。したがって本来の価格は単位を持たない単なる数である。他方，社会経済学では「価値」とは，商品1単位の生産に直接的間接的に必要な労働量であり，価値の単位は労働時間である。たとえば自動車の場合，自動車の最終組立工場で働く人たちの労働は，直接的に必要な労働であり，自動車部品や鋼板やガラスなど生産企業で働く人たちの労働は，間接的に必要な労働である。この直接的に必要な労働時間とあらゆる間接的に必要な労働時間との合計が自動車の価値である。

第1節で説明した第3のケースの場合，生産価格 p_1 と p_2 は次の2つの方程式の解である。すでに説明したように，この解は，この2つの方程式だけからは得られない。なぜなら，**生産価格***は，**生産技術**だけでなく，**所得分配***にも依存しているからである。

$$(4p_1 + 1p_2) + (4p_1 + 1p_2)r + 4\omega = 8p_1 \qquad (2-3)$$
$$(4p_1 + 2p_2) + (4p_1 + 2p_2)r + 8\omega = 8p_2 \qquad (2-4)$$

他方,鉄の価値 v_1 と小麦の価値 v_2 はこのケースの場合,次の2つの方程式を解くことによって得られる。つまり**価値**は,**生産技術**だけに依存している。

$$4v_1 + 1v_2 + 4 = 8v_1 \qquad (2-6)$$
$$4v_1 + 2v_2 + 8 = 8v_2 \qquad (2-7)$$

解は $v_1 = 1.6$ および $v_2 = 2.4$ である。鉄1単位の生産に直接的に必要な労働は,4/8 = 0.5時間であるが,間接的に必要な労働が1.1時間あることを示している。また,第1節の第2のケースのように利潤が存在しない場合は,すなわち利潤率がゼロの場合は,生産価格比は $\frac{p_1}{p_2} = \frac{2}{3}$ となり,価値比 $\frac{v_1}{v_2} = \frac{1.6}{2.4} = \frac{2}{3}$ と等しくなる。しかし,第1節の第3のケースのように利潤が存在する場合は,すなわち利潤率が正の値の場合は,一般的には生産価格比と価値比は一致しない。つまり,一般的には生産価格の体系と価値の体系とは,量的にも質的にも異なる体系なのである。

(3) 剰余労働の搾取

マルクスは価値の体系を真の社会的関係を表すものとして重視した。他方,価格の体系の下では,資本家による**剰余労働の搾取**という資本主義の根幹をなす社会的関係が見えなくなっているとマルクスは指摘した。資本主義以前の社会システムである**封建制**においては,農民はその生産物の一部を領主に納めたり,領主が持つ広大な土地で何日か働いたりしなければならなかった。この生産物の貢納や賦役労働は,領主が持つ軍事力によって暴力的に強制された。したがって領主による農民の搾取は明白であった。しかし,**資本主義**の下では,労働者の労働は身分的拘束や暴力的強制を通じて行われているのではなく,自由な意志にもとづいて交わされた労働契約にもとづいて行われており,またこの契約に定められた一定量の労働と一定額の賃金との交換は,一見,等価物の交換のように見えるので,資本家による労働者の搾取は明白なものではない(さらに,第3章第5節で述べるように,分権的システムという資本主義の構造そのものが,搾取の存在とその非正当性の認識を妨げている)。マルクスは「価値」を

使って，この労働と賃金との交換は等価物の交換ではなく，不当な労働量の交換であることを次のようにして証明した。労働と賃金とを直接対比するのではなく，マルクスは商品の「価値」つまりその商品1単位の生産に直接的間接的に必要な労働量を使って，賃金を労働量に換算した。すなわち，賃金によって購入する諸商品の「価値」の合計を求めることによって，賃金を労働量に換算し，この労働量を実際に労働者が支出した労働量と対比した。前者が後者を下回る場合，その差にあたる労働（**剰余労働**と呼ばれる）を資本家は搾取していることが明らかになる。たとえば，1時間のアルバイトで，賃金800円を得たケースを取り上げ，どれだけの剰余労働が搾取されるかを考えよう。賃金800円で単価200円のハンバーガーを4個買ったとしよう（現実には労働者は多種の消費財を買うのであるが，ここでは説明を簡単にするためにハンバーガーだけを買うことにしている）。ハンバーガーの「価値」つまりハンバーガー1個の生産に直接的間接的に必要な労働量は0.2時間であったとする（直接的に必要な労働とはハンバーガーショップの店員の労働であり，間接的に必要な労働とは，牛肉や小麦を生産する労働等である）。このケースでは，次に示すように，1時間の労働で得た賃金すべてを使って労働者が購入する商品は，0.8時間の労働で生産されることになる。つまり，労働者の1時間の労働は0.8時間の労働と交換されている。残りの0.2時間は労働者には支払われず，資本家が搾取していることになる。

$$\text{剰余労働} = (\text{労働者が支出した労働量}) - (\text{労働者が賃金によって購入する諸商品の「価値」計})$$

$$= 1 - \frac{800}{200} \times 0.2 = 0.2$$

さらに，利潤率が正の値であるためには，この剰余労働も正の値でなければならないことも，証明できる（置塩ほか［1988］p.209）。「利潤が発生するためには剰余労働が存在しなければならない」という命題は**マルクスの基本定理**[*]と呼ばれ，かなり一般的に成立する。この定理によって，利潤の源泉は剰余労働であることが厳密に裏づけられる。

5. 価格と賃金と利潤の長期的変化

(1) 価格の長期的変化

本章のこれまでの節では，時間の流れをほとんど無視して，一時点における価格と賃金と利潤との関係を説明した。第1節の生産価格の説明において，産業連関構造の長期的存続を問題にしたが，その構造の規模的拡大は無視して，同一規模での存続だけを取り上げた。しかし，現実には価格と賃金と利潤は，時間の経過とともに成長する経済の中に存在しており，時間の流れの中でそれらの値は変化していく。一時点における価格と賃金と利潤との関係だけではなく，この関係を時間の流れの中でも捉えるためには，**資本蓄積***や**技術変化**という現象について考察する必要がある。資本蓄積や技術変化に関する詳しい説明は第3章と第4章で行われる。以下では，本章と第3章と第4章との橋渡しのために，先進国における価格と賃金と利潤の時間的変化を，長期的視点でながめてみよう。

第2節の図2-2に示したように，19世紀においては，工業製品価格は，好況期には上昇し，不況期には低下するという変動を繰り返した。このような短期的変動は無視して長期的なトレンドに着目すると，表2-3に示すように，19世紀前半には低下傾向がみられる。たとえばイギリスでは，1800年の工業製品価格を100とすると，1861年には30にまで低下した。しかし1861年から1913年にかけては，低下傾向も上昇傾向もみられない。一方，第2次大戦後においては，工業製品の急激な物価上昇がみられる。特にイギリスでは，約40年間で，工業製品価格は約15倍になった。第2次大戦後に起きたこの**インフ**

表2-3 イギリスとアメリカにおける工業製品価格と賃金の推移

	イギリス			アメリカ		
	工業製品価格	名目賃金	実質賃金	工業製品価格	名目賃金	実質賃金
1800	100	100	100	100	100	100
1861	30	110	125	69	169	302
1864	42	121	136	150	219	238
1897	22	165	250	53	190	388
1913	30	190	243	75	315	555
1947	100	100	100	100	100	100
1989	1470	2926	177	430	1267	228

(出所) Sylos Labini [1993]
(注) 工業製品価格，賃金とも，1800年あるいは1947年の値を100とする指数で表現されている。

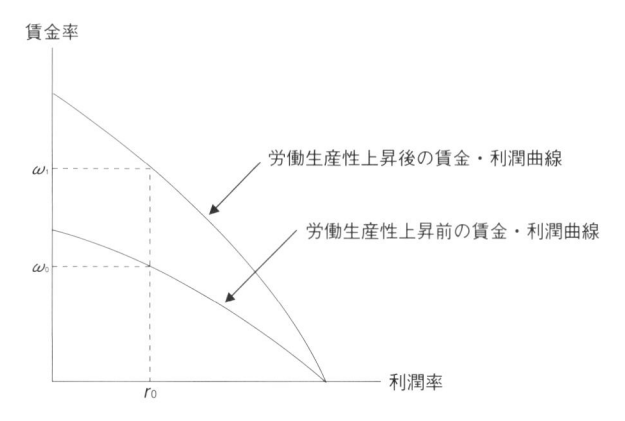

図2-5　労働生産性上昇にともなう賃金・利潤曲線のシフト

レーション★については第10章で詳しく説明される。

(2) 賃金の長期的変化

　表2-3の名目賃金の欄をみると，イギリスでもアメリカでも，19世紀において，名目賃金の緩やかな上昇傾向がみられる。1861年から1913年にかけての約50年間で，名目賃金は約2倍になった。第2次大戦後には，工業製品価格も急上昇したが，それ以上に名目賃金は急上昇した。特にイギリスでは，約40年間で，名目賃金は約29倍にもなった。物価上昇分を差し引いた賃金の実質的変化を示すのは実質賃金である。実質賃金は名目賃金を，消費者物価指数で除した値である。第2次大戦後の約40年間で，イギリスにおいては，実質賃金は約1.8倍に，米国においては約2.3倍に増大した。このような実質賃金上昇はどのようなメカニズムによって実現したのであろうか。ここでは，この問題を考察しよう（名目賃金の急上昇の原因については，第10章で詳しく説明される）。

　まず，**労働生産性**★の上昇について説明する必要がある。労働生産性とは労働1単位当たりの生産量である。たとえば，労働1時間当たりの産出量や，労働者1人当たり付加価値額等が，企業や経済全体の労働生産性を表す指標としてよく用いられる。たとえば名目GDPを「GDPデフレーター」と呼ばれる一種の物価指数で割ると，物価上昇分を割り引いた実質GDPが求まるが，さらにそれを労働者総数で除した値である「労働者1人当たり実質GDP」や，総

労働時間で除した値である「労働1時間当たり実質GDP」が経済全体の労働生産性としてよく使用される。経済成長がある場合、通常、年率数%で、労働生産性は上昇していく。たとえば、第3章の表3-1に示すように、イギリスでは、1950年から1987年にかけて労働生産性は約3倍に増加した。1年当たりの労働生産性上昇率は2.9%である。

第1節の第2と第3のケースでは、鉄産業は8kgの鉄を生産するために4時間の労働を必要とした。したがって、鉄産業の労働生産性は2である。第1節では毎年同じ生産が繰り返される、つまり経済成長は存在しないと仮定し、労働生産性も2のまま、不変であると仮定した。しかし、経済は成長し、労働生産性は上昇すると考える方が現実的である。たとえば、労働生産性が1年間で10%上昇すると、労働生産性は次の年には2.2となり、8kgの鉄を生産するために必要な労働は約3.6時間となる。このように労働生産性が上昇する場合、図2-5に示すように**賃金・利潤曲線**★は、時間の経過とともに、上方に拡張される（詳しくは第4章第2節で説明される）。したがって、もし利潤率がr_0のまま変化しない場合、労働生産性が上昇すれば、賃金率はω_0からω_1へ上昇することがわかる。第2次大戦後の約40年間で、イギリスの実質賃金は約2倍になったが、それを可能にしたのは約3倍に増加した労働生産性である。また、このような労働生産性上昇がある場合、時間を通じて利潤率と賃金率がともに上昇することも起こりうる。つまり、一時点における関係としては自明であった賃金率と利潤率との相反関係は、時間の流れの中では自明ではなくなる。

(3) 利潤の長期的変化

図2-6と図2-7は、それぞれアメリカと日本における**利潤率**★と利潤シェア★の推移を示している。第2次大戦後において、価格や賃金率は長期的な上昇傾向がみられたが、利潤率にはそのような明瞭な長期的トレンドはないことがわかる。図2-6に示すアメリカの利潤率は、1950年代初めから60年代末にかけて、比較的高い値を維持していたが、60年代末から70年代初めにかけて低下した。70年代と80年代は比較的低い水準で推移し、90年代から2000年代半ばにおいては利潤率の上昇もみられた。図2-7の日本の利潤率は、1960～80年代に関してはアメリカと同様の動きを示しているが、90年代初めの低下とその後の停滞傾向は、アメリカとは対照的である。以下では、1960年代末

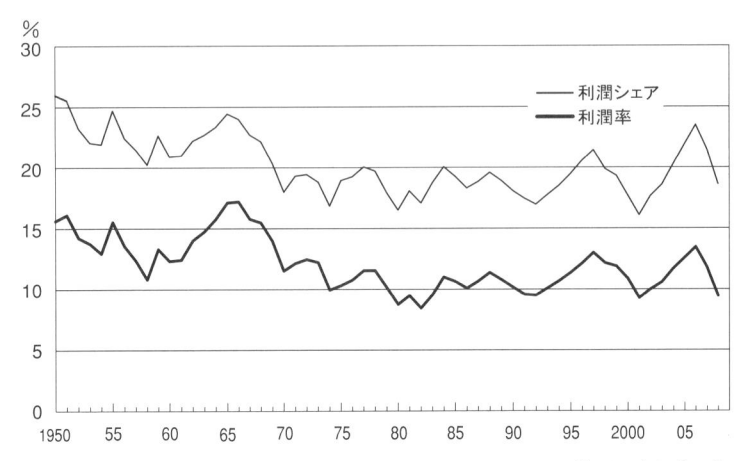

(出所) U.S. Department of Commerce, *National Income and Product Accounts* 等から，宇仁 [1999] p.175に記載する方法で算出。
(注) 資本ストックの集計方法には国によってかなり違いがあるので，この利潤率の水準を日米間で比較することは無意味である。

図2-6 アメリカ法人企業の利潤率と利潤シェアの推移

～70年代前半の日米両国で利潤率の低下が起きた原因と，90年代以降の利潤率の動きが日米間で異なる理由について検討する。

図2-6と図2-7の利潤率は，法人企業の利潤所得を名目資本ストック総額で除した値である。以下のように数式を変形することによって，利潤率の変化を，利潤シェアの変化と**資本係数***の変化と相対価格の変化とに分解できる。利潤シェアとは，総所得に占める利潤所得の割合である。資本係数とは，生産物1単位の生産に必要な実質資本ストックすなわち機械や建物の数量のことである（資本係数の長期的推移は，第4章の図4-2に示されている）。ここでの相対価格は（所得デフレーター／資本ストックデフレーター）であり，国内総生産物の平均価格と資本財価格との比率である。

利潤率＝利潤所得÷名目資本ストック額
　　　＝（利潤所得／総所得）÷（名目資本ストック額／総所得）
　　　＝（利潤所得／総所得）÷（（実質資本ストック額×資本ストックデフレーター）／（実質総所得×所得デフレーター））
　　　＝（利潤所得／総所得）÷（実質資本ストック額／実質総所得）×（所得デフレーター／資本ストックデフレーター）

第2章 価格，賃金，利潤　59

(出所) 内閣府『国民経済計算』等から，宇仁[1998] p.127に記載する方法で算出。
(注)『国民経済計算』については1980年までは68SNA，1981年から93SNAによるが，68SNAの資本ストックには民間法人企業だけでなく公的企業の分も含まれるので，利潤率が過小となる。この点は利潤率の旧系列を1981年で新系列と接続することにより補正した。

図2-7　日本法人企業の利潤率と利潤シェアの推移

= 利潤シェア ÷ 資本係数 × 相対価格

この式によると，利潤シェアの低下あるいは資本係数の上昇が，利潤率の低下をもたらす。図2-6と図2-7に示されている利潤シェアは，1960年代末〜70年代前半の日米両国において低下している。そして，この時期における利潤率の低下の過半は，この利潤シェアの低下によって説明できる（宇仁[1999]）。また，このような主として利潤シェアの低下に起因する利潤率の低下は，この時期の他の先進国においても起きており，**利潤圧縮**＊と呼ばれる（Armstrong et al. [1991]）。それでは，この利潤圧縮はどうして起きたのだろうか。

総所得に占める賃金所得の割合を**賃金シェア**＊と呼ぶとすれば，総所得が賃金所得と利潤所得で構成される場合，利潤シェア＝1−賃金シェア という関係が成り立つ。利潤シェアの低下は，賃金シェアの上昇にほかならない。賃金シェアは，以下のように**実質賃金率**＊と**労働生産性**＊とを使って表すことができる。

賃金シェア ＝ 賃金所得 ÷ 名目総所得
　　　　　 ＝（名目賃金率 × 労働投入量）÷ 名目総所得
　　　　　 ＝（実質賃金率 × 消費者物価指数 × 労働投入量）÷（実質総

60　第Ⅰ部　資本主義の基本的構造

```
                          ┌─ 生産能力利用度
                ┌─ 資本係数 ┤
                │         └─ 潜在産出量・資本比率
        利潤率 ─┤
                │  利潤シェア  ┌─ 労働生産性
                └─ 賃金シェア ─┤                    ┌─ 名目賃金
                              └─ 実質賃金 ─────────┤
                                                    └─ 消費者物価
```

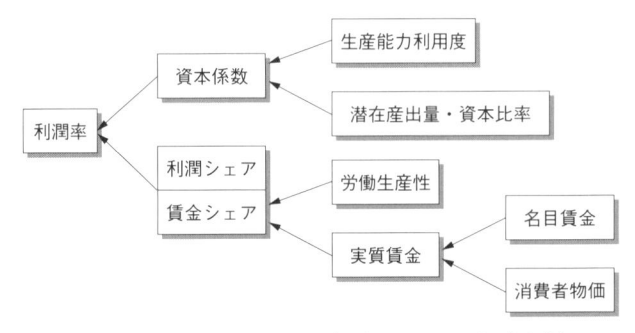

図 2-8　賃金率と利潤率の決定（現代のマルクス派の考え方）

　　　　　所得×所得デフレーター）
　　　＝（実質賃金率）÷（実質総所得／労働投入量）×（消費者
　　　　　物価指数／所得デフレーター）
　　　＝（実質賃金率）÷（労働生産性）×（消費者物価指数／所
　　　　　得デフレーター）

（消費者物価指数／所得デフレーター）は，消費財の価格と国内総生産物の平均価格との比率であるが，消費は国内総生産の約7割を占めているので，この2つの価格はほぼ同じ動きを示し，両者の比率はほぼ不変である。結局，上の式は，実質賃金上昇率が労働生産性上昇率を上回る場合に，賃金シェアが上昇し，利潤シェアは低下することを意味する。実際，1960年代末〜70年代前半の先進諸国では，実質賃金上昇率が労働生産性上昇率を上回った。その背後には，労使の力関係において，労働者側の力がこの時期には強まったという事実がある。当時，長期にわたる高度経済成長の結果，労働力が不足する兆候があった。これは，第1章の最後で触れた**失職コスト***を低下させるので，経営者の力は弱まり，労働者の力が強まる。また，この時期には，労働組合の組織率の上昇がみられた。さらに労働運動のほかにも，学生運動などさまざまな社会運動が活発化した時期でもあった。結局，労使の力関係において，労働者側の力が強まり，労働生産性上昇率を上回る実質賃金上昇率が実現し，それが利潤シェアの低下をもたらし，利潤率の低下につながった。

　これとはまったく逆のことが，1990年代以降のアメリカで起きた。経済のグローバル化を背景に，工場の海外移転や海外企業への外注が容易になった。

労働者の賃上げ要求に対して，経営者はこのような海外展開の可能性を示して威嚇した。1990年代のアメリカは比較的好景気であり低失業率であったにもかかわらず，この威嚇によって労働者の雇用不安が高まり，労働者側の力が弱まった（Pollin [2003]）。その結果，実質賃金上昇率は労働生産性上昇率を下回り，それが図2-6に示すように利潤シェアの上昇をもたらし，利潤率を上昇させた。

図2-8は，賃金率と利潤率の決定に関する，現代のマルクス派の考え方をまとめたものである。資本係数の逆数は，第11章第4節に示すように，生産能力利用度（稼働率）と潜在産出量／資本比率との積に等しい。したがって生産設備の稼働率の低下は，資本係数を上昇させるので，利潤率の低下につながる。日本では，1990年代初めのバブル崩壊により，国内需要が縮小し産出量が減少したので，稼働率が大幅に低下した。これが資本係数の上昇をもたらし，図2-7に示す利潤率の低下につながった。また第7章で説明される日本企業の長期雇用制度は，バブル崩壊後も正社員についてはほぼ維持されたので，多くの企業は過剰雇用をかかえた。これは利潤シェアの低下を通じて，利潤率の低下に寄与した。

■ 読書案内

- L・L・パシネッティ『構造変化の経済動学——学習の経済的帰結についての理論』（佐々木隆生・清水一史・本田雅子・M・ノタランジェロ 訳）日本経済評論社，1998年。
  労働生産性上昇を通じて経済システムがどのように変化するかを明快に理論化する。同じ著者による『生産理論』および『構造変化と経済成長』もこの分野の名著であるが現時点では入手が困難。
- L・マインウェアリング『価値と分配の理論——スラッファ経済学入門』（笠松学・山田幸俊・佐藤良一訳）日本経済評論社，1988年。
  スラッファの著書『商品による商品の生産』は簡潔ではあるが難解である。本書はスラッファが創始した新リカード派の理論を，図を多く用いながら，わかりやすく解説する。
- 森嶋通夫『マルクスの経済学——価値と成長の二重の理論』（高須賀義博訳）東洋経済新報社，1974年。
  マルクスの経済理論を「価値と成長の二重の理論」として捉え，数学的手法を用いて，マルクス理論の現代的意義を鮮やかに描く。1974年に刊行後，長らく絶版であったが，2004年に岩波書店が刊行した『森嶋通夫著作集』第7巻に収録された。

■ 本章のまとめ

1. 生産価格とは，産業連関構造を持続的に維持することを可能にする諸商品の交換比率である。

2. 商品市場の調整が価格調整であるか数量調整であるかによって，市場価格の変動パターンが異なる。価格調整の場合は，市場価格は周期的に上昇と低下とを繰り返す。数量調整の場合は，市場価格の循環的変動は発生しない。
3. 賃金率と利潤率は，国民経済の生産物すべてに対する購買力を国民全体に配分する役割を果たす。賃金率と利潤率とは相反関係にある。
4. 利潤の源泉は剰余労働である。
5. 19世紀においては，工業製品価格は短期的には循環的に変動したが，長期的には明確な傾向はなかった。20世紀においては，工業製品価格は上昇傾向を示した。賃金は，19世紀には緩やかな上昇傾向を示し，20世紀には急上昇した。利潤率変化に関しては，長期的には明確な傾向がないが，1960年代末から70年代初めにかけて，先進諸国の利潤率は低下した。

第3章

資本蓄積と所得分配

■ 本章の課題
1. 経済成長の原動力は何か。
2. 資本蓄積と所得分配はどのように結びついているか。
3. 資本蓄積と所得分配にかかわる諸変数の決定に関して，どのような考え方があるか。
4. マクロ経済の不安定性はなぜ生じるのか。
5. どうすればマクロ経済を安定化できるか。
6. 資本家による利潤取得は正当な論拠を持っているか。

1. 経済成長

　第2章の第1節で生産価格を説明する際に利用した2つの産業からなる経済モデルでは，同じ規模の生産が毎年繰り返されると仮定した（**単純再生産**とも呼ばれる）。また労働や原料の投入量の節約が進むなどの技術変化も起きないと仮定した。しかし，現実の資本主義経済は成長している姿が通常の姿である（**拡大再生産**とも呼ばれる）。つまり経済全体の生産量は，年率でみるとプラス数％の成長率で増加するのが常態である。経済成長率がゼロやマイナスになるのは，深刻な不況期などにかぎられる。

　表3-1に示すように，1985年のドル価格で評価したイギリスの実質GDPは，1700年には8652百万ドルであり，資本主義が確立した1820年には28743百万ドルであった。資本主義が確立する前の生成期にあたる1700〜1820年の120年間については，1年当たりの実質GDP成長率つまり**経済成長率**は，わずか1.0％であった。1987年の実質GDPは720687百万ドルである。資本主義時代

表3-1 イギリスの労働投入係数と資本係数（GDPと資本ストックは1985年の米ドル価格で評価）

	GDP (百万ドル)	就業者数 (千人)	年間労働時間 (1人当たり：時間)	労働投入係数 (時間/ドル)	労働生産性 (ドル/時間)	固定資本ストック (百万ドル)	資本係数 (ドル/ドル)
1700	8652	3717	3000	1.29	0.78		
1820	28743	8665	3000	0.90	1.11		
1890	118403	14764	2807	0.35	2.86	114713	0.97
1950	284594	22400	1985	0.15	6.49	311868	1.10
1987	720687	25074	1557	0.05	18.46	1458678	2.02

(出所) Maddison [1991]

にあたる1820～1987年の167年間については，経済成長率は年率1.9％である。この資本主義時代の経済成長率を資本主義生成期のものと比べると約2倍になった。つまり，資本主義確立後，経済成長が加速したことがわかる。また，労働投入量（すなわち就業者数×1人当たり年間労働時間）の増加率は，1700～1820年については年率0.7％であり，1820～1987年については年率0.2％である。資本主義生成期については年率1.0％という実質GDP成長のかなりの部分は，年率0.7％という労働投入量の増加にもとづいていたといえる。しかし，資本主義時代の年率1.9％の経済成長については，労働投入量の増加の貢献はわずかなものである。資本主義経済の成長の主な原動力は，労働力投入量の増加ではなく，第1に，**資本ストックの蓄積**であり，第2に**技術進歩**である。資本ストックとしては，工場などの建物や構築物および機械装置など，数年間にわたり継続して使用される**固定資本ストック**と，原材料など，短期間で使用し尽くされる**流動資本ストック**とがある。主要な資本ストックは固定資本ストックである。イギリスの固定資本ストックのデータは1890年以降のものしかないが，1890～1987年の97年間についてみると年率2.7％で増加している。この**資本蓄積率**＊と呼ばれる資本ストック成長率は経済成長率を超えている。また，技術進歩を表す代表的な指標は労働生産性上昇率であるが，これは1700～1820年については年率0.3％であり，1820～1987年については年率1.7％である。資本主義生成期には，技術はゆっくりと進歩したが，資本主義時代には，急速な技術進歩が起きたことを示している。技術進歩と経済成長との関係については，第4章で説明することにして，本章では資本ストックの蓄積すなわち**資本蓄積**＊と経済成長との関係について説明する。前章では，**所得分配**＊（利潤率と賃金率との決定）が価格の決定にかかわることを説明した。本章では，**所得分配**が**経済成長**にもかかわることについて説明する。この説明

は，序章でもふれたようにマルクス（K. Marx）など古典派経済学者の長期分析の理論と，ケインズ（J. M. Keynes）の短期的調整の理論とを結びつけることによって行われる。「短期」とは，経済分析独特の用語であり，「その間，資本ストックが不変であるとみなせるような期間」を意味する。「長期」とは，資本ストックの変化をともなう期間を意味する。資本蓄積率は，経済の長期的成長力を表す基本的指標である。

2. 投資と資本蓄積

(1) 経済成長モデル

　資本ストックの増加を目的とする企業の支出，すなわち新たな工場や店舗の建設や機械設備の購入などは**投資**と呼ばれる。企業は投資のさい，その企業内部で蓄えた資金（その大部分は利潤）を使うこともできるし，企業外部から調達した資金を使うこともできる。外部からの調達方法としては，銀行など金融機関から借り入れる方法（**間接金融**）と，株式や社債を発行することにより株式市場などの資本市場から調達する方法（**直接金融**）とがある。企業の資金調達額の中で，内部資金，間接金融による外部資金，直接金融による外部資金が占める構成比は国によって，また時代によってかなり異なる。しかし，もっとも大きな割合を占めるのは内部資金であることはほぼ共通している。つまり利潤所得が投資資金のかなりの部分を占めているのである。

　国民経済のフロー面については第1章の図1-3に示されている。この図から，資本減耗や純輸出や政府支出などを捨象して，国民経済のフロー面とストック面の時間的変化を図に描くと，図3-1のようになる。この図に示すように，投資支出が既存の資本ストックに積み重なることによって，資本ストック量は増大していく。この資本ストックの増大つまり**資本蓄積***は生産能力の増加をもたらし，国内総生産（GDP）の増大つまり**経済成長**につながるのである。

　以下では，議論を簡単にするために，次の3つの仮定をおいて，第2章第1節で示したような2つの産業からなる経済モデルを使って，投資と資本蓄積とを介して経済がどのように成長するかをみてみよう（この経済成長モデルの基本的構造はRobinson［1956］とRobinson［1962］にもとづいている）。

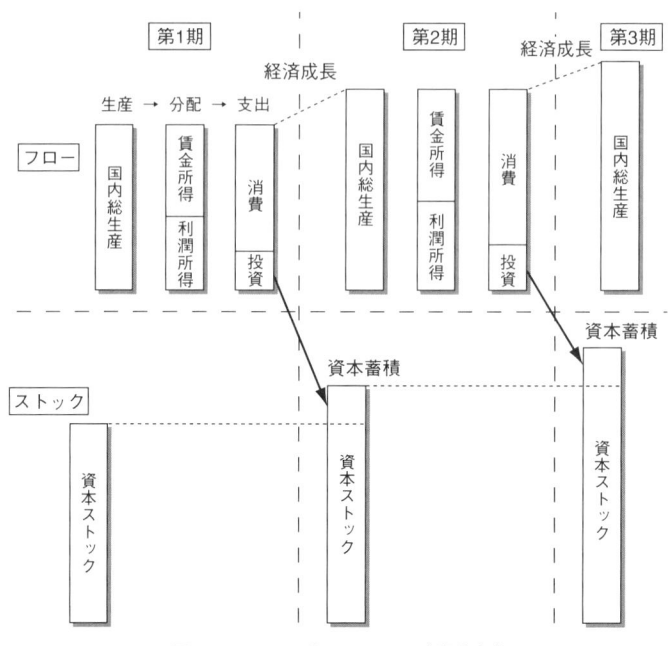

図3-1　フローとストックの時間的変化

仮定1：何らかの社会的関係によって利潤率 r は 0.5 のまま不変である。
仮定2：利潤所得の半分が消費財の購入に使われ，残り半分が貯蓄され，この貯蓄のすべてが投資に使われる。つまり利潤所得に占める貯蓄の割合 s は 0.5 である。s は**資本家の貯蓄性向**と呼ばれる。賃金所得についてはそのすべてが消費財の購入に使われる。
仮定3：第1期当初に存在する資本ストック $K_{t=1}$ は鉄 8 kg である。この鉄は完全利用される。

　経済成長にともなって産出量や投資量や消費量は変化するのでこれらを変数で表す。鉄の産出量を Q_1，小麦の産出量を Q_2 で表す。鉄だけが資本ストックであり，その投資量を I で表す。小麦だけが消費財であり，その消費量を C で表す。技術進歩の問題は次章で扱うことにして，以下では労働生産性上昇などの技術進歩は起きないと仮定する。したがって，鉄を 1 kg 生産するために，鉄を 0.5 kg，直接的労働を 0.5 時間，必要とし，小麦を 1 kg 生産するために，鉄を 0.8 kg，直接的労働を 1.6 時間必要とするという，**生産技術**は不変である

表3-2 第1期の産業連関表

	鉄産業	小麦産業	消費	投資		産出量
鉄	$0.5Q_1$	$0.8Q_2$	0	I	→	Q_1
小麦	0	0	C	0	→	Q_2
労働量	$0.5Q_1$	$1.6Q_2$				
	↓	↓				
産出量	Q_1	Q_2				

と仮定する。このような経済の第1期の産業連関表は表3-2の通りである。

産業連関表を横方向にみると，各商品がどのような用途で用いられるかがわかる。第2章第1節のケースのような単純再生産の場合には，毎期の鉄の投入量は同じであった。しかし，表3-2のケースでは，第2期の鉄の投入量は投資の分だけ増加する。したがって，第1期において鉄産業は，原材料の補填分だけでなく，この投資される分も合わせて生産しなければならない。また小麦は生産の原材料としては使用されないので，小麦産業は，消費される分だけ小麦を生産すればよい。したがって，次の等式が成り立つ。これらは**数量方程式**と呼ばれる。

$$0.5Q_1 + 0.8Q_2 + I = Q_1 \tag{3-1}$$

$$C = Q_2 \tag{3-2}$$

また，総労働量をNで表すと，次の式が成り立つ（正確にいうとこのNは総労働需要量であるが，労働力が不足しているなどの労働供給面の制約はなく，企業はこの労働需要量に応じた雇用を確保できると仮定する）。

$$0.5Q_1 + 1.6Q_2 = N \tag{3-3}$$

第2章3節(2)の場合と同様に，小麦1kgの価格を1として，鉄1kgの価格pと賃金率ωは小麦で測られると考える。鉄の価格pと小麦の価格1は，それぞれを1kg生産するために必要な原材料費用と利潤と賃金費用の合計なので，**価格方程式**は次の2式となる。

$$0.5p(1+r) + 0.5\omega = p \tag{3-4}$$

$$0.8p(1+r) + 1.6\omega = 1 \tag{3-5}$$

最初に述べた3つの仮定は次の式で表される。

(利潤率は 0.5 で不変)	$r = 0.5$	(3-6)
(利潤所得の半分が投資額)	$s(0.5Q_1 pr + 0.8Q_2 pr) = pI$ ただし $s = 0.5$	(3-7)
(鉄の初期値は 8)	$0.5Q_1 + 0.8Q_2 = K_{t-1} = 8$	(3-8)

方程式は (3-1)~(3-8) の 8 本であり，未知数は $Q_1, Q_2, N, I, C, p, r, \omega$ の 8 個であるので，方程式は解ける。

(2) ケンブリッジ方程式

経済成長を分析する上で，特に重要なのは，**ケンブリッジ方程式**および**再生産条件**と呼ばれる2つの関係式である。

(3-7)(3-8)式から $\quad I = sKr \quad$ (3-9)

(3-1)(3-2)(3-8)式から $\quad 0.5(K+I) + 0.8C = K \quad$ (3-10)

(3-9)式は，$\dfrac{I}{K} = sr$ という式に変形できる。投資量 I は資本ストック量 K の増加分であるので，$\dfrac{I}{K}$ は資本ストックの成長率すなわち資本蓄積率を表す。したがって，この式は資本蓄積率が（利潤率×資本家の貯蓄性向）に等しいことを示している。資本蓄積率を g で表すと，資本蓄積率と利潤率と資本家の貯蓄性向との間に次の(3-11)式で示す関係が成り立つ。(3-11)式は経済成長にかかわる変数である資本蓄積率と，所得分配にかかわる変数である利潤率とを媒介するという重要な役割を果たしており，**ケンブリッジ方程式**＊と呼ばれる。

$$g = sr \qquad (3-11)$$

賃金所得からも貯蓄が行われると仮定した場合も，このケンブリッジ方程式の形は，変化しないことが知られている。つまり資本蓄積率に影響を及ぼすのは，利潤所得からの貯蓄率である（Pasinetti [1962]）。

今のケースでは利潤率 $r = 0.5$，貯蓄性向 $s = 0.5$ で不変なので，(3-11)式は，$g = 0.25$ となる。資本蓄積率は 25％であり，つまり1期当たり 25％で資本ストックは増加していく。

(3) 再生産条件

(3-9)(3-10)式から次の式を導くことができる。

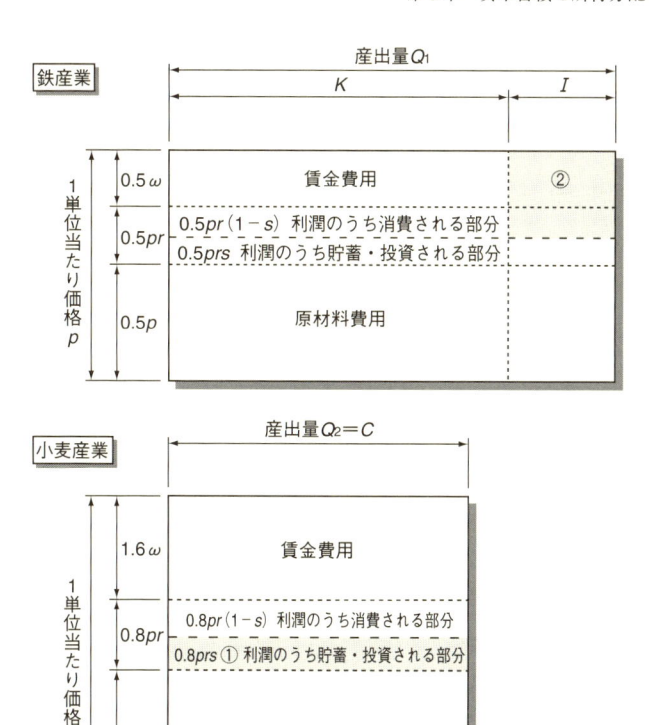

図3-2 鉄産業と小麦産業の産出額の費用構成

鉄産業

産出量 Q_1 ／ K ／ I

1単位当たり価格 p:
- 0.5ω 賃金費用 ／ ②
- $0.5pr(1-s)$ 利潤のうち消費される部分
- $0.5prs$ 利潤のうち貯蓄・投資される部分
- $0.5p$ 原材料費用

小麦産業

産出量 $Q_2 = C$

1単位当たり価格 1:
- 1.6ω 賃金費用
- $0.8pr(1-s)$ 利潤のうち消費される部分
- $0.8prs$ ① 利潤のうち貯蓄・投資される部分
- $0.8p$ 原材料費用

$$0.8srC = (1 - 0.5 - 0.5sr)I \qquad (3\text{-}12)$$

$$(\text{あるいは、} 0.8C = (1 - 0.5 - 0.5sr)K)$$

この(3-12)式は，商品市場の需給一致を維持するための条件を表しており，**再生産条件***と呼ばれる。再生産条件は『資本論第2巻』の「再生産表式論」と呼ばれる論考（Marx［1885］第20, 21章）において明らかにされた。マルクスなど古典派経済学者は，長期的成長（すなわち資本ストック量の変化をともなう成長）を保証するための諸条件の1つとして，再生産条件を位置づけたが，短期的調整（すなわち資本ストック量が不変とみなせる期間における調整）を考察する上でも，(3-12)式は重要な含意を持つ。この式の持つ含意を，図3-2

を使って明らかにしよう（再生産条件に関する以下の説明と図3-2はBhaduri［1986］を参考にしている）。

図3-2に示す2つの長方形は，鉄産業，小麦産業それぞれの産出額の大きさを面積で示している。長方形の横方向の長さは産出量を示し，縦方向の長さは1単位当たりの価格を示している。(3-1)(3-8)式から鉄の産出量は $Q_1 = K + I$ である。つまり，鉄産業は，原材料としての鉄の補填分 K と追加分 I とを産出しなければならない。(3-2)式から，小麦の産出量は $Q_2 = C$ である。(3-4)(3-5)式から，鉄1単位当たりの価格 p は，原材料費用 $0.5p$ と利潤 $0.5pr$ と賃金費用 0.5ω との合計である。このうち，利潤は貯蓄され投資される部分 $0.5prs$ と消費される部分 $0.5pr(1-s)$ に分かれる。小麦1単位当たりの価格は1であるが，これも上記と同様の部分から構成されている。

再生産条件 (3-12)式の両辺に p を乗じる。その左辺 $0.8prsC$ は，図3-2の①に示す部分の面積に相当する。一般的な言葉で表すと「消費財生産部門の資本財追加額」である。右辺 $(p - 0.5p - 0.5prs)I$ は，図3-2の②に示す部分の面積に相当する。一般的な言葉で表すと「資本財生産部門の賃金支払額の追加部分と資本家消費額の追加部分」である。再生産条件(3-12)式は，図3-2の①に示す部分の面積と②に示す部分の面積とが等しいことを意味している。すなわち，商品市場の需給一致を維持するためには，この2つの部分の面積が等しくならねばならない。

以上述べたことは，長期的成長に関して再生産条件が持つ含意である。次に，短期的調整に関して再生産条件が持つ含意を説明しよう。上記の経済成長モデルでは，説明を簡単にするために，機械設備や工場建物などの固定資本ストックは捨象している。資本ストック量は不変のまま行われる短期的調整においては，固定資本ストックの稼働率の変化が重要な役割を果たす。以下で，短期的調整に言及する場合には，固定資本ストックが存在すると仮定して説明を行う。稼働率が変化する場合，賃金・利潤曲線の位置がシフトすることに留意しなければならない。このシフトは前章の図2-5で示した労働生産性が変化する場合と類似したメカニズムによって起きる。

図3-2を使うと，何らかの一時的ショックによって生産部門間のバランスが崩れ**再生産条件***が成り立たなくなったときに，それを回復させる短期的調整方法には2つあることが理解できる。たとえば，何らかの要因により投資量

I が増加したとしよう。この場合，図3-2の②に示す部分の面積が増加するので，再生産条件が成立するためには，図3-2の①に示す部分の面積も増加しなければならない。①に示す部分の面積の増加は，次の2つの方法のいずれか，あるいは2つのミックスによって，達成される。第1の方法は，利潤率 r は不変のまま，消費量 C を増加させることである。これは前章第2節で説明した**数量調整**[*]にほかならない。投資量 I が1単位増加したとき，消費量 C は $\frac{1-0.5-0.5sr}{0.8sr}=1.875$ 単位増加する（これはケインズが明らかにした**乗数**[*]**過程**にほかならない。ケインズの考え方については第9章で詳しく説明される）。数量調整が機能するためには，消費財生産部門は不完全稼働状態にあり，生産能力の余裕が存在することが前提となる。消費財生産部門が完全稼働状態にあるなどの理由により，数量調整が機能しない場合，つまり消費量 C を増加させることができない場合には，次の第2の方法が有効性を持つ。それは利潤率 r を増加させることである。前章で述べたように，利潤率と賃金率は相反関係にあるから，利潤率の増加によって賃金率は低下し，また価格も変化する。したがって，この第2の方法は**価格調整**[*]である。商品市場の需給一致を回復させる短期的調整には数量調整と価格調整とがあることを，再生産条件は示している。

(4) 成長経路

(3-9)式によると，$I = 0.25K$ であるから，投資 I の成長率と資本ストック K の成長率は等しい。たとえば投資が2倍になると，資本ストックも2倍になる。また，(3-12)式から，$C = 1.825 I$ となるので，消費の成長率も資本ストックの成長率に等しい。GDPは消費と投資の合計であるので，GDPの成長率つまり経済成長率も同じ率になる。このように経済の各部門が等しい率で拡大するような経済成長のパターンは**均斉成長**（proportional growth）と呼ばれる。(3-1)～(3-8)式からなる連立方程式を解いて，各変数の値を求めることにより，均斉成長であることを確かめよう。

(3-8)式の $K = 8$ を(3-9)式に代入すると，$I = 2$ が求まる。これを(3-10)式に代入すると，$C = 3.75$ が求まる。(3-2)式から $Q_2 = 3.75$ である。さらに(3-8)式から，$Q_1 = 10$ である。価格と賃金率は(3-4)(3-5)式の価格方程式から導かれ，$p = 0.5$，$w = 0.25$ である。第1期の生産は表3-3のように行われることがわかる。

表3-3　第1期の産業連関表

	鉄産業	小麦産業	消費	投資	産出量
鉄	5kg	3kg	0	2kg	10kg
小麦	0	0	3.75kg	0	3.75kg
労働量	5時間	6時間			

表3-4　第2期の産業連関表

	鉄産業	小麦産業	消費	投資	産出量
鉄	6.25kg	3.75kg	0	2.5kg	12.5kg
小麦	0	0	4.6875kg	0	4.6875kg
労働量	6.25時間	7.5時間			

表3-5　各経済変数の時間的推移

	第1期	第2期	第3期
消費量　(C)	3.75	4.6875	5.859375
投資量　(I)	2	2.5	3.125
GDP　($C+Ip$)	4.75	5.9375	7.421875
資本量　(K)	8	10	12.5
労働量　(N)	11	13.75	17.1875
鉄の価格(p)	0.5	0.5	0.5
賃金率　(ω)	0.25	0.25	0.25
利潤率　(r)	0.5	0.5	0.5

　投資が行われる結果，第2期当初の資本ストック量は$K_{t=2}=K_{t=1}+I_{t=1}=8+2=10$kgとなる。これを(3-8)式として採用して，8本の連立方程式を解くと，表3-4に示すように第2期の生産が明らかになる。価格方程式の(3-4)(3-5)式には他の変数は含まれていないので，価格と賃金率は第2期以降も第1期の値のまま変化しない。

　投資が行われる結果，第3期当初の資本ストック量は$K_{t=3}=K_{t=2}+I_{t=2}=10+2.5=12.5$kgとなる。第3期以後も上記と同様のプロセスが繰り返される。こうして，投資と資本蓄積を介して，表3-5に示すように各経済変数の値は変わる。このように各経済変数が時間の経過とともにたどる経路は，総体としてみる場合，**成長経路**あるいは**蓄積軌道**とも呼ばれる。

　表3-5に示す通り，消費量，投資量，GDPのいずれも1期当たり25％で成長しており，このモデルの経済成長パターンは**均斉成長**であることがわかる。このことは，何らかの社会的関係により利潤率が不変に維持されるという仮定

と，技術変化がないという仮定とに強く依存している。たとえば，利潤率ではなく利潤シェアが不変に維持されるという仮定と，産業によって不均等な労働生産性上昇があるという仮定とを採用する場合は，均斉成長にはならない（宇仁［1998］）。

また，このモデルでは，技術変化はなく労働生産性は不変であると仮定しているので，労働量Nの成長率も産出量の成長率と等しく，25％である。すなわち，労働量Nの成長率をnで表すと次式が成立している。

$$n = g \tag{3-13}$$

3. 資本蓄積と所得分配との結びつき

(1) 賃金率，利潤率，資本蓄積率，労働需要成長率の連関

賃金率と利潤率との相反関係を表す**賃金・利潤曲線**＊を，**価格方程式**の(3-4)(3-5)式から導くと次のようになる。

$$\omega = \frac{5(r-1)}{4(r-3)} \tag{3-14}$$

前章の第3節で説明したように，賃金・利潤曲線上の各点は，生産した生産物すべてを購入する購買力を国民全体に配分することを可能にする賃金率と利潤率の組合わせを示している。この曲線は右下がりであり，左上方にいくほど，賃金率は大きく利潤率は小さくなる。つまり所得分配において，賃金シェアは大きく，利潤シェアは小さくなる。逆に，この曲線上を右下方にいくほど，賃金率は小さく利潤率は大きくなる。つまり，現実の賃金率と利潤率の組合わせが，(3-14)式で表される賃金・利潤曲線上のどこに位置するかということが，所得分配がどのように行われているかということを示す。しかし，以下に示すように，所得分配は，経済成長と密接に結びついているので，成長する経済に関しては，**所得分配**＊の決定を**経済成長**と切り離して議論することはできない。

図3-3に示すように，縦軸上方向を**賃金率**＊ω，横軸右方向を**利潤率**＊r，縦軸下方向を**資本蓄積率**g，横軸左方向を**労働需要成長率**nとする平面を考える（Harris［1978］，Flaschel［1993］）。第1象限には(3-14)式で示される賃金・利潤曲線が右下がりの曲線として描かれる。第4象限には，(3-11)式のケンブリ

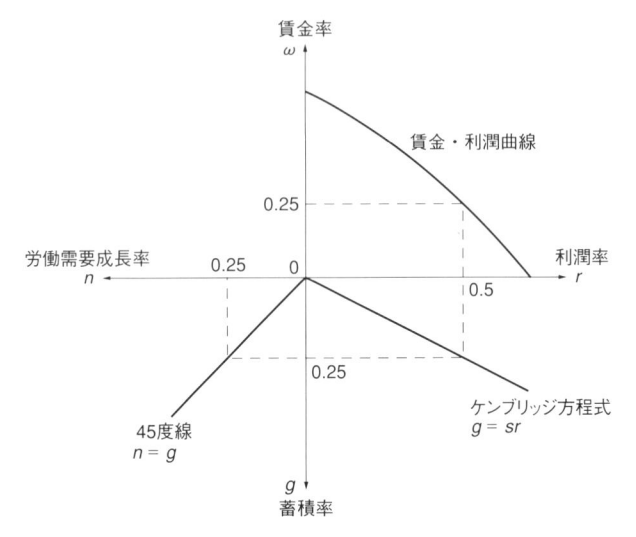

図3-3　資本蓄積と所得分配との結びつき

ッジ方程式つまり資本蓄積率と利潤率との関係を示す直線 $g = sr$ が描かれる。今のケースでは $s = 0.5$ であるから，この直線は原点を通り，約27度の傾きを持っている。第3象限には(3-13)式つまり労働需要成長率＝資本蓄積率という関係を示す直線 $n = g$ が描かれる。この直線は原点を通り，45度の傾きを持っている。

賃金率 ω，利潤率 r，資本蓄積率 g，労働需要成長率 n という4つの変数は，この図によって結びついていることがわかる。たとえば，前節で仮定したように，利潤率が何らかの社会的関係によって，$r = 0.5$ に決定される場合，$\omega = 0.25, g = 0.25, n = 0.25$ になる。図3-3から容易にわかるように，この利潤率が大きくなると，賃金率は低下するが，資本蓄積率と労働需要成長率は上昇する。逆に利潤率が小さくなると，賃金率は上昇するが，経済成長率と労働需要成長率は低下する。つまり，利潤率の上限と下限の範囲内に限定されてはいるが，これら4つの変数の間には多種の組合わせが可能であることを図3-3は示している。多くの組合わせのうち，どの組合わせが実際に実現するのかについては，図3-3に表現されている諸関係つまり(3-11)(3-13)(3-14)式だけで決めることができない。所得分配と経済成長とを決定するには，もう1つ別の関係を考慮に入れなければならない。その第1の選択肢は経営者の投資行動

を規定する関係である。この関係は，**投資関数***として表現され，投資関数とケンブリッジ方程式との交点で，利潤率と蓄積率が確定する。この考え方はケインズ派が採用している。第2の選択肢は，完全雇用を議論の前提におくことである。この考え方は新古典派が採用している。第3の選択肢は労使の力関係を導入することである。労使の力関係にもとづいて前章の図2-7で説明したように，賃金・利潤曲線上で賃金率と利潤率とが確定する。この考え方はマルクス派が採用している。

(2) ケインズ派の考え方——投資の貯蓄からの独立

　先に説明した経済モデルにおいては，投資と貯蓄に関して次のように仮定された。「仮定2：利潤所得の半分が消費財の購入に使われ，残り半分が貯蓄され，この貯蓄のすべてが投資に使われる」。このような仮定をおくと，利潤所得からの貯蓄と投資は恒常的に等しくなる。つまり(3-9)式の $I = sKr$ という関係は，貯蓄を決定する式であるとともに投資を決定する式でもある。

　しかし，よく考えると，この仮定は現実的ではない。以下に述べるように，特に20世紀以降の資本主義においては現実性を欠く。第2章第2節で説明したように19世紀の**原子的競争***下では，各企業の規模は小さく，各企業が有する固定資本ストックも小規模であった。それゆえ，投資資金の大部分は，利潤を中心とする企業の内部資金から支出された。小規模設備であるから建設期間も短く，投資決定と投資完了との時間差も短かった。したがって，現在時点の投資は，貯蓄を介して現在時点の利潤にほぼ従属していると考えることができた。つまり19世紀においては「利潤が投資を支配」した。しかし20世紀に確立した大企業間の**寡占的競争***においては，利潤所得からの貯蓄と投資との関係は大きく変容する。固定資本ストックは巨大化したので，投資資金は，大企業といえども内部資金（利潤）だけでは足りず，銀行からの借入など外部資金の調達を必要とした。したがって利潤と投資との金額的乖離は拡大した。また巨大設備は建設期間も長いので，投資の決定は，設備が稼働する時点よりも数年前に行わなければならない。したがって投資を決定するにあたり，数年先の利潤予想が必要になる。投資量を左右する要因として，将来の期待利潤の役割が高まり，現在時点での利潤の役割は弱まる。結局，経営者が投資量を決定するさいに，利潤からの貯蓄量に制約される度合は19世紀と比べると小さく

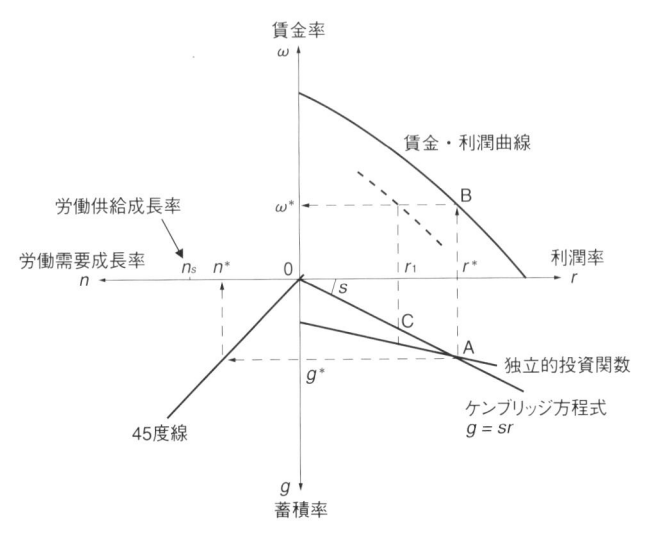

図3-4 ケインズ派の考え方

なった。つまり，19世紀において投資は利潤所得からの貯蓄に支配されていたが，20世紀以降，投資は貯蓄から独立する傾向が強まった。

このような投資行動は，**独立的投資関数**として表現される。経営者の投資行動を左右する諸要因としては，現在の利潤，将来の期待利潤，経済成長率，借入資金の利子率，設備の稼働率など多数の要因がある。独立的投資関数の標準的な定式化はいまだに確立されていない。よく使われるものとしては利潤原理型投資関数，加速度原理型投資関数などがある。簡単な利潤原理型投資関数は，投資Iを左右する要因として現在の資本ストックKと利潤所得Πを考慮し，$I = aK + b\Pi$の形で表される。aとbは定数であり，経営者の**アニマル・スピリッツ**の状態を表す。aやbの値が大きいほど，経営者の投資意欲は強い。このような利潤原理型投資関数を採用する場合，先に説明した経済成長モデルにおける**仮定1**つまり$r = 0.5$は放棄され，**仮定2**は次のように修正される。「**仮定2a**：利潤所得の半分が消費財の購入に使われ，残り半分が貯蓄される。この貯蓄の決定とは独立に，投資は決定され，投資 = $aK + b$×利潤所得である」。上記の投資関数の両辺をKで除すと，$\frac{I}{K} = a + b\frac{\Pi}{K}$となり，資本蓄積率$g$と利潤率$r$を使って表すと，投資関数は次式のようになる。

$$g = a + br \qquad (3\text{-}15)$$

　$a>0, b<s$を仮定して，(3-15)式で示される直線を，図3-3に追加すると図3-4のようになる。$a>0, b<s$の場合，(3-15)式で示される独立的投資関数は，(3-11)式で示されるケンブリッジ方程式と第4象限で交わり，交点Aを持つ。独立的投資関数は資本家の投資計画と整合する資本蓄積率を表す。ケンブリッジ方程式は資本家の貯蓄計画と整合する資本蓄積率を表す。この交点Aにおいて貯蓄計画量と投資計画量は一致する。また何らかの原因でこの交点から乖離したとしてもこの交点に復帰する性質を持つ。たとえば，何らかの一時的ショックにより利潤率がr_1に低下し，資本蓄積率も低下した場合に，どのような短期的調整が生ずるかを考えよう。C点のように交点Aよりも左側の領域では，投資計画量が貯蓄計画量を上回る。このとき，過剰生産能力が存在する場合には産出量の上昇，稼働率の上昇という**数量調整***を通じて，投資量と貯蓄量の一致がもたらされる。この調整過程で，第1象限では，次のような賃金・利潤曲線のシフトが起きる。一時的ショックにより稼働率が低下すると，図3-4の点線に示すように賃金・利潤曲線は左方向にシフトする。数量調整を通じて稼働率が上昇するのに応じて，右方向にシフトして元の位置に戻る。この調整過程で利潤率は上昇し，r^*に復帰するが，賃金率は変化しない。このような数量調整による産出量と利潤率の変化を通じて交点Aに復帰する。この交点Aよりも右側の領域ではこれと逆の短期的調整プロセスが現れ交点Aに復帰する。この意味でこの交点Aは短期的に**安定***である（Bhaduri［1986］参照）。また，独立的投資関数とケンブリッジ方程式とが交点を持つとしても，$b>s$の場合は，この交点は短期的に**不安定***である。つまり，何らかの原因でこの交点から乖離したとき，この交点からますます遠ざかる短期的調整が生ずる。この場合，数量調整過程は発散し，利潤率と資本蓄積率とは一定の値に収束しない。

　独立的投資関数とケンブリッジ方程式とが交点を持つかどうか，またその交点が安定か不安定かについては，独立的投資関数の係数の値だけでなく，独立的投資関数をどのように定式化するかにも依存している。次の節で述べるように加速度原理型投資関数を採用する場合には交点は不安定になる可能性が高い。しかし，この節以下の説明では，図3-4に示すように，投資関数とケ

ンブリッジ方程式との安定的な交点が存在すると仮定して考察を深めよう。

ケインズ派は,第4象限における投資関数とケンブリッジ方程式との交点で利潤率と資本蓄積率が決定することから議論を出発させる。そして図3-4の点線で示すように,次の2つの連関を通じて,労働需要成長率と賃金率が決定される。第1の連関は,交点→資本蓄積率g^*→労働需要成長率n^*という時計回りの連関である。第2は,交点→利潤率r^*→賃金率ω^*という反時計回りの連関である。このようにして決まる労働需要成長率n^*が,労働供給成長率n_sに等しいという保証は何もない。$n^* < n_s$の場合は失業が増加していく。

利潤所得に占める貯蓄の割合が増えたとき,つまり「資本家の貯蓄性向」sの値が大きくなったとき,利潤率や資本蓄積率がどのように変化するかを考えよう。図3-4において,ケンブリッジ方程式の傾きがsである。sの値が大きくなると,ケンブリッジ方程式は時計回りの方向に動くことになる。独立的投資関数は動かないとすれば,ケンブリッジ方程式と独立的投資関数との交点Aの位置は,左上方に動く。すなわち,利潤所得に占める貯蓄の割合が大きくなると利潤率も資本蓄積率も低下する。これは節約は個人にとってはよいことであるとしても経済全体に対しては悪影響をもたらすという**節約のパラドックス★**を示す。

次に,資本家の投資意欲つまり**アニマル・スピリッツ**が高まるとき,利潤率や資本蓄積率がどのように変化するかを考えよう。資本家の投資意欲が高まるということは,独立的投資関数$g = a + br$の傾きを示すbの値の増加,あるいは切片に関係するaの値の増加を意味する。いずれの場合でも,図3-4において,ケンブリッジ方程式と独立的投資関数との交点Aの位置は,右下方に動く。すなわち,資本家の投資意欲が高まると利潤率も資本蓄積率も上昇する。これは「投資が利潤を支配する」ことを示している。

上記の経済成長モデルでは政府部門は捨象されているが,独立的投資関数には政府が行う公共投資も含むと仮定すると,政府投資の増加がもたらす効果が明らかになる。政府投資の増加によって,次章の図4-4に示すように,独立的投資関数がシフトし,ケンブリッジ方程式と独立的投資関数との交点Aの位置は,右下方に動く。すなわち,政府投資が増えると利潤率も資本蓄積率n^*も上昇する。また,**労働需要成長率**n^*も高まるので,失業を減らす効果もあることがわかる。

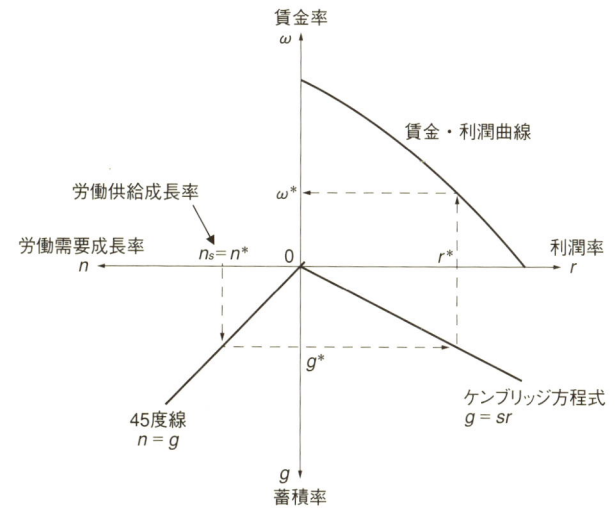

図3-5 新古典派の考え方

(3) 新古典派の考え方——完全雇用安定成長

新古典派では，次章で詳しく説明するように，**新古典派生産関数**と呼ばれる特殊な生産技術を仮定する。つまり「資本」と労働の比率すなわち資本集約度が滑らかに変化可能で，しかも「資本」と労働双方に関して収穫逓減となる生産技術を仮定する（したがって厳密にいうと，第1象限の賃金・利潤曲線の形状が図3-5とは異なる）。その上で，「労働市場での供給超過→賃金率低下→企業は資本集約度の低い技術に転換→労働需要の増加」というメカニズムを仮定して，存在するすべての労働力が完全利用されると主張する。先に説明した経済成長モデルにおける**仮定1**つまり $r = 0.5$ は放棄され，その代わりに，労働供給成長率 n_s ＝労働需要成長率 n^* という式が導入される。したがって所得分配と経済成長にかかわる一連の変数は，図3-5の点線で示すように決定される。人口成長率などに規定される労働供給成長率 n_s に等しくなるように労働需要成長率 n^* の値が左の横軸上で，最初に決まる。そして労働供給成長率 n_s ＝労働需要成長率 n^* →資本蓄積率 g^* →利潤率 r^* →賃金率 ω^*，という反時計回りの連関を通じて各値が同時決定される。また新古典派の主張によれば，貯蓄と投資のギャップは金融市場での利子率変動を通じて解消されるので，常

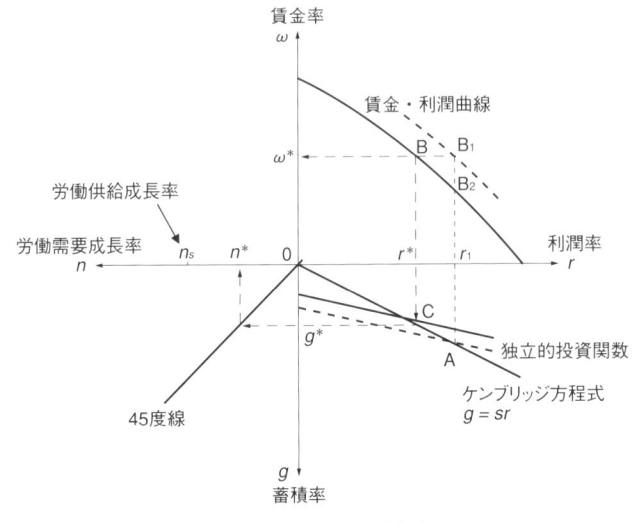

図3-6 マルクス派の考え方

に投資は貯蓄に等しい。したがって，新古典派の考えでは，独立的投資関数は存在しえないので，独立的投資関数の形状に起因する不安定性もありえない。ソロー・モデル*に代表される新古典派成長モデルは完全雇用を維持した安定的な経済成長経路を描いている。新古典派成長モデルが採用する仮定「労働市場での供給超過→賃金率低下→企業は資本集約度の低い技術に転換→労働需要の増加」には，資本主義における企業行動とは矛盾する主張が含まれている。この点については次章第4節で説明する。

(4) マルクス派の考え方──労使の力関係の重要性

マルクス派は，労働市場における需給ギャップに応じた市場的調整や賃金決定に関する諸制度に支えられた制度的調整を通じて，前章の図2-7に示したように賃金率と利潤率とが決定されると考える。すなわち，まず第1象限の賃金・利潤曲線上の点Bが特定化されることから議論を出発させる。先に説明した経済成長モデルにおける**仮定1**つまり$r = 0.5$は放棄され，その代わりに，たとえば，労使の力関係などにもとづいて，賃金シェアが不変に維持されるとの仮定が導入される（Foley and Michl［1999］，宇仁［1998］）。マルクス派の考え方によれば，賃金率と利潤率の組合わせ（ω^*, r^*）→資本蓄積率g^*→労働需要

成長率 n^*,という時計回りの順序で値が決定されていく。このように決定される労働需要成長率は,当然,労働供給成長率と等しくなるとはかぎらず,失業が増加する可能性がある。またマルクス派はケインズ派と同様に独立的投資関数の存在を認める。しかし,独立的投資関数とケンブリッジ方程式との交点で決定される利潤率 r_1 と,賃金・利潤曲線上の特定の点で決定される利潤率 r^* とが異なる場合,前者を実現させるためには,労使の力関係の変更が必要であると捉える点がケインズ派と異なる。この労使の力関係の変更が困難であるときは,独立的投資関数とケンブリッジ方程式との交点で決定される利潤率 r_1 の実現は困難である(Harris[1978] Chap.10)。たとえば,資本家の投資意欲が高まったことにより,図3-6の点線に示すような位置に独立的投資関数がシフトした場合を考えよう。独立的投資関数とケンブリッジ方程式との交点で決定される利潤率 r_1 は利潤率 r^* よりも大きい。労使の力関係にもとづいて,いったん利潤率 r^* が成立したとして,利潤率 r_1 への移行が実現するかどうかを検討しよう。つまり,ケインズ派の考え方の説明でふれたような,C点からA点へ向かう短期的調整が作用するかどうかを,不完全稼働状態のケースと完全稼働状態のケースとに分けて検討しよう。

不完全稼働状態のケースでは,**数量調整***が作用して,産出量と稼働率の上昇が生じる。稼働率上昇に応じて,賃金・利潤曲線は右方向にシフトする。つまり第4象限においてC点からA点へ向かう調整は,第1象限においてB点から B_1 点へ向かう調整をともなう。この調整過程で賃金率は変化しないので,このケースでは短期的調整を妨げる問題は起きにくい。

一方,完全稼働状態のケースでは,数量調整は機能せず,**価格調整***が作用するはずである。つまり第4象限においてC点からA点へ向かう調整は,第1象限においてB点から B_2 点へ向かう調整をともなう。B_2 点の賃金率はB点よりも低いので,これは利潤率引上げと賃金率引下げをもたらす調整である。しかし,このような価格調整は,実現可能であろうか。

第4象限においてC点からA点へ向かう調整は,資本蓄積率を高めるので,第3象限を通じて,労働需要成長率を高める。このように労働需要成長率が高まる局面においては,第1章の最後で説明した**失職コスト***が低下する。これは資本家の力を弱め,労働者の交渉力を高める方向に作用するはずである。したがって,このような局面において,賃金率引下げを実現するには,資本家の

力を強めるような方向での，何らかの方策が必要となる。それがないかぎり，B点からB₂点へ向かう調整は進行せず，利潤率はr^*のまま上昇しないことになるだろう。そのとき，賃金率はω^*のまま維持されるだろう。実質賃金率ω^*は不変であるが，名目賃金率と商品価格についてはともに上昇する可能性が高い。なぜなら，C点では投資財の需要量が供給量を上回っているが，数量調整が機能しないので，この需給ギャップは投資財価格の上昇を引き起こす。これは消費財の生産コストの増加要因となり，消費財価格も上昇する。消費財価格の上昇による実質賃金の低下を阻止するために，労働者は名目賃金率の引上げを要求する。このようにして，名目賃金率と商品価格とがともにスパイラル的に上昇する中で，実質賃金率ω^*が不変に維持される。

結局，このケースでは，数量調整も価格調整も機能せず，第4象限においてC点からA点へ向かう調整は進行しない。資本蓄積率と利潤率はC点が示す値のまま維持される。投資意欲を高めた資本家は，投資の増加を計画するが，それは実現せず，投資計画と実行とのギャップは残り続ける。また，労働需要成長率も低いままにとどまる（Marglin［1984］Chap.20 参照。また第10章で説明される**インフレーションのコンフリクト理論**★もこのように数量調整も価格調整も進行しない状況を描いている）。

ケインズ派が主張するように，経済の長期的成長を決定づける主な要因の1つは，資本家の投資意欲である。経済成長率は雇用の成長にも関連しており，投資は，雇用の決定要因の1つでもある。しかし，独立的投資関数で表現される資本家の投資計画の実現は，労使の力関係によって制約されることもありうるのである。マルクス派の考え方によれば，「投資が利潤を支配する」というケインズ派の命題は無条件には成り立たない。「投資が利潤を支配する」ためには，「資本が労働を支配する」ことが前提条件として必要となる。**資本蓄積**★（資本蓄積率）と**所得分配**★（**利潤率**★）の決定には，資本家の投資意欲と並んで，労使の力関係が重要である。

投資の変化は，経済全体の短期的調整を引き起こし，その調整過程で所得分配が変化する。その際，所得分配をめぐる労使間の利害対立が生じることにより短期的調整が進行せず，投資の実行が妨げられる場合がある。したがって，この利害対立を抑制する制度的仕組みが，経済の短期的調整と長期的成長にとって重要である。つまり，価格調整や数量調整という**市場による調整**に加えて，

制度を通じた**非市場的調整**も，経済の短期的調整において重要な役割を果たしうるのである。このように，マルクス派の考え方にもとづくと，経済の長期的成長は，賃金制度や雇用制度などの諸制度に依存するという側面が明らかになる。諸制度と経済成長との結びつきについては第13章で詳しく説明される。

4．マクロ経済の不安定性

(1) ハロッドの不安定性原理

　前節のマルクス派の考え方の説明において，数量調整も価格調整も進行せず，名目賃金率と商品価格とがともにスパイラル的に上昇するケースに言及した。このケースは，マクロ経済において価格面の不安定性が生ずる可能性があることを示している。また，前節のケインズ派の考え方の説明において，独立的投資関数の傾きによっては，数量調整過程は発散し，利潤率と資本蓄積率とは一定の値に収束しないケースが生ずることにふれた。このケースは，数量面の不安定性を示している。前節の説明では，独立的投資関数として利潤原理型投資関数を採用したが，本節では，より現実的な加速度原理型投資関数を採用して，マクロ経済において数量面の不安定性が生ずるメカニズムをさらに詳しく説明する。そして経済調整の分権性が，この不安定性をもたらす要因の1つであることを指摘する。この点は**分権的経済調整**の持つデメリットであるが，効率性という面でメリットも持つことを説明する。その上で，不安定性を抑制する方策について検討する。

　単純な利潤原理型投資関数は，投資の説明変数として現在時点の利潤と資本ストックしか含んでいないので，20世紀以降の投資行動の特徴を十分に表していない。前節でも述べたように，20世紀に入ると生産設備は巨大化し，その建設期間も長いので，投資の決定は，設備が稼働する時点よりも数年前に行われる。したがって数年先の期待利潤や期待産出量が投資量に大きな影響を及ぼす。また，投資は生産能力の増加をもたらすので，投資量は産出量の水準に比例して変化すると捉えるよりも，産出量の増加幅に比例して変化すると捉える方が適切である。**加速度原理**[*]と呼ばれる以上のような考え方を表現した独立的投資関数が加速度原理型投資関数である。加速度原理型投資関数の場合には，以下に説明するようにマクロ経済は不安定になる可能性が高い。ハロッド

(R. F. Harrod) はこの不安定性を次の3つの命題で表現した。①投資決定に関して資本家が満足する産出成長率がただ1つ存在する（これは「保証成長率」と呼ばれる）。②この保証成長率は不安定である，つまり現実成長率の保証成長率からの乖離は，乖離幅を増やす力を生み出す。③保証成長率が労働供給成長率（「自然成長率」と呼ばれる）と一致するような「黄金時代」はありそうにない。この3つの命題は**ハロッドの不安定性原理***と呼ばれ，分権的システムである資本主義が持つ根本的特徴を表現している。分権的な投資決定が，どのようにしてマクロ経済の不安定性を生み出すのか。この点を中心に，簡単なモデルを使って説明する（モデルの着想は Harrod［1939］にもとづく。期待形成を含む定式化は Sen［1970］による）。

加速度原理型投資関数は次式で表される。

$$I_t = a(Y_t^e - Y_{t-1}) \tag{3-16}$$

年初に投資が行われる時点では，資本家は当該年の GDP を知りえない。したがって，資本家は GDP の期待値 Y_t^e と，既知の前年の GDP である Y_{t-1} との差に比例した投資を行うことをこの式は示している。a は資本係数などによって決まる定数である。

次に資本家の期待形成，つまり，将来の予想がどのように行われるかを定式化しよう。資本家は GDP 成長率つまり経済成長率の期待値を次のような手続きで予想すると考える。現実成長率 $g_t = \dfrac{Y_t - Y_{t-1}}{Y_t}$ が期待成長率 $g_t^e = \dfrac{Y_t^e - Y_{t-1}}{Y_t^e}$ を上回るときは期待成長率をプラス方向に修正し，現実成長率が期待成長率を下回るときは期待成長率をマイナス方向に修正する。次式で示されるこのような期待形成の手続きは**適応型期待形成***と呼ばれる。定数 b の大きさは，期待を修正する度合いを表す。

$$g_{t+1}^e = g_t^e + b(g_t - g_t^e) \tag{3-17}$$

また，利潤シェアを π で表すと，利潤は πY である。さらに資本家の貯蓄性向を s とすると貯蓄は $s\pi Y$ となり，貯蓄と投資が等しい場合，次の式が成り立つ。

$$I_t = s\pi Y_t \quad \text{あるいは} \quad Y_t = \frac{1}{s\pi} I_t \tag{3-18}$$

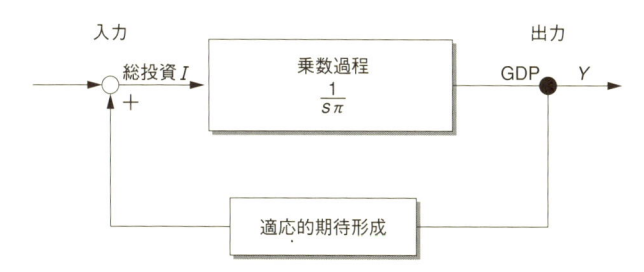

図3-7　加速度原理型投資関数を採用した場合の経済モデル

s も π も，1より小さい正の値であるため，$\frac{1}{s\pi}$ は1よりも大きな値となる。この値は**乗数**★と呼ばれる。投資という行為は，資本財の産出量だけに関係しているのではなく，図3-2に示したように，資本財生産部門の賃金支払を通じて，消費財の需要量や産出量ともつながっている。(3-18)式は，数量調整が作用する場合，投資が行われると，経済全体としては投資量 I_t の $\frac{1}{s\pi}$ 倍の産出量がもたらされることを示している（乗数が作用する過程については，第9章第5節で詳しく説明される）。

前節で採用した利潤原理型投資関数の場合は，図3-4のように，ケンブリッジ方程式とともに図示することで，安定性を判定することができた。しかし，上記の(3-16)(3-17)(3-18)式からなるシステムは1時点での関係にとどまらないので，図3-4のようなグラフに描くことは困難である。しかし次の図3-7のように，制御工学などでよく使われるブロック線図に表すと安定性が判定できる。図3-7をみると，この3つの式からなるシステムは，入力を総投資，出力をGDPとするいわゆる**フィードバック**★**制御システム**であることがわかる。通常のフィードバック制御システムは出力を目標値に安定的に維持するように設計されている。つまり出力が目標値を超えた場合には，入力を小さくするという調整が行われる。逆に出力が目標値を下回る場合には，入力を大きくするいう調整が行われる。たとえば自動車を一定の目標速度で運転する場合，実際の速度が目標値を上回るとアクセルを緩め，目標値を下回るとアクセルを踏み込む。このような入力の調整は**ネガティブ・フィードバック**と呼ばれる。ところが，図3-7のフィードバック制御システムでは，自動車運転の場合とはまったく正反対の入力の調整が行われている。出力であるGDP成長率が期待成長率を上回ったとき，期待産出量はプラス方向に修正される。これによっ

て入力である投資量は増やされる。逆に，GDP成長率が期待成長率を下回ったとき，期待産出量はマイナス方向に修正される。これによって入力である投資量は減らされる。これは**ポジティブ・フィードバック**と呼ばれる。ポジティブ・フィードバックであることは，図3-7において，フィードバックされた信号が入力に加え合わされる点の近くにある「＋」の文字によって示されている。ポジティブ・フィードバックの場合，システムの運動は不安定となる。自動車の速度調整にたとえると，実際の速度が目標値を上回るときに，アクセルを踏み込み，目標値を下回るときにアクセルを緩めるようなアクセルの操作を行うと，自動車はますます加速して暴走するか，ますます減速して停止するかのどちらかである。つまり，図3-7の場合は，GDPは加速的に増大するか，減少するかのどちらかであり，数量調整過程は収束しない。

　加速度原理型投資関数を表す(3-16)式や期待形成を表す(3-17)式は，個々の資本家の行動や判断つまりミクロレベルの行動や判断を表している。これらはミクロレベルでみると，特に不合理なものではない。経済が現在時点よりも成長すると予想されるときに，投資をして生産能力を増強することは，個々の企業にとっては需要を獲得し，市場シェアを維持拡大するための前提条件である。また，現実成長率が期待成長率を上回ったとき，期待成長率を高めに修正することも，個々の資本家が持つ知識や情報が限定されていることを前提にすると，合理的な判断である。個々の資本家にとっては合理的な投資行動や期待形成が，経済全体の不安定な動きをつくり出してしまう理由はどこにあるかを考えてみよう。第1の理由は，私的利益追求を目的とする分権的投資決定にある。個々の資本家にとって，投資の目的は自己の私的利益追求であり，経済全体の安定的成長という社会全体の利益追求を投資の目的にしているわけではない。また資本主義における経済活動の多くは分権的に行われる。特に投資行為は，資本家個人の判断と責任において分権的に行われる。第2の理由は，個々の資本家の知識や視野が限界を持つ点にある。したがって，分権的に行われる投資行為が，経済全体にどのような影響を及ぼすかについて，個々の資本家は事前には知りえない。この2つの理由によって，ミクロレベルでは合理的な投資行動や期待形成が，収束しない数量調整を通じて，マクロ経済の不安定性につながるのである。ミクロレベルでは合理的な行為が，集計されるとマクロレベルでの不合理な結果をもたらす現象は**合成の誤謬***と呼ばれる。**ハロッドの不安定性**

原理は，分権的システムである資本主義に内在する**合成の誤謬**を表している。

(2) 分権的経済調整の効率性

ハロッドが指摘したマクロ経済の不安定性は，分権的経済システムが持つデメリットの1つである。しかし，分権的経済システムは，経済調整が効率的に行われるというメリットを持つ。つまり，**分権的経済調整**は，他のタイプの経済調整と比べて，調整コストが低く，調整速度も速い。このようなメリットについて深く研究したのはハイエク（F. A. Hayek）である。

ハイエクは，個人の視野や知識が持つ限界性を前提にして，そのような諸個人に，社会全体が必要とする貢献を自発的に行わせるにはどのようなシステムが望ましいかという問題を考察した。たとえば，鉄の生産者にとって重要なのは鉄の生産や販売に関する情報や知識であって，小麦の生産や販売にかかわる情報や知識ではない。鉄の生産者が，鉄以外の他の商品すべてに関する情報や知識を得ようとしても，個人の能力からしてそれは不可能である。つまり「1人の人間は社会全体のちっぽけな部分以上のことを知りえない」（Hayek [1945a]）。このような「1人の人間の知識と関心の構造的な限界性」を前提において，経済学の議論はなされるべきだとハイエクは主張した。つまり，時と場所に特有な状況に関する知識を別々の個人が分散して所有している分権的システムにおいて，彼らの視野の外側に存在する諸必要に，彼らを自発的に貢献させる仕組みとは何かという問題が，経済学の主な問題であるとハイエクは主張した。20世紀においてソビエト連邦などで試みられた「社会主義計画経済」では，中央政府の計画当局がすべての情報や知識を収集し，処理できることを前提として，**集権的な経済調整**が構想されていたが，ハイエクは，そのような前提は幻想であると批判した（また実際，「社会主義計画経済」の実験は失敗した）。ハイエクは分権的経済調整の仕組みとして市場システムを高く評価した。「全体が1つの市場として働くのは，市場の成員たちの誰かが全分野を見渡すからではなくて，市場の成員たちの局限された個々の視野が，数多くの媒介を通して関係ある情報がすべての人に伝達されるのに十分なだけ，重なり合っているからである」（Hayek [1945b]）。たとえば，本章の経済モデルでいうと，鉄の生産者は鉄の生産と販売に関する多くの量的質的情報と知識を持ち，小麦の生産者は小麦の生産と販売に関する多くの量的質的情報と知識を持って

いるが，両者が共有している情報はただ1つである。それは鉄と小麦の交換比率すなわち価格という量的情報である。このように少数の量的情報の共有にもとづいて経済調整が行われるので，市場による調整は効率的であり，また「世界市場」と呼ばれるように世界的広がりを持ちうるのである。

市場による**調整**の仕組みを，情報の交換と共有に着目して，詳しくみてみよう。典型的な市場による調整では，供給者と需要者の間での事前の情報のやりとりや協議は存在しない。つまり諸経済主体間の結びつきは，情報交換や協議という形での直接的な結びつきではない。すべての結びつきは，市場を介した間接的な形をとる。すなわち経済を構成する基本的関係は，供給者と市場との関係と，需要者と市場との関係との2つだけである。

まず，供給者と市場との関係をみてみよう。まず，生産者は自分の持つ情報だけで決定した需要見込みにもとづいて生産を行う。そして，生産が完了した商品を市場に供給すると，市場内部で総供給量と総需要量との対照が行われ，需要と供給のギャップが明らかになる。この需給ギャップの情報が，価格変化や売れ残りという形で，生産者にフィードバックされる。この価格情報と数量情報にもとづいて，生産者は需要見込みを修正し，次期の生産量を修正する。このフィードバックがネガティブ・フィードバックになるケースでは，需給ギャップは縮小していく。このとき市場による調整は**安定**★である。逆にポジティブ・フィードバックになるケースでは需給ギャップは拡大していき，市場による調整は**不安定**★である。どちらのケースになるかは，技術や制度の性格に依存する。

次に，需要者と市場との関係をみておこう。市場による調整において，需要者が得ることのできる情報の大部分は価格情報である。基本機能，基本素材，主要成分，生産国などの基本的な情報以外の，生産活動の質的内容に関する情報の大部分は需要者側に伝達されない。そもそも供給者がこれらの情報を市場に公開しないからである。結局，供給者側から発する情報の伝達という側面で市場の果たす機能とは，生産者側に存在する**質的情報**の大部分を捨象し，生産の効率性に関する情報だけを抽出し，それを価格という一次元の**量的情報**に集約して，需要者側に伝えることである。効率的に生産している生産者の生産物の価格は安く，逆の場合は高くなる。一方，需要者側が市場に対して発信できる情報とは，買うか買わないかという単純な情報だけである。市場はすべての

需要者の買うか買わないかという判断を総需要量という形で集約し、さらにそれを価格変動という形に翻訳して供給者に伝える。需要者はたとえ商品の質的内容に関して詳細な要求を持っていたとしても、それは買うか買わないかということでしか表現できない。需要者側から発する情報の伝達という側面でも、市場は情報を集約して一元化する機能を果たしているのである。

このような価格という形への情報の集約化、一元化によって、経済調整の速度が高まる。他方で、情報の集約化、一元化は、市場による調整が多くの問題を引き起こす根本的原因にもなっている。情報集約化によって、生産の効率性以外の多くの情報、たとえば商品の生産過程や消費過程での自然環境への影響に関する情報は捨象され、需要者側に伝達されない。このことによって自然破壊や環境汚染などが起きる。市場による調整は、**外部不経済***とも呼ばれるこのようなマイナスの効果を生むことがある。このマイナスの効果が大きいケースは**市場の失敗**と表現される。市場の失敗の根本的原因の1つは、情報の不足や情報の非対称という情報問題である。

(3) マクロ経済の安定化

ハロッドが指摘したマクロ経済の不安定性は、どのようにすれば克服できるだろうか。大きく分けて2つの方策が考えられる。第1の方策として、経済全体という立場で行動する経済主体すなわち政府の経済活動が考えられる。マクロ経済の不安定性への対策として、**財政政策***、**金融政策***、**賃金や雇用の安定化策**などがある。たとえば経済成長率が目標値よりも低いときは、政府は公共投資など財政支出を増やし、経済成長率が目標値よりも高いときは、財政支出を減らす。このような政府の活動は、図3-8に示すように、ネガティブ・フィードバックを構成している。このネガティブ・フィードバックはシステムを安定化させる作用を持ち、民間の投資活動が持つ不安定化作用を打ち消す役割を果たすのである。

第2の方策は、**市場による調整**を補完するものとして、**非市場的調整**の役割を高めることである。資本主義における経済調整はもっぱら市場によって行われているのではなく、市場によらない調整も数多くある。これらは**非市場的調整**や**非市場的コーディネーション**と呼ばれる。また非市場的調整の多くは制度によって支えられているので**制度的調整**と呼ばれることがある。代表的な制度

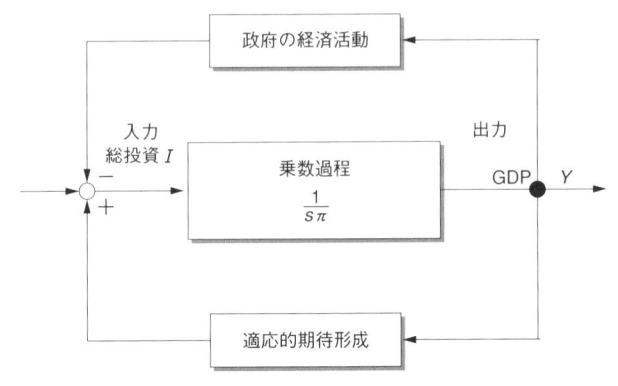

```
        ┌─────────────────────┐
        │    政府の経済活動    │
        └─────────────────────┘
                     入力                          出力
                    総投資 I      ┌──────────┐   GDP    Y
              ─○─────────────────│ 乗数過程 │─────●─────→
                 -                │    1     │
                 +                │   ──     │
                                  │   sπ     │
                                  └──────────┘
        ┌─────────────────────┐
        │    適応的期待形成    │
        └─────────────────────┘
```

図3-8 政府の経済活動を追加した場合の経済モデル

的調整としては，法律として明文化された経済的諸規制がある。たとえば労働基準法や環境保護法などがある。たとえば企業による環境汚染に罰金を課せば，それは生産コストに算入されるので，コスト引下げをめざす企業は，環境汚染を減らす努力を行うだろう。また，法律ではないが，労使交渉を通じて締結される協約や企業間で結ばれる協定なども，経済的活動を調整する役割を果たす制度の1つである。

　市場による調整と非市場的調整との違いは次の2点である。第1に，市場による調整は少数の量的情報だけの交換にもとづくが，非市場的調整は多くの**質的情報**の交換を含んでいる。たとえば，経営者と労働組合との賃金をめぐる団体交渉においては景気の見通しや経営状態や物価の動向など多くの量的質的情報がやりとりされる。第2に，非市場的調整は**事前の協議**というプロセスを含んでいるという点で，市場的調整とは異なる。

　投資決定に関していえば，投資資金の多くを銀行からの借入に依存する場合は，融資に先立って，当該企業と銀行との協議が行われる。銀行は当該企業に関する情報だけでなく，他企業やマクロ経済に関する多くの情報を持っている。したがって，個々の資本家の視野の限界という情報問題はある程度緩和され，投資行動が持つポジティブ・フィードバック効果は小さくなるだろう。

　特に20世紀以降の先進諸国において，市場による調整パターンは変化したし，非市場的調整も顕著になった。20世紀初めに起きた資本主義の「大転換」が，非市場的調整の役割を高めた。K・ポランニー（K. Polanyi）の言葉を借り

ると，いったん社会から自立化しようとした市場経済は，ふたたび社会に埋め込まれた（Polanyi [1944]）。国によって程度の差はあるが，20世紀に先進諸国で起きた経済調整様式の変化は次の4つである。**第1に**，工業製品の多くに関しては，原子的競争にもとづく価格調整から，寡占的競争にもとづく数量調整へと大きく変化した。**第2に**，20世紀に入り労働者の団結権の承認や団体交渉の制度化が進み，賃金と雇用の調整において制度的調整の比重が高まった。**第3に**，第2次大戦後，先進諸国で確立した「福祉国家」では，教育，医療，福祉サービスの多くは，租税を財源として全国民を対象に国家が供給するようになった。**第4に**，1929年の大恐慌等の経験を経て，市場による調整のデメリットが明らかになり，それを補正するための国家による経済への介入が拡充された。経済全体のレベルではケインズ主義的財政政策や，いわゆるセーフティネットの整備等が代表的な例である。また個々の商品市場のレベルでも国家はさまざまな法的規制を通じて経済的調整に介入するようになった。

　このような調整様式の歴史的変化をふまえて，現代資本主義における経済調整を考察すると，現代資本主義はただ1つの調整原理によって一元的に調整されているのではなく，多様な調整が行われている。このような意味での調整の複合性と補完性が，経済全体の運動を規定している（現代資本主義の多様性については，第13章で詳しく説明される）。

　市場システムを高く評価したハイエクとは逆に，市場システムを強く批判したのはマルクスである。先に述べたように市場システムは分権的性格を持つので，各企業の生産は経営者の私的決定にもとづいて独立的に進行する。生産された商品が売れるかどうか，売れて社会的に役立つかどうかは生産時点では不確実である。つまり労働者が労働をするさいに，その労働が社会的意味を持つかどうかが労働者には見えない点をマルクスは強く批判する。モノとモノとが交換されることによって初めて労働の社会的意味を労働者が知るということは，モノとモノとの関係に人と人との関係が従属していることにほかならない。マルクスはこのような**物象化**された社会システムは変革すべきだと考えた。人間がモノによってコントロールされるのではなく，人間がモノの運動をコントロールする社会システムとしてマルクスが構想したのは**アソシエーション★**と呼ばれるシステムである。それは「共同の生産手段で労働し，自分たちのたくさんの個人的労働力を自覚的に1つの社会的労働力として支出する自由な人々

の連合体」である（Marx［1867］第24章第7節）。所有論の視角でアソシエーションをみれば，そこでは資本主義的私的所有によっていったん否定された**個人的所有**がふたたび確立されるとマルクスは考えた。それは自由な個人が出現するからである。このアソシエーションにおける経済調整の仕組みについてマルクスは多くを述べていないが，上記の**非市場的調整**に近いものを想定していたと推測できる。19世紀にマルクスが構想したアソシエーションは全社会的には実現していない。しかし，その一部分は，さまざまな**制度的調整**として，20世紀以降の資本主義に組み込まれ，経済の安定化に寄与している。

5．利潤は誰のものか

　民主主義における国家統治の場合，主権者は国民，最高意思決定機関は国会，執行機関は内閣総理大臣を長とする行政機構である。資本主義における企業統治の場合，形式的には主権者は株主，最高意思決定機関は株主総会，執行機関は社長を長とする管理機構である。つまり企業設立時に資本を提供した株主こそが，企業の正当な所有者であり，企業を統治し，企業活動が生み出す収益である利潤を取得する権限を持つという見解が，資本主義社会で実際に経済活動に携わる人々の日常的認識となっている。しかし，この日常的認識は果たして正当性を有しているであろうか。第1節の経済成長モデルを使って検証してみよう。

　歴史的事実によれば，暴力を用いて農民から土地など生産手段を切り離すことによって，資本家が持つ原初の資本ストックは形成されたケースが多い（このようなプロセスは**資本の原始的蓄積**と呼ばれる）。しかし，以下では，第1期当初の資本ストック$K_{t-1}=8$は，資本家が自ら労働して生産したものだと仮定しよう。この場合，第1期末に資本家が手にする利潤所得$K_{t-1}pr=2$は，「自己労働にもとづく他人労働の所有」であるといえる。第2章で説明した**マルクスの基本定理**[*]によれば，利潤の源泉は労働者の剰余労働であるから，資本家によるこの利潤2の取得は，他人である労働者の労働を所有することである。ただし，資本家が自ら労働して生産した資本ストックを使用しているので，そのかぎりでは，この利潤の取得は自己の労働にもとづいているといえる。この「自己労働にもとづく他人労働の所有」（マルクスはこれを**商品生産の所有法則**

と呼んだ）こそ，「資本を提供した株主が企業の所有者であり，利潤を取得する権限を持つ」という主張の根本的論拠である。

しかし，以下に示すように時間が経過して資本蓄積が進行すると，「自己労働にもとづく他人労働の所有」という性格を持つ利潤の割合はしだいには小さくなり，「他人労働にもとづく新たな他人労働の所有」（マルクスはこれを**資本制的領有法則***と呼んだ）という性格を持つ利潤がほとんどすべてを占めるようになる。利潤の性格のこのような転換をマルクスは**領有法則の転回**と呼んだ。

第2期末に資本家が手にする利潤所得 $K_{t=2}pr = 2.5 = (K_{t=1} + I_{t=1})pr$ はどのような性格を持つかを考えよう。先にみたように，その一部にあたる $K_{t=1}pr = 2$ は「自己労働にもとづく他人労働の所有」であるが，残りの部分である $I_{t=1}pr = 0.5$ は，「他人労働にもとづく新たな他人労働の所有」である。なぜなら，この利潤所得の基礎にある投資 $I_{t=1}p$ は，第1期の利潤所得から支出されており，この利潤所得の源泉は資本家の自己労働ではなく労働者の労働であるからである。第3期末に資本家が手にする利潤所得は $K_{t=3}pr = 3.125 = (K_{t=1} + I_{t=1} + I_{t=2})pr$ であり，「他人労働にもとづく新たな他人労働の所有」の性格を持つ部分はさらに増加し，$(I_{t=1} + I_{t=2})pr = 1.125$ となる。さらに数期が経過すると，利潤所得のほとんど大部分が「他人労働にもとづく新たな他人労働の所有」という性格を持つ状態に至るだろう。このような状態を前提に考察するならば，「株主が企業の所有者であり，利潤を取得する権限を持つ」という主張は正当な論拠を持っていないといえる。

資本家による利潤取得が正当な論拠を持たないということから，次の2つの問題が派生する。**第1の問題**は，資本家のものでないとすれば企業は誰のものか，利潤は誰のものかという問題である。その答えの1つとして，企業は，株主だけではなく，従業員，労働組合，取引先企業や顧客など**ステークホルダー**（利害関係者）全体の利益の向上をめざすべきであるという別の考え方がある（**企業統治**については第7章で説明する）。**第2の問題**は，資本家による利潤取得が正当であるという日常的認識は，実際に経済活動に携わる人々の間でなぜ支配的なのかという問題である。以下ではこの第2の問題を検討する。

資本家による利潤取得の正当性に対する上記の批判は，資本蓄積が進行する時間的過程と，産業連関という形での個々の生産過程の社会的連関とを視野に

入れて分析することによって得られるものである。このような批判があるにもかかわらず,「株主が企業の所有者であり,利潤を取得する権限を持つ」という日常的認識が支配的である理由は,実際に経済活動に携わる人々の視野には,次のような2つの限界があるからである（Marx［1867］第22章第1節参照）。

第1に,時間的視野において限界がある。経済的交換の当事者にとって,個々の交換行為はその前後に行われる交換行為とは,通常,関連性を持たない。また,交換に先行する生産過程,あるいは交換が終了してから始まる商品の使用過程も,直接的には関連性を持たない。したがって,交換の当事者は,交換に先行する生産過程も見過ごすし,利潤所得の投資を介して進行する資本蓄積の時間的流れも見過ごす。**第2に**,社会的視野において限界がある。当事者は,交換を個人と個人との間で行われる行為としてのみ認識し,その個人間の関係が産業連関を介して社会全体とつながりを持っていることを見過ごす。この産業連関の網の目全体は当事者の眼には入らないので,当事者は商品の価値を知りえない。価値とは,商品1単位を生産するために直接的間接的に必要な労働であるから,価値の決定には,生産過程における労働投入量と産業連関の網の目が関係している。また,次の理由から,当事者は自分の行う剰余労働の大きさも知りえない。第2章第4節で述べたように,剰余労働の大きさを知るためには,賃金所得で購入する消費財すべての価値を知る必要がある。価値を知りえない当事者は,剰余労働の大きさも知りえない。その結果,労働者と資本家の間で行われる賃金と労働との交換が不等な労働量の交換であることを理解しえない。

前章第4節で説明した**マルクスの基本定理**＊は搾取の存在を証明している。上記の推論は資本家による利潤取得が正当な論拠を持たないことを証明している。しかし,経済活動を行う当事者が搾取の存在を認識できるかどうかや,資本家による利潤取得が正当な論拠を持たないことを認識できるかどうかは,搾取の存在などの理論的証明とは別の問題である。上に述べたように,**分権的システム**という資本主義の構造そのものによって,経済活動を行う当事者の認識は妨げられている。

■ 読書案内

●A・マディソン『世界経済の成長史 1820-1992年──199カ国を対象とする分析と推計』（金森久雄・政治経済研究所訳）東洋経済新報社,2000年。

経済成長理論を学ぶには，各国の諸経済データの歴史的推移を観察し，その特徴を知る必要がある。そのための素材として，本書は，同じ著者による『経済発展の新しい見方』『20世紀の世界経済』とともに役立つ。

●D・K・フォーリー，T・R・マイクル『成長と分配』（佐藤良一・笠松学訳）日本経済評論社，2002年。
古典派，マルクス派，新古典派の経済成長理論と所得分配理論を，比較可能な形で，わかりやすく説明する。最近の理論である内生的成長理論もカバーしている。

●N・カルドア『経済成長と分配理論――理論経済学続論』（笹原昭五・高木邦彦訳）日本経済評論社，1989年。
ポスト・ケインズ派の代表的理論家の経済成長理論分野における主要論文集である。第3章までは内容がやや高度なので，第4章から読み始めることを薦める。

■ 本章のまとめ

1. 経済成長の主要な原動力は，資本蓄積と技術進歩である。
2. ケンブリッジ方程式（資本蓄積率＝利潤率×資本家の貯蓄性向）を介して，資本蓄積と所得分配は結びついている。さらに，資本蓄積率と利潤率の決定には，独立的投資関数で表現される資本家の投資行動，および所得分配をめぐる労使の利害対立が関与する。
3. ケインズ派は，資本家の投資意欲という要因を重視し，独立的投資関数とケンブリッジ方程式との交点で利潤率と資本蓄積率が決定すると考える。新古典派は，完全雇用を保証する値に資本蓄積率や利潤率が調整されると考える。マルクス派は，労使の力関係に応じて賃金率と利潤率の組合わせが決定することから議論を出発させる。マルクス派の考え方によれば，独立的投資関数で表現される資本家の投資計画を実現するための短期的調整は，所得分配をめぐる労使対立によって妨げられることもありうる。
4. マクロ経済の不安定性の理由の第1は，私的利益追求を目的とする分権的投資決定にあり，第2の理由は個々の資本家の知識や視野が限界を持つ点にある。
5. マクロ経済を安定化させる方策の第1は，経済全体という立場に立った政府の経済活動である。第2の方策は非市場的調整の役割を高めることである。
6. 資本家による利潤取得は自己労働にもとづいていないという意味で，正当な論拠を欠く。しかし，経済活動を行う当事者がこのことを認識することは，分権的システムという構造によって妨げられている。

第4章

技術変化と労働過程

■ 本章の課題
1. 資本主義における技術変化の量的な特徴は何か。
2. 労働生産性上昇は成長経路に対しどのような影響を及ぼすか
3. 労働生産性上昇によって失業が発生した場合，自動的に完全雇用を回復させるメカニズムが資本主義には備わっているか。
4. 新古典派は「賃金率が低下したとき，経営者は，より労働集約的な技術を選択する」と考える。この考え方は正しいか。
5. 新しい商品の創出，新しい生産手段や生産方法の導入といった生産過程の実体的な変化を通じて，経営者の労働者に対する支配力が強化されてきた。19世紀における経過はどのようなものか。
6. 生産過程の実体的な変化を通じた，経営者の支配力強化の限界はどのような点にあるか。
7. 上記の限界をふまえて，20世紀以降，企業経営はどのように変化したか。

1．資本主義における技術変化

　生産技術の変化には量的側面と質的側面とがある。量的側面とは，技術進歩による労働投入量の減少などである。質的側面としては，技術変化を通じて，人間と機械との関係や労働者と経営者との関係が変化することなどが挙げられる。第1～第4節において，量的側面について説明し，質的側面については第5節で説明する。
　生産技術を量的に定義するもっとも簡単な方法は，産出量に対する労働投入量の割合および資本ストック量の割合を使用することである。商品1単位当たりの生産に必要な労働投入量は**労働投入係数**＊と呼ばれる。また，商品1単位当たりの生産に必要な資本ストック量は**資本係数**＊と呼ばれる。労働投入係数

と資本係数の計測は工場単位，産業単位あるいは一国経済全体という単位などで行われる。図4-1はイギリス，アメリカおよび日本の労働投入係数の推移を示している。3国とも，労働投入係数の低下傾向は明らかである。1870年において，1ドル（1985年価格評価）の付加価値を生産するために，イギリスでは0.46時間，アメリカでは0.49時間，日本では2.59時間の労働が必要であった。1987年には，それぞれ，0.05時間，0.04時間，0.07時間に低下している。**労働生産性**★とは，労働1時間当たりの産出量あるいは付加価値であり，労働投入係数の逆数にあたる。労働生産性で表現すると，たとえば日本では1870年においては，1時間の労働で0.39ドルすなわち約92円（1985年価格評価）の付加価値しかつくり出せなかったが，1987年には14ドルすなわち約3350円の付加価値をつくり出している。この117年間の労働投入係数低下率すなわち労働生産性上昇率は年率で，イギリス1.9％，アメリカ2.1％，日本3.1％である。この3国で比較すると，1870年においてはイギリスの労働投入係数がもっとも低く，労働の生産性がもっとも高かった。図4-1によると，19世紀末には，アメリカがイギリスを抜いて，もっとも労働投入係数が低い国になった。また，日本については，第2次大戦後の低下が顕著であり，この時期に，生産の効率化が進み，アメリカやイギリスへの技術的キャッチアップが急速に進んだことがわかる。

　図4-2は，資本係数の推移を示している。労働投入係数とは違って，資本係数の変化の傾向は不明確である。たとえば，アメリカでは，1890年に2.1であり，1987年に2.3である。20世紀前半には上昇がみられたが，20世紀半ばには低下した。資本係数の場合は，約100年間の変化の大きさも，3国の間の水準差も，労働投入係数と比べてはるかに小さい。すなわち100年間をみても，3国の固定資本ストックつまり機械や建物の価額総計は，GDPの約1〜3倍の範囲内であることを図4-2は示している。

　また，労働投入量に対する資本ストック量の割合は**資本集約度**★と呼ばれる。資本集約度とは，生産において，労働の使用と比べて資本ストックがどの程度より多く使用されているかを示す値である。資本集約度が小さい場合，その生産は「労働集約的」であり，資本集約度が大きい場合，その生産は「資本集約的」である。資本集約度＝資本係数÷労働投入係数という関係が成り立つ。分子の資本係数は長期的には変化せず，分母の労働投入係数は長期的に低下した

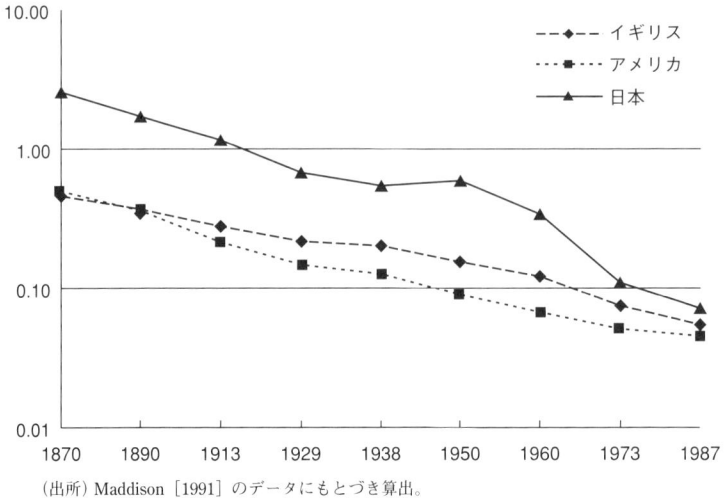

(出所) Maddison [1991] のデータにもとづき算出。
(注) 縦軸は対数目盛を使っている。

図4-1　労働投入係数の推移

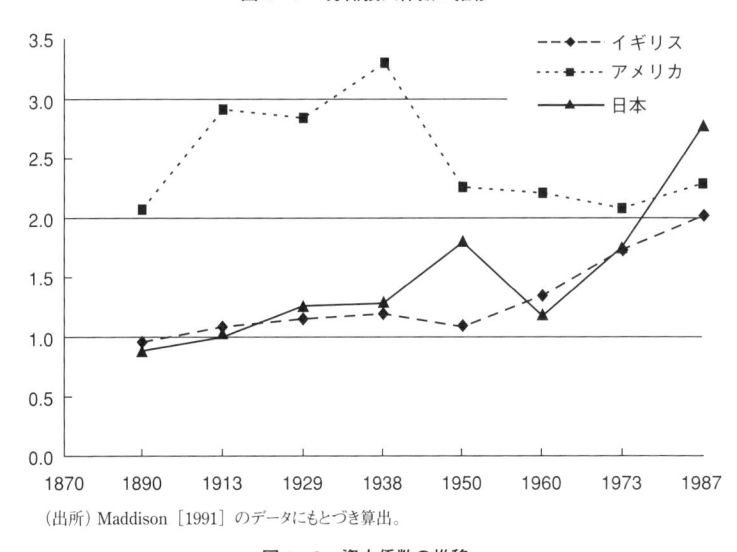

(出所) Maddison [1991] のデータにもとづき算出。

図4-2　資本係数の推移

のであるから，資本集約度は長期的には上昇したことは明らかである。

　量的側面からみた場合，資本主義においてもっとも顕著な技術進歩は，労働投入係数の低下すなわち労働生産性の上昇であるといえるだろう。第2節では，

労働生産性上昇と経済成長との関連について考察する。第3節では，この労働生産性の上昇が，雇用に対してどのような影響を及ぼすかについて説明する。この点に関して，新古典派経済学と社会経済学とでは見解がまったく異なる。第4節では，新古典派経済学の技術に関する見解が理論的に誤っていることを示す。第5節では，技術進歩は，生産現場において労働の効率性の上昇をもたらすだけではなく，労働者に対する経営者の支配力を強めるという見方について考察する。

2. 労働生産性上昇と経済成長

　第3章第2節で説明した鉄産業と小麦産業だけからなる経済成長モデルを使って，**労働生産性**＊上昇が成長経路にどのような影響をもたらすかを検討しよう。第3章第2節では技術変化はないと仮定した。すなわち，原材料である鉄の投入係数と労働投入係数は不変であると仮定した。以下では，原材料である鉄の投入係数は不変であるが，労働投入係数は一定率 $\rho = 10\%$ で持続的に低下すると仮定する。すなわち，鉄産業，小麦産業ともに，1期当たりの労働生産性上昇率は $\rho = 0.1$ であると仮定する。

　鉄産業の労働投入係数は，1期目が0.5であるが，2期目は $\frac{0.5}{1+\rho} = \frac{0.5}{1+0.1} \fallingdotseq 0.455$，3期目は $\frac{0.5}{(1+\rho)^2} = \frac{0.5}{(1+0.1)^2} \fallingdotseq 0.413$ と低下していく。同様に，小麦産業の労働投入係数は1期目が1.6であるが，2期目は $\frac{1.6}{1+\rho} = \frac{1.6}{1+0.1} \fallingdotseq 1.455$，3期目は，$\frac{1.6}{(1+\rho)^2} = \frac{1.6}{(1+0.1)^2} \fallingdotseq 1.322$ と低下していく。

　1期目の労働投入係数は第3章第2節のケースと同じなので，第3章第2節で説明した次の8本の式がそのまま成立する。

数量方程式1	$0.5Q_1 + 0.8Q_2 + I = Q_1$	(3-1)
数量方程式2	$C = Q_2$	(3-2)
労働需要量の式	$0.5Q_1 + 1.6Q_2 = N$	(3-3)
価格方程式1	$0.5p(1+r) + 0.5\omega = p$	(3-4)
価格方程式2	$0.8p(1+r) + 1.6\omega = 1$	(3-5)
仮定1(利潤率は0.5で不変)	$r = 0.5$	(3-6)
仮定2(利潤所得の半分が投資額)		

$$s(0.5Q_1pr + 0.8Q_2pr) = pI \quad \text{ただし} \quad s = 0.5 \quad (3-7)$$

仮定3(鉄の初期値は8)　　$0.5Q_1 + 0.8Q_2 = K_{t-1} = 8$ 　　(3-8)

2期目は，労働投入係数が低下するので，(3-3)(3-4)(3-5)式だけが次のよ

労働需要量の式　　　　$\dfrac{0.5}{1+\rho}Q_1 + \dfrac{1.6}{1+\rho}Q_2 = N$ 　　(3-3a)

価格方程式1　　　　$0.5p(1+r) + \dfrac{0.5}{1+\rho}\omega = p$ 　　(3-4a)

価格方程式2　　　　$0.8p(1+r) + \dfrac{1.6}{1+\rho}\omega = 1$ 　　(3-5a)

うに変わる。これ以外の式は変わらない。

　以上のことを前提にして，この8本の連立方程式の各期の解がどのような値になるかを考えてみよう。各期の解の軌道すなわち成長経路を導く上で，次の2つの関係式が重要であると第3章第2節で指摘した。

(3-7)(3-8)式から導かれる式　　　　$I = sKr$ 　　(3-9)

(3-1)(3-2)(3-8)式から導かれる式　$0.5(K + I) + 0.8C = K$ 　(3-10)

労働投入係数の低下によって変化する(3-3)(3-4)(3-5)式は，(3-9)(3-10)式の導出には無関係なので，この2式は常に成立する。(3-9)式から，資本蓄積と所得分配との結びつきを表す次の**ケンブリッジ方程式***が成立する。

$$g = sr \quad (3-11)$$

　つまり，ケンブリッジ方程式は技術変化の有無にかかわらず成立する関係を表している。いまのケースでは利潤率 $r = 0.5$，貯蓄性向 $s = 0.5$ で不変なので，資本蓄積率 $g = 0.25$ となる。さらに，(3-10)式を使うと，消費量，投資量および各商品の産出量の成長率はすべて等しく25％となる。このケースのように利潤率が不変に維持される場合には，商品の産出量や需要量の成長率は，労働生産性上昇の影響を受けないが，次に説明するように，労働需要量の成長率と賃金率は，労働生産性上昇の影響を受ける。労働需要成長率は労働生産性上昇がある場合は，ない場合と比べて低くなる。

　第3章第2節で指摘したように，労働生産性が不変である場合には，労働需要量の式 $0.5Q_1 + 1.6Q_2 = N$ がすべての期において成立するので，労働需要量 N の成長率 n も産出量 Q_1 や Q_2 の成長率と等しくなり，次式が成立した。

$$n = g \tag{3-13}$$

しかし，労働生産性が持続的に上昇する場合，t 期目の労働需要量 N_t は，次のようになる。

$$N_t = \frac{0.5}{(1+\rho)^{t-1}} Q_1 + \frac{1.6}{(1+\rho)^{t-1}} Q_2 = \frac{1}{(1+\rho)^{t-1}} (0.5 Q_1 + 1.6 Q_2)$$

$(0.5 Q_1 + 1.6 Q_2)$ は成長率 $g = 0.25$ で増加していく。しかし，$\frac{1}{(1+\rho)^{t-1}}$ の項は，1期当たり $\rho = 10\%$ で労働需要量を低下させる効果を持つので，結局，労働需要量 N の成長率 n は，次のようになる。

$$n = g - \rho \tag{3-12a}$$

いまのケースでは，$n = 0.25 - 0.1 = 0.15$ であり，労働需要量は15％ずつ増加する。もし労働生産性上昇率がもっと高く，$\rho > g = sr$ となるケースにおいては，n は負の値となり，労働需要量は減少する。

次に価格方程式から，価格 p を消去して，t 期目の賃金率 ω と利潤率 r との関係を導くと，次のようになる。

$$\omega_t = (1+\rho)^{t-1} \cdot \frac{5(r-1)}{4(r-3)} \tag{3-13a}$$

いまのケースでは利潤率は不変で $r = 0.5$ であるから，1期目の賃金は 0.25，2期目は 0.275，3期目は 0.3025 となる。つまり，賃金率は10％ずつ上昇していく。賃金上昇率は労働生産性上昇率と等しい。また，この式をグラフにしたものが**賃金・利潤曲線**[*]である。1期目の賃金・利潤曲線は $\omega_{t=1} = \frac{5(r-1)}{4(r-3)}$ であり，2期目の賃金・利潤曲線は $\omega_{t=2} = (1+\rho)\frac{5(r-1)}{4(r-3)}$ である。図 4-3 に示すように，賃金・利潤曲線は時間の経過とともに上方向に拡張される。

図 4-3 には，(3-13a)式の賃金・利潤曲線，(3-11)式のケンブリッジ方程式，および (3-12a)式の労働需要量の式が描かれている。労働生産性上昇がない場合を描いた第3章第2節の図 3-3 と，持続的な労働生産性上昇がある場合を描いたこの図 4-3 との違いは，2つある。第1の違いは，第1象限において賃金・利潤曲線の位置が時間の経過とともに変わることであり，第2の違いは，第3象限の蓄積率と労働需要量成長率を結びつける線が，労働生産性上昇率 $\rho = 0.1$ の分だけ下方に位置することである。その結果，利潤率が不変である場合，次のことがいえる。第1に，労働生産性上昇がない場合には賃金率は上

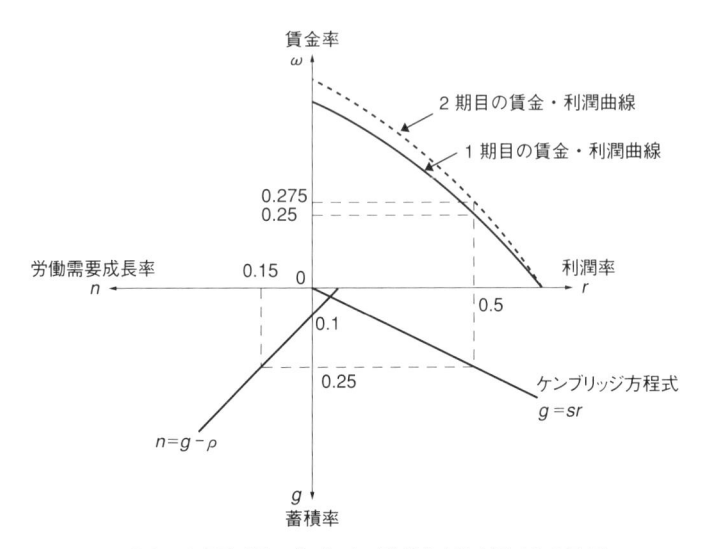

図4-3 所得分配と経済成長の結びつき(労働生産性上昇がある場合)

表4-1 各経済変数の時間的推移(労働生産性上昇がある場合)

	第1期	第2期	第3期
消費量 (C)	3.75	4.6875	5.859375
投資量 (I)	2	2.5	3.125
GDP ($C+Ip$)	4.75	5.9375	7.421875
資本量 (K)	8	10	12.5
労働量 (N)	11	12.65	14.5475
鉄の価格 (p)	0.5	0.5	0.5
賃金率 (ω)	0.25	0.275	0.3025
利潤率 (r)	0.5	0.5	0.5

昇しなかったが,労働生産性上昇がある場合には賃金率が上昇する。第2に,労働生産性上昇がある場合の労働需要成長率は,労働生産性上昇がない場合と比べて低くなる。この第2の点は,失業の問題と関連しており,次節ではこの問題について検討する。労働生産性上昇がある場合の成長経路は表4-1に示した通りである。労働生産性上昇がない場合と異なるのは,アンダーラインをつけた値である。

3. 技術変化と失業

　仮に，ある時点において労働需要量と労働供給量が等しく完全雇用が実現しているとしよう。この状態で，もし労働需要成長率が労働供給成長率を下回れば，次の時点では完全雇用は崩れ，**失業**が発生する。先に述べたように，労働生産性上昇がある場合には，ない場合と比べて，労働需要成長率が低くなる。したがって，労働供給成長率の大きさにも依存するが，労働生産性上昇という技術変化は失業を生み出す可能性を持つ。このように失業が発生した場合，自動的に完全雇用を回復させるメカニズムが資本主義には備わっているのか否か，これが19世紀から経済学の大きな論争点であった。

　産業革命によって自動織機などの機械が生産現場に普及していった。それによって労働者の雇用数が削減されたり，旧式の生産方法を採用していた手工業者が廃業に追い込まれたりした。19世紀初めイギリス各地で，「機械打ち壊し運動」と呼ばれる機械化への抵抗闘争が発生した。当時の一部の経済学者は，「機械補償説」と呼ばれる見解を述べ，機械の導入は総雇用を減らすものではないと主張した。つまり，機械を労働者の敵とみなす「機械打ち壊し運動」は理論的にも誤っていると主張した。「機械補償説」を簡単に説明すると次の通りである。商品が m 種類ある場合，総労働需要量は，上記の(3-3)式と同様に，次の式で表すことができる。

$$総労働需要量 = \sum_{i=1}^{m}（第 i 商品生産部門の労働投入係数 \times 第 i 商品の産出量）$$

　自動織機の導入によって，繊維部門の労働生産性が上昇すると，繊維生産部門の労働投入係数が低下する。また他の商品と比べた繊維製品の価格が安くなる。価格が低下すると繊維製品に対する需要は増加し，繊維製品の生産は増え，繊維製品の産出量は上昇する。したがって総労働需要量は減らない，という説が「機械補償説」である。しかし，労働投入係数の減少分をちょうど補うだけの産出量の増加を保証するメカニズムは明らかではない。前節のモデルで示したように，産出量の増加率は主として資本蓄積率によって規定される。資本蓄積と技術変化は別の現象であるから資本蓄積率が労働生産性上昇率に等しくなる保証はどこにもない。当初リカード（D. Ricardo）は機械補償説を支持していたが後に支持を撤回した。マルクス（K. Marx）も機械補償説に反対した。資本

主義には完全雇用を維持するメカニズムは備わっておらず，逆に**産業予備軍***と呼ばれる失業者のプールの存在は資本主義の存続にとって不可欠であるとマルクスは主張した。第1章で説明したように，失業の存在は，生産現場での労働者の規律づけや，賃金の抑制にとってプラスの効果を持つからである。これらの効果は**産業予備軍効果***と呼ばれる。一方で，マルクスは，失業を減らすことを労働運動の重要な課題として捉え，その方策として，1人当たり労働時間の短縮を提唱した。総労働需要量＝就業者数×1人当たり労働時間，である。したがって，総労働需要量が減少する場合でも，それと同じ率で1人当たり労働時間を短縮すれば，就業者数は不変に維持できる。

　20世紀において，ケインズ（J. M. Keynes）もマルクスとは異なる視角から，**貨幣経済**である資本主義には完全雇用を維持するメカニズムは備わっておらず，「非自発的失業」が発生すると主張した。**物々交換経済**の場合，消費者がある商品の現在の消費をやめて，その商品を取得するための交換行為を将来に延期するとき，この消費者の消費延期の情報は，交換相手であるその商品の生産者に伝わり，その生産者は将来時点の消費需要の確実な増加に備えて現在時点の投資を決意することができる。しかし，貨幣経済の場合，消費者がある商品の現在の消費をやめて，その分の貨幣を貯蓄するとき，将来時点でその貨幣によってどの商品が購入されるかは現在時点では未定であり，当然，生産者もそれを知りえない。したがって現在時点の生産者の投資決意は，将来時点の需要に関するかなり不確実な予想にもとづかざるをえない。このように貨幣経済では投資決意は貯蓄決意から独立している。利子率の変動を通じて貯蓄量と投資量を均等化する役割を果たす資本市場がある場合でも，投資量の決定には利子率以外の要因も影響するので，資本市場はその役割を完全には果たしえない。この利子率の誤調整は，投資の減少および労働需要の減少を導き，非自発的失業を生み出すとケインズは考えた（Leijonhufvud［1966］参照。また第12章では，不確実性が資本市場における誤調整を引き起こす過程について，株式市場を例に説明される）。この非自発的失業への対応策としてケインズが提唱したのは，政府投資を増やすことである。第3章の図3-4で説明したように，ケインズ派の考え方によれば，ケンブリッジ方程式と独立的投資関数との交点で，利潤率と蓄積率が決定される。独立的投資関数には政府が行う公共投資も含むと仮定すると，政府投資の増加は独立的投資関数の切片の値の増加を意味する。したが

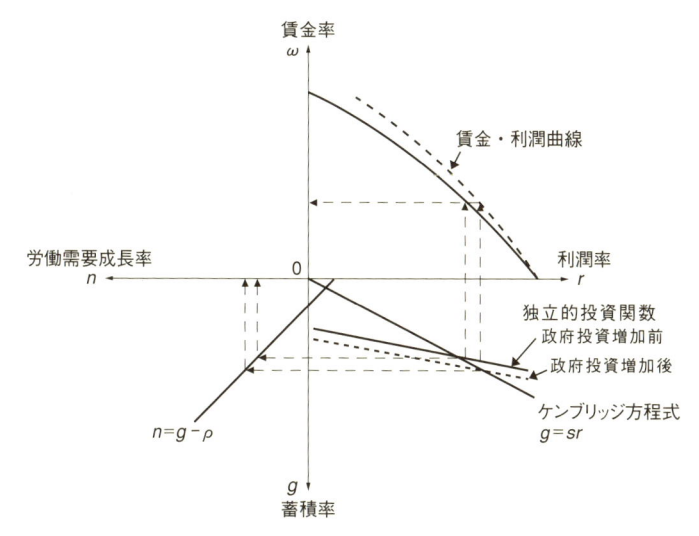

図4-4の説明:
- 賃金率 ω
- 賃金・利潤曲線
- 労働需要成長率 n
- 利潤率 r
- 独立的投資関数 政府投資増加前／政府投資増加後
- ケンブリッジ方程式 $g = sr$
- $n = g - \rho$
- 蓄積率 g

図4-4 政府投資の増加が及ぼす効果

って，図4-4に示すように独立的投資関数の位置がシフトする。その結果，利潤率と資本蓄積率とがともに上昇する。資本蓄積率が上昇すると第3象限の $n = g - \rho$ という関係を通じて，労働需要成長率も高まる。

マルクス派やケインズ派とは反対に，新古典派経済学者は，本来の資本主義経済には，完全雇用を維持するメカニズムが備わっていると考えている。たとえば，何らかのショックにより非自発的失業が発生した場合，次のようなプロセスを通じて，非自発的失業は解消していくと新古典派は考える。

　　労働市場での供給超過→賃金率低下→企業は資本集約度の低い技術に転換→労働需要の増加

この調整プロセスを支える前提条件は2つあり，第1は，労働市場の需給ギャップに応じて賃金率が弾力的に変化することであり，第2は，賃金率の変化に応じて，企業が生産に使用する資本ストックと労働とが特定方向にフレキシブルに代替することである。新古典派は，現実の経済において非自発的失業がもし存在するとすれば，労働組合の賃金闘争や最低賃金制など制度的規制によって賃金が硬直的になっているために第1の前提条件がみたされていないからであると主張する。あるいは労働組合の解雇反対闘争や雇用保障のための制度的

規制によって，労働者を解雇して，その仕事を機械化することが妨げられており，第2の前提条件が満たされていないからであると主張する。新古典派にとって，労働組合の存在や賃金・雇用の制度的規制は，市場の調整機能や企業の合理的選択を妨げるものであり，失業の原因なのである。次節ではこのような新古典派の考え方は正しいかどうかを検討する。

4．技術選択をめぐる論争

　新古典派の考え方に含まれる決定的誤りは，上記の第2の前提条件に示されるような「賃金率が低下したとき，経営者は，より労働集約的な技術を選択する」という経営者の技術選択行動を想定する点にある。以下で説明するように，賃金率が低下したとき，経営者は，資本集約度のより低い技術すなわちより労働集約的な技術を選択するとはかぎらない。この新古典派の考え方の誤りは，1960年代にサミュエルソン（P. Samuelson）など新古典派とロビンソン（J. Robinson）などポスト・ケインズ派との間で行われた**資本論争***で明らかになった。さらに，この誤りは，**新古典派総生産関数**の限界をもあらわにする。つまり，新古典派総生産関数は，賃金率の変化に応じて企業が生産に使用する資本ストックと労働とが滑らかに一方向に代替するように定式化されているが，この定式化は一般性を持たない。新古典派総生産関数は，きわめて特殊な生産技術を表現したものにすぎない。

　鉄産業と小麦産業だけからなる経済モデルを使って，賃金率が低下したとき，経営者は，より労働集約的な技術を選択するとはかぎらないことを示そう。表4-2に示すような2種類の生産方法があると仮定する。第1の生産方法を「技術A」と呼び，これは第3章の表3-2の産業連関表の基礎にある技術と同じである。つまり，鉄1kgの生産のために，原料としての鉄0.5kgと労働0.5時間を必要とし，小麦1kgの生産のために，原料としての鉄0.8kgと労働1.6時間を必要とする。第2の生産方法である技術Bは次の点で技術Aとは異なっている。鉄1kgの生産において，原料としての鉄の使用量は，技術Bの方が技術Aより多く，労働の使用量は，技術Bの方が技術Aより少ない。鉄生産部門の資本集約度は，技術Aについては1，技術Bについては2.5である。このように，鉄の生産に関して，技術Aの方が労働集約的であり，技術Bの方が資本

表4-2 2種類の生産技術

[技術A]

	鉄産業	小麦産業
鉄投入係数	0.5	0.8
小麦投入係数	0	0
労働投入係数	0.5	1.6
資本集約度	1	0.5

[技術B]

	鉄産業	小麦産業
鉄投入係数	0.55	1
小麦投入係数	0	0
労働投入係数	0.22	2
資本集約度	2.5	0.5

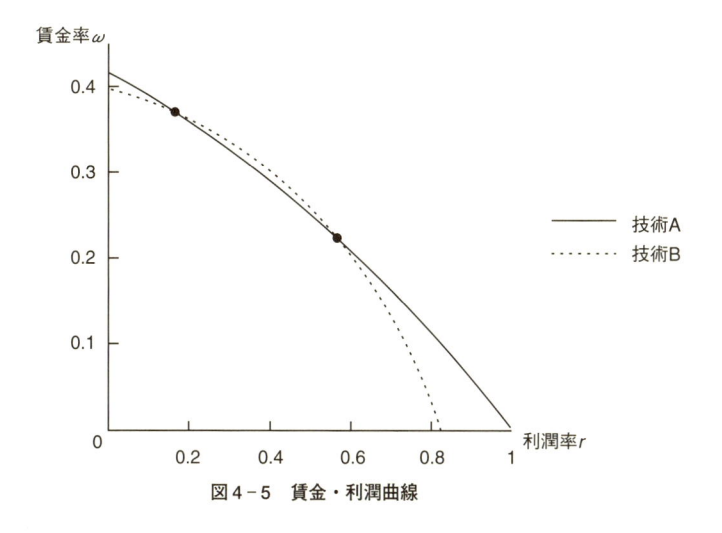

図4-5 賃金・利潤曲線

集約的である。他方，小麦の生産に関しては，技術Aと技術Bの資本集約度はともに0.5で等しい。したがって2つの部門を総合して評価した場合も，技術Bが資本集約的，技術Aは労働集約的であるといえる。新古典派の主張によれば，賃金が低下するとき，企業は，より労働集約的な技術を選択するのであるから，技術Bを採用していた企業は，それをやめて技術Aに転換するはずである。これはほんとうだろうか。

 第2章の図2-3で示したような**賃金・利潤曲線***をこの2つの技術について描くと，図4-5のようになる。2つの曲線は2点で交わっている。これら2つの交点の賃金率はそれぞれ，約0.22と約0.37である。**賃金率***が0.22より大きく，0.37より小さい場合には，技術Bの曲線は技術Aの曲線の右側に位置している。したがって，賃金率がこの範囲にある場合は，技術Bの**利潤率***は技術Aより高い。また，賃金率が0.22より小さいか，あるいは0.37より大きい

場合には，技術Aの曲線の方が右側にある。したがって，技術Aの利潤率の方が高い。

以上のことをふまえて，賃金率が低下するとき，企業がどちらの技術を採用するかを考えよう。2つのケースを考える。まず，賃金率が0.3から0.2に低下するケースを考えよう。図4-3をみればわかるように，賃金率が0.3のときの利潤率は，技術Bの方が高く，賃金率が0.2のときは，技術Aの方が高い。企業経営者にとって，高い利潤率の技術の方が望ましい。したがって，賃金率が0.3から0.2に低下したとき，技術Bの採用をやめて技術Aに転換するのが望ましい。技術Aの方が労働集約的であるから，この場合の技術選択は，「賃金率が低下したとき，経営者は，より労働集約的な技術を選択する」という新古典派の主張と合致している。次に，賃金率が0.4から0.3に低下するケースを考えよう。賃金率が0.4のときの利潤率は，技術Aの方が高く，賃金率が0.3のときは，技術Bの方が高い。したがって，賃金率が0.4から0.3に低下したとき，技術Aの採用をやめて技術Bに転換するのが企業経営者にとって望ましい。技術Bの方が資本集約的であるから，この場合の技術選択は，「賃金率が低下したとき，経営者は，より労働集約的な技術を選択する」という新古典派の主張とは矛盾する。

すなわち経営者は高利潤をもたらす技術を選ぶとすれば，「賃金率が低下すれば，資本集約度は低下する」というような，賃金率と資本集約度との間の単調な関係は存在しない。したがって，「労働市場での供給超過→賃金率低下→企業は資本集約度の低い技術に転換→労働需要の増加」というような完全雇用を自動的に実現するような調整プロセスはありえない。すなわち新古典派が主張するような完全雇用を自動的に維持するメカニズムは資本主義経済には備わっていない。

5．技術変化による労働過程の質的変容

(1) 生産過程変化と支配力強化

第4節までは技術変化の量的側面について検討してきた。特に労働生産性の上昇という量的変化が経済に及ぼす影響を説明した。しかし，技術変化は，このような量的側面だけではなく，次のような質的側面も持つ。新しい商品の創

出（**プロダクト・イノベーション**と呼ばれる），新しい生産手段や生産方法の導入といった生産過程の実体的な変化（**プロセス・イノベーション**と呼ばれる）によって，労働の形態が変わり，人間と機械との関係や労働者と経営者との関係が変わる。以下では労働形態の変化および生産過程における諸関係の変化など，技術変化の質的側面について説明する。

　技術変化の質的側面として重要な点は，生産過程の実体的変化を通じて，経営者の労働者に対する支配力が強化されるという点である。支配力には形式的な支配力と実質的な支配力とがある。労働契約，すなわち賃金と労働力の交換を通じて，経営者は労働者に対する指揮命令権を獲得する。しかし，この労働契約を基礎とする指揮命令権は形式的なものにすぎない（マルクスはこのような支配を，資本の下への労働の**形式的包摂**＊と呼んだ）。第 1 章で説明したように労働の適切な支出すなわち契約内容の完全な履行は，労働契約だけでは保証されないからである。この意味で賃金と労働力との交換は**抗争的交換**＊であると第 1 章では説明した。「抗争的交換」の場合，契約内容を完全に履行させるには，契約とは別の仕組みが必要である。たとえば，ピラミッド型の企業組織を通じた監督や監視や，出来高払制のような賃金制度を通じた動機づけなどは，契約通りの労働支出を労働者に強制するための仕組みである。ピラミッド型の企業組織は組織的仕組みである。出来高払賃金制度，ボーナス制度，成果主義賃金制度などは制度的仕組みである。このような組織や制度を通じて労働者への支配を強化することもできるが，以下で検討するのは技術的な仕組みである。すなわち労働編成や生産手段の変化などを通じても，労働者に対する経営者の支配力は強化される（この場合は，機械などの実体的変化を通じて支配が強化されるので，このような支配を，マルクスは，資本の下への労働の**実質的包摂**＊と呼んだ）。その結果，労働の適切な支出すなわち契約内容の完全な履行は，より確実になる。

　単純協業から始まり，**マニュファクチュア**を経て，**機械制大工業**に至る生産過程の変化を，経営者の支配力に着目して，検討しよう（Marx［1867］第 4 篇）。

　資本主義が成立する以前の工業製品の生産形態の 1 つとして「問屋制手工業」がある。そこでは次のような商人と手工業者との関係があった。手工業者は各自の家で生産を行い，商人は手工業者に機械や原料を供給し，完成した製品を

買い取った。商人の主な関心は安く買って高く売ることにあり，生産方法の改善や新製品の創出などイノベーションには無関心であった。製品の買いたたきなどにより，手工業者を破滅に追い込むこともあった。このように前資本主義時代の商人が果たした役割は生産過程を維持するか破壊するかのどちらかであった。これに対し，資本主義時代には，生産過程を革新することが資本家の役割となる。前資本主義と資本主義とのこの根本的な違いは労働生産性上昇率の差に現れている。第3章で表3-1を使って説明したように，前資本主義時代にあたる1700～1820年については，労働生産性上昇率は年率0.3％であり，資本主義時代にあたる1820～1987年については年率1.7％である。

単純協業とは，1つの工場内に多数の労働者を集めて，各人に全工程を担当させ，同じ作業をさせる労働編成のことである。単純協業の場合は技術的には，労働者の間に相互関係はない。しかし，労働者が各自の家で個々ばらばらに生産する場合と比較すると，この単純協業の方が労働生産性は高まる。それは，建物などの共同使用によって設備が節約できること，必要な場合には大量の労働者を動員できること，あるいは労働者同士の接触が競争心や活力など独特な刺激を生み出すことによる。

マニュファクチュアでは，生産過程は多数の細かな工程に分割される。そして各労働者は，担当する1つの工程の作業を反復して行うことになる。労働者は工程順に配置され，半完成品が，ある工程から次の工程へと一定の速度で移動していくことになる。マニュファクチュアの場合は，単純協業とは違って，労働者は相互に無関係なのではなく，各人が分担する工程の技術的連関にもとづく緊密な相互関係や依存関係がある。したがって，ある工程を担当する労働者がミスをして作業に手間どると，半完成品の流れがそこで中断されることになり，前後の諸工程にも影響が及ぶ。このような労働者同士の直接的依存関係が，労働の正確性と連続性を各労働者に強制するので，労働者の怠業や手抜きは実行困難になる。また多くの工程における労働が反復作業になると，工具の交換等が不要になるので，それに要する時間が節約できる。このように工程の細分化と作業の反復化という労働編成の変化を通じて，労働者は労働を適切に支出することを強制される。ただし，次のような限界もある。労働者同士の直接的依存関係が一定速度の正確な作業遂行を強制するとしても，マニュファクチュアにおいては，作業内容や工程間の結びつきを決めているのは，経営者や

監督者の判断や裁量である。また個々の労働者が担当する作業内容は、その労働者が持つ熟練にかなり依存する。このようにマニュファクチュアの段階では、労働者に対する経営者の支配力が以前と比べて強まるとはいえ、その強さは、経営者個人や労働者個人の能力や裁量という人的要素に左右される余地がかなりある。

　一方、**機械制大工業**では、人的要素よりも、物的要素の方が生産過程編成を強く規定している。つまり、比例的に配置され、連続的に運動する機械設備が生産過程編成を強く規定する。以前は知識や熟練にもとづいて労働者が生産を統括する面が一部にあったが、機械制大工業においては労働者の知識や熟練の多くは、システム化された機械の中に吸収され、労働者は生産を統括する能力を失っていく。そして労働者の身体的動きは機械の運動に従うという性格が強まり、労働者は機械の付属物のようになる。機械制大工業においては、このように機械を媒介として、経営者の労働者に対する支配力がマニュファクチュアの段階よりも強まる。

　しかし、このような生産過程の実体的変化を媒介とする支配力強化には次の2つの限界があることも指摘しておかねばならない。**第1の限界**は、機械化、自動化に関する技術的な限界である。コンピュータを利用した制御技術を使う場合でも、非定型的な作業や複雑な判断をともなう作業の機械化、自動化は困難である。可能であったとしても高コストであり、人間による作業にとって代わることは現実的に不可能である。また、定型的作業を機械化、自動化した場合においても、機械が故障したときの対処は人間が行わなければならない。したがって労働過程から人間を完全に排除することはできない。

　第2の限界は、持続的な技術進歩をともなうという資本主義経済の特徴に起因する。技術者が機械化・自動化システムを設計するためには、生産過程の編成が明確に定められておりそれが変化しないことが前提条件となる。しかし持続的に技術が進歩する場合、生産過程の編成が変化せず固定されているのはかぎられた期間だけである。技術進歩が急速になればその期間もますます短くなる。新たな技術にもとづく新たな生産過程の可能性が生まれれば、技術者は、機械化・自動化システムを再設計しなければならない。また、労働者は、そこで必要となる新たな技能や知識を習得しなければならない。このように持続的な技術進歩を考慮に入れると、労働者の知識や技能のすべてを奪いとり、それ

を機械システムの中に埋め込み，労働者を機械の付属物にしてしまうという経営戦略は望ましいとはいえなくなる。持続的な技術進歩に対応するためには，労働者の技能や知識をある程度維持し，高めていくことが必要である。すなわち持続的な技術進歩を特徴とする資本主義経済においては，技術を媒介とする支配力強化は一定の限界を持つのである。

このような2つの限界がどこに設定されるかということに関しては，多くの要因がかかわる。その主な要因の1つは労働者の抵抗である。19世紀末から始まる大企業の形成は，同じ工場で働く労働者の数の増大，労働者の連帯意識の拡大を導いた。そして，次に述べるように労働者は，賃金に関してだけでなく，仕事の量，速さ，方法などに関しても，経営者に対して集団的な抵抗を繰り広げた。

(2) テーラー・システムから現代の生産システムへ

生産過程の実体的変化を媒介とする支配力強化に限界があることは，**テーラー・システム***から現代に至るまでのアメリカにおける生産過程変化を歴史的にたどることで明らかになる（Braverman［1974］参照。日本における生産過程変化の分析としては中岡［1971］がある）。テーラー・システムとは，19世紀末に，**テーラー**（F. Taylor）が，技師として生産管理にかかわった経験にもとづいて，著書『科学的管理法』において定式化したものである。

テーラー・システムにもとづく労働編成の基本的原理は**実行と構想の分離**である。熟練とかコツという形で労働者は知識や技能を持っている。このような知識や技能を全部管理者側に集める，つまり労働者の職務から，「構想」を取り去り「実行」に専念させるべきだと，テーラーは主張した。「構想」つまり知識の収集，記録，マニュアル化や計画立案はもっぱら管理者の役割となる。

このテーラー主義的労働編成が確立される以前のアメリカでは，職場管理は，職長による監督という直接的な支配を基軸として行われていた。そして出来高賃金制度がそれを補完する役割を果たしていた。当時，アメリカ資本主義は急速な成長を遂げており，労働需要は急速に増加していた。増加する労働者の主な供給源となったのは，東南欧の農村からの移民である。十分な知識や技能を持たないこの移民をどのように管理するかが経営者の課題となっていた。さらに，南北戦争後，熟練工の職業別労働組合があい次いで形成された。このよう

な状況の下で，職長の支配力は大きく低下していた。テーラーの主張の核心は，管理者が労働者に「人」として直接的に対峙する方法から，「システム」つまり制度化された実体的機構を介した管理へと重点を移すべきだという点にある。つまり生産過程の実体的変化を媒介とする支配力強化を，さらに一歩進めることである。

しかし，生産過程の実体的変化を媒介とする支配力強化には先に述べたような2つの限界があった。さらに，テーラー主義的労働編成の導入に対しては，さまざまな方向から抵抗が起きた。テーラーは労働組合を「繁栄の妨害物」とみなし，テーラー・システムではいかなる役割も与えなかった。これがテーラーの考え方の根本的欠陥である。実際，テーラー・システムの導入は多くの工場で労働組合の反対に出会った。テーラー・システムは，職長による管理の限界を上から突破する試みであったが，当時の労働組合運動は，この限界を下から突破して，労働者の交渉力を強化することをめざしていた。

当時は，募集，雇い入れ，昇進，解雇について職長の裁量が大きく作用し，恣意的解雇も少なくなかった。さらに，景気循環による失業，生産量の季節変動による失業が広範に存在した。また，賃金決定についても職長が大きな権限を持ち，同一労働に対し，しばしば異なる賃金が支払われた。労働者の組織的抵抗は組織的怠業という形態から始まったが，やがて熟練工を中心として労働組合の組織化が進み，職長による監督中心の労務管理の変革に挑戦し始めた。クローズド・ショップ制度（労働組合員だけを雇用することを定めた労使協定），同一労働同一賃金原則にもとづく賃金制度，先任権規則によるレイオフ・リコール制度など，雇用や賃金をより安定的で公正なものにする諸制度の獲得を労働組合は闘争目標とするようになり，一部の企業ではこのような諸制度が実現された。

こうした労働組合の下からの動きに対応して，経営者の側でも新たな試みが始まった。たとえば「人事管理運動」と呼ばれる試みがある。これは人事部を創設し，そこに職長が握っていた労務管理権限を移管し，専門スタッフによる人事管理をめざす動きである。テーラー自身は，労働組合や人事管理に意義を認めなかったが，テーラーが死去した後，科学的管理運動を継いだ技師たちは従来の方針を転換し，労働組合との和解を推進し，人事管理についても積極的になった。また，技師たちのほか，労働者の家庭生活の健全化をめざしたYM

ＣＡなどの福利厚生運動や，職業の適切な選択を社会問題解決の鍵とみる職業指導運動を起こした教育者などの活動も人事部の創設に大きく寄与している（Jacoby［1985］）。さらに，1935年ワグナー法の成立によって労働者の団結権が認められたことによって，労働組合組織率は1930年代に急上昇する。この影響力を増した組合に対応するために，各企業で団体交渉手続きが制度化されていった。

　資本による労働者の「結合」とは独立的に，生産現場において労働者が形成する「連帯」は，テーラー・システムにとって排除の対象であった。しかし，人事部の創設，労働組合の承認や団体交渉制度の整備などによって，この連帯は企業システム内部においてもそれなりの位置を与えられることになった。このような内部化によって，労働者の連帯の自律的展開が引き起こすコンフリクト（紛争）は回避され，あるいはコンフリクトが起きたとしてもその影響は小さくなる。

　こうした生産管理，労務管理における革新の進行と並行して，大企業は，独自の販売，購買組織を創設したり，あるいは原料生産企業や販売企業を買収・合併したりすることによって，従来は市場を介して他企業と行っていた取引を，1つの企業組織内に内部化していった。また，原価会計，資本会計や財務会計の手法が開発され，そこから得られるデータにもとづく投資戦略の策定はトップ・マネジメントのもっとも重要な機能となっていく。

　他方，**フォード・システム***において典型的にみられるような作業の極度な単純化は，労働者の労働意欲を奪い，労働生産性の低下を招くことが実験などを通じて明らかになった。また，そのような作業分野では離職が頻発したり，怠業が発生したりして，採用や監視に要するコストなどが高くつくこともわかった。その結果，一部の企業では**労働の人間化***と呼ばれる試みが開始された。作業の単純化や反復化を抑制すること，ローテーションなどを通じて作業の多様性を高めることなどが試みられた。そのためには，職業訓練や教育を通じて労働者の技能を高めることが必要となった。このようにして形成された幅広い技能や深い知識は，新技術に即応できるフレキシブルな労働編成を可能にし，企業の競争力を高める要因であることを，多くの経営者が認識するようになった。

　生産，流通，雇用，投資など企業活動のほとんどすべての分野において，19

世紀末から20世紀初めにかけて生じた革新によって，現代資本主義を支配する巨大株式会社の原型が成立した。その基軸は，かなりの部分で「マネジメントという目に見える手が，経済活動を調整し，監視する上で市場の諸力の見えざる手にとってかわった」ことにある（Chandler [1977]）。生産管理，労務管理についていえば，商品市場，労働市場の諸力をそのまま反映した職長の恣意的・専横的管理が，労使交渉で決められたルールや制度にもとづく計画部や人事部等の専門スタッフによる管理に変わることによって，大企業の労働者についてはいわゆる「良い仕事」（高い雇用保障と福利厚生，先任権などにもとづく公正な人事，職業訓練を通じた技能形成）が確保された。しかし，他方で，「良い仕事」に就けない労働者の階層も形成され，いわゆる**分断的労働市場**が生まれたことも付け加えておかねばならない。

　第2次大戦後，**経営管理機構**はさらに発展し，また団体交渉制度に加えて，さまざまな形態での労働組合の「経営参加」も一部で制度化された。新技術の導入や労働編成の変更など，生産に関する事項も労使協議の対象となることも多くなった。これによって労働組合は「第2労務部」に変質し，経営管理機構の一部として完全に統合されたという評価も生まれる。しかし，賃金と利潤の分配などをめぐって絶えずコンフリクトが生じていることにみられるように労使間の利害対立の基盤は資本主義そのものにある。労働組合の「経営参加」によって，労働者の独自の利害は消失するわけではない。経営管理機構は，コンフリクトの可能性をはらむ労働者の連帯の自律的発展を，システムの外へ排除することも，解消することもできない。経営管理機構は，制度にもとづいてコンフリクトの発現を抑制するだけである。

■ 読書案内

- 宇仁宏幸『構造変化と資本蓄積』有斐閣，1998年。
  労働生産性変化が部門によって不均等な場合，また消費や投資の商品別構成が変化する場合に，どのような成長経路が現れるかを理論的，実証的に分析する。
- H・ブレイヴァマン『労働と独占資本――20世紀における労働の衰退』（富沢賢治訳）岩波書店，1978年。
  テーラー・システムの本質を「実行と構想の分離」として把握し，それが深化していくプロセスとして20世紀の労働過程変化を分析する。本書と並ぶ名著は中岡哲郎『工場の哲学』であるが，現時点では入手が困難。
- S・M・ジャコービィ『雇用官僚制――アメリカの内部労働市場と"良い仕事"の生成史』（木下順・森杲・荒又重雄・平尾武久訳）北海道大学図書刊行会，1989年。

上記のブレイヴァマンに対しては，労働組合の抵抗を軽視している等の批判がある。ジャコービィは経営者・労働組合・社会運動家等の多様な志向と対抗関係を重視して「良い仕事」の形成史を描く。

本章のまとめ

1. 量的側面からみた場合，資本主義においてもっとも顕著な技術進歩は，労働投入係数の低下すなわち労働生産性の上昇である。資本係数の変化は明確な傾向を持たない。
2. 利潤率が不変であると仮定すると，第1に，労働生産性上昇がない場合には賃金率は上昇しなかったが，労働生産性上昇がある場合には賃金率は上昇する。第2に，労働生産性上昇がある場合の労働需要成長率は，労働生産性上昇がない場合と比べて低くなる。
3. 資本主義には完全雇用を維持するメカニズムは備わっていない。失業を減らすためには，労働時間の短縮や政府支出の拡大などの措置が必要である。
4. 経営者は高利潤をもたらす技術を選ぶとすれば，「賃金率が低下すれば，資本集約度は低下する」というような，賃金率と資本集約度との間の単調な関係は成立しない。
5. 単純協業から始まり，マニュファクチュアを経て，機械制大工業に至る19世紀における生産過程の変化を通じて，労働者同士の直接的依存関係が一定速度の正確な作業遂行を強制するようになる。また，労働者がかつて有していた知識や熟練の多くは，システム化された機械の中に吸収され，労働者は生産を統括する能力を失っていく。
6. 経営者の支配力強化の第1の限界は，機械化，自動化に関する技術的な限界である。非定型的な作業や複雑な判断をともなう作業の機械化，自動化は困難である。第2の限界は，持続的な技術進歩をともなうという資本主義経済の特徴に起因する。持続的な技術進歩に対応するためには，労働者の技能や知識を奪いとるのではなく，ある程度維持し，高めていくことが必要である。
7. 20世紀以降，人事部の創設，労働組合の承認や団体交渉制度の整備などによって，労働者の連帯は企業システム内部においてもそれなりの位置を与えられた。このような内部化によって，労働者の連帯の自律的展開が引き起こすコンフリクトは抑制された。また，大企業の労働者についてはいわゆる「良い仕事」（高い雇用保障と福利厚生，先任権などにもとづく公正な人事，職業訓練を通じた技能形成）が確保された。

第Ⅱ部　現代資本主義の制度的基礎

　　第5章　貨幣・金融制度
　　第6章　国家の経済への介入
　　第7章　企業と労使関係
　　第8章　国際体制

　資本が価値増殖し，資本−労働関係が再生産されていくためには，経済主体の行動を枠づける制度のはたらきが必要である。第Ⅱ部においては，資本主義の経済システムを支える諸制度を領域ごとに考察していく。第5章では，銀行と中央銀行からなる貨幣・金融制度を取り上げる。これらの機関が他の企業と区別される特徴を探るとともに，経済取引に不可欠な貨幣の諸機能や，資本蓄積に必要な信用供給がどのようなメカニズム・制度によって保障されているのかを明らかにする。第6章では，国家の活動を考察する。政治的対立の調整という国家の本質的役割，国家の経済への介入における3側面（外部不経済への対処，社会的共通資本の供給，景気政策），フォーディズム国家の特徴，そして国家と経済の新たな関係への模索について説明する。第7章では，企業を政治的構造として捉える基本視角から，企業と労使関係を考察する。労使の利害対立が権力行使や集団交渉によって解決されるときどのような経済問題が引き起こされるか，また企業は賃金交渉制度・企業統治制度等とどのような相互補完関係を形成するかが明らかにされる。第8章では，国際体制を取り上げる。国際体制の存在理由は何か，国際体制と覇権とはどのような関係にあるかを考察した後，第2次大戦後の国際体制の歴史的経緯についてその意味するところを貿易体制（GATT体制からWTO体制へ）と通貨体制（ブレトンウッズ体制とその崩壊）に分けて説明する。

第5章

貨幣・金融制度

本章の課題
1. 貨幣にはどのような機能があるか。
2. 貨幣の形態にはどんなものがあり，貨幣の機能とどう対応しているか。
3. 銀行の信用供給活動にはどのような特徴があるか。
4. 経済における銀行の本質的役割は何か。
5. 中央銀行との関係の中で，銀行による信用供給量はどのようにして決定されるか。
6. 貨幣・金融制度を支える公的当局の活動にはどのようなものがあるか。
7. 現代における貨幣の信認はどのような要素から成り立っているか。

1. 貨幣・金融制度

　第Ⅱ部で考察される諸制度（貨幣・金融制度，国家，企業システム，国際体制）は，どれも，資本主義の経済システムが順調な運行を続けていく上で不可欠なものである。一定の歴史的条件の下で諸制度がうまく配置されるとき，経済システムは安定を得ることができる。そのような制度と経済との関係を理解するには，まず個々の制度に固有な論理を捉えないといけない。本章ではまず，貨幣・金融制度の仕組みを説き明かしながら，経済に対してそれがどのような役割を果たしているか，しばしばそれが悪質な影響を及ぼすのはなぜか，どうすればそれが安定的な作用を発揮できるのか，といった問題を考える。

　ここで**貨幣・金融制度**とは，貨幣の発行・供給と企業の資金調達のあり方を枠づける制度のことである。今日それは，銀行制度として存在している。銀行制度とは，民間の銀行（正確には「商業銀行」）そのもの，銀行間貨幣市場

(銀行間で相互に準備金の貸借を行う市場)，コルレス関係（他銀行に手形の取立て業務を代行してもらう契約）などからなる全体のことである。また，現代の銀行制度は中央銀行の後ろ盾に支えられている。このとき，上位の中央銀行と下位の銀行制度からなる階層的システムを**中央銀行制度***（あるいは二層的銀行制度）と呼ぶ。以下で考察の対象とするのはこの中央銀行制度である。

2. 貨幣の諸機能

　貨幣・金融制度が果たすべきもっとも基本的な役割は，経済における貨幣の諸機能を安定化させることである。そこで以下の2つの節では，貨幣の機能について説明する。まず，貨幣はどのような機能を果たすのか（本節）を考察し，その後に，貨幣の機能はどのような貨幣の形態によって担われるのか（次節）を説明する。なお，以下で用いる貨幣機能の名称は，本書の説明にかぎってのものであることをあらかじめ断っておきたい。貨幣の機能は経済学の基本事項であるはずだが，各機能の名称はテキスト・論者によってまちまちである（理論的立場の違いが反映してのことであろう）。ただし，名称が違っていても，その意味する内容に大差があるわけではない。

(1) 売買契約と信用契約

　最初に，経済取引の種類について区別立てをしておこう。手持ちの貨幣をどう処分するかに関して，経済主体には3つの選択肢がある（ここでは贈与は考えない）。すなわち，①商品や資産を購入する，②貸し付ける，③貯える，の3つである。このうち①②には，それぞれ商品・資産の売買（①），貨幣の貸借（②）という他の主体との経済取引がともなう。正確にいえば，経済取引とは，私的主体の間で私有物の処分権をやりとりする契約を結び，互いにそれを履行することである。①であれば，売買契約の締結とその履行，②であれば，信用契約の締結とその履行がなされる。**売買契約**は，引き渡す物と支払う貨幣金額について，売り手と買い手の間で成立した合意である。引渡しと支払が同時に行われて契約は履行される（小額の商品売買などでは，契約書がいちいち取り交わされるわけではないので，契約締結とその履行を区別することは困難だが，その場合には購入時点で契約の締結・履行が同時になされたとみなせば

よい)。**信用契約**とは，貨幣の貸借について貸し手（債権者）と借り手（債務者）の間に成立した合意である。合意の内容は，元本の金額（債権者が貸した金額，すなわち債務者が返済しなければならない金額），利子の金額と支払時期，支払期限（元本返済すなわち満期の期日）からなる。信用契約は，債務者の返済によって履行される。

(2) 貨幣の3機能

以上のような経済取引の中で，貨幣は何よりもまず売買契約・信用契約の履行手段であることがわかる（①②）。またこれらの契約の価値を表示することも，貨幣の機能である。さらに③の「貯える」というのも貨幣の機能である。こうして考えていき，貨幣の機能を整理したものが表5-1である。貨幣の機能は，大きく計算単位・取引手段・価値貯蔵手段の3つに分けられる。以下それぞれについて要点を述べておこう。

計算単位の機能とは，売買される物の価格，信用契約における債権債務の大きさ，あるいは個人・企業が持つ資産の価値を「何円」「何ドル」などと貨幣名で表示することである。計算単位の機能においては，残り2つの機能と異なり，銀行券や硬貨が実際に使われるわけではなく，貨幣単位（円，ドル，ユーロ等）が価値の表示に用いられるにすぎない。貨幣単位が国家の主権的行為によって定められることによって，計算単位は社会的計算単位として確立する。計算単位機能は次の取引手段機能の前提である。

取引手段とは，売買契約および信用契約を履行する貨幣の機能である。売買契約の場合，売り手に貨幣を支払えば，買い手は商品を所有できる。この機能を特に「交換手段」（あるいは「購買手段」「流通手段」等）と呼ぶ。信用契約の場合，債務者は債権者に貨幣を支払うことによって，債権債務関係を消滅させることができる。この機能を特に「支払手段」（あるいは「信用手段」等）と呼ぶ。

価値貯蔵手段の機能は，貨幣を保有することにより価値を貯える機能である。支払手段としていつでも使えるときにかぎって，その貨幣は価値貯蔵手段としても役立つ。この機能は，債務返済にあてるための準備金である予備現金，利便性と取引費用節約の目的から購買に備えて保有される取引現金，確実な資産としてあるいは有利な投資機会を逃さない目的で保有される保蔵現金の3つに

表 5-1　貨幣の諸機能

計算単位	取引手段	価値貯蔵手段
売買契約（価格表示）	交換手段	取引現金
信用契約（貸借金額の表示）	支払手段	予備現金（または準備金）
資産評価の計算単位		保蔵現金

分けられる。

　よく「貨幣は**公共財**」であるといわれるが，厳密な意味で公共財と呼べるのは，上の3機能のうち計算単位機能だけである。計算単位としての貨幣は，誰でも「無料で」使用できる。これに対して，取引手段および価値貯蔵手段としての貨幣は**私的財**であり，貨幣発行機関以外の経済主体はこれを入手するために何らかの代価を払わないといけない。ただし，取引手段としての貨幣は，人から人へと転々と流通して，順番にではあるが1つの媒体（金属，紙券，預金等）が不特定多数の人に使用されるので，公共財の側面もある。いずれにせよ，貨幣は公共財としての側面と私的財としての側面を兼ね備えた存在であり，そのような貨幣の特性を**貨幣の両義性**＊と呼ぶ（Aglietta [1995]）。

3. 貨幣の諸形態

　貨幣がどんな機能を果たすかという問題とは別に，そうした機能がどんな媒体によって担われているかという貨幣形態の問題がある。歴史上，貨幣形態には，商品貨幣，政府不換紙幣（フィアット・マネー），信用貨幣（クレジット・マネー）の3種類が見出される。金本位制の時代に発行されていた金貨は，**商品貨幣**である。金貨は，鋳潰してもその重量の金が商品として取引可能である。**政府不換紙幣**は，王室や政府が財政資金をカバーするために強制通用力を付与して発行する紙幣である。納税に使用できるという価値の裏づけがある。今日全面的に貨幣の機能を果たしているのは**信用貨幣**＊である。信用貨幣とは，銀行が信用創造を通じて発行する預金通貨（要求払預金）および銀行券のことである。第3節以降では，信用貨幣がどういう仕組みで発行されるのか，また信用貨幣発行に関連する問題はどのようなものか考察していく。ここでは，そのための予備的説明として，(1)商業流通と一般流通の区別，(2)信用貨幣発展の諸段階，(3)信用貨幣と貨幣諸機能の関係について述べておきたい。

(1) 商業流通と一般流通

企業間で行われるのか，それとも消費者−企業間で行われるのかによって，商品流通は，①**商業流通**（または企業間流通）と②**一般流通**（または消費者流通）に区別される。信用貨幣が出現するのは①においてであり，信用貨幣の歴史を理解する上で①②の接合関係を理解しておくことは重要である。

①の商業流通は，生産の系列に沿った商品の流れを形成する。たとえば，「原料生産者→中間製品生産者→最終生産者→流通業者」という流れである。これに対して，②の一般流通における商品の流れは，「流通業者→消費者」となる。

2つの流通においては，掛売り（支払を一定期間猶予し，先に商品の受け渡しを行うこと）の普及しやすさが異なる。買い手にとって，掛けで買うことには，取引現金（交換手段の保有）を節約できるという利益がある。今日ではクレジット・カードによる代金後払いという形態の掛売りは日常的に行われているが，20世紀初めまでの信用貨幣の歴史においては，一般流通において掛売り（ツケ払い）が行われる範囲は狭かった。これは，小口消費者の支払能力を評価することが難しいためである。これに対して，商業流通においては，同じ生産の系列に属する企業同士の繰り返しの取引なので，取引相手が固定され，買い手の支払能力を評価しやすい。よって，商業流通においては掛売り（買い手からみれば掛買い）は日常的に行われている。

企業間で掛売りがなされると，買い手を債務者，売り手を債権者とする債権債務関係が生じる。つまり売り手が買い手に信用を与えている。この企業間での信用を**商業信用**と呼び，その際に買い手から売り手へ手渡される支払約束証を**商業手形**（以下「手形」）と呼ぶ。手形には，振出人の氏名，支払金額，満期が記される。3ヵ月満期の手形であれば，受取人（または持参人）は振出しから3ヵ月目に手形を振出人に呈示することにより，支払を受けられる。

(2) 信用貨幣の諸段階

以下では，今日の信用貨幣の特徴をつかむために，商品貨幣から信用貨幣への移行を4段階に分けて説明する。出発点の状況として，金本位制の一種である金貨本位制を想定する。すなわち，金地金が重量単位によって支払手段として使用されているだけでなく，交換手段として金貨が流通している状況を考え

る。このとき，経済において利用可能な取引手段（支払手段＋交換手段）の量は，一国に存在する金の絶対量によって制約される。しかし，資本主義の発展とともに，取引における貨幣の使用を節約するさまざまな仕組みが創発されていき，この制約は打破されるようになる。

①商業手形の流通（信用貨幣の基礎）

まず，上記の商業手形が裏書されて転々と流通していくことによって，社会的な貨幣の節約が実現される。流通業者（小売商）A，消費財生産企業B，生産財生産企業Cの3者間に，「企業C→企業B→企業A」という方向による商品の流れがあるとしよう（図5-1）。商業手形を利用するとき，この取引連鎖は以下のように形成される。a）BがAに商品の掛売りをし，Aが3ヵ月満期の自己宛手形（約束手形）を振り出す。b）CがBに掛売りをする。このとき，CがB保有のA宛手形の信用（Aの支払能力）を高く評価するならば，CはBに対して商品引渡しと引き換えにA宛手形の譲渡を求める。BはA宛手形を手渡す前に，その裏にサインをする。このサインを手形の裏書という。裏書は，商慣習にもとづく手形保証の行為である（CがAから手形を取り立てられないとき，Bが代わりに支払う義務を負う）。c）3ヵ月目に手形は満期を迎え，Aは手形の持参人Cに対して，売上金の一部を使用して支払を行う。

a)～c)の結果，どのようなことが達成されるだろうか。第1に，最終債務者Aから最終債権者Cへ支払がなされることによって，掛売りによって形成された2つの債権債務関係（BA間・CB間）が同時に消滅し，したがってまた，裏書によって発生したBの保証義務も消滅する。第2に，結果として，中間のBにおいては手形が交換手段として機能したも同然である。なぜなら，Bは受け取った手形をそのまま手渡して商品を購入したことになるからである。このように事実上の交換手段として機能する手形を，「商業貨幣（回り手形）」と呼ぶ。第3に，AとBは取引現金貨幣を節約することができた。もしもA宛手形が裏書を増やしながら次々に流通していくならば（A→B→C→D→E→……），貨幣節約の効果は社会的なものになる。満期日に1回だけ貨幣が使用されるにすぎないのに，商業手形の流通のおかげで多数の取引が実現される。この仕組みが普及すれば，一国における金の絶対量という制約は緩和され，経済活動の拡大が促進される。

しかし，商業手形による貨幣節約の効果には限界がある。手形の流通範囲は

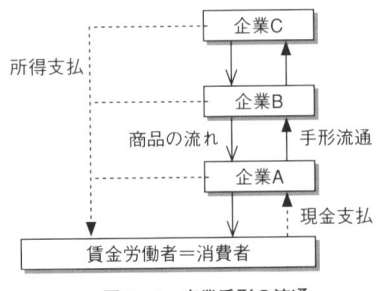

```
          ┌─────┐
          │企業C│
          └──┬──┘
所得支払      ↑↓
          ┌──┴──┐
          │企業B│
          └──┬──┘
   商品の流れ ↑↓ 手形流通
          ┌──┴──┐
          │企業A│
          └──┬──┘
              ↑↓ 現金支払
┌──────────────┐
│賃金労働者＝消費者│
└──────────────┘
```

図 5-1　商業手形の流通

商業流通にとどまり，しかも手形の信用（振出人の支払能力，裏書の多さ）と取引系列の長さによって制限される。一般流通における交換手段（したがってまた，所得の支払手段）および手形の支払手段は依然として金である。手形はかぎられた範囲においてそれ自体が貨幣（交換手段）として機能するが，あくまでも振出人の債務であり，「本当の」貨幣である金によって支払われることを前提としている。このような関係における金（金地金＋金貨）を最終的支払手段または**現金**，手形を**貨幣代替物**と呼ぶ。

②銀行手形（または銀行券）の流通

次に，BC 間の取引（図 5-1）において，C が A 宛手形の受け取りを拒否するとする。これは起こりがちなケースである。なぜなら，C にとって，直接の取引相手でない A の手形を評価することは必ずしも容易でないからだ。このような制約を乗り越える手段が**銀行手形**である。その仕組みを，a）手形割引，b）銀行による信用肩代わり，c）銀行券の流通の順に説明しよう。

　a）B は銀行に A 宛手形を持ち込み，手形割引を求める。銀行側は手形の信用度を評価し，一定の割引手数料を取って買い取る。ただし，この「買取り」は貨幣ではなく，銀行手形によってなされる。銀行手形は，銀行発行の商業手形であるが，支払期限がなく持参人一覧払い（銀行窓口に銀行手形を持参した人にその場で支払を行うこと）である点，通常の企業宛の手形とは異なっている。そのため，通常の手形と区別して銀行手形は**銀行券**とも呼ばれる。支払が金でなされるので，この銀行券は**兌換銀行券**（正確には金兌換銀行券）である。手形割引の業務は，たとえば額面 100 の手形と引き換えに，手数料（10 とする）を割り引いた額面 90 の銀行券を引き渡す，という形をとる。

b）手形割引によって，手形保有者（債権者）Bが手形振出人（債務者）Aに与えていた信用（商業信用）は，銀行に肩代わりされる。これを**銀行信用**と呼ぶ。銀行はAに対する貸出債権を持つようになる。貸出利子は割引手数料によって与えられる。このとき，銀行は貨幣ではなく銀行券（という債務）の発行によって信用を供与している。この行為が**信用創造***であり，信用創造によって発行される銀行券は信用貨幣の一形態である。手形の満期日には，銀行がAから取立てを行い，入手した貨幣を準備（預金準備でもあり兌換準備でもある）に組み入れる。

c）銀行は預金収集により豊富な貨幣（金）準備を持つので，銀行券は通常の手形に比べて高い信用（流通力）を持つ。そこでBは，銀行券と引き換えにCから商品を手に入れることができるだろう。銀行券は満期なしの手形であるから，受け取った企業が兌換要求を行わず取引に使用するかぎり，引き続き「C→D→E→……」と流通していく。銀行側からみると，A宛手形の満期である3ヵ月よりも長い間銀行券が流通にとどまってくれれば，その間は貨幣準備を増やすことができる。また，商業手形の場合（①）に比べて，社会的な貨幣の節約は進む。第1に，銀行券が転々と流通する分だけ貨幣は節約される。第2に，小額の銀行券が発行されるようになると，商業流通だけでなく一般流通においても金に代わって銀行券が取引手段として使用されるようになる。しだいに，金が存在する場所は，銀行の準備にかぎられるようになる。

③兌換中央銀行券

②でみたような民間発券銀行のシステム（民間銀行が銀行券を発行する）においては，銀行券の過剰発行が起きやすい。発券費用に対する利子（割引手数料）収入の大きさが魅力的であることから，銀行は，準備率（発券量に対する金準備の比率）が過小になるまで銀行券を発行しがちである。準備率が一定水準を下回ると，銀行券保有者は銀行の支払能力が信用できなくなり，兌換要求を強めるようになる。要求に応じられない銀行は結果として破綻に追い込まれるが，「破綻の不利益」よりも「破綻までの利子収入の利益」の方が勝っていれば過剰発行は行われるだろう。つまり，時間的に不整合な行動（最初に兌換義務を表明し，後でその義務を放棄する）は銀行にとって合理的である。しかし，その結果，銀行券の流通は阻害されるようになる。このような社会的不利益を回避するためには，国家の力を借りて**発券集中**を進めることが必要となる。

これは，中央銀行を設立してそこに発券権限を集中し，かつ裏づけとなる金準備を銀行から中央銀行に集中させるものである。商業手形・銀行手形の流通（①②）は資本主義が始まって以来（あるいはそれ以前から）のものといってよいが，発券集中は19世紀前半のイギリス（イングランド銀行への発券集中）で初めて進められ，それ以降他の諸国が徐々にこれに追随した。

　この結果，中央銀行が兌換銀行券（中央銀行に要求すれば一定重量の金と交換できる**兌換中央銀行券**）を発行するようになる。国家は流通促進のため，法律によって，一定額面以上の中央銀行券に法貨（法定支払手段）の規定を与える。また金貨（少なくとも流通用の金貨）の鋳造は停止され，（民間）銀行は発券を禁じられる。このとき，銀行は中央銀行券を準備（預金準備）として使用することになる。そこで，銀行による信用供与は，中央銀行券（自行銀行券ではなく）を直接に貸し付けるか，または預金で貸し付けるかの形をとるようになる。後者の預金貸付は，預金準備の分しか中央銀行券が必要でないので，中央銀行券の節約になる（詳しくは第4節）。よって，後者の方法が多用されるようになる。この方法において企業は，a）手形割引による手形買取の金額を預金口座に記入してもらい，b）預金振替の指図証である小切手を使用して他企業に支払を行う。取引手段としての預金の使用，また銀行による預金の貸付は資本主義以前から行われてきたから，民間発券銀行のシステム（②）においても預金による貸付は行われる（表5-2）。しかし，発券集中後のシステムは，預金という「貨幣代替物」に対する「現金」が中央銀行券であり，かつ両者ともに信用貨幣である点で民間発券銀行のシステムとは異なる。

　こうして，発券集中とともに金の役割は後退し，金貨流通，民間銀行の金準備は行われなくなる。いまや，金は地金の形態において，対外的な支払手段，国内の保蔵現金，中央銀行の兌換準備としてのみ機能するようになる（金貨本位制から金地金本位制への移行）。

　さて，中央銀行による発券方法であるが，中央銀行は，銀行の保有する商業手形を割り引くことによって，銀行に対して中央銀行券を発行する。中央銀行による手形割引を再割引といい，このときの割引手数料率（再割引率または公定歩合）を動かすことによって中央銀行は発券量を調節しようとする。これは金融政策の一方式であり，中央銀行は再割引率の操作による発券量調節を通じて，準備率が保証準備率（兌換を保証すると期待される最低準備率）を下回ら

表 5-2　現金と貨幣代替物の関係

	現　金	貨幣代替物
民間発券銀行のシステム	金	民間銀行券・預金
中央銀行システム	中央銀行券	預金

ないようにする。このような方法で銀行券の過剰発行を回避しようというのが，発券集中の目的であった。

ところが，兌換中央銀行券のシステムには以下のような欠点がある。たとえば，対外支払と国内保蔵のための金需要が増えて，兌換要求が強まるとする。中央銀行はこれに順応せざるをえないから，その金準備は減少する。しかし，そうなると準備率が低下するので，中央銀行は発券量を抑えるために再割引率を引き上げる。これは銀行にとって準備（中央銀行券）へのアクセスが制限されることを意味するから，銀行は貸付を抑制しなければならなくなる。発券集中以前には銀行信用は銀行自らの金準備によって直接に制約されていたが，いまや中央銀行券の保有が銀行信用への制約になっている。中央銀行券の発行は中央銀行の金準備によって制約されるから，発券集中後の銀行信用もまた間接的に金による制約を受けてしまうのである。19世紀中葉にイギリスで経済恐慌が周期的に発生した理由の1つは，中央銀行券の発行が金による制約を受けていたことに求められる（詳しくは，Morgan［1969］）。

④**不換中央銀行券**

今日の中央銀行券は，金兌換ができない**不換中央銀行券**である。「不換化」のきっかけになったのは第1次大戦であった。戦争遂行に必要な物資を効率よく生産するためには，金融面の制約を取り除く必要がある。そのため，兌換を停止して，中央銀行が金準備にとらわれず中央銀行券を発行できるようにした。第1次大戦後には，国際金本位制（固定為替相場を金平価で定義し，国際取引の決済を金で行う国際通貨体制。第8章参照）の再建という枠組みの中で，金準備と発券量の結びつきが復活したが，1929年の世界恐慌の影響で各国が次々に兌換停止して以来，どの国でも兌換中央銀行券は発行されなくなった。

不換中央銀行券のシステムすなわち今日のシステムの下で銀行・中央銀行がどのような行動をとるかということは，次節以降で詳細にみていく。ここでは今日のシステムが，どのような貨幣形態から成り立っているのかを整理しておく（図5-2）。まず，**預金通貨**（「振替通貨」ともいう）は，ａ）預金振替の指

```
        ┌ 預金通貨‥‥‥‥‥‥‥‥‥‥‥‥‥┐
        │                              ├ マネーサプライ
        │ 現金通貨(中央銀行券＋補助通貨)…┤
        │                              ├ 中央銀行貨幣（ベースマネー）
        └ 中央銀行預け金‥‥‥‥‥‥‥‥‥┘
```

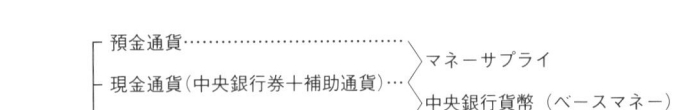

図5-2　今日の貨幣諸形態

図証である小切手の振出しによるか，またはb）預金引き落としの形で取引手段として使用される。預金通貨の実体は要求払預金（預金者が引出しの要求をすれば即座に現金で支払を受けられる銀行預金）である。日本においては個人の「普通預金」と企業の「当座預金」がこれにあたる。次に，**現金通貨**には中央銀行券（以下「不換中央銀行券」のことを単にこう呼ぶ）のほかに，小口取引の便宜をはかるために発行されている補助通貨が含まれる。民間の経済取引で使用されるのは，預金通貨と現金通貨（中央銀行券＋補助通貨）だけである。ある時点で経済に供給されている預金通貨と現金通貨の合計を，貨幣供給量または**マネーサプライ**＊と呼ぶ。マネーサプライは，その時点の経済活動の大きさを示す指標であり，金融政策の目標変数として用いられる。M2（現金通貨＋要求払預金＋定期性預金）＋CD（譲渡性預金証書）がマネーサプライの定義として用いられることが多いが，ほかにもさまざまな定義が用いられる。最後に，銀行間の支払にかぎって使用される「中央銀行預入準備金」（以下「**中央銀行預け金**」と呼ぶ）がある。これは，銀行が中央銀行に保有する要求払預金である。この意味で中央銀行は「銀行の銀行」である。現金通貨と中央銀行預け金は中央銀行によって発行されるので，これらを総称して**中央銀行貨幣**と呼ぶことができる。日本においては，中央銀行券は「日本銀行券」であり，中央銀行預け金は通称「日銀預け金」と呼ばれている。金融政策の観点からは，中央銀行が直接に発行する中央銀行貨幣は**ベースマネー**（あるいはハイパワードマネー）と呼ばれる。以上を要約すると，今日の信用貨幣は，預金通貨と中央銀行貨幣（現金通貨＋中央銀行預け金）の2形態からなる。

(3) 信用貨幣と貨幣諸機能

　2つの貨幣形態のうち中央銀行貨幣しか果たせない機能が2つある。1つは（社会的）計算単位の機能である。現代においては預金通貨の1万円も現金通貨の1万円も同じ1万円として各種支払に使用することができるが，これは銀

行制度が安定していてどの銀行の預金も額面通りの支払が事実上保証されているからである。銀行制度が不安定な時代には，預金には銀行によって異なるプレミアムが付いていた。したがって，厳密には，預金残高の数字は，計算単位である中央銀行貨幣を用いて預金の価値を表示したものである。

　中央銀行貨幣だけが果たせるもう1つの機能は，最終的支払手段の機能である。中央銀行貨幣は，発行国の中では受領が拒否されない（最終的受領性）。預金による支払は当事者間の合意をもって初めて可能になるが，現金支払は無条件に売買契約・信用契約を終了させる。また預金支払は預金が現金で引き出せることを前提として成り立っている。社会全体としてみたとき，個別の取引による預金の振替は銀行債権者（預金者）の交替を意味するだけであり，銀行と預金者との債権債務関係が解消するためには預金引出しがなければならない。クレジット・カードの利用などが進めば，理論上は支払が無現金化（キャッシュレス化）した経済を考えることも可能であり，その場合には銀行は現金準備なしでやっていけるかもしれない。しかしそれでも，銀行間の信用関係の最終的支払手段である中央銀行預け金の必要性は残る。

　中央銀行貨幣のみが計算単位と最終的支払手段の2機能を果たせるということは，現代の貨幣制度の特徴である。その意味するところは，中央銀行の役割を考えていくとき明らかになるだろう。以下では，まず銀行が預金通貨の供給をどのように行うかを考察し，その後で中央銀行の役割に話を進める。

4．銀行の役割

　本節では，銀行と企業の間の信用関係を中心に，銀行の役割を明らかにする。銀行の本質に迫るために，まず銀行が不在の経済を考察してから，それとの対比において銀行の役割について説明する。

(1) 銀行不在の経済

　まず，資産所有者・企業家・労働者の3主体からなる経済について考えてみたい（図5-3）。ここで企業家とは，利潤を得るために生産活動を組織するが，活動の出発点となる貨幣を持たない生産者のことである。つまり，企業家は，生産要素の購入に必要な貨幣（取引手段）の全額を資産所有者からの借入によ

```
┌─────────────┐
│  資産所有者  │
└─────────────┘
      │ 貸付
      ▼
┌─────────────┐
│  企 業 家   │
└─────────────┘
      │ 賃金支払
      ▼
┌─────────────┐
│  労 働 者   │
└─────────────┘
```

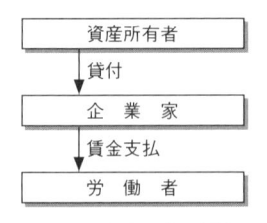

図5-3　銀行不在の経済

って入手しなければならない。資産所有者は，貸付可能な貨幣ストックを保有するものとし，貨幣の形態は問わない（銀行不在を仮定するので，商品貨幣か政府不換紙幣かのいずれかではある）。労働者は，企業家に雇用されて初めて所得を手に入れることができ，受け取った所得によって消費手段を購入する。

　よって，生産と消費が行われる前提は，企業家の投資決意と資産所有者の貸付決意である。企業家が投資（したがって生産と雇用）を決意するための条件は，企業家が投資プロジェクトについて予想（期待）する利潤率（**資本の限界効率***）が，資産所有者から貨幣を借り入れるときの利子率を上回ること（予想利潤率＞利子率）である（投資の決定については第9章参照）。他方，資産所有者が貸付を決意するにあたっては，貨幣を貸し付けるか，それとも貨幣を保有し続けるかの選択を行うものとする。貸付により得られるのは利子率という金銭的利益であり，貨幣の保有で得られるのは「いつでも取引手段として使用できる（交換の容易性）」「他の財と比べての資産価値の安定性（資産保全性）」といった非金銭的な利益である。後者は**流動性プレミアム**と呼ばれるものである（Keynes［1936］）。よって資産所有者の貸付決意の条件は，「利子率＞流動性プレミアム」と表される。

　ここでは当面，単純化のために，信用リスク（貸倒れリスク）をともなう投資プロジェクトには貸付を行わないものと考える。すなわち，貸付利子率を一定に保ったまま，信用供給を割り当てるものとする。さて，いま「予想利潤率＞利子率」「利子率＞流動性プレミアム」の2条件がみたされて，投資（したがってまた資産所有者と企業家の間の債権債務形成）が進行するとしよう。また，企業家は複数の投資プロジェクトを持ち，予想利潤率の大きなプロジェクトから順に投資を行っていくものとしよう。このとき，投資の増加につれて限界予想利潤率（投資を1単位だけ増やしたとき，その1単位の投資によって

実現すると予想される利潤率）は低下していくから，利子率に等しくなるところで投資の増加は止まることになる。もしも企業が予想利潤率の低いプロジェクトを実現するために資産所有者に利子率引下げを交渉して，資産所有者がこれを受け入れるならば，利子率が流動性プレミアムに等しくなるまで貸付は増えるだろう。こうして流動性プレミアムが利子率を，利子率が予想利潤率を規定することによって，一種の均衡が導かれる。すなわち「流動性プレミアム＝利子率＝予想利潤率」となるところで，投資および貸付の増加は止まる。ただし，ここでの貸付の大きさは，資産所有者の貨幣ストック量を超えることはできないから，均衡に至る以前に投資が限界に突き当たるかもしれない。したがって，企業家が質のよい投資プロジェクトを数多く持っているときでも，その実現は資産所有者の保有貨幣量によって上限を画されてしまう。

なお，ここでは利子率が，資産所有者による流動性プレミアムの評価によって決まるものと考えられており，利子率決定に関する**流動性選好説**＊の立場がとられている。この立場が許されるのは，「あらかじめ貨幣ストックを持っている資産所有者」を議論の出発点としているかぎりにおいてのことである。もともと流動性選好説は，新古典派経済学の**利子待忍説**（利子は，現在の消費を我慢して先延ばしにしたことへの報酬であるとする）に対する批判として，ケインズによって提出されたものである。金融市場の発達した経済においては，流動性選好説がリアリティにおいて利子待忍説より勝っていることは明らかである。しかし，後述のように，銀行が無制限の流動性アクセスを行える今日の貨幣システムにおいては，利子率は中央銀行が金融政策によって外生的に（すなわち民間経済の外から）決定するものと考えねばならない。

(2) 銀行の特殊性

今度は，上の資産所有者を銀行に置き換え，銀行・企業家・労働者の3主体からなる経済，すなわち「銀行を持つ経済」について考察してみたい（図5-4）。債権者は銀行のみと想定するので，銀行は運転資金だけでなく，投資資金も含めた資本全額を貸し付けるものとする。まず，銀行が貸付（「貸出」ともいう）を行うときの特色を3つ挙げておこう。

第1は信用創造である。銀行が貸付を行うときには，先の資産所有者のように手持ちの貨幣ストックを引き渡すのではなく，自己宛の債務である預金（要

```
銀　　行
  ↓ 貸付
企　業　家
  ↓ 賃金支払
労　働　者
```

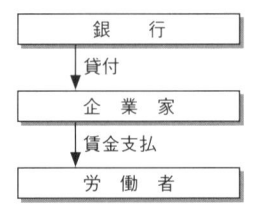

図5-4　銀行を持つ経済

求払預金）を貸し付ける。つまり，貸付が決まると，銀行はその金額を企業の預金口座に記入する。前節で説明したように，（預金という）債務を貸し付けることによって企業に信用を供与する方法を「信用創造」という。

　第2に，銀行の貸付は預金準備によって制約される（流動性制約）。貸し付けられた預金は，大部分が企業の小切手支払を通じて振り替えられていくが，現金で引き出される部分もあるだろう。このときの預金は要求払であるから，銀行は，企業による預金引出しに備え，常に預金に対して一定割合の現金準備（予備現金）を保有していなければならない。銀行は営利企業として利子を稼ぐために貸付を行うが，そのさいに預金準備への配慮を強いられるのである。

　第3に，今日の銀行は預金準備を無制限に調達する能力を持っている（流動性への無制限アクセス）。預金準備を調達する方法には，①預金を集める，②準備を借り入れる，の2つがある。このうちマクロ経済のレベルにおける銀行の役割を考える上で重要なのは②の方法である。②にはさらに2つの方法がある。1つは，銀行間貨幣市場において，市場金利を支払って他銀行の準備を借り入れる方法，もう1つは，中央銀行貸出金利（公定歩合）を支払って中央銀行から準備を借り入れる方法である。前者は他銀行の過剰準備額に制約されるが，後者においては，公定歩合を支払いさえすれば，銀行は中央銀行から無制限に準備を借り入れることができる。貸付条件の相違から若干の乖離はあるが，貨幣市場の利子率は，中央銀行が政策的に決定する公定歩合に連動して変動する。したがって単純化していえば，銀行は公定歩合の支払を条件として，量的には無制限の準備を調達できることになる。これは，銀行が一定の規制・監督に服するというコストを支払うことと引き換えに手に入れる**銀行の営業権**（フランチャイズ）といえる。また今日の銀行がこのような能力を持つということは，手持ちの貨幣ストックに制約されずに企業への信用が供与できるとい

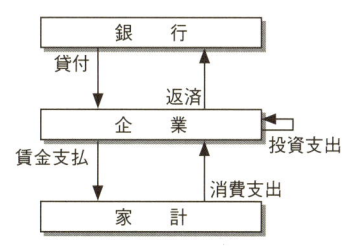

図 5-5　経済における貨幣の流れ

うことを意味している。この点が，先の資産所有者とは異なるところである。

　銀行の準備調達方法として，以下ではさしあたり中央銀行借入のみを考慮することにする。現実には常に人々は現金を預け入れているのだから，預金の収集から話を始めてもよさそうだ。しかし，そうしてしまうと，預け入れられる現金はそもそも預金から引き出されたものだという関係が見えなくなってしまう。近年，**貨幣循環理論**と呼ばれる理論潮流は，この因果関係を無視することによる理論的弊害を問題視し，銀行から始まり銀行に終わる貨幣循環（マネタリー・サーキット）を純粋な形でモデル化し，その性質を研究してきた（Deleplace and Nell [1996]）。詳しく述べる余裕はないが，本章の論点に即していえば，貨幣循環理論が指摘する理論的弊害とは，預金の収集から話を始めた場合，現金ストックの所有者である預金者の意思決定が，銀行の貸付行動への影響を通じて，投資や生産の水準を決定するという論理になってしまうことである。これでは，先の銀行不在の経済と同じ図式になってしまい，銀行の役割が不明確になってしまう。そこで貨幣循環理論が工夫したのは，経済にまったく貨幣ストックが存在していない状態から出発するモデルを組み立てることであった。そうすれば，現金の預け入れから話を始めずにすむ。貨幣循環理論のモデルにおいては，期初に銀行による貸付で貨幣が出回り，期末にすべての貨幣が流通から引き上げられ企業による返済を通じて銀行に戻ってくる（図5-5）。以下では，これと同じ状況を想定することによって，銀行の信用供給活動の特殊性について考えてみたい。

(3) 銀行の信用供給活動

　表5-3に示された簡単なバランスシート（貸借対照表）に沿って，銀行の

表 5-3 単純化された銀行のバランスシート

借方（資産）		貸方（負債）	
預金準備	20	預金	200
貸付	200	中央銀行借入	20

活動を説明していこう。出発点は，貸付も預金もゼロ（したがって預金準備もゼロ）の状態である。自己資本さえも考慮していないから，ここでの銀行は白紙のバランスシートだけの存在であるといってよい。

　銀行の活動は，企業への貸付を決意するところから始まる。いま 200 の貸付を企業との間に取り決めたとしよう。借方に 200 が記入され，対企業の貸付債権が形成される。銀行は預金の設定によって貸付を行うから，貸方には 200 が記入される。預金は準備を必要とする。銀行は，預金に対して経験上 10％の準備を保有すればよいと考えているとする。そこで，中央銀行からの借入によって準備を調達するならば，貸方に 20 の数字が記入される。こうして銀行の信用供給は，「貸付（借方）→預金（貸方）→準備（借方）→中央銀行借入（貸方）」という因果系列にしたがって行われる。銀行の活動は「貸付先行」と性格づけることができる。

　次に，この前後の過程を考えてみよう。上の因果系列は貸付から始まるが，その前提には企業の投資（生産）決意がある。企業自身の意思決定については，すでに「銀行不在の経済」について説明した通りである。また，ここでも信用リスクのある借り手には貸付が拒否されるものとしておこう。では，信用供給後の過程はどのようなものか。銀行による貸付の結果，銀行と企業の間には債権債務関係が形成され，企業は預金通貨の形態で取引手段貨幣を入手する。企業は，預金をそのまま（振替貨幣として）用いるか，引き出した現金を用いるかして生産手段や賃金の支払を行う。生産手段の購入にあてられた貨幣は他企業の預金として，期末までには銀行部門に還流する。賃金は労働者によって消費手段の購入にあてられ，これも企業の預金として期末までには還流する。企業は，購入した生産要素（生産手段と労働力）を用いて，銀行への債務返済ができるように生産を行う。生産物の販売が順調に進めば，企業は売上を順次自らの預金口座に積み立てていき，期末に銀行への債務返済を行う。

　貨幣循環理論で想定されているように，経済の企業部門がいっせいに同じ満期の借入を銀行部門から行うものとしよう。満期の時点が期末と呼ばれ，それ

までに生産と販売が完了する。この仮定の下では，表5-3のバランスシートを経済の銀行部門全体のものとして考察することが可能である。200の預金が経済全体の預金であるとき，現金で引き出される部分によってこの預金はいったん減少するものの，最終的（期末）には各企業の口座において期初と同じ金額の預金が復元することになる。そして，返済によって貸方の預金と借方の貸付が同時に消滅し，不要となった準備を銀行が中央銀行に返済することによって，借方の準備と貸方の中央銀行借入が同時に消滅する。

(4) 経済の中での銀行の役割

以上の考察をふまえ，①貨幣供給の「内生性」，②貨幣ストックの派生的性格の2点について述べておこう。

①貨幣供給の内生性

以上の説明からも明らかなように，銀行が「銀行不在の経済」の資産所有者と異なるのは，資産所有者が貸付利子率と比較する基準としていた流動性プレミアムが，銀行には存在しない点である（Riese［1989］）。銀行は保有貨幣を貸し付けるのではなく，信用創造によって貸付を行う。したがって，銀行が「貸付を行うかどうか」の選択は同時に「預金通貨を創造するかしないか」の選択なのであって，貸付拒否の選択を行ってもその分の貨幣を銀行自身が取引手段として使用できるわけではないのである。

ここでの単純な想定の下では（銀行の営業費用も無視する），銀行が貸付利子率と比較する基準は，中央銀行によって与えられた公定歩合である。公定歩合を上回る貸付利子率を提供し，かつ「信用リスクなし」と評価される貸付案件があるかぎり，銀行は貸付を増やしていく。銀行は公定歩合を対価として無制限に準備を借り入れることができるから，可能な貸付量には制限がない。他銀行との競争の存在を考えるならば，このときに貸付を控えることは利潤機会を見逃すことを意味するから，利潤追求主体としての銀行は貸付を増やすだろう。最終的には，公定歩合に貸付利子率が一致するところまで，銀行部門は貸付を増やすだろう。他方，企業は，予想利潤率が高い投資プロジェクトから順に着手していき，予想利潤率が（銀行からの）借入利子率に一致するプロジェクトまでを実現する。こうして，経済の利子率・予想利潤率は，中央銀行が定める公定歩合に収斂していく。つまり，銀行が無制限に流動性にアクセスで

る経済においては，利子率は中央銀行（の提示する公定歩合）によって外から決定されることになる。これを**利子率の外生的決定説**と呼ぶ。「外生的」とは「民間経済の外から」という意味である。

　以上の過程において，貨幣供給量（**マネーサプライ***) はどのように決定されるだろうか。貨幣供給量は「預金通貨＋現金通貨」として定義される（前節参照）。現金通貨は預金の引出しによって市中に出回るから，信用創造（預金設定）による銀行の貸付量がそのまま貨幣供給量となる。そして，銀行の貸付は，公定歩合を基準として，それを上回る予想利潤率の投資プロジェクトに対して行われていく。収益性の高い投資プロジェクトであるかぎり，銀行は企業の投資資金需要に順応して貸付量を，したがってまた貨幣供給量を増やしていく。貸付に必要な準備は，貸付決定後に中央銀行から調達される。つまり，中央銀行は銀行の準備需要に順応して，中央銀行貨幣（ベースマネー）を供給することになる。このように，民間（銀行と企業）の信用関係形成によって貨幣供給量が決定され，公的機関である中央銀行がそれに順応して準備を供給する，という貨幣供給のあり方を**内生的貨幣供給***と呼ぶ（Rochon［1999］）。

　前節でみた兌換中央銀行券のシステムにおいては，中央銀行は，金準備の低下を阻止するために割当により準備（兌換中央銀行券）の供給量を制限することがあった。この場合には，銀行の貸付量，したがってまた貨幣供給量は，中央銀行が「外生的に」決定していることになる。しかし，今日の銀行システムにおいては，このような貨幣供給方式がとられることはまずない。民間の経済活動への影響が大きくなりすぎるからである。

②**貨幣ストックの派生的性格**

　現実の経済においては，ここでの説明のように貨幣がいっせいに銀行から流出していっせいに還流するなどということはありえない。現実の経済には，信用創造によって生み出された貨幣がストック（価値貯蔵手段）として滞留している。たとえば，そのストックによる購入を当てにして企業が社債を発行すれば，銀行信用とは別の形での資金調達が可能になる。ここでの説明においては貨幣ストックが存在するとしても期間内の一時的なものであり，基本的には貨幣はフローであった。これは，今日の銀行システムの特徴を明確にするために，「フローとしての貨幣」に着目したためである。現実の経済に存在する貨幣ストックは，この「フローとしての貨幣」が期間を超えて持ち越されたものと考

えられる。したがって、貨幣ストックの存在には必ず銀行債権の存在が対応していることになる。銀行による信用創造は、成長通貨の供給、あるいは革新金融の手段としてその不可欠性が強調されることが多いが、日常のあらゆる経済活動の基礎となっている。今日、肥大化する貨幣ストックが資産市場や金融市場に投機資金として流入し攪乱をもたらすことによって、経済が弊害をこうむるようになっている（この問題については、第12章参照）。

5. 中央銀行の機能

(1) 信用市場

ここまでは、銀行は「信用リスクあり」と評価した企業（投資）に対しては貸付を拒否するものと仮定してきた。以下では、この仮定を取り除く。生産企業と同じく銀行も、将来の不確実性に立ち向かう企業である。銀行が信用リスクに対処する方法には、①借り手企業の信用度を評価し、それに見合った担保や保証を要求することと引き換えに信用供与を行う、②信用リスクを引き受ける代償として、信用度に応じた**リスク・プレミアム**（不確実性プレミアム）を貸付利子率に上乗せする、の2つがある。以下では、単純化のために銀行が②の方法をとる（つまり、信用リスク引受けの代償をすべて金銭的なプレミアムに換算する）ものとして、銀行の貸付行動を考察する。このとき銀行の貸付利子率 i は、将来にわたり予想される借入利子率（公定歩合または貨幣市場利子率）ri、営業費用 tc、リスク・プレミアム rp の和になる。

$$i = ri + tc + rp$$

貸付金1円当たりの営業費用である tc は、各銀行の効率性によって決まり、貸付規模にかかわりなく各銀行で一定とする。rp は経済の貸付が増えるにつれて一般に上昇するが、その増え方（傾き）は需要動向、したがって景気の見通しの確実さ（ケインズのいう「確信の状態」）に左右されるものとする。銀行部門は、rp をより多く上乗せできれば、それだけ多くの信用リスクをとるだろうから、その信用供給曲線は右上がりとなる。これを図示したものが図5-6である。銀行の信用供給は、最低貸付利子率 $ri + tc$ から始まり、貸付量（横軸の信用供給量）が増えるとともに増えていく。ただし、ある貸付量を超える

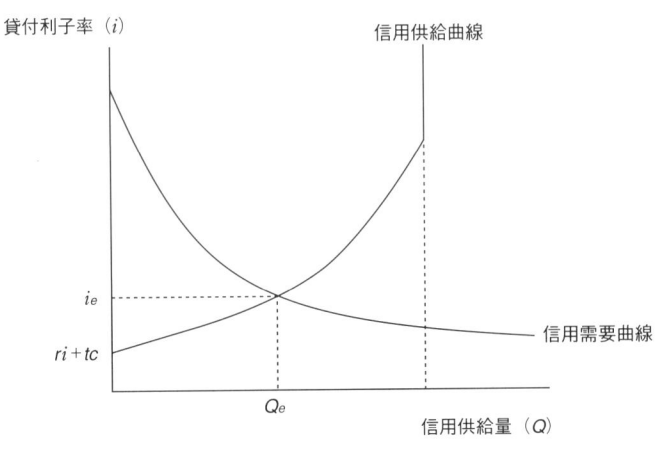

図5-6 信用供給量の決定

と，信用リスクを利子率で相殺することが引き合わないと銀行が考えるので，その時点以降は信用供給曲線が垂直になる。

貸付利子率が下がるほど，予想利潤率の低い投資プロジェクトが実現可能になるから，企業の信用需要曲線は右下がりとなる。貸付利子率がi_eのとき，信用の需給が一致する。つまり，この経済においては，均衡信用量Q_eまで信用供給がなされる。このような総信用量の決定関係から，銀行と中央銀行が行動を変化させるときの信用量への影響を考えてみよう。

①銀行の行動変化と信用量

まず，個々の銀行の違いを無視すれば，全体として銀行の景気見通しが楽観的になり，リスク・プレミアムが低下すると，信用供給曲線の傾きが低下して均衡信用量は増加する（営業費用は短期的に不変とする）。この関係によって，景気拡大期における，「確信改善→信用拡大→景気拡大→確信改善→……」という連鎖の中での信用量の累積的増加が説明される。次に，個々の銀行の違いを考慮するとき，信用供給曲線を決定するのは，営業費用とリスク・プレミアムの合計がもっとも小さい銀行であることがわかる。銀行は無制限の準備調達能力を利用して，同じ貸付利子率の下でできるだけ多くの貸付を実現しようとする。同じ企業（投資プロジェクト）に対して，貸付を実現できるのはもっとも低い貸付利子率を提供する銀行である。したがって，業務が効率的でリスク選好が高い（信用度評価が甘い）銀行が，その都度貸付を増加させることがで

きる。つまり，一部の銀行がリスク引受けを強めて拡大路線（ゴーゴー・バンキング）に走ることは可能だし，そのとき他の銀行は競争上これに追随せざるをえない。「信用の暴走」である。

②中央銀行の金融政策と信用量

中央銀行は**金融政策***によって将来にわたる公定歩合（準備調達利子率）期待に影響を与えることを通じて，銀行の最低貸付利子率を左右することができる。金融緩和政策は信用供給曲線の下方シフトを，金融引締め政策は上方シフトをもたらす。しかしこの政策が総信用量の増減という目的を達成できるかどうかは，銀行の態度にかかっている。金融緩和政策の効果は銀行の悲観的態度（信用供給曲線の傾きの上昇）によって，金融引締め政策の効果は銀行の楽観的態度（傾きの低下）によって打ち消される可能性がある。ただし，徹底した金融緩和（公定歩合ゼロ）がそれを上回る銀行の悲観的態度によって無効になりうるのに対して，徹底した金融引締めは銀行の楽観的態度に打ち勝つことができる（リスク・プレミアムがゼロでも傾きは水平にしかならない）。これが**金融政策の非対称性**である（Herr [1992]）。中央銀行は，銀行の確信を改善する方策がなければ金融政策による景気刺激を実現できないが，インフレを退治する目的では確実な手段として金融政策を動員できる。

(2) 金融政策の意義

今日，**中央銀行の独立性***原則が広く承認されている。それによれば，準備供給機関としての中央銀行の権限行使である金融政策を景気刺激のために動員してはならず，金融政策の目的は物価ないし通貨の安定にかぎるべきだという。その理由の一部は，上の「金融政策の非対称性」によって，金融政策による景気刺激が必ずしもうまくいかないことに求められる。また，1980年代以降の先進国における資産バブルの苦い経験（第12章参照）も独立性原則の普及を促しただろう。それでは，物価安定という政策目的を正当化する理由は何だろうか。

①貨幣機能の安定

ここで，第2節で言及した「貨幣の両義性」に立ち戻る。基本的には，計算単位としての貨幣は公共財，取引手段・価値貯蔵手段としての貨幣は私的財である（ただし取引手段には公共財としての側面もある）。「通貨の安定」といわ

れるのは，特にこのうち公共財としての貨幣の機能が安定的であることにほかならない。「通貨の安定」は，以下の理由で「物価の安定」と同じ意味である。物価が上がると，いままで付けていた価格が少ない価値しか表示しなくなるし，急激な物価上昇だと，同じ価値を表示するために頻繁に価格を変更しなければならず，ひどい場合にはどれだけ価格を変更すればよいかの計算が不可能になる。このようにして，計算単位としての貨幣機能は阻害される。また物価の上昇は，貨幣の購買力（どれだけの数量の商品が買えるか）の低下を意味する。これが急激なものであるとき，取引手段として貨幣を受領することの利益は低下する。「物価の安定」とは，こうした悪質な作用を持つ急激な物価上昇を回避するということである。なお a) 緩やかな物価上昇の場合，あるいは b) 物価下落の場合にはこうした問題は生じない。a) の場合，人々が適応的行動をとることが容易だし，b) の場合，激しい物価下落なら計算単位機能には支障をきたすが，購買力の面では貨幣への魅力は増す（この点は第10章も参照）。

このように，物価安定の下で貨幣が価値の基準として，また購買力について安定的なパフォーマンスを示せば，その貨幣を人々は計算単位として使用し取引手段として受領するだけでなく，価値貯蔵手段としても使用するようになる。この意味で，個々の経済主体による選択にもとづいて初めて貨幣は諸機能を果たす。貨幣が広範な人々に選択され安定的に諸機能を果たしているとき，その貨幣は**信認***されているといわれる。

②シーニョリッジと銀行

さて，貨幣の使用者から発行者の方に目を転じよう。実は，貨幣が私的財としての側面を持つということは，独占的な貨幣発行権限を持つ主体（機関）にとっては，私的利益のためにその権限を利用できるということを意味する。つまり独占的な発行主体は，自ら発行する貨幣で欲しいものを購入できる。ただし，その前提は，貨幣が人々に受領されること，したがって貨幣への信認である。発行者からすれば，貨幣を支出しすぎると物価上昇を引き起こすので，貨幣の発行（支出）の稀少性を維持しないと信認は損なわれる恐れがある。このとき，時間的（または動学的）不整合の問題が発生する。発行主体は最初のうち貨幣の供給を希少にして信認の獲得に努めるが，いったん人々から信認を得た後には，今度は信認が破綻するまで際限なく貨幣を発行して支払にあてることが利益になるかもしれない。これが**シーニョリッジ**（貨幣発行特権）の問題

である。中世の封建領主が繰り返し行った悪鋳はまさにその例だが，同様の問題は，自らの発行貨幣で支出を行わない現代の銀行の下でも見出される。

　銀行は利鞘（貸付利子率と借入利子率の差）から利潤を稼ぐために信用供給を増やしていくが，その結果として景気拡大とともに緩やかなインフレーションが発生する。さらに，銀行は，価格の上がった財の購買に向かう貨幣を供給することによって，その後の高進するインフレーションも下支えする。しかし，ハイパーインフレーションのときに明確にみられるように，インフレーションの激化は貨幣の機能を阻害する（第10章参照）。価値の基準となる計算単位として貨幣を使用することは困難になり，貨幣は公共財として役立たなくなる。私的財の側面においては，貨幣それ自体およびその通貨建て資産の価値貯蔵（特に保蔵手段）機能は侵食されていくし，取引手段としての受領も拒否されるようになる。

　こうして，私的財としての貨幣の特性にもとづいてなされる銀行の営利活動は，公共財としての貨幣を阻害する可能性がある。ここにみられるのは，貨幣の私的財としての側面が公共財としての側面を阻害するという**貨幣の矛盾的二元性**である（Guttmann [2003]）。最終的に私的財としての貨幣の機能が侵食されれば銀行自身の存続も成り立たなくなるのに，銀行自身はこの過程を止める手段を持っていない。そこで，中央銀行が金融政策による介入を行うよう要請される。中央銀行貨幣だけが果たしうる機能は計算単位と最終的支払手段であり（第3節参照），中央銀行は最終的支払手段を発行する権限を用いて，社会的計算単位という公共財を確保しようとする。金融引締めによる介入は，短期的には投資低下・失業増加という経済的費用をともなうにもかかわらず，公共財としての貨幣を保全するという公共的利益によって正当化される。現代の銀行制度の下では，貨幣（したがってまた市場システム）が安定的に機能するためには，中央銀行の介入が必要条件である。

(3) 支払システムの保全

　貨幣の私的財としての側面は，銀行の信用供給を通じてインフレーションの問題を引き起こす（前項参照）だけでなく，預金者（預金通貨保有者）の資産保全行動を通じて**取付**（銀行預金取付）の問題も引き起こす。取付とは，その銀行の経営状態について悪い噂が立ったとき，預金者がいち早く預金を引き出

そうと銀行の窓口に殺到することである。通常，銀行の店舗にはそうした不意の大量な引出しに対応できるだけの準備がないから，銀行は窓口を閉鎖せざるをえなくなる。いったん取付が発生すると，同じ銀行の他支店，さらには同じ地域の他銀行へと取付は拡大する。その結果，預金を通じた支払が社会的規模において停止してしまう。

　取付で引き出される預金には，要求払預金だけでなく定期性預金（以下「定期預金」と呼ぶ）も含まれる。取引手段として機能するのは要求払預金だけであるから，ここまでの説明では，要求払預金だけが価値貯蔵手段の機能も果たすものとみなしてきた。しかし，今日のように定期預金から要求払預金への移し替えがきわめて容易になってくると，定期預金は貯蓄手段（収益性資産）であるほかに，価値貯蔵手段として要求払預金と同等の機能を果たすようになる。取付とは，価値貯蔵手段の機能を果たす預金（要求払預金と定期預金）が銀行（という民間企業）の債務であることにもとづいて発生する問題である。銀行の経営状態が不振で預金債務を返済できない恐れのある場合，預金者は預金を引き出して（最終的支払手段である現金の入手），他の健全な銀行に移し替えることによってこれに対応する。取付にともなう銀行窓口の閉鎖はこの可能性を阻害することによって，預金の取引手段機能を麻痺させる。

　預金者は銀行の経営状態について乏しい情報しか持たない（情報の非対称性）から，他の預金者が預金引出しに走るとき，それに追随することが合理的である。個々人の合理的行動が社会的に不合理で有害な帰結をもたらすことを**合成の誤謬***と呼ぶが，取付は合成の誤謬によって発生する**システミック・リスク**（局所的なアクシデントがその波及効果によって全体の機能不全を生じさせること）である。システミック・リスクの回避は公的当局の任務であり，中央銀行には，取付のリスクから「支払システムを保護する」ことが任務として要求される。最終的支払手段の唯一の供給者である中央銀行は，取付にあった銀行に対して**最後の貸し手***として行動する。具体的には，現金を銀行店舗に運び入れ，窓口に積み上げることによって，殺到する預金者に対して銀行の準備量には不安がないことを示すのである。

　銀行の経営悪化が根拠のない噂にすぎなかった場合，つまり単なる流動性問題しか存在しなかった場合，取付は一時的な騒ぎに終わり，預金者は引き出した現金をふたたび同じ銀行に預け入れる。中央銀行から借り入れた現金準備も

わずかの利子とともに直ちに返済される。しかし問題は，銀行がほんとうに支払不能だった場合である。このとき中央銀行には，「最後の貸し手」としての貸付（ラストリゾート貸付）を行う正統的な名目が存在しない。中央銀行は支払不能の銀行に介入をしてはならないのであり，そのために銀行検査の権限も与えられているのである。ラストリゾート貸付を受けられない支払不能銀行は窓口を閉鎖せざるをえず，預金者は自分の預金を失ってしまう。このようなリスクが存在するとき，預金の保有は忌避され，預金通貨は取引手段として使用されなくなるだろう。

このような事態を回避するために，さまざまな対処がなされてきた。かつての日本の「護送船団行政」はその1つである。「1行たりとも破綻させない」ことを追求するこの方法は，**競争制限規制**（銀行間の競争や銀行業への新規参入を制限すること）によって，そもそも銀行が経営悪化しないようにする方策である。この目的で各種の**健全性（プルーデンス）規制**（預貸比率規制，自己資本比率規制，大口貸付規制等）も動員される。銀行の経営悪化への不安がなければ，取付は生じない。次に，ニューディール期のアメリカで設立され，1980年代以降先進各国でも設けられるようになった**預金保険制度**も，取付を回避するための方策の1つである。経営破綻した銀行の預金払い戻しがこれによって保証されれば，少なくとも小口の預金者（預金保険の対象）が取付に走ることは防がれるだろう。ただし，預金保険の基金には限界がある。そこでその節約のために，預金保険制度には，銀行の健全性をチェックし，経営悪化した企業に指導・規制を行う権限，あるいは損失が膨らまないうちに早期に破綻させる権限が与えられる。こうした権限の行使によって銀行の健全性がはかられることによっても，預金者の不安は回避されるだろう。

6．貨幣の信認

以上のように，現代の貨幣・金融制度においては，貨幣の諸機能は公的当局の後ろ盾によって維持されている。日常我々は，他の人々が受領してくれることを信頼して貨幣を取引に用いている。しかし，そうした他の私的主体への信頼だけでは不十分なのである。貨幣が計算単位や取引手段として使用されるための条件には，それらの安定的な機能を支える公的当局（中央銀行，預金保険

制度）および規制が信頼されていることも含まれる。みてきたように，銀行という私的主体が信用創造を通じて貨幣（預金通貨）を供給するというシステムが，そうした公的介入を不可欠としている。したがって，今日においては「貨幣の信認（または信頼）」もまた，そうしたシステム全体への信認として捉えられねばならない。貨幣の信認は，過去における貨幣のパフォーマンスによって「稼ぎ出される」ものである。「貨幣の矛盾的二元性」の管理において実績をあげている中央銀行の下では，金融政策やそれに付随するさまざまなアナウンスメントに対して，民間の経済主体がその意図を適切に読み取って対応するだろう。金融政策手法（手段と目標）の選択は中央銀行によって異なるが，中央銀行の成功事例（ドイツ統一以前のブンデスバンク，90年代アメリカの連邦準備制度）においては，民間主体の行動がうまく調和的に誘導されていた。

　同じ観点からアグリエッタとオルレアン（Aglietta et Orléan［1998］［2002］）は，貨幣の信認には「依法性信認」「ヒエラルキー信認」「倫理信認」の3側面があるとしている。このうち前2者は，上に述べた内容と同じである。すなわち**依法性信認**は，今後とも自分だけでなく他の人々（私的主体）もその貨幣を使用し続けるだろうと信じること，いわば水平方向の信頼である。**ヒエラルキー信認**は，公共財としての貨幣の特質が阻害されるときに公的当局が介入してくれることへの信頼，いわば垂直方向の信頼である。

　では最後の**倫理信認**は何かというと，そういう公的介入（権力の発動）が近代国家の理念（上位価値）である個人主義的価値を尊重しつつなされることへの信頼である。個人主義的価値とは，自発的な取引以外の社会的絆に従属することのない合理的人格に価値をおくということである。したがって「倫理信認」が確立されるには，公的介入が私的利害に対して中立であるものと人々の目に映るのでなければならない。しかし，銀行の破綻処理がしばしば政治問題化することでもわかるように，これはなかなか困難な課題である。たとえば，銀行の信用供給行動が景気変動を増幅させて悪質な社会的影響を持つとき，金融政策の目的を物価安定にかぎるのは公共的利益に反するのではないかという主張がなされるだろう。また，銀行信用へのアクセスにおける不平等（中小企業・新企業への不利な待遇）に着目して，支払システムの保全を名目に銀行業態の安定化をはかるのは特定の私的利益への優遇ではないかという批判もなされるだろう。

公共財でもあり私的財でもあるという「貨幣の両義性」をどのように管理して貨幣の信認を確保するかという問題は，歴史の中で繰り返し取り組まれ，その都度解決がはかられてきた。電子マネーが新しい貨幣形態として普及していき，その発行が大きなビジネス・チャンスになるとすれば，それが「公共財」としての貨幣の側面を阻害しないようにする管理のあり方が問題になってくるだろう。私的部面でこうした新たな動きがあるたびに，「公共性」の定義を見直し，制度を再構築することが要求される。問題は常に更新され，最終的な解決策は存在しない。

■ 読書案内

● 植村博恭・磯谷明徳・海老塚明『新版　社会経済システムの制度分析――マルクスとケインズを超えて』名古屋大学出版会，2007年。
　貨幣的アプローチによる「制度としての貨幣」理解に基づき，資本主義経済の重層的構造と資本の循環的運動を一貫した論理で描写。
● 伊藤誠，C・ラパヴィツァス『貨幣・金融の政治経済学』岩波書店，2002年。
　マルクス派の貨幣・金融理論を体系的に提示し，70年代以降の金融不安定性について本質的・歴史的な説明を与える意欲的テキスト。
● 坂口明義『貨幣経済学の基礎』ナカニシヤ出版，2008年。
　非IS-LMアプローチの伝統を持つドイツ・ケインズ派の理論枠組みに沿って，市場システムの機能と安定のための諸条件を体系的に解き明かす。

■ 本章のまとめ

1. 貨幣の機能は，大きく計算単位・取引手段・価値貯蔵手段の3つに分かれ，取引の種類によってさらに細かく分かれる。貨幣は公共財と私的財の両側面を兼ね備えた存在であるといえる（貨幣の両義性）。
2. 今日貨幣の機能を果たしている信用貨幣は，預金通貨と中央銀行貨幣（現金通貨＋中央銀行預け金）の2形態からなる。このうち民間の取引で使用される「預金通貨＋現金通貨」の供給量が貨幣供給量（マネーサプライ）である。中央銀行貨幣しか果たせない機能は，計算単位と最終的支払手段の2機能である。
3. 銀行の信用供給は，預金債務を貸し付ける信用創造によってなされる。今日の銀行は，中央銀行貸出金利を支払いさえすれば流動性を無制限に入手できるので，貸付先の信用供給活動を容易に行うことができる。
4. 銀行は，企業の投資資金需要に対して，順応的な貨幣供給を行う（内生的貨幣供給）。銀行による信用供給はまた，経済システムの中に貨幣ストックが滞留することを可能にしている。
5. 経済の総信用量は，銀行の貸付利子率との関係において，銀行の信用供給曲線と企業の信用需要曲線の交点で決まる。銀行の営業費用を無視するとき，信用供給曲線の位置は中央銀行の金融政策によって，その傾きは銀行のリスクプレミアム評価によってそれぞれ決まる。この関係から，銀行信用の暴走や金融政

策の非対称性が説明される。
6. 物価安定（したがってまた貨幣機能の安定）をはかるため，中央銀行は金融政策を行う。取付の問題への対処として，中央銀行による最後の貸手介入，競争制限規制，健全性規制，預金保険制度の設立などの公的措置がとられる。
7. 貨幣の信認は，他の私的主体が貨幣を使用し続けることへの信認と，公的当局による介入への信認からなる。後者には，公的当局のとる措置が私的利害に対して中立的であることへの信認も含まれる。

第6章
国家の経済への介入

> **本章の課題**
> 1. 社会の中での国家の本質的役割とは何か。それはどのような機構によって担われているか。
> 2. 国家の経済活動にはどのような特徴があるか。
> 3. 国家の経済への介入にはどのようなものがあり，それぞれを正当化する理由は何か。
> 4. 第2次大戦後，国家の経済介入にはどのような新しい特徴がみられるようになったか。
> 5. 高度成長が終焉した後，国家による積極的な経済介入のあり方について，どのような理論的模索がなされるようになったか。

1. 国家と政治

(1) 政治と法

　我々は，何らかの欲求を実現すべく計画を立て行動しようとすると，他人の利害と衝突することが多い。それは，他人もまた自らの欲求を実現したいと思っている主体だからである。そういう他人と話し合って折り合いをつけ，何とか自分の計画を実現しようとすること，それが**政治**である。最初から他人との利害衝突を恐れて身を引いてしまえば，話し合う面倒はないが，その代わり自分の欲求もみたされない。このような根本的な意味において，「政治」とは，人間が自らの潜在的可能性を開花させ，生活を豊かにしていく上で不可欠な営みであるといえる。

　「政治」において重要なのは，自分の計画の「正しさ」を相手に訴えることである。「なるほど，それによって私は損失をこうむるが，あなたにはそれを

してよい然るべき理由がある」と相手がいってくれれば，私たちは計画を遂行することができる。では，どんなことを基準として「正しい」「正しくない」と判断されるのだろうか。1つの基準は**社会規範**である。「～すべきである（ない）」という命題で，社会の人々が一般に承認しているものが「社会規範」である。しかし社会規範というのは，個々の具体的ケースに合わせて判断できるようにできておらず，大まかなものである。そこで，**法**（ここでは「法律」という意味）という基準が重要になってくる。合法的であることは，「正しさ」の明確な理由である。

　社会規範や法の機能を理解するには，慣習の機能と比べてみるとよい。**慣習**とは，「過去に行われてきた」という理由以外に明確な理由がないのに社会成員がしたがっている行動の仕方のことである。慣習的行動（慣習にしたがう行動）が支配的な社会においては，他の人々の行動を予測することが容易になり，自らも慣習的行動をとることが利益につながりやすい。つまり，慣習は不確実性を低めるはたらきをする。社会規範・法もまた，人々の行動に一定の枠づけを与えるので，これと同じはたらきをする。しかし，慣習は「何が正しいか」を教えるものではなく，その点で社会規範・法とは異なる。慣習にしたがうことは「正しい」と多くの人々が考えているとすれば，それは，「慣習を守るべきだ」という社会規範が通用しているか，または慣習に反する行為が法によって「公共的利益に反する」として禁じられている場合である。

　ここで慣習についていえることは，制度についてもいえるだろう。慣習的行動でも，制度的枠組みの中の行動でも，さらには自由に選択した個人的行動でも，ともかく何か特定の行動がとられるときには，社会規範・法による「正しさ」の基準に合致している方が「政治」的に有利なのである。慣習・制度の側からみれば，慣習・制度が安定的に存続するためには，社会規範・法による裏づけが不可欠であるといえる。

(2) 国家の法活動と機構

　社会規範や法に照らして他人から得る「正しい」という評価が，「正統性」である。国家は，法の制定を通じて，「どのような行動に正統性があるか」判断する基準を国民に与えている。このような国家の**法活動**が存在しなければ，人々の間で互いの主張に折り合いをつけられない状態すなわち**紛争**（コンフリ

クト）がいたるところで生じてしまうだろう。国家の本質的な役割は，法活動により正統性の基準を供給し，もって紛争の回避を促すことにある。これを国家の**調整機能**と呼ぶ。

　法によって「正しさ」の基準が明確になれば，「政治」の必要性は低下する。なぜなら，自らの行動の正しさを，いちいち相手に説得する必要はなくなるからである。しかし，行動の内容がいままでにないものであり，既存の法では「正しい」かどうか判断が難しい場合，あるいは不法な行為でも自分としては「正しい」と考える場合には，やはり「政治」が必要になる。このときの「政治」は，新たな立法や法改正を不特定多数の人々に訴えるという形をとる。我々が普通「政治」と呼ぶのは，こうした「迂回的」（直接の利害関係者だけに訴えるのではないので）な活動のことである。また，既存の法が存続するかどうかも，正統性にかかっている（他の法や社会規範との整合性，制定手続きの正統性）。

　いずれにせよ，「政治」が必要になるとき，国家が法行為を通じて役割を果たすことが期待される。また，法の効力は法が遵守されることを前提している。遵守されなければ，「政治」によって折り合いをつける可能性がなくなる。国家は，不法行為によって「政治」の可能性が絶たれるとき，**暴力装置**（軍隊，警察）の力を動員して法の遵守を確保しようとする。したがって，国家が法活動を行うためには，立法や司法の組織のほかに，軍隊や警察の組織も持っていなければならない。これらの組織を維持するためには経費（商品の購入費，人件費）がかかるので，それを賄うべく国家は国民に対して税を課す。税を集め配分するにも組織（**課税・財政システム**）が必要であり，その経費も税で賄われる。

　組織の維持，法の制定・施行，徴税といった活動を行うにあたり，国家自身にも正統性が要求される。これには2つの側面がある。①国家の組織的活動は企業と同じく権力システムとして行われる（国家の「労働過程」）。つまり公務員から労働努力を引き出すためには，企業と同じく誘因と威嚇を必要とする（これについては第7章参照）。この中には，国家の組織的活動における権限の体系とその行使に関する正統性を，権限を行使される側（公務員）が承認していることも含まれる。②また，国家が行う活動に対して，国民が「それは社会規範・法を侵害するものである」と評価することがある。このような場合，議会

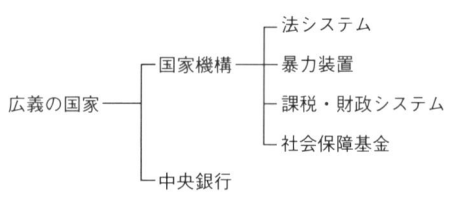

```
                    ┌─ 法システム
         ┌─ 国家機構 ─┼─ 暴力装置
広義の国家 ─┤          ├─ 課税・財政システム
         │          └─ 社会保障基金
         └─ 中央銀行
```

図6-1　国家機構の概念的構造

が存在しない時代であれば，国民は税支払の拒否という形で異議申し立てを行うだろう。しかし，税の支払が法によって国民に強制されている場合（しかも，容易に海外移住ができない場合），税支払の拒否を異議申し立ての手段として使うことはできない。そこで別の手段として，議会を通じた国家の活動のチェックがなされるようになった。国家の活動をチェックする効率的な形態として政治的代表制システム（政党，議会，選挙）が発達してくると，「選挙による政権支持」が「国家への正統性の付与」と同じ意味を持つようになる。

以上まとめると，社会における国家の本質的役割は法活動を通じた調整機能にあり，また国家はそうしたサービスを遂行するのに必要な暴力装置と課税・財政システムを備えた存在であるといえる（図6-1）。

2．国家と経済

国家の本質的特徴を述べたので，次に国家と経済の関係について考えてみよう。上の説明での「行動」を経済活動に特定してみよう。民間の自由な経済活動は経済主体間の紛争を引き起こすから，経済の領域においても，国家の法活動による調整機能が求められる。たとえば，市場の取引や生産活動が秩序立って（紛争なしに）行われるには，私的所有や契約を保護するための法律が不可欠である（私的所有システム）。

現代経済の特徴は，国家自身が経済活動を行っている点である。国家は，家計部門・企業部門と並ぶ「政府部門」として，経済の中で大きな比重を占めている。2007年の日本における政府支出の対GDP比は35.5％であった。政府の支出フローは民間部門と同じく，消費と投資に分けられる（図6-2）。政府は各種の公共サービス（教育・保健・社会保障・安全保障）を提供するために，

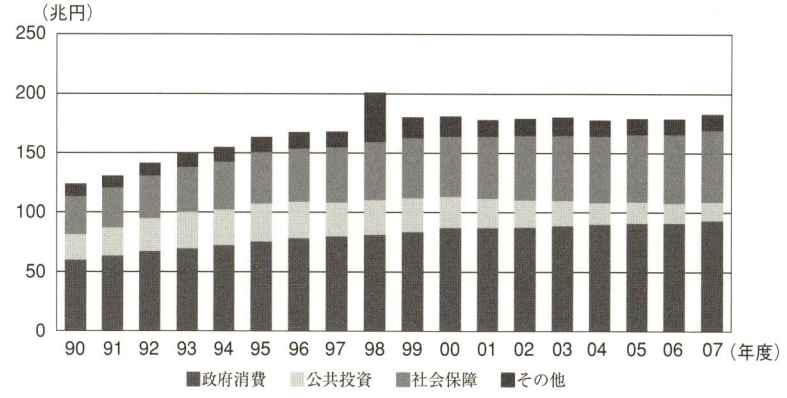

(出所) 国民経済計算年報 (各年度版)

図6-2　日本の一般政府支出の推移

多くの商品を購入・消費している。また政府は，公共投資を行い，さまざまな公共事業を営んでいる。投資の結果，道路・港湾・学校・病院・下水道といった公的資本（社会的共通資本）が政府所有のストックとして形成される。2007年度には，対GDP比で3.9％の公的資本形成がなされた。そのほかに，政府は自らの業務に必要な建物・設備などの実物資産（国有財産），社会保障積立金などの金融資産も保有する。

国家の経済活動は，民間企業のそれとは目的が異なっている（表6-1）。国家も企業も収益性を追求するけれども，国家において収益性は二の次であり，正統性の獲得が主な目的である。これは，企業の活動において収益性が主目的，正統性が副次的目的であるのと対照をなしている（以上, Théret [1992] 参照）。国家の行う経済活動は，公共的（集団的）利益に役立っていると国民に認められることによって，正統性を獲得する。調達された正統性の大きさは，政権への支持度合い（選挙のときの得票数等）によって測られる。正統性の調達に失敗すれば，国家は国民の審判によって政権を維持できなくなるか，政権を維持したとしても行動の自由度を狭められてしまう。しかし，他方で，国家の経済活動の内容がいくら国民にとって有益であるとしても，結果として大幅な財政赤字が生じてしまえば，その経済活動は失敗とみなされる。現在日本の国債格付けは先進国で最低であり，国債償却費用の上昇による財政圧迫（さらには財政破綻）が懸念されるようになっている。金融市場においては，このように国

表6-1　国家と経済

	主要な契機	副次的契機
国家の領域	法，正統性原理	貨幣，収益性原理
経済の領域	貨幣，収益性原理	法，正統性原理

家もまた民間企業と同じ収益性の尺度で業績判断されてしまう。それでも，国家の経済活動における主な目的が正統性である点には基本的に変わりがないというべきだろう。

このように，政府部門と企業部門では存続条件が異なっている。企業は，市場の評価に値する商品を生産し収益をあげないと存続できない。これに対して，政府は，公共的利益に適った事業を行わないと，政権を確保できない。この違いは，企業の活動が私的所有を基礎にしているのに対して，国家の活動が課税・財政上の権限を利用して行われることに由来している。このように存立の原理を異にする別個の組織（国家と企業）が，貨幣と法という象徴的な媒介物をお互いにやりとりすることによって，関係を取り結んでいる。すなわち，国家は，課税によって得た貨幣で物的資源を取得し，公共的利益に適う支出を行って正統性を調達する。企業は，納税と引き換えに法的な調整を享受し，その下で収益性を追求する。

3．国家の経済介入の理由

以上のように，国家は，法活動を通じて調整機能を果たすとともに，課税・財政システムを基礎にして自ら経済活動を行っている。国家がどのようなときに法・経済活動を通じて経済に介入するかは，政治状況によって決まる。つまり，その時代の経済システムにおいてどのような利害対立が問題になるか，またそれが紛争にまで発展するかどうか，といった政治状況に対応して，国家は正統性調達に有利な法・経済活動を選択する。本節と次節では，資本主義経済の拡大とともに，国家がどのような正統性の理由とともに経済に介入するようになったのかを考察していくことにする。

(1) 外部不経済への対処
①労働力再生産の問題

　産業革命後のイギリスにおいては，労働・土地・貨幣の市場が成立するにあたって法の整備が重要な役割を果たした。これら3要素は**擬制商品**★と呼ばれており，企業が生産開始時に必要とするにもかかわらず，通常の商品と異なり企業によっては生産不可能なものである（Polanyi［1944］）。これら3要素が企業に供給されるには，まずその前提として，国家の法的介入に支持された商品化の過程が不可欠だった。

　土地の供給で問題になったのは，封建的な慣習法の下にあった土地を流動化することであった。これを可能にしたのが，土地囲い込みや謄本土地所有権移転に関する立法，すなわち「土地の市場取引」を正統化する法であった。このときの法の機能は，封建勢力と資本主義勢力との紛争において，後者の正統性を認めるという性格のものだった。これに対して，労働と貨幣においては，企業の私的活動が引き起こす「外部不経済」が問題であった。貨幣については第5章で説明したので，ここでは労働について述べておこう。

　農村から流入してきた労働力が大量に都市の労働市場に堆積していた産業革命後のイギリスでは，企業は収益性に有利な「低賃金・長時間労働」という条件を享受することができた。だがその結果として，労働力の再生産は困難に陥った。長時間労働で健康を損なった労働者は，働く能力を失い，寿命が短縮した。家族の生計を維持できないほどの低賃金のため，子どもの養育ができなくなり，新規の健康な労働力も補充されなくなった。これは，企業の活動によって副産物として生み出された社会的損失，すなわち**外部不経済**★（または「負の外部効果」）である。企業部門全体にとってもこれは損失である。しかし，個々の企業が自分の所だけ低賃金・長時間労働をやめてしまうということはできない。企業間の競争によって，収益面で不利になり企業が存続できなくなるからだ。企業における私的利益の追求と全体的利益とのこの相反に対しては，国家が調整機能を発揮するしかなかった。立法によって，児童労働の禁止と労働時間の規制とが正統性の基準として示されたのである。企業全体が同じ条件を課せられるので，個々の企業は相対的収益性を確保できた。

②環境問題

　同様の問題は，環境問題に見出される。高度成長期の日本で大きな社会問題

になった公害問題について考えてみよう。公害とは，企業の生産活動が発生させる環境汚染・振動・騒音などにより，近隣の不特定多数の住民が健康被害を受けるものである（自動車公害の場合には，消費活動も加担する）。これは典型的な外部不経済の例である。そのうち，ここでは有害物質による環境汚染について考えてみる（具体的には，有機水銀による水俣病，カドミウムによるイタイイタイ病，硫黄酸化物や窒素酸化物によるぜんそく，自動車排気ガスによる鉛中毒等が大きな問題になった）。

　公害が発生すると，住民は，健康被害という損失を回避するために生産の停止を要求する。対する企業の選択肢は，本来，ａ）有害物質を出さない生産方法（有害物質の元となる原燃料を使用しない技術，有害物質を回収する装置）に転換する，ｂ）有害物質は排出し続けるが社会的費用（住民の救済・補償，環境の復元）を負担する，の2つである。しかし，企業間競争の下では，ａ）の技術転換の費用やｂ）の社会的費用を回収できるような価格を付けることは困難であるかもしれない。そのような場合，なお企業が生産の継続を望むのであれば，紛争が発生することになる。そして，住民が企業を相手取って訴訟を起こすと，紛争は法廷の場に持ち込まれ，生産活動と被害との因果関係が立証できるかどうか争われるようになる。紛争が長引くと，住民の救済・補償は遅れ，健康被害は悲惨なものになる。最終的に企業側が敗訴した後には，企業は補償金や有害物質の回収費用の支出によって莫大な損失をこうむり，しばしば倒産に追い込まれる。

　企業自身で解決できないこのような外部不経済の問題に対しては，国家の介入が必要になる。司法による事後的な責任判断も重要だが，問題の再発を防ぐには事前に環境法令によって環境基準を提示することが必要である。日本では1970年代に入ってから，一連の法制定により有害物質の環境基準が提示され，その遵守が企業に強制されるようになった。企業は生産活動によって発生した廃棄物を大気・河川・海洋に捨てているが，これを人体や環境に有害な物質にかぎって認めない，というのが環境基準である。この方法が有効であるのは，全企業に対して一律の規制が課されるからである。これにより企業は，他企業に対する相対的な収益低下を懸念せずに，技術の転換を行えるようになる。

　なお，公害問題は，企業と地域住民との間の紛争であり，この中で企業労働者は生産継続に関して両面的な立場に立つことになる。つまり労働者は，ａ）

住民として健康被害の損失をこうむり，b）企業従業員として雇用・所得の利益を享受する。それまでの労働組合は，b）の立場に立って経営側と交渉するのがその役割だったから，a）の立場の最優先を要求される公害問題に対しては適切に対処できない傾向があった。労働組合を支持基盤とする当時の政党もこれと同じ状況であった。公害問題をきっかけに，雇用・所得の確保のみを追求していれば事足れりとする労働組合・政党の「経済主義」的な活動方針は，深刻な反省を迫られるようになった。

(2) 社会的共通資本の供給

　企業の生産条件のうちで，「必要な資本規模が大きすぎる」「建設期間がかなり長期にわたる」「遠い将来にならないと黒字化は見込めない」等の理由で企業自身によっては建設が不可能なものがある。「産業インフラストラクチュア」と呼ばれる道路・鉄道・空港・港湾・通信設備・潅漑設備等がそれである。これらの施設は，企業部門全体が生産活動に利用する**社会的共通資本**＊，すなわち「生産の一般的・社会的諸条件」（Marx［1885］）に属するものである。企業では無理でも，国家なら課税・財政システムを利用してこれらを建設することができる。企業部門の側からその建設を共通の利益として要求してきたとき，建設能力を持つ国家が要求に応えなければ，企業部門は何もなされないことを「損失」として，したがって国家を「加害者」として訴えるようになるだろう。よって，国家は社会的共通資本の供給により，正統性の調達に努めざるをえない。同じ理由で，国家（地方政府も含む）はまた，上下水道・公園・文化施設など消費者向けの社会的共通資本も供給しなければならない。

　なお，社会的共通資本に含まれる施設は，産業構造の変化とともに変わっていく。「どのような項目に優先的に資金を配分するか」は，その国の経済発展にとって非常に重要な問題であるが，議会の主要な審議項目になることはあまりなく，通常は産業界と行政あるいは政党との間の公式・非公式の調整に委ねられる傾向が強い。そのために，しばしば資金配分に偏りが発生し，それが大きくなってから初めて政治問題化するということが多い。たとえば，日本における社会的共通資本の整備については，「道路等の交通インフラの建設が不当に優先され，情報インフラの整備が立ち遅れてきた」という批判がなされてきた。国家は正統性調達のために社会的共通資本の供給を行うが，どのような社

会的共通資本の建設を優先するかの選択は政治的争いによって決せられる。

(3) 景気政策
①景気政策の正統性

　現代の国家は，景気循環の振幅を少なくする目的で各種の介入を行っている。ここでは，景気後退の悪質な作用（所得低下による生活状態の悪化）を回避するために行われる景気刺激政策（以下「**景気政策**」と呼ぶ）について考えてみる。具体的には，これは，財政政策と金融政策を通じて行われる（その効果については，第9章参照）。まず**財政政策**★には公共支出（国家財政の支出増加）と減税（国家財政の収入減少）があるが，以下では前者のみを取り上げる。景気が後退したとき，国家が国債で調達した資金を用いて公共支出を行えば，経済の需要を補完することができる。波及効果（乗数効果）がはたらけば，経済全体としては国家が支出した金額の何倍もの需要が生み出される。次に**金融政策**★は，中央銀行が銀行間貨幣市場の利子率を低下させること（低金利政策）によって，銀行信用の拡張を促すとともに，（国債価格の維持を通じて）財政政策を支援するものである。

　景気政策に関する正統性の根拠として挙げられるのが，次のa）b）のような「合成の誤謬」である。a）販売市場の需要不足によって収益性が低下するとき，収益回復をめざす企業が，競って賃金費用の切下げを行う。すると，経済の総需要は低下し，結局，企業は最初の目論みに反して収益性を低下させてしまう。b）現在時点における市場の不振から先行きの景気について悲観的な見通しを持つ労働者が，将来の所得低下（解雇，賃金引下げ）リスクへ対処するために貯蓄を増やす（したがって消費を切り詰める）。大勢の労働者が同じ行動に走ると，結局総需要は低下し，景気はいっそう悪化する。このような企業および労働者の行動は，個別的には合理的である。a）の企業が「賃金費用を引き下げれば，その分利潤の分配が増える」と考えること，またb）の労働者が先行きの不安から貯蓄を増やすことは理に適っている。しかし，このように個別的に合理的な行動が，不況深化という社会的に不合理な結果を引き起こしてしまう。これが「合成の誤謬」である。

　民間の主体ではこのリスクを回避する行動をとれないが，課税・財政システムを持つ国家ならば，流れを変えられる可能性がある。すなわち，公共支出の

需要創出効果によって企業および労働者が景気見通しを改善させるならば，賃金引下げや貯蓄増加を招かずにすむかもしれない。このようにして，国家の介入が，「合成の誤謬」の回避という公共的利益をもたらす可能性がある。とすれば，国家は無為であることはできず，正統性を調達すべく介入を強いられる。これは，社会的共通資本の供給を国家が迫られるのと同じ論理である。しかし，景気政策には，社会的共通資本の供給とは違う2点の特徴がある。

②中央銀行の動員

景気政策（財政政策と金融政策）の第1の特徴は，課税・財政システムだけでなく中央銀行も動員されることである。景気政策においては，中央銀行が課税・財政システムとともに「広義の国家」として機能しなければならない。このとき問題になるのが，中央銀行の通貨発行権限を景気政策に利用することの正統性である。中央銀行の本来的役割は次の点にある（詳しくは第5章）。銀行は，私的財である預金通貨を創造することによって，貸付を行い，収益をあげる。その結果，過剰な貸付が行われると，インフレーションの悪化や支払システムの危機が起き，公共財としての貨幣の機能は損なわれる恐れがある。だから，最終的支払手段（中央銀行貨幣）の発行権限を中央銀行に付与して，中央銀行が銀行の活動を制約できるようにしたのである。中央銀行の使命は「通貨の番人」として，公共財貨幣の安定を実現することである。

ところが，中央銀行は自らの通貨発行権限を利用する形で，景気政策に関与するようになる。そのルートは2つある。1つは，銀行を通じたルートであり，金融緩和政策によって銀行の対企業貸付を促進しようとする。すなわち，銀行間貨幣市場の利子率を引き下げることにより，銀行の貸付利子率低下を誘導し，企業への投資資金供給を促す（第5章参照）。もう1つは，財政を通じたルート，つまり財政政策への支援である。a）財政政策の効果を打ち消さないように金融政策運営を行うこと（たとえば，財政支出拡大の景気への効果が現れないうちに金融引締めは行わない）も支援の1つである。より直接的な方法としては，公共支出の資金調達への支援がある。すなわち，b）赤字国債を直接に引き受ける，c）公開市場操作（買いオペ）によって民間保有の国債を肩代わりする，d）低金利政策によって国家の国債利払い負担を少なくする，といった方法である。

中央銀行による景気政策への関与は，「通貨の番人」という任務と衝突する

恐れがある。それは，銀行のルートと財政のルートを通じて需要が刺激され穏やかなインフレーションが発生したときでも，「もっと多くの景気刺激」を望む声を前にして政策転換が困難になるからである。つまり，インフレーション阻止のための金融引締め政策を機動的に実施することが困難になる。これに加えて，支出先が将来世代のための社会的共通資本（前項参照）であることも強調されるだろう。支出先が社会的に有用かどうかは，需要創出という目的には直接関係ない（Keynes［1936］）のだが，公共支出を正当化する理由としては強力である。このような理由もあって，中央銀行は，財政のルートを通じた景気政策への関与を途中で打ち切ることは難しい。

　このような事情を考慮して，中央銀行を景気政策に動員するときには，「通貨の番人」としての使命を優先することを，原則として確立することが必要になる。そうしないと，中央銀行が2つの正統性原理（公共財貨幣の安定，「合成の誤謬」回避）の間で揺れ動き，結果として本来の使命を果たせずに，その通貨が信認を失う恐れがある。古代や中世の君主は，財政資金調達のために通貨発行権限を濫用することによって，しばしば通貨信認の崩壊を招いた。現代の中央銀行もまた，その権限を（財政資金の調達も含む）景気政策に利用するときには，同じ危険に直面しているといえる。

　今日，中央銀行の役割については「独立性」の原則が世界的に普及しており，財政政策の都合に合わせて金融政策が運営されることは少なくなっている。中央銀行の役割はもっぱら「通貨の番人」に求められる傾向にある。この背景には，1980年代以降の経済・金融のグローバル化の中で，一国だけで景気政策を実施することの効率性が低下したという事実がある（第5章参照）。EUにおける共通通貨ユーロの導入にさいしては（「成長と安定の協定」），むしろ，通貨信認を確保するために財政赤字を厳格に統制しようという選択がなされた。

　ただし，今日の中央銀行が景気に配慮しなくなったわけではなく，通貨の安定（インフレ率および為替相場の安定）が損なわれないかぎりにおいては，金融緩和による景気刺激を試みることもある。1990年代後半には，アメリカで株式市場の動向に合わせた機動的な金融政策が実施されたし，日本では超低金利政策が開始された（図12-2参照）。このうち日本の超低金利政策に正統性があるのは，1）インフレ懸念が乏しい（裏を返せば，金融緩和しているのに景気が刺激されない），2）デフレ・スパイラル（第10章参照）を阻止するのに役立

っている，という2つの理由による。特に1)の状況は，a) バブル崩壊後の企業部門のバランスシート調整が長引き，投資資金需要が出てこない，b) アジア諸国の急激な工業化による影響で，工業製品価格の下落圧力があるため，インフレーションの懸念が後退している，という内外の要因によるものである。

③賃金・雇用の維持

景気政策の第2の特徴は，賃金や雇用の水準を維持することが，目的に据えられることである。賃金や雇用は，企業と労働者の間の私的契約（雇用契約）によって決まる性質のものである。したがって，景気政策における介入の論理は，「もともと民間の資本では生産できないものを国家が生産する」という社会的共通資本の場合の論理とは質的に異なっている。

景気政策が確立してくるのは第2次大戦後のことであり，これとともに国家の性質も大きく変化する。そもそも景気刺激を目的に需要を創出しようとすること自体，それまでにはなかったことである。景気政策が定着するようになった理由を2点挙げておこう。1つは，戦時経済の経験である。アメリカでは，ニューディール政策ではなしえなかった景気拡大が，第2次大戦への突入とともに実現した。戦時の財政支出が生産・雇用の拡大を実現したのだった。もう1つの理由は，企業が投資（したがってまた雇用）を拡大させると，需要もそれに追随して拡大するという「好循環」が可能になったことである。この「好循環」の中では，景気政策によって改善した景気見通し（長期期待の改善）に依拠して企業が投資を行うとき，そのことによって実際に景気が拡大する。国家の経済介入が景気政策に及ぶようになったことは，こうした経済の根本的な変化を反映しているのである。他方でまた，そのような経済の変化が国家の介入によって可能になったという側面もある。節を改めて，第2次大戦後の国家と経済の関係において，国家の経済介入における正統性の理由がそれまでとどう変わったのかをみていくことにしよう。

4．フォーディズム国家

20世紀初頭，自動車・家電といった耐久消費財部門においては，大量生産技術が生み出され，著しく生産性が上昇した。これらの部門を中心に，1920年代の先進国経済は好景気を迎えた。しかしそれは短命に終わった。これは，

国民所得の伸びが不十分で，需要が頭打ちになったためである。「大量生産」に対応する「大量消費」はまだ不在だった。19世紀初めには，すでに，賃金一定の下で無制限に労働時間を延長するというやり方（「絶対的剰余」の生産）で利潤を追求することの弊害は明らかになっていた（前節参照）。児童労働や長時間労働が規制されてからの資本主義企業は，基本的には，生産性上昇と名目賃金抑制の組合わせによって利潤をあげていた（「相対的剰余」の生産）。この方法においては，生産性上昇と企業間競争によって生産物の価格が低下したとき，労働者は一時的に実質賃金を上昇させる（実質賃金＝名目賃金／消費財価格なので）が，すぐに名目賃金の抑制によって実質賃金が元に戻ってしまう。このようなやり方では，消費需要（大衆需要）の伸びが経済成長を引っ張ることはない。生産性上昇と需要拡大の対応によって先進国が高度成長を遂げるのは，1930年代の大不況と第2次大戦を経た後のことである。

(1) フォーディズム的労使妥協にいたる歴史的経緯

　第2次大戦の前までは，先進国の企業は雇用・賃金の削減によって不況に対応し，そのことが「合成の誤謬」（前節参照）をもたらしていた。この悪循環から抜け出せないことによって，1930年代の大不況がもたらされた。しかし，これに対する国家の対処は，財政・金融政策によって国内需要を拡大させることよりもむしろ，植民地への企業の進出を政治的・軍事的にバックアップするというものだった。結局，「合成の誤謬」問題は解決されず，先進諸国の植民地進出によって第1次大戦に続く再度の帝国主義戦争が引き起こされてしまう。

　大不況の時期，フォード（H. Ford；自動車会社フォードの創業者の1人）やケインズは，労働者の所得引上げが経済危機の打開につながる可能性を主張していた。すでに耐久消費財部門が出現していたので，「企業が支払った賃金で，企業が生産した商品を買わせる」という方法で需給の並行的拡大が実現される可能性が出てきたのである。しかし，マクロ経済のレベルにおいてそのような好循環が成立するかどうかは未知数であり，フォードたちの主張は普及しなかった。流れを変えたのは，よくいわれるように，「闘争」「戦争」「革命」という歴史的要因であった。

　①大不況の時期，労働者は生活の困難に直面し，雇用確保と景気回復を激し

く要求するようになった。この背景には，労働力人口が農村から都市へ大量移動した結果として，共同体的な相互扶助関係（親族・近隣・地方）を享受できなくなった労働者が増加したという事実があった。それにまた，農村も慢性的な農業不況に苦しんでいた。「食いつなぐ」道を断たれた失業者は，労働運動を通じて雇用や生計の確保を企業・政府に要求せざるをえなかった。②第2次大戦が始まると，国内需要の増加（軍事的需要，戦争協力のための所得保証による）が景気回復をもたらした。他方，植民地進出にともなう代償（世界戦争）はきわめて大きいことが明らかになった。③ロシア革命によるソビエト連邦の成立とその後の経済的成功によって，資本主義工業国では社会主義の政治勢力が力を増した。そのため，資本主義的な生産関係（生産手段の独占，企業の収益性追求）の正統性までもが問い直されるようになった。

　これらの歴史的経験に後押しされて第2次大戦後に成立したのが，**フォーディズム的労使妥協***（詳しくは第13章）である。すなわち，経営者側がテーラー主義（科学的生産管理）の下で進める生産性上昇に対して労働者が協力する代わりに，生産性上昇によってもたらされる利益（生産性上昇益）を賃金引上げの形で労働者に分配しようというのである。この「取引」においては，それまでの労使双方の要求が同時に通ったことになる。一方で，企業が収益性追求のための生産を行うことは「正しい」こととみなされ，企業は生産に関する意思決定（何をどのように生産するか）を行う権限を確保した。他方，労働者が賃金上昇と雇用安定を獲得することにも，正統性が与えられた。これは，労働者が受取賃金を消費支出にあてることが，資本蓄積の過程に不可欠の契機として期待されたためである。こうして，大量生産に見合う大量消費が確保されるようになった。第2次大戦後の先進諸国は，このような労使の妥協を基礎にして高度成長を実現した。

(2) 国家の経済介入における変化

　以上の経過の中で，国家による経済介入の方法も変化をこうむるようになった。その内容は大きく3点にまとめられる。

　①労働者の交渉権（労働組合の公認，団体交渉権，ストライキ権）を保障する立法がなされた。これにより，労働者は，生産性上昇（という社会進歩）を推進する協力者としての，したがって「経営者との対等な交渉パートナー」と

しての社会的地位を獲得した。

②国家は，次のような仕方で中央集権的な共同システムを構築しようとした。まず，労働者は社会進歩の協力者として「資本（経営）と対等」であるだけでなく，「労働者同士の間でも対等」として扱われるようになった。このような理念にもとづき，雇用の保証（強い言い方では完全雇用）が法によって要求され，最低賃金の立法もなされるようになった。つまり，国家は法活動によって，雇用機会と賃金成果の平等化を後押しした。次に，国家は，非労働者も含めた社会の全成員に対して平等性を実現しようとした。そのために，国家自身の（法的に裏づけられた）経済活動として**社会保障**が実施されるようになった。社会保障支出の項目には，生活保護・失業給付・社会福祉手当（高齢者，児童，心身障害者）・公的年金・医療保険などがある。国家は，これらの支出を行うのに，課税・財政システムに加えて，保険システム（保険料徴収と給付）を設け利用している。税方式と保険方式をどのように組み合わせて社会保障を構築するかについては，各国によって多様な選択がなされている。いずれにせよ，社会保障は貨幣所得（またはそれで購入できる商品）の平等化をはかる再分配のシステムである。このような再分配システムを持つことによって，現代の国家は**福祉国家**★と呼ばれる。福祉国家の下では，国民は，企業から受け取る本来の賃金である「直接賃金」のほかに，働けない場合には社会保障すなわち「間接賃金」を所得の源泉として持つことになる。

③国家は景気政策（財政・金融政策）を行うようになり，この側面によって**ケインズ主義国家**と呼ばれるようになった。前節で述べたように，景気政策の実施を正当化する１つの理由は，需要の刺激が景気見通しを好転させ「好循環」（需要刺激→投資・雇用の拡大→需要拡大）を喚起しうることに求められる。フォーディズム的労使妥協とそれをめぐる賃労働関係の変化は，これを可能にした。特に，雇用の保証が法によって要求される（②）だけでなく，経済過程の変化により実現可能になったことは，景気政策を正当化する大きな理由を与えるものだった。

第２次大戦以前には，国家の経済介入は，生産要素の再生産（特に労働力の再生産）の維持，社会的共通資本の供給，貨幣の公共財特性の維持といった「長期的機能」に限定されていた。第２次大戦後の国家もこれらの機能を引き続き果たしているが，何といってもその顕著な特徴は，上のように国家が「福

祉国家」および「ケインズ主義国家」として経済活動を行い，その規模を拡大させていったことに求められよう。生産財部門と消費財部門の並行的発展を特色とする**フォーディズム***の好循環には，このような国家の活動が不可欠の契機として組み込まれていた。安定した直接賃金と間接賃金のフローが消費需要の安定をもたらし，景気政策が投資需要の安定をもたらしたのである。このように経済循環（資本の蓄積過程）の中に組み込まれた国家の機能が「局面状況的機能」と呼ばれるものである。したがって，第2次大戦を境に先進諸国の国家は，長期的機能によって経済循環を補完する**限定国家**から，経済循環に不可欠な契機として組み込まれた**挿入国家***に移行したといえる（Lipietz［2002］）。挿入国家が組み込まれている経済循環はフォーディズムの好循環であるから，その意味でこれを**フォーディズム国家**と呼ぶこともできる。

5. 個人主義・社会・国家の再編

　国家の経済介入は，その折々の政権を維持するためだけに行われるのではない。介入によって企業部門の収益性を高めることができれば，国家は税収が増加するから，正統性調達の活動にいっそう多くの資源を動員できるようになる。よって国家の経済介入は，国家の長期的な自己維持能力を高める作用を持つ。高度成長の時代，先進諸国の国家はこのような「拡大再生産」を成し遂げた。

　しかし，1970年代に入りフォーディズムの成長体制が衰退し始める（第13章参照）とともに，フォーディズム国家の経済介入方式もうまくいかなくなった。第1次石油ショック（1974年）以降，先進各国は税収減による意図せざる財政赤字に直面しただけでなく，景気刺激のための財政政策によって意図的な財政赤字も引き起こした。しかし景気政策は効果をあげず，大きな財政赤字が残った。これにより1970年代末から1980年代初めにかけて，社会保障の縮小によって財政再建を進めるべきだという要求が強まった。これが**福祉国家の危機**である。もともと，「画一的」で「温情主義的」な社会保障のあり方は自由主義経済の原理に反するものだという批判があった（新自由主義 neo-liberalism）が，そのような考え方がこの時期に力を強めたのである。

　その後の推移をみると，社会保障は予算緊縮で伸びが頭打ちになり，再編をこうむりはしたが，依然として総所得の中で大きな比重を占め続けた（表6-2）。

表6-2 社会支出（対GDP比）の国際比較（%）

	1980	1990	2000	2001	2002	2003	2004	2005
日本	10.6	11.4	16.5	17.4	17.8	18.1	18.2	18.6
アメリカ	13.1	13.4	14.5	15.1	15.9	16.2	16.1	15.9
ドイツ	22.7	22.3	26.2	26.3	27.0	27.3	26.7	26.7
フランス	20.8	25.1	27.9	27.9	28.6	29.0	29.1	29.2
スウェーデン	27.1	30.2	28.5	28.9	29.5	30.4	29.9	29.4

（出所）OECD Social Expenditure Database 2008

共同体的な相互扶助システム（親族，近隣，地域）が弱体化してしまった（前節参照）以上，国家の再分配システムが役割を後退させることはできないのである。これに対して，フォーディズムが危機に陥って以降，景気政策による経済介入は無効になった（欧米先進国では，80年代初めを最後に公共支出を通じた景気対策はなされなくなった）。国内需要の制約に直面した先進諸国の工業部門は，外国に販路を求めるようになっていた（第8章参照）。こうした「経済の国際化」の下では，公共支出が国内経済を刺激する効果が弱くなり，双子の赤字（財政赤字＋対外赤字）を結果するだけに終わってしまう。

アフター・フォーディズムの状況の中で，フォーディズム国家に代わる新たな「挿入国家」モデルが模索されるようになった（若森［1996］）。ここでは特に，1990年代のアメリカの持続的好景気を受けて提出された3つの議論をみておくことにしたい。

(1) 資産的個人主義

1990年代のアメリカは，IT（情報技術）産業を中心に持続的好景気を実現した。IT時代の到来を先取りしたインターネット関連株の高値相場が形成され，投資が増加しただけでなく，所有株式の値上がりによる資産効果から消費も増加した。この**ニューエコノミー**＊の特徴を延長することにより，オルレアン（A. Orléan）が描き出したのは「資産的個人主義」のモデルであった（Orléan［1999］）。

近代の国民国家は，個人主義に価値をおき，個人の自由（自発的な意思決定にもとづかない取引を強制されない）を尊重することが，正統性獲得の条件となった。フォーディズム国家においては，国民は政治的権利（選挙，裁判）と社会的権利（社会保障，公共サービス）を有する「市民」として国家に帰属す

る。「市民」としての権利の行使を保証することが，フォーディズム国家における個人主義である。これを**市民的個人主義**と呼ぶ。

　1980年代以降，「市民的個人主義」の転換につながる2つの変化が生じた。1つは，民営化と規制緩和である。公企業の民営化により，国家による公共サービスの供給は縮小した。また，金融の規制緩和により，銀行を中心とする貨幣の流れ（間接金融）が比重を低下させ，景気政策（財政金融政策）の効果が弱くなった。もう1つは，企業の金融化である。「金融化」とは，a）企業のバランスシートにおいて金融的な資産・負債の割合が増えること，b）経営にあたって株価や配当が重視されるようになること，の2つの意味で用いられる用語だが，ここではb）の意味である。その背景には，大陸ヨーロッパや日本では企業間の株式持ち合いが解消に向かったこと，アメリカでは株式保有を増やした機関投資家（年金・保険等）が企業経営への発言を強めたことがある。

　このうち，他国の将来を先取りしているものとして注目されるのが，アメリカの状況である。アメリカでは，2つの理由により労働者が株主化する傾向がみられた。すなわち，①経営者報酬から始まったストック・オプション（自社株譲渡による報酬支払）が一般の労働者に広まることによって，直接に株式を所有する人口が増えた。②機関投資家が勤労者からの出資金を株式中心に大量に合同運用するようになり，間接に株式を所有する人口も増えた。

　上の②の変化の中で，アメリカの機関投資家は，企業経営に対する発言を強めるようになった。基本的に，株主は自己の利益を守るために，望ましくない経営の企業に対しては，①株主総会に出席して経営改善を求めるという方法か，②保有株を市場で売却するという方法（ウォールストリート・ルールすなわち「退出による制裁」）かをとる。従来「物言わぬ株主」であった機関投資家は主に②を行使してきたが，あまりに大量に株を保有するようになったため，この方法をとれなくなった。そのため，機関投資家は①の方法をとるようになった。

　その際，カルパース（カリフォルニア州職員退職年金基金）などの企業年金は出資者の意向にしたがい，運用先の企業に対して社会的責任（環境や地域利害への配慮）の遂行を求めるようになった。これは，単に出資者の倫理的な満足をはかるためだけでなく，何よりもまず，社会的責任の遂行が企業の収益安定につながるという理由にもとづいている。これが，社会的責任を基準にして

運用先企業を選択する**社会的責任投資**（ソーシャル・インベストメント）の考え方である。

以上の動きの中で浮かび上がりつつあるのが，勤労者層（小口株主）が直接間接に株主の権利を行使して企業に対して社会的規制を加えていくという新しい政治システムの構図である。これが**資産的個人主義**のモデルである。「市民的個人主義」との対比でいえば，個人はいまや「市民」によってでなく「資産」によって定義される。また個人は自らの利益を守るために，市民の権利を行使するのではなく，株主の権利を行使する。ここでの個人は一方では労働者でもあるから，結局，金融市場を通じて自らの労働の成果を享受することになる。こうして，「総資本の所有者」からなる共同体が出現する。

「資産的個人主義」のモデルが描き出しているのは，「挿入国家」が終焉した（と仮定した）後の新たな政治的調整のあり方である。その後のアメリカにおける金融市場の不安定性（インターネット・バブルの破裂）やデフレの波及，それ以外の国の個人資産における株式の比重の小ささからみると，「資産的個人主義」が実現・普及する可能性は疑問であるが，代替的な国家のあり方を探る上で参考に値する議論といえよう。

(2) シュンペーター的ワークフェア国家

2000年代に入ってアメリカが金融危機をともなう景気後退に突入したのに対して，北欧諸国ではIT関連を中心に技術革新と需要が堅調に推移した。北欧の好調なパフォーマンスは，アメリカのように金融市場・株式市場に主導されたものではなかった。北欧（特にスウェーデン）の事例を参考に新たな「挿入国家」のモデルを提示しているのが，神野直彦である（神野[2002]）。

議論の出発点は，先進諸国においては，重化学工業を基軸とする「工業社会」が行き詰まり，知識集約型産業を中心とする**知識社会***への転換が求められているという現状認識である。「知識社会」においては，技術革新の中身が「新知識の創造」になる。資本主義経済の動態においては，新技術の採用はレント（超過利潤）をもたらし，技術の普及とともにレントが消滅する。逆にいえば，レントの発生・消滅が次々と技術革新を駆り立てていく。この点に資本主義経済の成長源泉を見出したのがシュンペーター（J. A. Schumpeter）である。技術革新の内容が新知識の場合，知的所有権によって保護された知識を（特許料を

払って）利用する点は通常の技術革新と異なるが，**レント***の発生・消滅を追求する過程である点は変わりない。しかしシュンペーターの時代と異なり，今日の革新の担い手は冒険的な企業家ではなく，企業組織である。技術革新を「生産」するためには，投資を行い，研究開発を組織化しなければならなくなってきている（内生的成長論）。新知識の「生産」の場合には，個人の知的能力を育成するための投資が必要ということになる。これは教育の役割であり，そのため国家の介入が不可欠になってくる。すなわち，情報・知識産業を立ち上げていくための前提条件である**知識資本**を蓄積するために国家が財政的支援を行わなければならない。この「知識資本」は，①個人的な知識能力，および②社会資本からなるものである。

　①を高めるために，まず教育サービス（「就学前学校」，義務教育，中高等教育，リカレント教育，各段階での職業教育，職業訓練，教育ローン等）を充実させ，情報化に対応した（ITをはじめとする）知識向上をはかることが要求される。しかし，知識集約型産業の生産性は，何よりも人間の創造力にかかっている。そこで②の「知識を自由に与え合う人間のきずな」としての「社会資本」が重要になる。創造力に価値をおくということは，所有欲求（工業社会で重視される貯蓄・所有の欲求）よりも存在欲求（自分でなければできない行いを通じて他者に献身したい，社会に貢献したいという欲求）が重視されるということである。これは，家族やコミュニティといった**社会システム**の価値観である。社会システムが活性化し，協力して知識を与え合う人間のきずな（社会資本）が形成されれば，それが基盤になって知識の創造が行われる。人間の創造力は個々人の能力には還元されず，「社会資本」の力によるところが大きい。よって財政支出による公共サービスは，従来のように社会システムの保護だけでなく，いまやその活性化（ひいては人間生活そのものの活性化）も目的としなければならない。逆にまた，創造力の向上が社会システムの活性化につながるという面もある。

　「知識資本」を蓄積するために必要な以上のような国家介入（教育の充実，社会システムの活性化）は，きめ細かい対人サービスの供給によらねばならないから，直接の担い手は地方政府である。また，①の前提としては学ぶ側の「学びたいという欲求」が必要だし，②の前提は社会的な欲求（存在欲求）である。こうした欲求がはたらくためには，より低次の欲求（生理的欲求，安全

欲求）がみたされていなければならない。したがって，知識社会にあっても社会保障システム（福祉国家）の役割は依然として重要である。しかし，フォーディズム国家のような現金給付による社会保障だと，もともと社会システムが供給していた無償のサービスを市場で購入させることになり，社会システムの機能は不活性になってしまう。そこで，中央政府の現金給付で行うのは，賃金代替としての最低限の生活保障だけとし，大部分の社会保障（および知識資本の蓄積）は地方政府による現物給付（金銭的な扶助ではなく，教育・医療・介護等の人的サービスによる扶助）でこれを行う必要がある。このように描き出されるモデルは，**シュンペーター的ワークフェア国家**と呼ばれる。つまり，知識社会における革新の基盤を構築しようとする点で「シュンペーター的」であるし，革新の基盤である人間の勤労能力（知的能力，創造力）の育成を支援する国家という意味で「ワークフェア（就業のための福祉 welfare to work）国家」であるというのである。

(3) 人間創造的成長モデル

現在多くの国で知識社会の構築に向けて，研究開発や教育への国家支援が強められつつある。「シュンペーター的ワークフェア国家」はすでに現実化しつつある。国際的な民主主義の実現可能性を問う視角からこうした動きの含意を探っているのが，政治学者のヒルシュ（J. Hirsch）である（Hirsch［1995］）。アフター・フォーディズムの時代になって，先端産業の資本は多国籍的に展開するようになった。これを自国内に立地させれば，雇用や成長の促進にあずかれる。そこで，各国政府は，多国籍企業の立地点を自国内に確保しようとする国家間競争を展開するようになった。ヒルシュは，「知識資本」の蓄積もこのような国家間競争の一環であると位置づけ，この意味で現在の国家を**国民的競争国家**と性格づけている。そして，「国民的競争国家」の下では，多国籍企業の立地をめぐる競争戦に全住民を動員しようとする新しい全体主義，すなわち「市民社会的」全体主義が出現するという。この議論は，新しい国家の機能がフォーディズムのような「好循環」に挿入されていないために，正統性が確立し難いという側面を衝くものである。この観点からは，「シュンペーター的ワークフェア国家」も，フォーディズム国家に代わる新しい「挿入国家」モデルとはいえないことになる。

(出所)Boyer[2002]邦訳 p.273

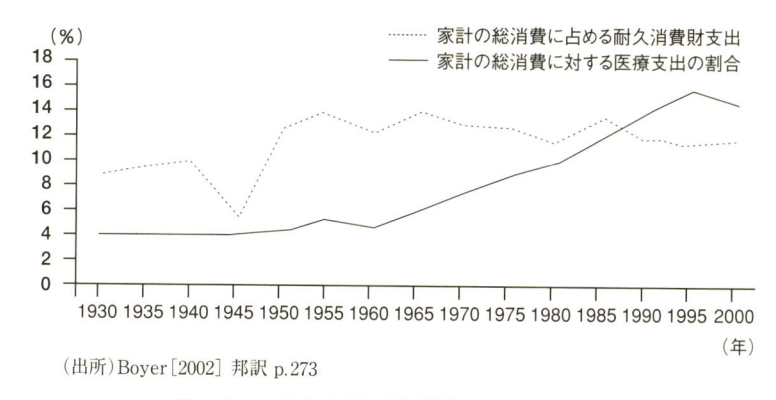

図6-3 アメリカにおける耐久消費財支出と医療支出の推移

「ニューエコノミー」の蔭で生まれつつある新たな「好循環」の萌芽を見出そうとするのがボワイエ（R. Boyer）の議論である（Boyer[2002]，ボワイエ[2003]）。それによれば，アメリカの**ニューエコノミー**★は過渡的な現象にすぎず，新しい成長体制のモデルになるものではない。その理由の1つは，経済成長を牽引するとされるITが以下のような性質を持つことにある。①既存の機能（例：テープレコーダー，時計，カメラ）の効率性・有効性を増すだけでありラディカルな技術変化ではない。②（パソコンについて）企業の購入が中心で家計による購入は少なく，家計の耐久消費財とはなっていない。③関連産業はすでに成熟産業になり投資過剰・収益率停滞の様相を示し，先進国では新製品（例：携帯電話）が普及する分，旧製品（例：旧来の電話）の需要が侵食されている。④インターネットやパソコンを導入しさえすれば企業の収益率が上昇する（技術決定論）わけでなく，従来の情報管理との組合わせが問題である。このうち①と②は，ITが19世紀の鉄道や20世紀の自動車・家電に匹敵するような技術革新ではないことをよく示している。

そこでITに代わって注目されるのが，家計の支出の中で教育・医療・健康・レジャーといった項目が大きな割合を占めるという事実である。たとえば，アメリカの消費のパターン（図6-3）においては，耐久消費財への支出が一定割合で停滞する一方，医療支出は小さな割合から始まって2000年には14％を占めるに至った。教育や医療への支出は，所得の伸びとともに（またはそれを上回って）増加する。これは，衣食住や輸送といった基礎的欲求がひとたび満

足させられると，次には教育・医療といった「人間創造的（anthropogenetique）」分野への支出が拡大するためである。このような歴史的傾向を延長して描き出されるのが，**人間創造的成長のモデル**である。「人間創造的」とは「人間が人間を創造する」ことであり，「文化的存在としての人間を再生産する」といった意味合いの言葉である。

「人間創造的」成長のモデルにおいては，教育や医療が供給（生産性）サイドの要因としてだけでなく，需要サイドの要因として捉えられる。ここで直ちに思い浮かぶ疑問は，サービスの比重の大きい低生産性部門とされる教育や医療が基軸産業になりうるのかということだ。しかし，「人間創造的」成長体制におけるパフォーマンスの指標は，もはや生産性や成長にではなく，たとえば平均寿命といった基本的ニーズの満足を表すものに求められる。これは「ユートピア」に聞こえるような議論であるが，今日すでに，経済システムのパフォーマンスを評価する基準として生産性や成長の数字が持つ意義は低下しているのも事実である。この意味では，狭い意味での経済的指標にのみ注目する理論の方が，現実に遅れているといえる。もちろん「人間創造的」成長のモデルが成長体制として確立するためには，これから非常に長期にわたる制度化・組織化のプロセスを経ねばならないが，すでにその萌芽はある。

「人間創造的」成長体制においては，以下2つの理由で国家の経済活動が重要になってくる。①「人間創造的」分野においては，外部効果が重要になる。たとえば，社会に感染症が蔓延しているとき1人だけ健康であろうとしても無理である。②教育や健康は基本財あるいは「社会的権利」として認められるべきである。これらを市場メカニズムに委ねると不平等を生み出すだけでなく，社会的にも悪い結果をもたらす（例えば，平均寿命の低下）。これらの理由は，公共的利益をはかるための国家の介入を正当化しうるものである。さらに，きめ細かい対人サービスの供給が問題だから，「シュンペーター的ワークフェア国家」と同じく，国家の介入は主に地方レベルでなされることになる。このとき，「人間創造的」成長モデルは平等化の作用を本来的に持っているわけではない。そのような作用を持つかどうかは，社会が平等かどうかにかかっている。イメージ的にいえば，国際経済のレベルで依然として金融の論理が支配する一方で，「人間創造的」成長体制が地方レベルでまず限定的な形で出現し，徐々に世界的レベルで大きな秩序になっていく。この新たな「挿入国家」は，

「地方中心・対人サービス中心」である点で「中央中心・貨幣フロー中心」のフォーディズム国家とは大きく異なるが、フォーディズム国家に劣らず経済の過程に深く組み込まれたものとなる。

■ 読書案内

- M・アグリエッタ『資本主義のレギュラシオン理論——政治経済学の革新〔増補新版〕』（若森章孝・山田鋭夫・大田一廣・海老塚明訳）大村書店，2000年。
  レギュラシオン理論の古典だが、国家論に関心を持つ人にも必読。フォーディズム国家の成立と危機を実証的に描き出す。
- B・テレ『租税国家のレギュラシオン——政治的秩序における経済体制』（神田修悦・中原隆幸・宇仁宏幸・須田文明訳）世界書院，2001年。
  法と貨幣という「象徴的媒介」のはたらきによって成り立つ国家と経済との相互作用を、モデル化して提示。新しい国家研究のあり方を示す。
- 中村健吾『欧州統合と近代国家の変容』昭和堂，2005年。
  EUの統合と政治の構造を分析し、従来の国家概念ではつかめない新しい国家の姿を描き出す。最新の国家論の動向を知るにも好適。

■ 本章のまとめ

1. 国家は、法活動によって人々の行動に正統性の基準を与え、政治的な紛争の回避に寄与する。このような調整機能を果たすために、国家は暴力装置と課税・財政システムを備えている。
2. 国家の経済活動は、一国の経済の中で大きな比重を占めるが、その主な目的が正統性の調達にある点で民間企業とは異なっている。
3. 国家の経済への介入には、①外部不経済の問題の解決、②社会的共通資本の供給、③景気政策による「合成の誤謬」回避が含まれる。いずれも公共的利益に資するものであるが、民間主体では対処不可能であることによって、国家の法活動・経済活動による介入が正当化される。
4. 第2次大戦後、国家は法活動によってフォーディズム的労使妥協の内容に正統性を与えるとともに、経済活動によって社会保障・景気政策を推進するようになった。これにより、国家は、経済循環の中に不可欠な契機として組み込まれた「挿入国家」へと移行した。
5. 高度成長の終焉後、経済循環の中での国家の役割は後退したが、1990年代アメリカの持続的好況をきっかけに、「資産的個人主義」「シュンペーター的ワークフェア国家」「人間創造的成長」などの新しい挿入国家のモデルが提示されるようになった。

第7章

企業と労使関係

本章の課題
1. 企業はこれまでどのように理解されてきたのか。また，企業はどのように理解されるべきなのか。
2. 政治的な構造としての企業はどのような特徴を持つのか。また企業内部の資本・労働間の対立はどのようにして抑えられるのか。
3. 労働組合と経営者団体は賃金決定をめぐってどのような行動をとり，両者の利害対立がどのような経済的結果をもたらすのか。
4. 企業をとりまく諸制度はどのような特徴を持ち，どのような相互補完的関係があるのか。

1.「企業と労使関係」へのアプローチ

　本章においては3つのレベルにおいて「企業と労使関係」に接近する。第1のレベルでは，企業を政治的な構造として捉え，企業内部の経営者と労働者の間の権力関係と利害対立に焦点をあてる。そのさい，分析単位は個々の労働者と個別企業の関係であり，いずれも集団としては扱われない。言い換えれば，労働者も企業も市場支配力を持たず，市場において価格受容者として行動する。第2のレベルでは，労働者も企業も市場支配力を持ち，価格決定力を持つ主体として取り扱われる。そのさい，労働者も経営者も集団として――労働組合と経営者団体として出現する。この場合の企業モデルは製品市場において市場支配力を有する寡占企業である。
　第3のレベルでは，企業は諸制度の中に埋め込まれた存在として取り扱われる。企業は労使関係制度だけではなく，企業統治をはじめ複数の諸制度と相互

補完的であることを示す。企業活動は資本の運動そのものであり，利潤追求のために労働と資本の利害対立を抑制しなければならない。こうした利潤追求活動と労使間の利害対立の処理がどのような諸制度の補完性の中で実現されるかが示される。

(1) 企業とは——新古典派経済学の企業モデル

　最初に，従来，経済学において企業がどのように捉えられてきたかをみてみよう。そうした企業の取り扱いの問題をふまえた上で，ここでどのような企業へのアプローチを採用するかを説明する。

　新古典派経済学の静学的な企業モデルにおいては，企業はコスト効率的であると仮定される。また，競争的製品市場が与えられた場合には，利潤を最大化する技術を選択する。ここでは，後者を例に説明しよう。

　企業は利潤を最大化しようとして意思決定を行う。企業は生産に必要な労働と資本財を使ってある1種類の生産物を生産するとしよう。この場合，利潤 Π は次のように表現される。

$$\Pi = pq - rK - \omega L$$

　ただし，q は生産物の生産量，K は資本投入量，L は労働投入量，それぞれの価格が p, r, ω である。企業の問題はこのように定義された利潤を最大化するように生産物の生産量，労働と資本の投入量を決定することである。

　こうした新古典派経済学の静学的企業の枠組みからは次の3つの点が理解される。第1に，企業は利潤最大化にもとづいて生産量を決定する1つの意思決定主体であり，企業内部はブラックボックスである。企業が実際どのような内部組織を持つかは問われることがない。企業とは，資本と労働というインプットが与えられ，生産量というアウトプットを生み出す技術的関係にすぎない。

　第2に，企業が利潤を最大化するという想定は，株主による企業経営者のコントロールが完全であると仮定することである。企業が株式会社の形態をとる場合，経営と所有は分離する。そうした分離の下で利潤最大化をめざす経営者は株主の利益が最大になるように意思決定すると想定される。仮に株主の利益を最大化しない経営者がいるとすれば，株主はその経営者を追放できるとされているからである。

第3に，企業は価格に対する支配力を持たない。完全競争市場を前提とするかぎり，企業に必要な各種の生産要素はそれぞれの市場価格で購入可能であり，産出された生産物もその市場価格で販売可能である。したがって企業はただそのときどきの市場価格にしたがって，投入と産出の最適な組合わせを選択すればよいことになる。ここでは企業は市場価格を所与として行動する価格受容者である。

新古典派経済学においては，企業は市場において出現する他の経済主体と何ら異なるところはない。労働者と経営者の関係をとってみても，両者の関係は市場において日常的に行われる商品交換と本質的な違いを持つわけではない。企業は完全に市場に組み込まれ，2つの制度の間に相違は存在しない。

(2) 3つの企業概念

上述のように新古典派経済学においては，企業は次のような特徴を持つものとして捉えられている。①企業は技術的関係であり，企業内部はブラックボックスである。②完全競争市場が想定され，企業は価格受容者である。③市場においては，企業は1人の意思決定主体であり，企業統治の完全性が前提されている。本章で採用される企業へのアプローチは，新古典派経済学のそれとは異なる。以下，新古典派経済学の企業の取り扱いと対比しながら説明しよう。

①企業がどのような内部組織を持つかが問われなければならない。そのさい，企業は効率性よりも**権力**（Power）に関連しているものと理解される。言い換えれば，企業の存在は技術ではなく資本家のコントロールの大きさと強さを拡大する能力によって説明される（Marglin［1971］）。この場合，企業は，組織を通じた取引が市場取引に比べ費用節約的であり効率的であるという理由からその存在が説明されるような制度ではない。企業はその内部における資本・労働間の利害対立と両者の不均等な権力関係から説明される制度である（第2節）。

②分析の焦点は新古典派経済学が理論化している小企業モデルから大企業モデルへとシフトする。企業は製品市場においては市場支配力を持つ**寡占企業**である。こうした支配力によって企業はコストへの**マークアップ（利潤の上乗せ）により価格を設定**★することが可能となり，収益性を確保できる。寡占企業はこの市場支配力をもって集団としての労働者（労働組合）に対峙する。ここでは企業が価格受容者であるという通常の仮定から離れることになる（第3節）。

③所有と経営が分離した株式会社形態の下では，企業統治の完全性は保証されない。経営者は株主に対して自由裁量の余地を持つため，経営者をどのようにコントロールするかということが問題となる。そのコントロール方法は多様であるが，重要な点はどのような企業統治が企業の利潤追求活動と整合的となるのかということである。ここではより一般的に，企業と諸制度の整合性を取り上げる（第4節）。

したがって，本章では企業を次のような3つの概念から捉える。すなわち，①政治的な構造としての企業，②市場支配力を持つ企業，③諸制度と相互補完的である企業である。

2. 政治的構造としての企業組織

新古典派の企業理論では企業の内部組織が問われることはないし，企業内部の社会関係と市場交換の間に本質的な違いが認められることはない。だが，本章においては企業内部の社会関係と市場関係の間に根本的な相違を認め，企業内部の権力関係の存在に注目する。企業組織とは権力を行使することによってのみ解決されるような利害対立を含む場である。

第1章で説明したように，企業活動は資本の運動そのものであり，不断の利潤追求が目的とされる。だが，利潤創造にあたっては労働と資本の間に利害対立が存在した。ここでは第1章で紹介された労働抽出曲線を使って，資本・労働の利害対立が存在する下で**利潤率***を最大化する**賃金率***と労働努力水準がどのように決定されるかを示すことにしよう。

(1) 利潤率と単位労働コスト

最初に企業の目的・行動をみることにしよう。企業は不断の利潤創造を追求する存在であった。利潤率 r は次のように定義される。

$$r = \frac{\Pi}{K} \qquad (7-1)$$

ただし，Π は利潤総額，K は所有資本財の価値である。利潤率は資本1単位当たりの利潤であり，資本1単位が利潤の創造においてどの程度成功したかを示す指標である。また，利潤総額は

$$\Pi = S - M - W \tag{7-2}$$

である。そこで S は販売総額，M は原材料と消耗した機械の価値，W は賃金総額である。純産出高の価値すなわち付加価値（Y）は販売総額（S）から原材料と消耗した機械の価値（M）を引いたものである。すなわち，

$$Y = S - M \tag{7-3}$$

(7-2)と(7-3)式を利用すると，

$$\Pi = Y - W \tag{7-4}$$

あるいは

$$Y = \Pi + W \tag{7-5}$$

である。(7-5)式は付加価値（純産出物の価値）が利潤と賃金に分割されることを示す。以上の表現を利用して上述の利潤率の式(7-1)を書き換えると，次のように表現される。

$$r = \frac{Y - W}{K} \tag{7-6}$$

さらに，これを総労働時間数 L で割ると，次のように表現される。

$$r = \frac{(Y/L) - (W/L)}{K/L} = \frac{y - \omega}{k} \tag{7-7}$$

ただし，L は生産に利用された総労働時間である。以下では労働1時間当たりの表現は小文字で示すとしよう。$y(=Y/L)$ は労働1時間当たりの付加価値すなわち付加価値（で測った）**労働生産性**★であり，$\omega(=W/L)$ は賃金率であり，$k(=K/L)$ は**資本集約度**★である。

さらに，労働1時間当たりの産出物の価値は次のように分解される。

$$y = (P_z)(e)(d) - (P_m)(m) \tag{7-8}$$

ただし，P_z は産出物の価格，e は労働努力1単位当たりの粗産出量（労働の効率性），d は1時間当たりの労働努力の大きさ，P_m は原材料と消耗した機械の

第7章 企業と労使関係　177

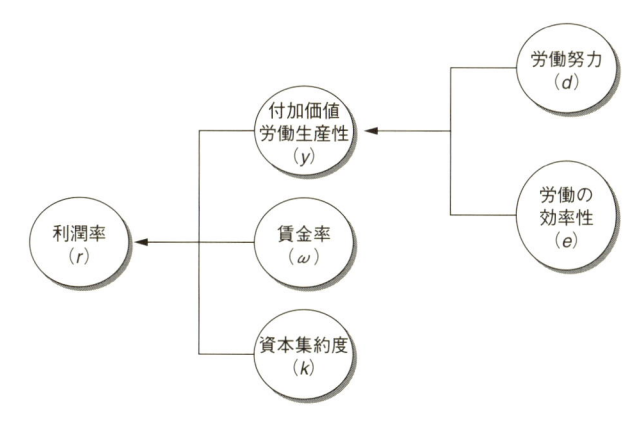

図7-1　利潤率の決定要因

価格，m は労働1時間当たりの原材料と消耗した機械の量である。(7-8)式を利用して利潤率式(7-7)を表現すると次のようになる。

$$r = \frac{y-\omega}{k} = \frac{(P_z)(e)(d)-(P_m)(m)-\omega}{k} \qquad (7-9)$$

利潤率はしたがって，産出物の価格，労働努力，労働の効率性，原材料・資本財およびその価格にも依存する。だが，ここでは企業内部に焦点をあてるため，特に賃金率(ω)，労働努力(d) および労働の効率性(e) に注目することにしよう（図7-1参照）。

表7-1に示されているように，賃金率(ω)は利潤率に負の効果を与え，労働努力(d)と労働の効率性(e)は利潤率に正の効果を与える。言い換えれば，利潤率が上昇するのは，労働1時間当たりの労働努力(d)，および労働の効率性(e) が上昇し，賃金率(ω)が低下する場合である。

労働1時間当たりの労働努力(d)，労働の効率性(e)，および賃金率(ω)の関係を企業の単位労働コストを使って表現してみよう。**単位労働コスト**★（unit labor cost）とは産出物1単位を生産するために必要とされる労働コストである。したがって単位労働コスト（ulc）は次のように定義される。

$$ulc = \frac{\omega}{z} = \frac{\omega}{ed} \qquad (7-10)$$

ただし，ωは1時間当たりの賃金，zは労働1時間当たりの産出量（すなわち物量で測った労働生産性），eは労働の効率性すなわち労働努力1単位当たり

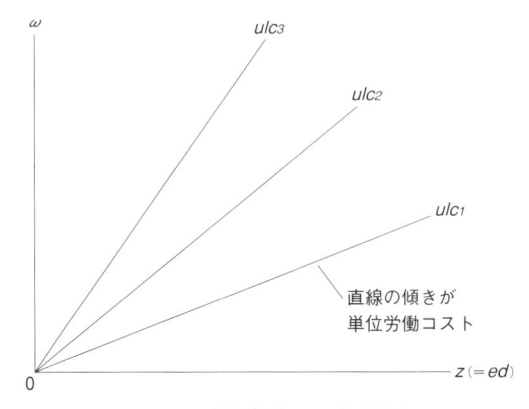

図7-2 単位労働コストと利潤率

表7-1 利潤率の決定要因と資本・労働間の対立

利潤率の決定要因 （利潤率に与える効果）	個々の資本家が利潤率を引き上げうる方法	考えられる対立の源泉
労働の効率性：労働努力1単位当たりの粗産出量(e)(+)	技術を改善する。	新技術は労働者にとって安全なものではないかもしれない。
労働努力：労働1時間当たりの遂行された労働の大きさ(d)(+)	生産ラインのスピードを上げる。労働のペースを統制するためにより多くの監督者を雇用する。	労働者は生産ラインのスピードの低下、監督者を減らすことを望むかもしれない。
賃金率：1時間当たりの賃金(ω)(-)	低賃金労働者を捜し出す。労働組合を認めない。	労働者はより高い賃金を望む。

(出所) Bowles and Edwards [1993] p.149

の粗産出量、dは1時間当たりの労働努力である。資本は、利潤率を上昇させるために、ωを低下させ、eとdを上昇させようとする。言い換えれば、利潤率を上昇させるためには単位労働コストを引き下げなければならない。

いま縦軸に賃金率ω、横軸に労働1時間当たりの産出量$z(=ed)$をとった座標平面上に単位労働コストを描いてみよう。この座標平面上では単位労働コストは直線 ulc の傾きによって表現される。したがってこの傾きが小さければ小さいほど利潤率は上昇する。図7-2の上には3つの単位労働コストが描かれているが、水平軸に近づけば近づくほど単位労働コストは小さいことになる。すなわち $ulc_1 < ulc_2 < ulc_3$ である。

(2) 労働努力の抽出

さて，次に労働者の行動をみることにしよう。利潤率の決定要因のリスト（表7-1）でみたように，利潤率は労働努力が上昇する場合上昇する。だが，労働努力をめぐっては労使間に利害の対立が存在する。すでに第1章でみたように，労働と資本の交換関係すなわち雇用契約によっては事前に労働努力水準を特定化することはできなかった。それは生産の場において資本の権力でもって解決される問題であった。

資本が労働者から高い労働努力を引き出す手段の1つは解雇の威嚇である。そうした威嚇の効果が高まるのは失職コストが高い場合である。労働者は**失職コスト***が上昇すれば，解雇を恐れ，資本の望む労働パフォーマンスを提供する。こうした関係は労働抽出曲線によって描かれた（34ページの図1-5参照）。

こうした労働抽出曲線で描かれた関係からは次のようにいうことができる。資本が労働者に対してより高い賃金を提供すれば失職コストが拡大し，より高い労働努力を労働者から引き出すことができる。したがって利潤率を引き上げることができる，と。だが，同時に注意してほしいのは，利潤を計算するさい，賃金が売上から控除されるコストでもあるということである。そのため賃金の上昇は利潤率を引き下げる要因でもある。

図7-3において描かれているように，賃金の引上げは，図の上のループをたどると，失職コストを引き上げ，より多くの労働努力を誘発し，その結果単位労働コストを低下させる。これは利潤率に正の効果を与える。他方，下のループでは賃金の引上げは直接単位労働コストの引上げに結びつき，利潤率を低下させる原因となる。

企業は賃金の両方の効果をバランスさせなければならない。企業はどのような水準の賃金を労働者に提示すべきなのか。上述のように，企業の目的は単位労働コストを最小化することである。賃金が変化するとき労働努力1単位当たりの産出量（e）が変化しないと仮定すれば，企業は労働努力（d）と賃金（ω）の関係だけに注意を払う。

企業には，労働抽出曲線によって表現されるような労働者の行動——すなわち使用者が提示するそれぞれの賃金に対して労働者がどれだけの労働努力を提供するか——は知られている。そこで企業はこの下で単位労働コストを最小化する賃金を選択する。単位労働コストを最小化する賃金率は，図7-4に示さ

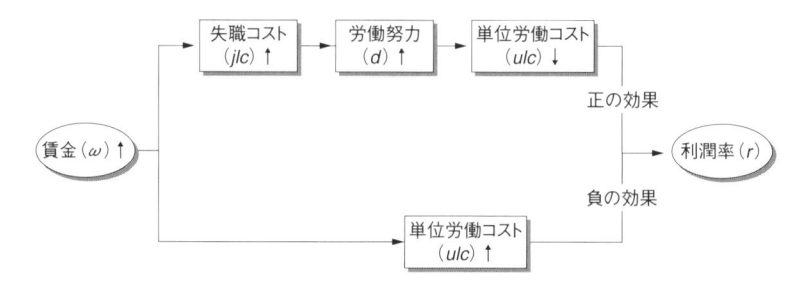

図7-3 賃金上昇，単位労働コストおよび利潤率

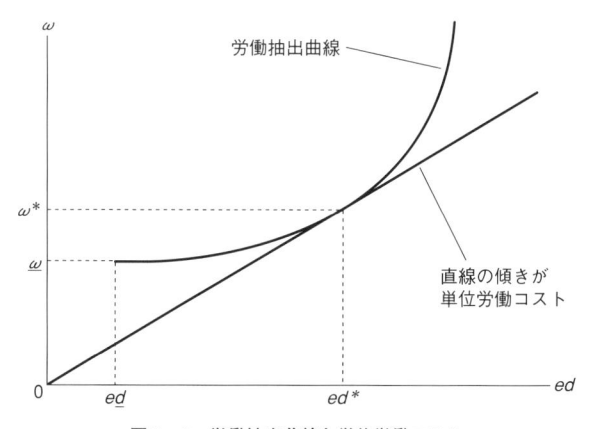

図7-4 労働抽出曲線と単位労働コスト

れているように，労働抽出曲線に単位労働コスト直線が接する賃金率 ω^* である。そのさい，1時間当たりの産出量は ed^* である。これ以外のどの賃金率も——ω^* 以下の賃金の場合でも——単位労働コストを引き上げ，利潤率を低下させてしまう。

これは，資本にとっても賃金の低下が望ましくない，ということを意味する。もし資本が ω^* 以下の賃金を選択した場合，賃金率の引下げによってコストは節約されるが，賃金の引下げによって誘発される労働努力水準の低下によってその節約分が相殺される。このため，ω^* 以下の賃金の選択は単位労働コストの引上げにつながる。同じ理由から，失業者が ω^* 以下の賃金を資本に提案し雇用を求めたとしても，その提案は拒否される。したがって失業者は失業者のままにとどまることになる。言い換えれば，労働市場においては超過供給（失

業者）が存在したとしても，賃金は低下しない。

　資本主義経済はその固有の性格として労働と資本の間に利害対立を抱えるが，そうした対立が存在する以上，失業者が存在するにもかかわらず，賃金は下方硬直的となる。これが，企業を政治的構造として捉えた場合の経済的帰結である。

3．寡占企業と労働組合

　第2節においては完全競争市場の下で労働者個人と個別資本（使用者）との交換および利害対立をみてきた。しかし賃金や労働条件をめぐる交渉においては企業も労働も集団として，すなわち経営者団体と労働組合として相対する。ここでは，第2節の完全競争市場の仮定と異なり，製品市場も労働市場も**不完全競争市場**であるケースを取り上げる。この下で賃金決定をめぐる両者の対抗関係がどのような経済的結果をもたらすかを説明することにしたい。

(1) 経営者団体と労働組合の賃金交渉

　労働側も企業も一定の市場支配力を持ち，両者が付加価値の一定のシェアを要求し対立する。労働者は賃金の引上げを要求し，企業は一定の大きさの利潤を要求する。両者の要求が実際の付加価値を超えた場合，両者は自己の市場支配力を行使し，自己の要求を実現しようとする。すなわち労働者はより高い貨幣賃金を確保しようとするし，企業は利潤を確保するために賃金上昇を製品価格に転嫁しようとする。こうした両者の利害対立の結果はインフレーションである。以下，最初に，労働側の賃金要求行動，次に企業側の価格設定行動を説明することにしよう。

①労働組合による賃金要求

　労働組合が要求する賃金水準は，多くの制度的歴史的要因に依存する。その中でも労働側の賃金交渉力に影響を与える主要因は労働市場の需給状態である。失業率が低いときには，労働組合の交渉力は強まり，より高い実質賃金を期待できるであろう。それというのも逼迫した労働市場は企業に対する労働組合のストライキ行動の威嚇効果を高めるからである。逆に，失業率が高い場合には，労働組合の交渉力は弱くなるであろう。というのも，労働者がストライ

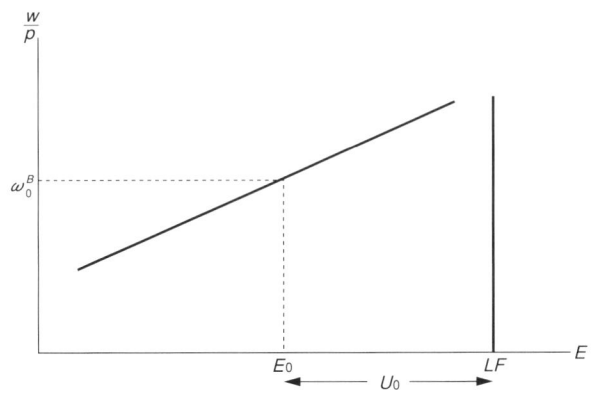

図7-5 労働組合の賃金要求

キ行動中に仕事を失う可能性は大きくなり，また代替的な職を見つけることも難しくなるからである。

以上の労働市場の状態（失業）と賃金交渉の間の関係は以下のように定式化される。

$$\omega^B = b(\underset{-}{U}) \qquad (7-11)$$

ただし，ω^Bは賃金交渉にあたって労働組合が要求する実質賃金，Uは失業水準である。$\Delta b/\Delta U < 0$であり，労働組合の要求する実質賃金は失業が上昇するにつれて低下する。図7-5は縦軸に実質賃金，横軸に雇用水準をとり，労働組合の実質賃金の要求行動を描いたものである。失業者数は労働力人口（LF）から雇用者数を引いたものに等しい。たとえば雇用者数がE_0の場合，失業者数は$U_0 (= LF - E_0)$である。

②**寡占企業とマークアップによる価格決定**

ここでは製品市場が少数の企業によって支配されている寡占市場を仮定する。寡占企業は過剰生産能力を抱えており，完全稼動よりかなり低い水準で操業する。このような経済では価格は相対的に硬直的であり，企業は需要の変化に対して価格をほぼ一定に維持しながら生産量を変化させることによって対応する。このような調整方法は**数量調整***と呼ばれる。対照的に，価格の伸縮的な動きを通じて需給のアンバランスが調節されるケースは**価格調整***と呼ばれ

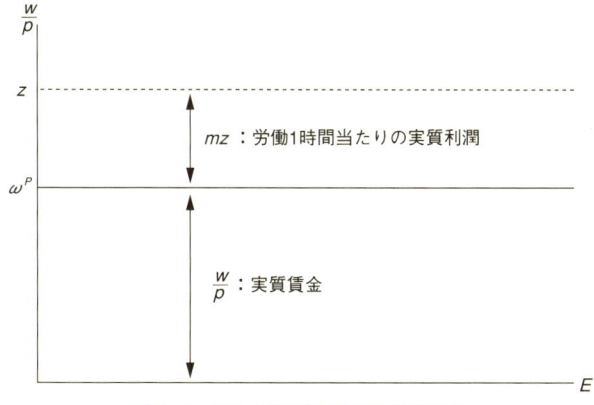

図7-6 寡占企業の価格設定と実質賃金

る（「価格調整」と「数量調整」ついては第2章第2節の説明も参照）。

寡占企業の場合，価格は費用に一定割合の利潤を上乗せすることによって決定される。こうした価格決定方式は**マークアップ（利潤の上乗せ）による価格決定***と呼ばれる。ここでは価格は正常な単位労働コストに対する固定されたマークアップとして設定されると仮定する（Rowthorn [1982]）。

$$p = (1+\mu)\frac{w}{z} \tag{7-12}$$

そこでは p は価格，μ はマークアップ率，w は貨幣賃金率，z は正常な稼働率水準下での**労働生産性***（労働1時間当たりの産出量）である。価格は正常な単位労働コストに一定割合 μ を加えることによってマークアップされる。(7-12)式はまた $m = \frac{\mu}{1+\mu}$ として次のように書き換えることができる。

$$p = \frac{1}{1-m} \cdot \frac{w}{z} \tag{7-13}$$

この形式で企業の価格決定行動を表現することによって，企業の価格決定行動に含意されている労働生産性に対する企業の要求をみることができる。この(7-13)式を以下のように書き換えてみよう。

$$p = mp + \frac{w}{z} \tag{7-14}$$

これは，価格＝1単位当たりの利潤＋1単位当たりのコストとなることを意味

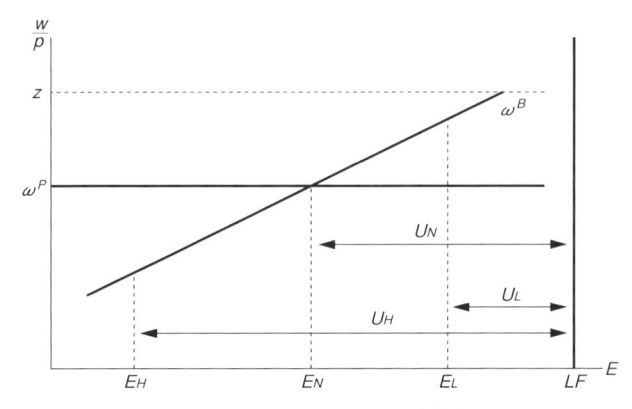

図7-7　賃金交渉：労働組合と寡占企業

する。さらに，両辺を p で除し整理すると

$$z = mz + \frac{w}{p} \tag{7-15}$$

となる。消費財価格も p に等しいと仮定すると $\frac{w}{p}$ は実質賃金を意味し，この式は労働1時間当たり産出量＝労働1時間当たり実質利潤＋労働1時間当たり実質賃金を意味する（図7-6参照）。

この(7-15)式から企業の価格決定行動を通じた実質賃金が引き出される。m，労働生産性水準 z，および貨幣賃金率 w が与えられると，企業による価格設定は実質賃金の一定の大きさを含意する。

$$\omega^p = \frac{w}{p} = z(1-m) \tag{7-16}$$

これは寡占企業のマークアップによる価格決定を通じて設定される実質賃金率 ω^p である。上述の図7-5と同じように，縦軸に実質賃金，横軸に雇用水準を描くと，企業による実質賃金は水平な直線として描かれる。これは，企業が労働生産性 z のうち一定の大きさの利潤 mz を確保するように価格を設定する結果，実質賃金が決定されるということを表現する（図7-6参照）。

③経営者と労働組合の要求の対立

労働組合と経営者の交渉において労働組合は実質賃金を要求し，経営者は価格の設定を通じて実質利潤を要求する。両者の要求は，図7-7の E_N の雇用水

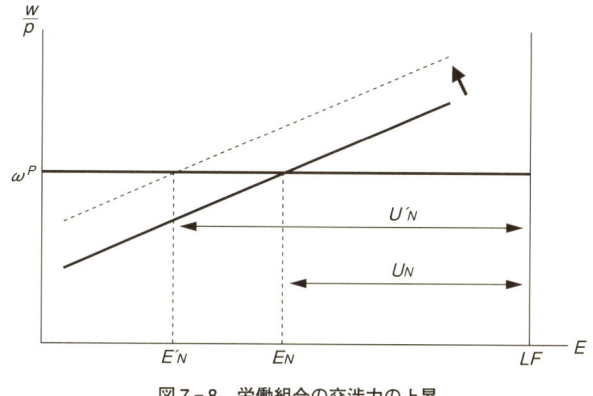

図7-8 労働組合の交渉力の上昇

準においてのみ整合的である。(7-15)式の表現を利用すれば，要求される実質賃金と利潤の合計が労働生産性に等しくなる。この雇用水準 E_N に対応する失業を均衡失業 U_N と呼ぶ。

いま失業が均衡失業 U_N よりも低い水準にあるとしよう（たとえば，U_L）。この場合，労働者の交渉力が押し上げられ，名目賃金を引き上げることによって労働1時間当たり産出量に占める実質賃金率の比率を引き上げようとする。また企業は，労働者の要求に応じて利潤の低下を受け入れようとしない以上，名目賃金の上昇を製品価格に転嫁することによって労働組合の行動に対応しようとする。こうして両者の要求の不整合は**インフレーション**＊を誘発する。

逆に，失業が均衡失業よりも高い場合（たとえば，U_H），労働組合の交渉力は低下し，労働組合の要求する実質賃金は企業の価格決定を通じた実質賃金以下になる。その下で企業が利潤要求を一定に維持する場合，製品価格は低下する。

④労働組合の交渉力

上述のモデルにおいては，労働市場の需給状態以外の要因――たとえば労働組合の組織率の上昇や労働組合間の協調の強化――で労働組合の交渉力が強まった場合，労働組合によって要求される実質賃金曲線は上方にシフトし，その結果，均衡失業が U_N から U'_N に上昇する（図7-8参照）。ここから労働組合の影響力の強い経済においては失業が相対的に高いと期待される。

表7-2 賃金交渉制度と労働組合の行動

	分権化された賃金交渉制度	中間的な賃金交渉制度	集権化された賃金交渉制度
交渉構造	企業レベルで企業別労働組合と使用者との交渉	産業単位に組織された労働組合と経営者団体との間での産業別交渉	中央の労働組合と経営者団体との交渉
交渉に関する権限	分権的：交渉の権限は個々の労働組合と使用者にある	中間的：交渉の権限は産業別労働組合と経営者団体にある	集権的：交渉の権限は中央の労働組合と経営者団体にある
労働組合は負の外部性を内部化するか	内部化する	内部化しない	内部化する
労働組合の賃金設定行動は抑制的か	抑制的	抑制的ではない	抑制的

⑤労使対立と賃金交渉制度

以上のように，労働組合が貨幣賃金の引上げを要求し，寡占企業が製品市場において価格支配力を行使し一定の利潤を確保するように価格を設定する場合，経済全体に負の効果——インフレーションや失業の上昇——をもたらす。こうした負の効果を解決するための方法としては以上の理論的枠組みからは以下の方法が考えられうる。1)寡占企業の市場支配力を低下させる。たとえば，政府が競争促進的政策を採用し，製品市場において寡占企業間の共謀を解体する。2)労働組合の市場支配力を低下させる。たとえば，政府が直接的に賃金を規制する所得政策を採用する。あるいは間接的な方法として政府が緊縮政策を採用し失業を均衡失業に近づける。いずれの政策も労働組合の賃金要求行動を変化させ，賃金設定を抑制的なものにする。

以上の2つは国家による経済政策に依存するものであるが，労使関係領域に限定すれば，3)制度的対応が考えられうる。労働組合と経営者が賃金交渉を行う場合，その成果は制度的枠組み——**賃金交渉制度**＊——によって強く影響を受ける。交渉制度は労働組合の賃金要求行動を変化させることができる。以下，第3の方法として制度的対応を説明しよう。

(2) 賃金交渉制度

賃金交渉制度*は，表7-2の第1行において示されているように，3つのタイプに分けることができ，インフレや失業率等の経済パフォーマンスと関連づけられる (Calmfors and Driffill [1988])。

重要な点は，労働組合が賃金を引き上げることによって負の結果——インフレーションや均衡失業の上昇——をもたらすということを労働組合自身が認識できるかどうか，という点にある。ここでは「認識できる」ケースを「負の外部性の内部化」と呼ぶことにしよう。表7-2において示されているように，賃金交渉が分権的であるケースと集権的であるケースの両方において負の外部性の内部化が可能であり，その結果，両方の賃金交渉制度の下では労働組合は抑制的な賃上げ行動をとると期待される。

最初に，個々の企業と**企業別労働組合**の交渉のケースを考えてみよう（表7-2の第2列）。労働組合が高い賃上げ要求を行った場合，その企業は賃金上昇を製品価格に転嫁しようとするであろう。だが，その企業だけが製品価格を引き上げれば，その企業は自己の市場を失い，雇用を削減することになる。なぜならば，産業内部では生産物の代替性が——産業間の生産物の代替性に比べ——相対的に高いからである。労働組合は，こうした連鎖を認識する結果，企業レベルの交渉下では，抑制的な賃金設定行動をとると期待される。

ところが，産業レベルの交渉の下では（第3列），**産業別労働組合**が高い賃上げ要求を行い，その産業の全企業がその上昇分を製品価格に転嫁したとしても——産業間の生産物の代替性が相対的に低いため——製品に対する需要をそれほど失うことはない。したがって雇用の低下もかぎられたものとなる。こうして，産業別労働組合は賃金の引き上げと雇用の低下との間にトレードオフを認めず，積極的な賃上げ行動をとることになる。こうした結果，経済全体のレベルではインフレーションが発生すると同時に均衡失業が上昇することになる。

集権化された賃金交渉の下では（第4列），**全国的な労働組合**は，高い貨幣賃金を設定したとしても，すべての企業が賃金上昇分を製品価格に転嫁するため実質賃金が上昇しないということを知っている。こうした結果，全国的な労働組合は抑制的な賃金設定行動をとると期待される。

4. 企業と諸制度

　企業は労使関係制度や企業統治制度だけではなく，他の複数の制度と相互補完的である。これまでみたように，企業活動は資本の運動そのものを表現する。企業は利潤の生産活動に固有の資本・労働間の利害対立を抑制しながら不断に利潤創造活動を継続していく運動体である。したがって企業は**諸制度の相互補完性***の中にあって中心的存在であり，利潤追求目的と整合的な相互補完関係を模索しながら，戦略的に行動する。

(1) 企業をとりまく諸制度

　企業は労使関係，企業統治，技能訓練および企業間関係といった制度と補完的関係を形成する。そうした補完関係から基本的に2つのタイプの資本主義経済が引き出される（表7-3参照）。

　最初に，表7-3を参照しながら，それぞれの制度における類型を示し，その後に制度間の補完性を説明することにしよう。

①労使関係システム

　労使関係は2つのタイプに区別される。1つには，企業が労働者に長期的な雇用を保障し，さらに競争的労働市場から切り離された賃金を提供することで，企業への労働者の長期的コミットメントを確保し，安定的で協調的な労使関係を形成する。労使関係のもう1つのタイプにおいては，賃金は競争市場によって決定され，離職率が高く，労使関係は流動的である。

②技能形成

　技能は主として企業横断的に汎用性を持つ**一般的技能**と，労働者が所属する企業・産業に特有の**特殊的技能**に分類される。技能の形成にあたっては後者では企業内部での**OJT**（仕事に就きながらの訓練），もしくはたとえばドイツのような**デュアルシステム**（公的な職業訓練校での教育と企業での実習を平行して行う仕組み）が利用される。前者の一般的技能の形成では公教育制度が利用される。もしくは高等教育がその一端を担う。

③企業統治

　現代経済ではほとんどの企業が株式会社の形態をとっている。株主は株主総会で取締役を選任し，取締役は経営者が株主利益を追求しているかどうかを監

表7-3 企業と諸制度

	コーディネートされた市場経済		自由な市場経済
労使関係	協調的で安定的な労使関係：労使双方の、関係への長期的なコミットメント		非協調的な、流動的な労使関係
労使交渉主体	全国もしくは産業レベルに組織された強力な労働組合	企業別に組織された協調的な労働組合	個々の使用者と労働者、もしくは企業レベルでの労働組合と使用者との交渉
労働移動（雇用調整）	企業横断的な職業市場での移動	企業内での移動（低い雇用調整の自由度）	企業外への移動（高い雇用調整の自由度）
賃金決定制度	労使間交渉制度を通じた賃金決定：安定的な所得の保障		市場競争を通じた賃金決定
技能	転用可能性の低い技能（産業特殊的技能）	転用可能性がもっとも低い技能（企業特殊的技能）	転用可能性が高い技能（一般的技能）
技能形成・訓練	実習訓練と職業学校制度（デュアルシステム）	企業内での仕事に就きながらの訓練（OJT）	学校教育
職務編成	厳格に区分された深い職務内容	曖昧な、広い職務範囲：柔軟な職務編成	厳格な、狭い職務範囲：硬直的な職務編成
賃金と職務	熟練にもとづく賃金	職務と分離した賃金	職務にもとづく賃金
企業統治	株主からの経営の相対的自律		株主による経営の支配
資金調達	銀行借入：銀行との長期的関係に依存		資本市場から調達（株式，社債の発行）
企業間関係	他企業との長期的関係の形成		他企業と長期的関係を形成しない

（出所）Hall and Soskice［2001］の Chap.1 と Chap.4 をもとに作成。

視する。もし経営者が株主の利益を最大化するように行動しなければ株主は経営者を退陣させることができる。こうした制度下で経営者は株主の利益のために行動すると想定される。だが，経営と所有が分離している以上，経営者は自由裁量の余地を持ち，株主の利益に沿わない行動をとる可能性がある。ここに経営者の行動をどのようにコントロールすべきかという問題，すなわち**企業統**

表7-4 労使関係と企業統治

		労使関係	
		安定的	流動的
企業統治	経営の相対的自律	(A)株主からの相対的自律と安定的な労使関係	
	株主主導		(B)株主主導的な企業統治と流動的な労使関係

治（コーポレート・ガバナンス）の問題が発生する。

　企業統治は，株主によって経営がコントロールされるタイプと，経営が企業コントロールを自己の手に集中するタイプとに分類される。前者のケースでは企業は資金調達にあたり資本市場に強く依存し，企業経営においては株主により大きな権限が与えられる。この場合，企業経営者の自律性は短期的な収益に強く依存する。

　後者のケースにおいては，資金調達は銀行との長期的な関係に依存する。関係する企業間で株式を相互に持ち合うことによって，敵対的買収が抑えられる。これにより経営の手の中に企業コントロールが集中化される。企業経営者の自律性は企業の短期的収益性よりも評判のモニタリング（監視）に，より強く依存するようになる。

　④企業間関係

　企業は自社製品に対する安定的な需要，適切な投入要素の調達，および技術へのアクセスを保障するために他の企業と長期的関係を築く。それは製品の標準化，技術移転および共同の研究開発といった企業活動を含む。こうした目的のために企業が他企業と長期的な関係を築くか否かに応じて企業間関係のタイプは2つに分類される。

(2) 諸制度の相互補完性

　企業はこれらの諸制度と関係を持ちながら戦略を決定する。したがって企業は戦略決定のさいに自己の利潤を高める諸制度の相互補完性を追求して行く。企業の経済活動の成果は制度によって影響を受けるが，ここで**補完性***という場合，そうした制度的影響力の相互依存性を指す。たとえば，労使関係領域における制度的影響力の効果は，他の領域──たとえば企業統治領域──におけ

表7-5　労使関係と訓練システム

		労使関係	
		安定的	流動的
訓練制度	学校教育による一般的技能形成		(A)流動的な労使関係と学校教育による一般的技能形成
	企業特殊的な技能形成	(B)安定的な労使関係と企業特殊的な技能形成	

る制度の機能，効率性によって高められる。以下，それぞれの制度の相互補完性を説明しよう。

①労使関係と企業統治の相互補完性

表7-4においては，労使関係，企業統治それぞれについて2つのパターンが示されている。2つのセルには両制度間の相互補完的関係の説明が与えられている。

(A) 株主からの経営の相対的自律と安定的な労使関係との補完性……株式の相互持ち合いを進めることで敵対的買収が抑制されると同時に経営の株主からの自律性が相対的に強められる。資金の調達にあたっては銀行からの借入が中心となり，銀行との長期的関係に依存するため評判や銀行による経営のモニタリングに依存することになる。

だが経営は，こうした企業統治のおかげで短期的な収益性に拘束されることなく，労働側に長期的な雇用保障を与えることができる。経営は安定的な労使関係の下で従業員の企業へのコミットメントを確保すると同時に企業特殊的な技能投資を行う。これにより企業は，柔軟な職務編成を利用しながら企業特殊的な技能の向上をはかり長期的な利潤の拡大を追及する。

(B) 株主主導的な企業統治と流動的な労使関係との補完性……資金調達にあたって企業が資本市場に強く依存するところでは株主がより大きな権限を持つ。そのため経営は，敵対的な企業買収に直面すると同時に短期的な収益性に敏感に反応するようになる。言い換えれば，企業は短期的な利潤の最大化を追い求める傾向を強める。

そうした企業の利潤追求行動は，高水準の離職と競争的賃金設定を可能にする労使関係システムとより整合的である。なぜならば，そうした労使関係シス

表7-6 企業統治と企業間関係

		企業間関係	
		協力的	流動的
企業統治	経営の相対的自律	(A)株主からの相対的自律と協力的な企業間関係	
	株主主導		(B)流動的な企業間関係と株主主導的企業統治

テムのおかげで企業は短期的な収益性の変動に対応して雇用水準を容易に引き下げることができる，もしくはより迅速に賃金を抑制することができるからである。

②労使関係と訓練システムの相互補完性

表7-5においては，労使関係，訓練制度それぞれについて2つのパターンが示されている。2つのセルには両制度間の相互補完性が与えられている。

（A）流動的な労使関係と学校教育中心の訓練制度との補完性……労使関係が高水準の労働移動と競争市場による賃金設定に基礎をおいている場合，学校教育を通じて移転可能な一般的技能を育成するシステムがより効率的である。なぜならば，企業特殊的な技能育成のために投資しても，その労働者が他の企業に移ってしまえば，その投資はむだになるからである。

（B）協調的で安定的な労使関係と企業特殊的な技能訓練制度との補完性……賃金が競争市場から分離され，安定的な所得が保障される場合，また長期的な雇用を保障する場合，企業は高水準の企業特殊的な技能を育成する訓練制度を運営する方がより効率的である。制度的に保障される相対的に高い賃金と長期雇用は企業特殊的な技能を身につけた労働者がその企業に長期間勤める可能性を高めるからである。また，従業員に技能訓練を提供しない企業が，たとえ賃金プレミアムを提示したとしても，労働者を引き抜くことができなくなるからである。

③企業統治と企業間関係の相互補完性

表7-6においては，企業統治，企業間関係それぞれについて2つのパターンが示されている。2つのセルには両制度間の相互補完性が与えられている。

（A）株主からの経営の相対的自律と協力的な企業間関係との補完性……企業統治の制度が短期的な収益性もしくは株価最大化を経営に求めない場合，企業

は研究・製品開発もしくは技術移転を目的に他企業と協力関係に入ることがより容易となる。というのも，企業は金融市場からの強い圧力に直面することがないため，他企業との協力関係に確実にコミットすることができるからである。

（B）**流動的な資本市場と流動的な企業間関係との補完性**……反対に，資本市場における株式取得等により，企業買収が容易に行える場合，企業は他企業との長期的な協力に携わるよりもむしろ，他企業の買収や人材の引抜きを通じて研究開発や技術にアクセスすることがより容易となる。

④ **2つの基本的な相互補完性——コーディネートされた市場経済と自由な市場経済**

企業が自己の利潤を高める諸制度の補完性を模索する場合，2つの基本的なタイプが見出される（表7-3参照）。第1に，企業は**関係特殊的な資産**——簡単には他の目的に転用できない資産であり，その収益性もしくは効率性が他者の能動的な協力に強く依存する資産である——に投資することで利潤を追求する。たとえば，企業が企業特殊的な技能形成を実現するためには労働者と長期的な関係を形成し，労働者も企業もそうした特殊な関係にコミットする必要がある。そのためには労働者の雇用が保障される必要があり，経営も短期的な収益性の変動から切り離された企業統治を前提とする。こうした特徴を有する経済は**コーディネートされた市場経済*** と呼ばれる。

第2に，企業は，簡単に他の目的に転用できる資産——すなわち，他の用途に向けられた場合でもその価値が実現される資産——により多く投資することで利潤を追求する。たとえば，流動的な市場の下では経済諸主体は，より高い収益を追い求め，資源を動かす機会の拡大を追求する。そのさい経済主体は**転用可能な資産**——たとえば，一般的技能や多用途の技術——を取得するように奨励される。こうした特徴を有する経済は**自由な市場経済*** と呼ばれる（Hall and Soskice［2001］）。

新古典派経済学理論にしたがえば，ある企業組織・戦略がもっとも効率的であるとすれば，他のあらゆる企業がその組織形態・戦略を模倣するであろうと期待される。だが，企業を制度的補完性から捉えた場合，次のようにいうことができる。たとえある制度環境の下で効率的な企業組織・戦略を模倣したとしても，別の制度環境の下では制度的補完性が失われ，効率性が失われる可能性がある。また，効率的な企業組織・戦略はただ1つではなく，複数の企業組織

の戦略が同程度の効率性を有する可能性もある，と．

■ 読書案内

- P・A・ホール，D・ソスキス編『資本主義の多様性——比較優位の制度的基礎』（遠山弘徳・安孫子誠男・山田鋭夫・宇仁宏幸・藤田菜々子訳）ナカニシヤ出版，2007年。
「資本主義の多様性」アプローチを理解する上での必読文献。比較制度優位，制度補完性，「企業」中心視角といった比較経済分析のための新たな理論的枠組みを提示。同アプローチの実証分析を理解する上でも有益な文献である。
- D・ゴードン『分断されるアメリカ——「ダウンサイジング」の神話』（佐藤良一・芳賀健一訳）シュプリンガー・フェアラーク東京，1998年。
労働と資本の利害対立モデルにもとづき，1970年代～90年代のアメリカ経済の企業組織と労働市場を分析したもの。ラディカル派経済学の実証分析の豊かさを示す好著。
- 宮本光晴『企業と組織の経済学』新世社，1991年。
企業と組織をめぐる諸理論が紹介されており，企業への組織論的なアプローチを知る上で格好のテキスト。また，日本企業の制度的特徴を学ぶさいにも有益。
- B・ローソン『構造変化と資本主義経済の調整』（横川信治・野口真・植村博恭訳）学文社，1994年。
1980年代から90年代にかけて執筆された論文集。コンフリクト理論にもとづくインフレーション論，脱工業化論，および失業と賃金交渉制度の関係等に関する論文が収められている。

■ 本章のまとめ

1. 新古典派経済学においては企業は技術的関係であり，価格受容者として行動する。また完全な企業統治が前提されていた。これに対して本章では企業は「政治的構造としての企業」「市場支配力を持つ企業」および「諸制度と相互補完的な企業」という3つの概念から理解される。
2. 政治的構造としての企業は労働と資本という非対称的な権力関係，および労働パフォーマンスをめぐる両者の利害対立を内包する。両者の利害対立は失職コストを基礎にした解雇の威嚇を通じて抑制される。このため失業者が存在するにもかかわらず，賃金の下方硬直性が発生することになる。
3. 不完全競争市場下で労働組合は労働市場の需給状態に応じて実質賃金を要求する。他方，寡占企業はマークアップによる価格決定を通じて利潤を確保するように実質賃金を設定する。両者の実質賃金をめぐる要求が両立しない場合は，インフレーションもしくはデフレーションが発生する。
4. 企業は労使関係制度や企業統治制度等，複数の制度と相互補完的である。企業は諸制度の相互補完性の中にあって中心的存在であり，利潤を高める相互補完関係を模索しながら，戦略を決定する。

第8章

国 際 体 制

本章の課題
1. 国際体制とは何であり，何のために必要なのか。
2. 貿易利益とは何であり，その限界はどのようなものか。
3. （国際的）覇権とは何であり，国際体制においてどんな機能を果たすか。
4. 貿易体制とは何か。第2次大戦後におけるGATT体制の確立とWTO体制への移行は，世界経済の動向とどのように対応しているか。
5. 通貨体制とは何であり，何のために必要なのか。
6. 第2次大戦後にブレトンウッズ体制が確立したことの意義は何か。その崩壊後に通貨体制の機能はどのように果たされるようになったか。

---

1. 国際的相互依存と国際体制

　今日，各国の経済システムはますます相互依存を強めてきている。経済的な相互依存関係には，貿易フローによる相互依存（実物的相互依存）と，資本フローによる相互依存（貨幣的相互依存）の2種類がある。前者は，輸出入を通じて財・サービスを相互に供給し合う関係であり，後者は，国境を越えて貨幣を貸借あるいは投資し合う関係である。

　こうした**国際的相互依存**の関係は，国家間の政治的対立を発生させる契機になる。いま世界経済が2国（A国とB国）だけからなるものとし，実物的相互依存が存在するときに，どのような仕方で対立が起きるかを考えてみよう（以下の考察では，金利・為替相場・資本移動といった通貨・金融的な影響経路(チャネル)は考えないものとする）。

(1) 調和のケース（景気政策の成功）

　A国とB国の間で**自由貿易**が行われているとする。ここで自由貿易とは，互いに相手国に自国市場を開放し合い，民間レベルで自由な貿易取引（輸出入）が行われている状態のことである。いま両国ともに不況であるとする。このとき，A国政府が財政政策（公共支出または減税）によって景気刺激を試みるとする。うまくいけば，A国経済が景気回復の軌道に乗れるだけでなく，B国経済も恩恵にあずかれるだろう。なぜなら，A国の増加した需要の一定割合は輸入財によってみたされ，B国からの輸出が増えるからである。B国経済が輸出増加の刺激によって総需要（一国全体の需要合計）を増やすことができるならば，今度はA国の対B国輸出も増えるだろう。このケースにおいては，貿易による相互依存関係とは，互いに需要を刺激し合う好ましい影響関係にほかならない。両国ともに経済的厚生（所得，雇用）の改善を享受しているという意味で，ここでは相互依存関係がプラスサム・ゲーム（各参加者の利得を同時に高める相互作用）として現れている。このケースでは，相互の影響関係は**調和的**であり，相互依存関係が国家間の政治的対立の焦点となることはない。

(2) 対立のケース（景気政策の失敗から保護主義へ）

　次に，同じ設定において，A国政府の財政政策が失敗するケースを考える。たとえば，A国の産業が生産の効率性を失いつつあり，A国製品の国際競争力が低下するものとする。このような場合，財政政策によってA国の総需要が増加しても，その増加した需要は（国産財によりもむしろ）圧倒的に多く輸入財に向かってしまう。そのため，A国は景気回復しない。

　総需要が増加するとき輸入増加から貿易赤字（一定期間における一国の輸入支払額が輸出受取額を上回ること）が発生するのは普通であるが，上のケースにおいては貿易赤字の額が著しく大きくなる。また，財政政策の財源は，景気回復後の税収増を当てにした赤字国債の発行によって調達されるのが普通である。ところが，景気が回復しないので，A国の国家財政は赤字続きとなる。結果は，対外赤字と政府赤字の組合わせ，すなわち**双子の赤字**である（有名な例は1980年代初めのフランス）。

　さて，このときA国の財政政策から利益を得るのは，A国自身ではなくB国である。たしかに，B国経済の景気が好転すれば，A国も輸出増加を享受する

ことができよう。しかし，A国製品の国際競争力が低いとき，A国経済に景気回復をもたらすほどの輸出増加を達成することは容易ではないだろう。したがって，このケースにおいては，貿易による相互依存関係は非対称的であり（A国の需要増加はもっぱらB国経済にのみ利益となる），A国政府にとって「好ましくない現実」となる。

そこでA国政府は，財政政策を断念し，輸入障壁を高める政策（**保護主義**政策）によって景気回復をはかろうとする。その方法には，為替相場の操作（日本ならば円安）や数量的な輸入制限（輸入割当）もあるが，ここでは関税引上げを考える。関税は国家財政の収入源の1つだが，財政収入に占める関税の比重が低い先進国などではむしろ，関税は保護主義政策の手段として重要な役割を果たす。いまA国が関税引上げを行うとすると，B国の輸出品は供給コストの増加をこうむり，A国市場における競争力を失う。A国市場におけるB国製品のシェアが低下すれば，その分だけA国製品への需要は増える。こうして，A国の景気回復が促される。このようにA国が保護主義の政策をとるとき，割を食うのはB国の輸出産業である。B国の輸出産業が打撃をこうむることによって，B国国民の享受する経済的厚生が低下すれば，B国政府はA国政府の政策を非難するようになるだろう。こうして，貿易による相互依存関係は，国際的**対立**を発生させる契機になる。両国の間にもともと貿易関係がなければ，このような国際的対立は生じない。このケースにおいては，貿易による両国の相互依存関係は，A国市場のシェアをめぐるゼロサム・ゲーム（一方の利得はそれと同額の他方の損失となる）として人々に意識されるようになる。

(3) 国際体制の必要性

後者のケース（対立ケース）にみられるように，相互依存関係にある世界経済（ここではA国とB国）においては，ある国（A国）が自国民の厚生を高めようとする政策をとるとき，他国（B国）がその調整コストを負うために，往々にして国家間の対立が発生する。各国経済の間の国際競争力格差は絶えず変化するから，前者のケース（調和ケース）のような調和的な状況が常にもたらされるわけではない。

ここで国家間の対立とは，単なる経済的な利害相反（ゼロサム・ゲーム）ではなく，国家間の政治的対立にまで発展した経済的対立のことである。互いに

自らの要求の正統性を訴えているが，要求が折り合わない交渉の状況，これが**政治的対立**である。対立ケースの場合，A国の保護主義的行動に対して，B国政府はその停止をA国政府に申し入れる。このとき，B国側はA国の行動の不当性を訴え，A国側は「国家主権」を引き合いに出してB国政府の要求を退けようとする。交渉には，正統性への訴えだけでなく，威嚇も動員されるだろう。B国政府は，「A国が政策転換しなければ，我が国も対抗的に保護主義的行動をとるつもりである」と宣言することができる。

　この対立が長引いて収拾がつかなくなった状況が，**国際紛争**である。国際紛争は，しばしばエスカレートして，実力行使へと発展する。対立ケースにおいて，B国政府は，威嚇が本気であることを示すために，実際に保護主義的措置をとるかもしれない。ここでA国が政策転換をすれば，紛争は終結に向かうだろう。しかし，A国が対抗的に保護主義をさらに強化して，両国間での報復合戦になってくると，両国がこうむる調整コストは甚大なものとなるだろう。こうして両国間の貿易が衰退してしまえば，貿易による共同利益（後述）は実現されなくなってしまう。世界経済は，**集合行為のジレンマ**（各々が自己利益を追求する結果，共同利益が実現されなくなる）という問題に直面することになる。1930年代の大不況期に発生したのは，まさにこのような問題であった。この時期，先進諸国の間では為替切下げ競争が繰り広げられ，関税障壁による貿易ブロックの形成が進んだ。その結果は，世界貿易の縮小，市場権益をめぐる軍事的対立，そして第2次大戦であった。

　国内における民間主体の間でも，経済的利害の対立は政治的な対立として現れる（第6章参照）。民間主体同士の紛争においては，正統性の明確な基準として法を引き合いに出すことができる。法は，国家が遵守を強制しているので，対立を妥協に導くことが容易である。しかし，国家自身には同様の手段は存在しない。「世界政府」が存在しないからだ。そこで，国家間の対立においては，国家間で取り決めた**ルール**を基準にして妥協をはかるしかない。ルールは対立発生の後に妥協の基準として役立つだけでなく，事前に対立を回避するよう諸国の行動を誘導するはたらきもする。しかし，問題に対応するルールが常に最初から用意されているわけではない。実際には，ルールは事後的にしか，すなわち紛争や集合行為問題が生じ，諸国がその悪影響を経験した後でしか構築されないのが普通である。歴史の中で構築されたこうしたルールの総体，および

ルールを運用していくために設けられた制度の総体が，以下で説明しようとする**国際体制**＊（「国際レジーム」とも呼ばれる）である。

2. 貿易利益の発生とその限界

19世紀の世界経済は，貿易フローと資本フローのいずれにおいても「世界の工場」イギリスが中心だった。貿易面では，イギリスは自ら自由貿易政策を推進しただけでなく，覇権国（第3節参照）の地位を利用して他国にも自由貿易を要求した。その結果，完成品供給国イギリスと未加工品供給諸国との国際分業にもとづく自由貿易体制が確立した。金融面では，ロンドンが国際金融センターになり，金本位通貨ポンドが基軸通貨（第5節参照）として絶大な信認を獲得した。1870年代には，他の諸国も金本位制に移行し，国際金本位制（金平価の公表を通じた諸国通貨間の固定相場制）が成立した。しかし，同じ時期に指導的産業の交替（軽工業から重工業へ）とともに，イギリスは実体経済（生産・貿易）における地位が低下し，また第1次大戦によって対アメリカの債務国になるとともに，金融面の地位も衰退した。第1次大戦後，イギリスは過大評価の新平価で金兌換を再開して金本位制の再構築をはかった（再建金本位制）が，長続きせず1931年に兌換停止に追い込まれた。これ以降，世界経済は為替の不安定と自由貿易の衰退に見舞われるようになる（前節参照）。

第2次大戦後，アメリカによるリーダーシップの下，自由貿易の保障を目的とした国際体制の構築が進められた。アメリカに積極的取組みを促したのは，次の2つの歴史的事情である。第1に，1930年代に保護主義が広まったが，その原因の1つは，第1次大戦後に卓越した経済大国となったアメリカが孤立主義政策をとり，国際体制構築のリーダーシップを発揮しなかったことにあった。その反省からアメリカは積極的に行動するようになった。第2に，1940年代末以降，東西冷戦が顕在化し，西側（資本主義）諸国の共産主義化が恐れられるようになった。西側諸国の国内社会主義勢力を拡大させないためにも，（経済的実績が良好だったソ連に対抗して）西側諸国の経済的安定をはかる必要があった。

成立した国際体制は，貿易体制であるGATT（ガット）体制と，通貨体制であるブレトンウッズ体制であった。2つの国際体制がどのような経済的機能を

果たし,どのような歴史的推移をたどったかは後で明らかにする。その前に,国際体制の成立を促した推進力について説明しておきたい。推進力とは,共同利益とアメリカの覇権である。まず**共同利益**(相互補完的な利害関係)から説明していく。

(1) 貿易利益とは何か

　前節での説明をふまえていえば,ルールは,紛争による相互の調整費用を回避するという共同利益を促進する。しかし,このときの利益の内容は,調整費用の回避という消極的なものにとどまる。第2次大戦後にアメリカを中心とする諸国が追求したのは,貿易の自由化をいっそう進めることだった。これに関連した共同利益とは,新たに貿易を行うことによって発生する相互の利益のことである。これを**貿易利益**と呼ぶことにする。以下では,貿易の利益とはどのようなものか,第3章第2節の数値例に少し追加を加えながら考察する。

　A国とB国からなる世界経済を考え,どちらの国の経済も鉄・小麦・金の3つの産業からなるとする。両国の各産業において,鉄と労働の2種類の流動的要素を投入して生産が行われているとする(固定資本は無視する)。資本投入係数は両国で等しく,鉄で0.5,小麦で0.8,金で0.6とする。利潤率は両国でまた全商品で等しいとする。以上の想定を不変とした上で,労働生産性(労働投入係数の逆数)の組合わせによって,両国の価格構造に関する2つのケースを考える。

① 2国の価格構造が同一のケース

　以下において,金(単位はオンス。1オンスは31.1035g)で測った鉄と小麦それぞれの価格(kg当たり)を p_1, p_2, 利潤率を r, 賃金率を ω で表すことにする。まず,3商品ともに,A国の労働生産性の水準がB国の10倍であるケースを考えよう。B国における労働投入係数を,鉄で0.5,小麦で1.6,金で0.7とするとき,B国における各商品の価格方程式を次のように書くことができる。

$$\text{鉄} \quad 0.5 p_1 (1+r) + 0.5\, \omega = p_1$$
$$\text{小麦} \quad 0.8 p_1 (1+r) + 1.6\, \omega = p_2$$
$$\text{金} \quad 0.6 p_1 (1+r) + 0.7\, \omega = 1$$

表8-1 比較優位の発生

	労働投入係数			利潤率	価格構造 (鉄，小麦)	賃金率
	鉄	小麦	金			
A国	0.025	0.8	0.07	0.5	(0.625, 5.75)	6.25
B国	0.5	1.6	0.7	0.5	(0.8, 1.6)	0.4

労働投入係数をそれぞれ10分の1の0.05，0.16，0.07に置き換えれば，そのままA国における各商品の価格方程式になる（記述は略）。いま，第3章と同じく利潤率（r）は制度的理由等により0.5に固定されているとしよう。すると，p_1，p_2，ωの3変数についての3本の方程式が2組（A国とB国）得られる。それぞれの組の方程式を連立させて解くと，両国ともに鉄価格（p_1）が0.8，小麦価格（p_2）が1.6になる。また賃金率（ω）は，A国で4，B国で0.4になる。

金は自国硬貨（補助通貨）の鋳造に使用されるものとし，ここではもっぱら価格表示の材料として考慮している。注目したいのは，鉄価格と小麦価格の組合わせ（0.8, 1.6）である。これを**価格構造**と呼ぶ。このケースでは，両国の価格構造が同じなので，両国にとって貿易利益は存在しない。両国にとって2商品の価格は内外の市場において無差別であり，国内で販売しても輸出しても売上は変わらないのである。運送費や貿易取引の費用を考慮すれば，輸出はむしろ不利になる。

② **2国の価格構造が異なるケース**

①のケースと同様，どの商品においてもA国の労働生産性の方がB国のそれよりも高いとする。ただし今度のケースでは，A国の生産性優位の程度が商品ごとに異なるものとし，A国の労働生産性は鉄ではB国の20倍，同じく小麦では2倍，金では10倍とする。B国の労働投入係数は①と変わらないものとすれば，A国の労働投入係数は鉄・小麦・金の順に，0.025，0.8，0.07となる。よって，A国における各商品の価格方程式は次のようになる。

鉄　　　$0.5 p_1 (1+r) + 0.025\, \omega = p_1$

小麦　　$0.8 p_1 (1+r) + 0.8\, \omega = p_2$

金　　　$0.6 p_1 (1+r) + 0.07\, \omega = 1$

①と同様に$r = 0.5$として連立方程式を解くと，A国では鉄価格（p_1）が0.625，小麦価格（p_2）が5.75，賃金率（ω）が6.25となる。B国の価格方程式とその解

は①に示したものと同じである（以上，表8-1参照）。

　価格構造（鉄，小麦）は，A国が（0.625, 5.75），B国が（0.8, 1.6）であるから，鉄価格はA国よりB国で高く，小麦価格はB国よりもA国で高い。このとき，両国にとって貿易利益が存在する。A国は鉄を輸出，小麦を輸入し，B国は小麦を輸出，鉄を輸入することにすれば，両国とも，いままで得られなかった利益を得られるからである。この利益を最大限に得るためには，A国は鉄生産に，B国は小麦生産にそれぞれ特化すればよい。

　このように，国により価格構造が異なるとき，貿易を自由化し国際分業を進めれば，共同利益（貿易利益）が得られる。この考え方は，リカードの**比較生産費説**として知られるものである。「比較生産費説」を政策的主張の形で表せば，「各国は比較優位財の生産に特化し，自由貿易を採用すべし」ということになる。ここで「比較優位財」とは，A国の鉄，B国の小麦のことである。では「比較優位」とは何か。まず，A国は鉄と小麦の両商品において**絶対優位**であるという。これは両商品においてA国の労働生産性がB国より高いからである。ところが，このとき国内の商品同士で比べると，A国では鉄の方が（小麦に比べて）優位の度合いが大きいし，B国では小麦の方が（鉄に比べて）劣位の度合いが小さい。これが**比較優位**である。

(2) 貿易利益の限界

　「比較生産費説」は説得的な理論であり，そこで指摘された共同利益（貿易利益）の存在は，各国が貿易自由化を進めるさいの強力な誘因（インセンティブ）となった。しかし貿易利益の存在が，そのまま貿易開始につながるわけではない。貿易が開始されるための条件を2点挙げておこう。

　①技術知識の学習を通じた労働生産性上昇が困難であることが，条件である。もともと「比較生産費説」は，天然資源の賦存における差異が労働生産性の国際的格差を左右するような経済を想定した議論である。ところが，技術的条件が労働生産性の主要要因になってくると，劣位国が優位国の技術を模倣・学習することによって労働生産性格差を埋める可能性が出てくる。労働生産性の格差が急速に縮小する品目に関しては，貿易開始の誘因は低いだろう。

　②生産特化の過程で失業が生じないことが条件である。特化によって縮小する産業から排出された失業者が，拡大する比較優位産業にそのまま吸収される

とはかぎらない。「比較生産費説」は，特化すべき産業は何かを教えてくれるが，それは貿易利益を得られる産業ということであって，自国の雇用を拡大する産業かどうかは定かでない。また，失業者の吸収が最終的に実現するとしても，それまでに時間がかかってしまえば，「当面の雇用維持」という国民の要求が貿易開始を妨げることがある。

最後に，貿易利益の限界について述べておこう。先の数値例において，A国が鉄生産に特化したとすると，最初のうちは貿易開始前のB国内の価格0.8で鉄を販売するかもしれない。しかし，A国の鉄産業は0.625の価格（A国内の価格）で売っても利潤を得られるのだから，B国市場をめぐるA国製鉄企業同士の競争の結果として，B国の鉄価格はA国の鉄価格に収斂するだろう。一般化していえば，貿易の結果として，低いコストで生産している国の価格が両方の国で成立することになる。したがって，両国の貨幣所得が一定であるとしても，各商品の価格が低下する分だけ，両国が享受する厚生水準は上昇することになる。ただし，価格の収斂とともに貿易利益は消滅するのであり，この意味では，貿易開始の効果は1回かぎりのものであるといえる。

3. 覇権と協調

第2次大戦後の国際体制成立の推進力となった第2の要因は，アメリカの**覇権***（ヘゲモニー）である。ここで覇権とは国際的覇権，すなわち「自国の利益に適合的な国際体制のルールを他の諸国に受け入れさせる政治的な支配力」のことである。重要なのは，覇権の行使が，自国の利益になる行動を他国にとらせるにあたって，「我が国の利益のために行動せよ」ではなく，「共同利益を実現するのに必要なルールだから承認せよ」という形の要求としてなされるということである。要求された側が，「貿易紛争の調整コスト」とか「比較生産費説」という理論的な信念（第1・2節参照）を共有していれば，この要求はうまく実現できる。また，覇権国は，官民両レベルでの学術的・実務的なコミュニケーションの機会（意見交換，留学，研修）を設けることによって，理論的な共通理解の程度を高めるように努める。

しかし，共同利益の存在について理論的に理解したからといって，他国が直ちにルールを受け入れるとはかぎらない。後述のようにルールにはさまざまな

レベルがあり,「総論賛成, 各論反対」となるかもしれない。そのようなときに相手国の抵抗を排してルールの承認を迫ることができなければ,「覇権を持つ」とはいえない。「覇権を持つ」とは, 軍事的・政治的・経済的な影響力（権力）を行使して, ルール承認に関する他国の誘因構造を変えることができること, さらにはそのようなやり方で他国にルールを受け入れさせる力を持つことにほかならない。影響力の各源泉（軍事・政治・経済）に対応して, 覇権のはたらきについて説明しておこう。

まず, 覇権の軍事的源泉とは, 支配下の国際政治経済を敵の攻撃から守るのに十分な軍事力を持つことである。「アメリカが安全保障を放棄するかもしれない」という不安は, アメリカのイニシアチブにしたがってルールを受け入れようという同盟諸国の誘因を高める。次に, 覇権の政治的源泉とは, 他国への公的援助・政治的支援（政治資金等）・情報活動が, その国の政権維持にとって不可欠な役割を果たしていることである。「アメリカから自由主義世界の一員として認められなくなるかもしれない」という不安は, ルール受け入れの誘因を高める。

こうした軍事的・政治的要因は, 第2次大戦後の国際体制成立時に大きな役割を果たした。しかし, その後の国際体制の変化を説明するときには, これらの要因はあまり重要性を持たない。一貫してもっとも重要だった覇権の源泉は, 次のような経済的源泉である。①原材料資源（特に石油）の支配, ②国際資本市場を持つこと, ③自国の大きな輸入市場, ④財の生産における競争上の優位（先端的な財・サービスおよびその生産の基礎となる生産物を生産・輸出できる技術力を持つこと）。①〜④の重要な部分がアメリカの支配下にあるとき, これらへの「アクセスが制限されるかもしれない」という不安は, ルール受け入れの誘因を高める。

以上のように, 国際体制のルールが承認されるためには, 共同利益の存在について共通理解を持つことのほかに, 受け入れの誘因を高める覇権のはたらきが必要である。覇権の行使は, 上のような一連の不安を他国に持たせるよう, 交渉の場で相手国に注意を喚起するとか, 実際に各種資源へのアクセスを拒否するという形でなされる。

諸国がルールを尊重して行動するようになると, 紛争の予防や共同利益の実現が促される。このような状態が**協調**（コーディネーション）である。ルール

の確立にあたって覇権の役割が不可欠であるという意味では，これは「覇権的協調」である。覇権と協調の関係をめぐっては，2つの考え方が対立している。1つは，協調（または国際秩序）は安定した覇権の下でのみ可能であるという考え方（Kindleberger [1973]），すなわち**覇権安定論**である。もう1つは，覇権が衰退した後にも，残存するルールの下で安定的な協調を実現しうるとする考え方（Keohane [1984]）である。1970年代以降「アメリカの覇権衰退」が叫ばれるようになってからも，国際秩序が瓦解することなく推移したことから，後者の考え方は影響力を持つようになった（議論が収束しないのは，アメリカの覇権衰退が不完全であるため）。

後者の考え方で重視されるのが，**評判**の役割である。ある分野でルールの受け入れを拒否した国は，他の国々から「同様の悪質な行動を今後もとる国」とみなされるようになる。こうして評判を失った国は，他の分野の国際交渉においても合意達成の可能性を低下させるだろう。このような不利益が予想されるので，「評判を失わないため」という理由はルール受け入れの誘因になる。

協調を実現するために覇権や評判といった要素が不可欠であるのは，政府間の関係においても情報の非対称性や不確実性の問題が発生するからである。政府にとって，他国の行動について他国自身よりもよく知ることは通常不可能であるし，他国が将来とるであろう行動は不確実である。したがって，ルール受け入れを表明している国が，ほんとうにその気があるのかどうか，受け入れても国内事情により受け入れの意思を持続できなくなるのではないか，といった不安は国際交渉につきものである。覇権や評判は，ルール受け入れの確実性を高めることによって，国際体制の安定に関する参加諸国の期待を安定化させる作用を持つ。

4. 国際貿易体制

(1) 貿易体制の機能

残る2つの節では，第2次大戦後に成立した国際体制を，貿易体制（貿易レジーム）と通貨体制（通貨レジーム）の2つに分けて順に説明することにする。本節では貿易体制について述べる。

ここで**貿易体制**とは，貿易自由化を進めるための行動のルールである。1947

表 8-2　GATT から WTO へ

1944 年	ブレトンウッズ協定（IMF, IBRD の設立取決め）。
1947 年	国際貿易機関（ITO）憲章（ハバナ憲章）採択。
	「GATT の暫定的適用に関する議定書」署名。
1948 年	GATT の暫定的発効。
1947～61 年	第 1～5 回の多角的交渉（「関税交渉」と呼ばれる）。
1964～67 年	第 6 回多角的交渉（ケネディ・ラウンド，「貿易交渉」の開始）。
1973～79 年	第 7 回多角的交渉（東京ラウンド）。
1986～93 年	第 8 回多角的交渉（ウルグアイ・ラウンド）。
1994 年	マラケシュ協定。
1995 年	WTO の設立。
2001 年	ドーハ開発アジェンダ（新ラウンド）の開始。
	中国の WTO 加盟。
2002 年	台湾の WTO 加盟。
2008 年	WTO 閣僚会合で新ラウンドの交渉決裂。

年に成立した GATT（関税と貿易に関する一般協定 General Agreement on Tariffs and Trade）がこれにあたるので，貿易体制は **GATT 体制**と呼ばれる（表 8-2 参照）。GATT は，財（物品）に関する各国の輸入障壁（関税障壁と，数量制限による非関税障壁）を低下または撤廃させることをめざして，交渉を組織するルールである。当初は，完全雇用や途上国開発のための協力といった広範な目的を推進する ITO（国際貿易機関）の構想があったが，結局，貿易政策にかかわる部分だけが GATT として実現された。GATT は事務局を設置していたが，それは条約にもとづく正式な国際機関ではなく，集権的な意思決定・執行を行う権限はなかった。

　先に国際体制を「ルールと制度の総体」と定義したが，その場合の「制度」とは集権的機関のことである。この意味では GATT 体制は，「制度なき」不完全な国際体制であったといえる。しかし，社会経済学においては，以下 2 つの条件をみたすときルールそれ自体も**制度**とみなされ，重要な考察対象とされる（社会慣習についても同じ議論が成り立つ）。1 つは，ルールが調整機能を果たすことである。国際体制についていえば，ルールが諸政府によって共有される結果として，諸政府の間で協調（コーディネーション）が安定的に維持される。もう 1 つは，ルールが安定的に共有されることである。国際体制についていえば，①諸政府のルール承認・順守と，②協調に関する諸政府の相互期待の安定性とは，相互に強め合ってルール共有の持続をもたらす。GATT のルールはこのような条件をみた

していたから，GATT 体制は（機関としての制度がともなっていなくとも）制度と呼ぶに値する。

(2) ルールの重層的構造

注意しておきたいのは，国際体制のルールが，いわゆる「規則」すなわち「行動の制約を明示する言明」にとどまらない内容を持つということだ。本章で「ルール」と呼んできたものは，そういう狭義のルールも含むが，実はより広く，①原則，②規範，③(狭義の)ルール，④意思決定手続き，の全体を包括している (Keohane [1984], Aglietta [1991])。①の原則（あるいは価値）は，国際体制を通じた参加諸国が共同的に追求する目的，すなわち「国際関係はこうあるべきだ」という状態を定義する。②の規範は，原則にてらして正統的な（または非正統的な）行動とは何かを指示し，調和的行動の指針として一般的に権利・義務を定義する。③の(狭義の)ルールは，規範よりも詳細に権利・義務を定義するものであり，参加者の行動に対する明示的な指令・禁止を含む。最後に，④の意思決定手続きは，交渉の開始，協議，ルール変更などの手続きを定める。

GATT 体制においては，上の①～④は以下のような内容に対応している。①の原則は，GATT の精神すなわち互恵（関税や貿易規則について相互に譲歩を行い，交渉を利益あるものにすること），自由化（開放的な国際経済取引の実現），無差別（国による差別をしないこと；最恵国待遇と内国民待遇）にあたる。②の規範とは，参加国が無差別・互恵的に行動し，いっそうの自由化に向けて行動することである。③のルールは，GATT ルール（輸入割当の禁止等）および多角的貿易交渉の結果（譲許関税率や特恵関税等）を守る義務，違反国を提訴する権利と提訴に応じる義務，等である。④の意思決定手続きは，一括関税引下げ方式，ゼロゼロ・オプション（賛同国が産業ごとに関税を撤廃する；ウルグアイ・ラウンド以降の方式）等である。

このように，国際体制のルールは重層的な内容を持つ（後述の WTO 体制についても同じことがいえる）。重要なのは，③の(狭義の)ルールを決めるに先立ち，①の原則と②の規範についての関係国による合意が必要だということである。原則や規範についての合意は，歴史的文脈（30 年代の反省，第 2 次大戦後の冷戦等）の中で初めて可能になる。実際，各国政府は，GATT の取決めに体

現されている原則（互恵・自由化・無差別）を理解していた。また各国政府は，覇権と評判の圧力の下で他の諸国もこの精神を尊重するであろうこと，したがって貿易相手国が保護主義に走る危険が低いことを確信できた。したがって，（狭義の）ルールに関する国際交渉で決裂したときでも，原則や規範についての合意は無効にならなかった。第2次大戦後，GATT体制はこのような柔軟性を発揮しながら，自由貿易の断絶に関する不確実性を低下させ，そのことを通じて世界貿易の成長に寄与したのである。世界全体のGDPは1948年の3兆9350億ドルから2000年の28兆1150億ドルへ年平均3.9％の伸びだったのに対し，同じ時期世界貿易は3040億ドルから6兆6270億ドルへ年平均6.1％の伸びを示した。

(3) フォーディズムとGATT体制

　GATT体制の下で取り組まれた活動には，大きく多角的貿易交渉と貿易紛争処理の2つがある（詳しくは，高瀬［2003］参照）。前者の多角的貿易交渉は，多分野における交渉をまとめていっせいに行う「ラウンド」という方式で行われてきた。交渉ラウンド開始のイニシアチブをとってきたのはアメリカであり，アメリカの大統領が議会から貿易交渉権限を与えられた期間にかぎってラウンドが開催されてきた。45年にわたり計8回のラウンドが開催され，特に，次に挙げる第6〜8回のラウンドは参加国が多く交渉期間も長くなった――ケネディ・ラウンド（1964〜67年，62ヵ国とEECが参加），東京ラウンド（1973〜79年，102ヵ国とECが参加），ウルグアイ・ラウンド（1986〜94年，123ヵ国とECが参加）。これらの交渉ラウンドの結果，各国の関税・非関税の輸入障壁は大きく低下し，貿易ルールの整備も進んだ。GATTの権限が及ぶのは財（物品）の貿易にかぎられるが，そのうち鉱工業製品（加工品）の交渉においては大きな成果があった。鉱工業製品に関しては，平均40〜50％あった関税（譲許関税率。交渉の結果引き下げられた関税率）が4〜5％にまで引き下げられた。これに対して，農産物についてはウルグアイ・ラウンドでようやく取組みが開始されたが，その後は顕著な進展がない。

　GATTのもう1つの活動は貿易紛争の処理である。交渉ラウンドの合意事項（輸入制限の撤廃，貿易ルール）は拘束力を持ち，これに違反する国は関係国から提訴される可能性がある。GATT体制の45年間で，貿易紛争解決のため

に約300の協議が要請され、その半数で裁定のための小委員会（パネル）が設置された。

GATT体制の成果が鉱工業製品を中心とするものであった背景には、当時の世界経済をめぐる先進国の利害関係があった。この点を説明しておこう（詳しくは、Lipietz [1995]）。

①垂直的国際分業の時期（60年代まで）

第2次大戦後の冷戦状況の中、アメリカは西側先進国（西欧、日本）の経済的安定を確立しようとした。先進国の経済発展は、アメリカからのフォーディズム（自動車・家電など耐久消費財部門を中心とする大量生産・大量消費の蓄積体制。第13章参照）の波及プロセスだった。したがって、経済的安定の確保とは、**フォーディズム***の好循環を確立させることにほかならなかった。製品の販路を輸出市場に、原材料調達を海外からの供給に求めるフォーディズムは、次のような**国際分業***による補完を必要とする。すなわち、先進国は工業製品を輸出し、開発途上国は1次産品（農産物・鉱産物）を輸出するという「部門間」分業である。

このいわゆる**垂直的分業**においては、第2節で説明した比較優位の原理が有効であった。工業生産性の絶対的格差が大きかったので、先進国は工業に、途上国は第1次産業にそれぞれ特化することが利益であった。フォーディズムのモデルを途上国に移転できれば、比較優位の構造も変わるが、それは困難なことだった。第1に、フォーディズムの導入は、社会階層間の対立を調整しうるような各国独自の制度諸形態（団体交渉、寡占形成、中央銀行、福祉国家等）が確立していく社会的プロセスである。こうした制度変化は早急には実現しがたい。第2に、この時期の先端産業である加工組立型部門では規模の経済が作用する（生産規模の拡大が収益性の上昇につながる）ので、先に大きな市場を確保している先進国は有利であり、途上国は不利であった。

先進国と途上国とで比較優位が異なるとすれば、自由貿易を行い特化を進めることが利益になるはずである。しかし、GATTの下で輸入制限が低下したのは鉱工業製品（工業製品＋鉱産物）のみであり、農産物の貿易自由化は進まなかった。これは、先進国が自国農業を保護する政策をとったためである。フォーディズムの好循環を確立することは先進諸国に共通の課題であったが、そのさいに国内で社会各層の利害関係をどのように調整するかは、その国の歴史的

事情によってまちまちであった。GATT体制においてはこのような多様性は容認されたのであり，したがって「農業分野で貿易を自由化するかどうか」の問題も各国の裁定に委ねられた。そしてどの先進国でも，農業所得が総需要の重要な構成要素であり，また農業生産者が政権支持の基盤であるという理由から，程度の差はあれ農業部門は保護の対象となった。

以上のように，垂直的国際分業の下で鉱工業製品の貿易自由化が進み，農産物の自由化が進まなかった理由として，「先進国の**フォーディズム***導入にとってそれが有利だった」ことが挙げられる。また，以下の理由で途上国側の交渉力が弱かったことは，先進国側の利害貫徹を容易にした。すなわち，①後発的な工業化の困難（上記参照），②投資財・耐久消費財を先進国からの輸入に依存していた，③軍事・政治・経済各領域でのアメリカの覇権，④工業製品に比べて1次産品の市場支配力が弱いこと，等である。④の理由は，需要の所得弾力性が一般に1次産品においてよりも工業製品において大きいことである。つまり，輸入国の総所得が増大するとき，工業製品の需要は大きく増えるが，1次産品の需要はそれほど増えない。よって，1次産品の市場は競争的なものになり，貿易政策に関する輸出国の交渉力は低くなりがちである。

②新国際分業の時期（70年代以降）

1970年代に入ると，途上国の中からNIES（新興工業経済地域　Newly Industrializing Economies）と呼ばれる国々が工業化の軌道に乗り，これにともない新たな国際分業の構図が現れた。フォーディズム耐久消費財の生産システムにおける課業は大きく，a)生産の構想・組織化とエンジニアリング，b)熟練を要する製造工程，c)熟練を要さない実行と組立て作業，に分けられる。この3つのレベルが地理的に分離されて，国際的分業を形成するようになったのである。この「部門内」分業は**新国際分業**（または第2の国際分業）と呼ばれる。

新国際分業が形成された背景には，先進国におけるフォーディズムの危機（生産性上昇率の低下，耐久消費財市場の飽和）があった。先進国の企業は，収益性低下を克服するために，途上国現地の市場に販路を求めただけでなく，途上国へと生産を分散していった。低賃金で豊富な現地労働力を利用することによって，生産費用の引下げをはかろうとしたのである。ただし，低賃金地域であればどこでもよかったわけではなく，先進国に近接しており輸送費用が低

い国，さらに低費用な労働編成と高品質を確保しうるような人的・社会的条件がある国でなければならなかった。こうした条件をみたしていたのが NIES だった。まずは，熟練を要さない c) レベルの仕事から移転は進み，次に，熟練を要する b) レベルの仕事も移転していった。

このように，新国際分業の形成は，**フォーディズム***の国際的展開が意図されていた。たとえば，自動車産業でいうと，部品生産が途上国に移転され，逆輸入された部品を使って先進国で完成品の組立てが行われるようになった。このとき垂直的国際分業は消滅したわけではないが，新国際分業が現れるとともに，垂直的国際分業は変容をこうむった。先進国だけでなく NIES も工業製品輸出国に加わり，NIES 以外の途上国が 1 次産品輸出に特化することになったからだ。しかし，このかぎりでは GATT 体制に期待された役割には大きな変化はなかった。アメリカを中心とする先進国の意図は，国際的展開によってフォーディズムを立て直そうとすることにあったからである。このような意図に対応した貿易政策は，工業製品の貿易自由化であり，農業保護の継続であった。

(4) フォーディズムの終焉と WTO 体制

1995 年，GATT を継承して WTO（世界貿易機関 World Trade Organization）が設立された。GATT は WTO 設立協定の付属協定の 1 つとして組み込まれ，「サービス貿易に関する一般協定（GATS ; General Agreement on Trade in Services)」「知的所有権協定の貿易関連の側面に関する協定（TRIPS ; Agreement on Trade-Related Aspects of Intellectual Property Rights）」とともに WTO の 3 大基本協定をなしている。このことからわかるように，WTO の権限は財の貿易にだけでなく，非物理的なもの（サービス，知的所有権）の国際取引にも及んでいる。WTO の事務局は正式な国際機関であるが，集権的機構ではない点で GATT 事務局と変わりない。以上のような，拡大した分野で貿易自由化を推進するルール主体の国際体制を，**WTO 体制**と呼ぶ。

WTO には，現在 153 ヵ国（2008 年 11 月現在）が加盟しており，すでに 2000 年から「ドーハ開発課題」と呼ばれる**新ラウンド**が始まっている。新ラウンドの焦点は農業分野にあるとされるが，農産物の輸入自由化に向け積極的な行動を要求するケアンズ・グループ（オーストラリアをリーダー国とする農産物輸出国 18 ヵ国）およびアメリカと，農業の「多面的機能」を主張し自国農業の

保護をはかる EU・日本などその他諸国との間で根深い対立が見られる。新ラウンドではすでに何度も決裂しており，現在 2010 年の妥結がめざされている。紛争解決手続きの面では，要求があるときは自動的にパネルが設置される，など GATT 体制よりも強化された。1995 年から 2007 年までに 363 件の協議が要請され，うち 136 件でパネルが設置された。

　WTO 体制の成果については，今後の交渉の行方から判断するほかない。以下では，世界経済の変化にてらして，GATT 体制から WTO 体制への移行が持つ意味をまとめておく。

　①前項でみたように，GATT は鉱工業製品の貿易自由化に関して大きな成果をあげた。GATT 体制は，まず（アメリカ以外の）先進国におけるフォーディズムの確立を，次に新国際分業の展開を補完した。鉱工業製品の分野は，なお課題が残るものの，WTO における重要課題ではなくなった。

　②1980 年代以降の先進国において，政府が景気政策に消極的になった（第 6 章参照）ことが示唆するように，「一国経済の内部で経済の好循環を確立する」ことをめざすフォーディズムの企ては後退した。一方で，この時期，先進国の多国籍企業（製造，サービス）による対外直接投資が増加し，先進国政府は本国政府として多国籍企業の利害を重視した対外政策をとるようになった。このため，WTO 閣僚会議などの場において，貿易の自由だけでなく「投資の自由」や「多国籍企業の活動の自由」（現地部品調達義務，技術知識供与義務等の撤廃）のためのルールづくりが提案されるようになった。

　③1990 年代に入り冷戦が終結するとともに，アメリカは他先進国（EU，日本）の経済的安定に対する配慮を後退させた。また，1980 年代に製造業における国際競争力の低下を経験したアメリカ経済は，サービス産業や知識集約型産業（ソフトウェア，バイオ等）に成長の基盤を求めた。この方向で 1990 年代にアメリカが長期好況を実現すると，他の諸国もこれに追随するようになった。WTO において農業・サービス・知的所有権へと交渉分野が拡大されたのには，以上のような背景があった。

　④WTO の加盟国は多数かつ多様であるので，ルールの決定には時間がかかる（WTO は全会一致原則をとる）。そのため，より有効な貿易政策調整の場を求めて，密接な貿易関係諸国との間で経済統合（関税同盟，自由貿易地域）を形成する動きが強まった（経済統合については，阿部・石戸 [2008] 第 4 章を参照）。

EU（欧州連合），メルコスール，NAFTA（北米自由貿易地域），AFTA（アセアン自由貿易地域）などがそれである。経済統合はWTO付属協定の規定に則って形成されるが，経済統合が経済ブロック化につながる側面もありWTOは警戒を強めている。その他に，1990年代以降，2国間のRTA（地域貿易協定）——日本ではEPA（経済連携協定）と呼ばれる——を締結する動きが盛んであり，2008年5月現在でその数は223に上っている。

⑤鉱工業製品以外の分野でも貿易自由化を進めようとする試みに対しては，**公共財**（無料で誰にもアクセスできる財・サービス）の供給を阻害する危険性が指摘されている（詳しくは，George [2001]）。たとえば，自国農業の衰退が国土保全を損なう危険，公共サービスの民営化や民間参入により従来と等価のサービスが社会に提供されない危険，従来無料で利用できた知識が利用できなくなる危険，等である。今日，貿易体制の主体である各国政府は，国際交渉にさいして，こうしたマイナス要因による政治的損失を考慮に入れなくてはならなくなっている。

⑥途上国や体制転換国にとってWTO加盟は，貿易面では一定の不利益となる（国内産業保護の撤廃や貿易ルールの順守を迫られるので）一方，海外資金調達や対内直接投資を容易にするという利益がある。ただし，WTO加盟の条件は法治国家であることだから，独裁的政治体制を敷き「民主化」が遅れている国は加盟が困難である。そうした中，中国が加盟の不利益よりも利益の方を重視して，2001年にWTO加盟に成功したことのインパクトは大きい。先進国からの直接投資を呼び込み，また輸出が増加した中国経済はいわゆるWTO加盟景気を享受した。その後，世界経済の中で中国経済の安定感は大いに高まった。

5. 国際通貨体制

(1) 外貨・外国為替市場

この節では，通貨体制がなぜ必要なのかを説明し，その後，第2次大戦後にブレトンウッズ体制が成立・崩壊したことの意味を明らかにする。まずは予備知識として，外貨とは何か，外国為替市場とは何か，簡単に説明しておこう。

自由貿易が成り立つには，国民通貨同士の自由な交換が保障される必要がある。なぜなら，輸出代金として受け取った外貨（外国通貨）を邦貨（自国通貨）

と交換したり，また輸入代金を支払うために邦貨を外貨と交換したりということが自由に行えなければ，貿易活動には支障が出てくるからである。

　ここで外貨とは**外国為替**のことである。たとえば，日本の貿易業者が輸出代金を外貨であるドルで受け取るとき，この「ドル」はドル紙幣（現金通貨）のことでなく，外国為替ドル（またはドル為替），すなわちアメリカの銀行からドル（預金または現金）の支払を受けることのできる請求権のことである。この請求権としてのドル（ドル為替）は，日本国内での商品購入や投資には使えないが，アメリカからの輸入やアメリカへの投資には使うことができる。そこで，貿易業者が輸出で稼いだドルを円に替えたい場合，輸入にドルを必要とする他の貿易業者にこのドルを売ればよい。このようなドル（ドル為替）と円の交換が可能であれば，貿易当事者の間でドル紙幣を輸送したりドル預金での振替支払を行ったりせずに，貿易を行うことができる。

　外国為替の仕組みは，12世紀にイタリアのジェノアで創発したといわれる。この仕組みを利用すると，経済システムには以下のような利益がある（外国為替の仕組みについては，木下［1991］参照）。①現金（金本位制の時代には金）を輸送することなく遠隔地間での支払ができるので，取引費用が低下する。②銀行がこの仕組みを利用して，貿易金融（為替手形の割引，外貨貸付）を行うようになり，貿易活動が促進される。

　貿易が発展していくと，邦貨と外貨の交換だけでなく，外貨同士の交換も大量かつ日常的に行う必要が出てくる。このようなニーズに応え，通貨交換の効率化を促すのが，相場（為替相場すなわち通貨間の交換比率）を公表し手数料をとって取引を仲介する専門の業者の存在である。このような仲介業者には，顧客から注文を受けて取引を代行するブローカーと，自らもポジション（外貨の在庫）をとって顧客の注文に応じるディーラーがいる。仲介業者によって通貨の需給の出会いが組織的につけられるようになると，取引のネットワークが形成される。これが**外国為替市場***（以下「為替市場」と呼ぶ）である。

(2) 通貨体制の必要性

　為替市場で自由に交換できる通貨は「**交換性***を持つ」といわれる。自由貿易が実現されるための条件は，各国の通貨が交換性を持つことである。為替市場で取引対象となり相場が立つ通貨は，一応「交換性がある」といってよい。

為替市場では日々相場は変動するが，相場にこだわらなければいつでも通貨は交換できるからだ。では，実際に貿易業者の立場に立ったとき，仲介業者に自由に通貨交換の注文を出せれば，それで交換性が保障されたことになるのだろうか。この点を考えてみよう。

為替相場は日々変動するから，貿易業者が輸出で外貨を得たとき，それをどのタイミングで邦貨に交換するかで，損得が生じてくる。このとき貿易業者は**投機***の機会を得る。投機とは，価格（ここでは為替相場）の変動から利益（キャピタル・ゲイン）を得ることを目的とした取引のことである。貿易業者は投機が本業ではないけれども，通貨交換を早めたり遅らせたりすること（**リーズ・アンド・ラグズ**）によって，少なくとも損失を出さないようにはしたいし，できれば利益をあげたいと考えるだろう。

リーズ・アンド・ラグズを行う貿易業者が外貨を入手した時点で，当初の予想よりも邦貨高・外貨安の相場になっていたとしよう。このとき，①引き続き同じ相場傾向が続くと予想されれば，貿易業者は早目に交換を行って損失を最低限にとどめようとするだろうし，②これ以降に相場傾向の逆転が予想されれば，貿易業者は交換を先延ばしして損失回避に努めるだろう。ところが，①の場合にあって相場が短期的に大きく変動（乱高下）してしまうならば，貿易業者は外貨を手放すタイミングを逸し，そのまま外貨を保有し続ける羽目になるかもしれない。つまり，外貨を手放したときの損失があまりに大きいために，相場傾向の逆転が予想されないにもかかわらず，外貨を保有し続けざるをえないかもしれない。その場合，貿易業者にとっては，外貨の交換性は存在しないも同然である。

このように，通貨が実質的に交換性を持つといえるには，為替市場で取引されるだけでなく，通貨の保有者が事業を継続できる仕方で交換できるのでなければならない。為替相場が不安定な通貨には，実質的な交換性がないことになる。貿易業者が特定通貨に「囚われる」ことを恐れて**為替リスク**（為替相場の変動によって外貨保有者がこうむる損失のリスク）をとれなくなれば，貿易は停滞する。そこで，為替市場の安定をもたらすための**通貨体制**が必要となる。なお，通貨体制の役割としては，①通貨の交換性保障のほかに，②国際流動性の供給，③国際収支の調整が挙げられるが，本章では①を中心に考察するものとし，②③については必要に応じてふれるにとどまる。

(3) ブレトンウッズ体制の機能

　第2次大戦後の通貨体制は，まさに通貨の交換性を保障するための行動のルールと，その運用のための制度（機関）からなるものだった。このうちルールとは，ブレトンウッズ協定（第2次大戦末期の1944年，連合国44ヵ国が戦後の国際体制の枠組みについて合意した）によって定められた固定為替相場（以下「固定相場」と呼ぶ）の取決めであり，制度とは同協定にもとづいて設立されたIMF（国際通貨基金 International Monetary Fund）であった。よってこの通貨体制は**ブレトンウッズ体制***と呼ばれる。

　通貨の交換性を保障するためにブレトンウッズ体制で採用された方法は，為替相場を厳格に管理し，固定した水準に維持するというものだった。まず，各国通貨の平価（IMF平価）を「金」または「金との交換を保証されたドル」によって表示し，各国政府は自国通貨の相場変動をこの平価の上下1％以内に抑えるよう為替市場に介入せねばならない，ということがルールとして承認された。実際には，ドル以外の通貨はいずれも金ではなくドルで平価を表示し（たとえば円の平価：1ドル＝360円），ドルだけが1オンスの金＝35ドル（1944年7月1日時点の金のドル価格）と金平価で表示された。これら平価は，発行国の経済が「基礎的不均衡」（定義は不明確だった）にあるときにかぎり，IMFへの通告によって変更可能だった。このことにより，ブレトンウッズの固定相場は「調整可能な固定相場（アジャスタブル・ペッグ）」と呼ばれた。

　次に，為替市場への介入（以下，「**市場介入**」と呼ぶ）義務とは，通貨当局（政府または中央銀行）が為替市場で通貨を売買することによって，通貨の需給関係に影響を与え，自国通貨の相場を上下1％以内という狭い変動幅に誘導することである。ブレトンウッズ体制においては，各国が市場介入を実施できるよう，以下のような制度的枠組みが用意された。①市場介入に必要な外貨準備が不足したとき，通貨当局に借入を可能にする取決め（各種のIMF引出権や相互借入協定）。②アメリカ政府は，他国の公的機関が保有するドルに関して，1オンスの金＝35ドルの比率で金との交換に応じることを公約した。各国の**介入通貨**（介入に使用する外貨）はほとんどがドルであったが，邦貨高のときに通貨当局が邦貨売り・外貨買い介入でドル準備を増やすことは，そのまま民間主体から為替リスクを引き継ぐことになる。通貨当局は資産の価値に配慮せねばならないので，ドル準備を増やすにあたり，ドルの平価が切り下げられ

ない保証を得る必要があった。③ブレトンウッズ協定によって，自由なのは経常取引（貿易，所得移転）目的の通貨交換だけとされ，資本取引目的の為替取引は規制された。これにより，為替投機を目的とする資本移動が制限されたので，市場介入の有効性が確保された。経常取引の枠内でのリーズ・アンド・ラグズは行われたが，最初のうちその規模は小さかった（後に規模が大きくなったことは，ブレトンウッズ体制の崩壊を促した）。

　以上のように，ブレトンウッズ体制とは，固定相場制を通じて為替市場の不確実性・不安定性を回避し，それによって通貨交換性を保障しようとする制度だった。この制度の下，貿易業者や輸出企業は，通貨当局の市場介入能力に信頼を寄せ，したがって通貨の交換性について安定的な期待を形成することができた。また，資本取引のための為替取引が制限されたので，各国間の金利差による裁定利益を得る目的での国際資本移動（通貨建ての転換をともなう資本移動）は制限された。したがって，各国において景気調節のための金融政策は有効であった（**金融政策*の自律性**）。ただし，だからといって景気拡張を目的とする金融緩和政策で無制限に行えるわけではなかった。景気が拡張すると，貿易収支が悪化するので，貿易支払を外貨で行う国（特に，アメリカ以外の国）の場合，為替相場は邦貨安になる。通貨当局の外貨準備が豊富であれば市場介入による対処が可能だが，それには限界がある。早晩，邦貨安傾向を止めるべく，金融政策は引締めの方向に転換せざるをえない（**国際収支の天井**）。なお，自国の平価を邦貨安に変更する方法（平価切下げ）も可能だが，これは「政策の失敗」とみなされ政権の基盤を危うくする。そこで各国政府は，平価維持のためには自国の金融政策に制約が加わることを当然のこととして受け入れていた。

(4) ポスト・ブレトンウッズの通貨体制

　1971年にアメリカがドルの金交換を停止し，1973年までに先進各国が最終的に固定相場の取決めを放棄したことにより，ブレトンウッズ体制は崩壊した。これ以降，IMF加盟国は，**為替体制***（固定相場か変動相場か）を自由に選択できるようになった。多くの途上国は固定相場制をとり，先進国通貨（ドル，フラン等）やSDR（IMF特別引出権；通貨バスケットで価値が定義される）に自国通貨を釘付けしたが，主要先進国の通貨は変動相場にしたがうようにな

った。ただし、ポスト・ブレトンウッズ（ブレトンウッズ体制崩壊後）の固定相場は、1979年からユーロ導入の1999年まで続いた地域取決めであるEMS（欧州通貨同盟）を除いては、各国の政策公約を表明したものにすぎず、国際的な取決めではなかった。

IMFは存続しているが、固定相場維持のための市場介入をバックアップする機関としての役割は果たさなくなった。1982年にメキシコの債務不履行（デフォルト）通告に始まり多数の途上国で**債務危機**問題が表面化して以降、むしろIMFは、外貨準備の枯渇や国際収支危機に陥った国に対して、一種の「最後の貸し手」機能を果たすようになった。国際金融においては国内の中央銀行にあたる「世界中央銀行」が存在しないので、IMF、国際銀行団、債権国政府・中央銀行の3者が連携して「最後の貸し手」機能を担わざるをえない。IMFは貸出にさいして融資条件（IMFコンディショナリティ）を借入国に課す権限を持つので、これを行使することによって、危機解決に向けた借入国の政策意思を明確にさせることができる。これにより、債務返済繰延べ（リスケジューリング）や貸付更新（ロールオーバー）にさいして国際銀行団が、また資金拠出にさいして政府・中央銀行が直面する不確実性は低下する。今日のIMFは、このように、国際金融危機解決のための調整機能を果たしている。

(5) 変動相場制の下での通貨交換性

ポスト・ブレトンウッズの時代になって、為替市場の不安定性を抑えて通貨の実質的交換性を保障するという通貨体制の機能はどのように果たされるようになったのか。変動相場制をとる先進国通貨を念頭において、この問題を考えてみよう。以下では、為替市場において銀行がディーラーとして仲介業を担うものとし、貿易業者・銀行・通貨当局の関係を考察の対象とする。

①ヘッジ取引

まず、この3者間の関係から為替体制の特徴を捉えておこう。ブレトンウッズの固定相場制においては、平価変更またはシステムからの脱退がなされないかぎり、民間主体（貿易業者、銀行）は為替リスクに直面しない。為替リスクは通貨当局（政府または中央銀行）に転嫁されるからだ。これに対して、変動相場制では、通貨当局は特定の相場を維持するための市場介入を行わないので、民間主体は私的な方法によって為替リスクに対処しなければならない。すなわ

ち，貿易業者は為替先渡し（フォワード。数ヵ月先の為替取引を予約しておくこと）その他の取引によって，銀行は外貨持高（ポジション）の調整（通貨交換を行って諸通貨の保有割合を調整すること）によって為替リスクに対処しなければならない。変動相場制の下では，こうした**ヘッジ取引**（為替リスクに対する一種の保険として機能する取引）が可能でなければ，民間主体にとって通貨交換性は存在しないも同然である。

　ヘッジ取引が円滑に行われるための条件は，銀行をはじめとする市場参加者が為替相場の先行きについて明確な予想を形成できることである。銀行は自らの予想を基準にして，為替予約の相場（先物相場）を出したり，為替持高調整を行ったりする。しかし，予想形成が可能であるためには，為替相場が，合理的解釈に耐えるだけの規則性を持って変動するのでなければならない。そのような為替相場の変動は，どのようなときに可能であろうか。

②中長期的為替相場の決定要因

　為替相場は日々動いているが，中長期的には，すなわち数ヵ月または数年の大きな動きでみると一定の傾向が読み取られる。予想が重要となるのは，この中長期の相場動向についてである。通貨投機の波が起きて相場が乱高下することがあるが，通貨投機の波が発生するのは，中長期的な相場動向について市場参加者の予想が収斂していないからである。また，各国が個々に行う金融政策によって金利格差が新たに発生するとき，金利裁定の為替取引によって相場が大きく動くが，これは一時的・短期的な現象にとどまる。やはり重要なのは，中長期の相場動向である。中長期の相場動向は，a) 物価の動向，b) 経常収支の動向，c) 民間主体の準備通貨選択によって決まる。

　a) の物価によって相場が決まるというのは，**購買力平価説**の考え方である。購買力とは通貨の購買力（発行国の物価の逆数）のことであり，購買力平価とは購買力の比率として通貨間の相対価値を表したものである。たとえば，貿易業者が外貨受取による輸出を行うかどうか意思決定するとき，外貨の相場が購買力平価にてらして過小評価であれば，輸出品調達の費用（邦貨建）を回収できないので，輸出を取りやめるだろう。その結果，為替市場への外貨の供給は減り，外貨の相場は購買力平価に近づくだろう。

　b) の経常収支による影響については，経常収支黒字のケースで考えてみる。変動相場制の下では，黒字で稼いだ外貨は，資本輸出に使用される（経常黒字

と資本赤字の組合わせ）。資本輸出が不十分であるときには，中央銀行が市場介入によってそれを補完するかもしれない。これは，為替市場で外貨が供給超過となり為替相場が外貨安・邦貨高に動くとき，その変動を嫌う中央銀行が市場介入によって外貨を吸い上げるからである。いずれにせよ，経常黒字によって対外債権が増えれば，年々の元利受取という外貨流入源が増えることになる。経常黒字の蓄積により純債権国（対外債権が対外債務を上回っている国）になった国は，安定した外貨の純流入フロー装置を得たも同然である。

　c) の**準備通貨**とは，国際的な価値貯蔵機能を果たす通貨のことである（貨幣の機能については，第5章第1節参照）。貿易業者が取引現金・予備現金として保有する外貨，銀行が為替取引のための取引現金として保有する外貨は準備通貨である。これら民間主体（貿易業者，銀行）はどの通貨を準備通貨として保有するか，あるいはどのような組合わせ（構成割合）で諸通貨を保有するかの選択を行わなければならない。そのときの基準は各通貨の資産保全性，すなわち価値貯蔵機能に関する各通貨の効率性である。資産保全性の内容は，安定性（市場参加者の相場予想の平均水準が安定している），予見可能性（市場参加者の相場予想のバラツキが小さい），可処分性（将来にわたって取引規制が敷かれないことが予想される）からなる（Herr［1992］）。各通貨の**資産保全性**に関する民間主体の評価が変化するとき，準備通貨需要の構成にシフトが起き，相場の変動が引き起こされる。

　以上3つの要因は相互に関連しているが，ポスト・ブレトンウッズの時代になって中長期の相場動向を特に予想し難くしてきたのは，c) の要因である。なぜ c) が不確実性を高める要因になるのか。その理由を知るには，通貨の資産保全性が何によって規定されるかを考えてみればよい。

③ 主要通貨の資産保全性動向

　通貨の資産保全性は，経済的源泉と覇権的源泉によって規定される。まず，経済的源泉とは，上の a) b) に挙げた物価安定および経常収支均衡（さらには黒字）が通貨の発行国において将来実現されると予想されることである。この予想には不確実性が付きまとう。なぜなら，政策面の予想が不確実なものにならざるをえないからだ。たとえば，物価上昇や経常収支不均衡が起きたとき，その国の政府がどれほど厳格に対処するか，といったことは，必ずしもその国の過去の政策実績だけからは判断できない。次に，覇権的源泉は，第2次大戦

(円／ドル)

図8-1　円ドル為替相場の推移（月次データ）
(出所) 日本銀行

後にドルが享受してきた資産保全性の源泉である。アメリカが覇権国として軍事関連の対外支出や経済援助をドルで行ったこと，またアメリカが大きな輸入市場と国際資本市場を持っていたことによって，ドルは国際取引の取引手段として圧倒的なシェアを得るようになった。それにともないドル対価の為替取引（ドル関連取引）も多くなるので，規模の経済によりドル関連取引の手数料が低下し，準備通貨としてドルを保有することの金銭的利益が増した。また為替市場において「出会い」をつけやすい通貨となったので，ドル保有の利便性が増した。こうして，資産保全性の覇権的源泉を持つドルは，他の準備通貨よりも一段と高い資産保全性（取引費用の低下，利便性の増大）を獲得した。つまりドルは**基軸通貨***の地位についた（詳しくは，根本［2003］参照）。

　基軸通貨ドルは，準備通貨機能において圧倒的なシェアを占める通貨であったから，ドルの相対的資産保全性に関する予想の不確実性が大きくなれば，民間主体の準備通貨選択における安定は損なわれる。実際，ポスト・ブレトンウッズの時代に入ると，この方向での変化がみられるようになった。第1に，アメリカの覇権が後退した。西欧・日本の経済的キャッチ・アップにより，ドルの資産保全性の覇権的源泉は絶大なものとはいえなくなった。第2に，アメリカが国内景気優先の政策をとったことにより，ドルの資産保全性の経済的源泉は侵食された。準備通貨国が国内景気を刺激する政策をとった場合，物価上昇と経常収支赤字化によって，自国通貨の準備通貨機能への信認が喪失する恐れ

が出てくる。実際，アメリカは1970年代には物価上昇によって，1980年代には経常赤字の慢性化によって，しばしば管理不可能なドル安に直面した（図8-1）。1990年代後半には，アメリカの株高・債券高や途上国のドル・ペッグにより「強いドル」となったが，2000年代に入ってからはそうした条件が消滅しドル安傾向にある。これは，世界最大の純債務国アメリカがなおも経常赤字を持続させているためである。非基軸通貨国の日本やドイツが基軸通貨国アメリカに対して相対的低金利であるという国際間の歪んだ金利体系の下で，アメリカは資本流入（たとえば，円キャリー取引）による経常赤字ファイナンスを確保してきた。しかし2007年にサブプライム問題が広がり始めて以降は，経常赤字を支える資本流入が減少し，しばしばドル安局面が生じている。ドル暴落の危険からアメリカの経常赤字が持続不可能になるという問題（サステナビリティ問題）への対処が，今やアメリカ政府にとって喫緊の問題となっている。

第3に，ドルと競争できるだけの高い資産保全性を持った通貨が現れた。1980年代に入ってからドイツと日本が大幅な経常黒字を持続するようになり，円とマルクの資産保全性が高まった。特に，一貫して引締め基調の金融政策運営を行ってきたブンデスバンクが発行するマルクは，準備通貨機能において高い評価を得るようになった。実際，民間主体のドルへの不信は，ドルからマルクへの準備資産シフトという形で表明されてきた。1999年以降は，ユーロがこうしたマルクの地位を引き継ぎ，複数基軸通貨体制の時代に入ったといわれている。ただし，ユーロもマルクと同様，ブレトンウッズ時代のドルに匹敵するだけの卓越した資産保全性を持つわけではない。ユーロが準備通貨として安定的な需要を享受するには，引き続き経済的源泉による資産保全性構築に努めねばならないのである。

以上のように，ドルを含めて主要準備通貨の資産保全性は，発行国の政策選択に大きく左右される。ドルは卓越した覇権的源泉を持たなくなったし，ユーロや円はもともと経済的源泉に依拠して準備通貨機能を果たすようになった通貨である。ところが，発行国に対して，自国通貨の資産保全性に配慮した政策運営を強いる国際ルールは存在してこなかった。特に，基軸通貨国アメリカに国内優先の政策を自制させるルールは存在してこなかった。このような状況は，準備通貨国（準備通貨の発行国）の政策選択についての予想を不確実なものにし，したがって民間主体の準備通貨選択が大きく変化することにつながる。逆

に，もしもルールが存在すれば，民間主体の準備通貨選択はいまよりも安定するだろう。その影響は準備通貨だけでなくその他の通貨にも及び，各通貨の中長期の相場動向はより安定的になるだろう。そうすればまた，日々の相場変動の中でのヘッジ取引は円滑に行われるようになり，各通貨の実質的交換性が確保されるようになる。よって，ポスト・ブレトンウッズの通貨体制とは，民間主体の準備通貨選択を安定させるよう準備通貨諸国の政策に制約を与えるルールを含まなければならない。しかし，一時的に政策協調が実現されたこと（1985年のプラザ合意，1987年のルーブル合意）はあっても，それが地域を超えたレベルでルール化ないし制度化されるには至っていない。もっとも各国の通貨当局が変動相場制について認識を深めてきたのも事実であり，通貨体制が不在でありながらも，これまでのところは，その場しのぎの協力によって通貨交換性の確保がはかられてきている。

■ 読書案内

- R・ギルピン『グローバル資本主義――危機か繁栄か』（古城佳子訳）東洋経済新報社，2001年。
  世界経済の安定には政治（特に政治的リーダーシップ）の役割が重要とする国際政治経済学の立場から，今日の世界経済が抱える諸問題を分析し，将来展望を行う。
- H・ヘル『国際通貨の政治経済学――貨幣・通貨間競争・通貨システム』（坂口明義訳）多賀出版，1996年。
  貨幣経済論の基礎から始まり現行の国際通貨システムまで，国際通貨体制の原理をケインズ派の立場からわかりやすく解説する。
- 田中素香・岩田健治編『現代国際金融』有斐閣，2008年。
  基軸通貨ドルの衰退，金融グローバル化，ユーロ登場など，国際金融の基底的な構造変化を解明。現代国際金融の諸論点を正確に知ることができる。

■ 本章のまとめ

1. 国家間で経済的利害の対立が紛争へと発展すると，貿易による共同利益が実現されなくなる。紛争を回避するために，ルールと制度の総体としての国際体制が必要となる。
2. 財の価格構造が異なる国の間では，比較優位の財に生産特化して自由貿易を行うことが互いに利益となる。この共同利益が「貿易利益」である。ただし，貿易開始後には，財の価格が低コスト生産国の価格へと収斂するので，貿易利益の発生は一時的なものにとどまる。
3. 自国の利益にかなったルールを他国に受け入れさせる政治的支配力を「覇権」という。覇権は「評判」とともに，各国にルールに沿った協調的行動をとるよう促し，国際体制安定の確実性を高める。覇権の強さは，軍事力・政治力・経

済力によって決まる。
4. 貿易体制とは、貿易自由化を進めるための行動のルールである。GATT体制は、フォーディズムの確立期とその再編期における国際分業（部門間分業から部門内分業へ）を補完し、工業製品の貿易自由化に寄与した。WTO体制になり、取組みの焦点は工業分野から農業・サービス・知的所有権・投資などの分野へ移行した。その背景には、一国単位で相対的に完結した経済循環を確立しようとする企てが後退した事実がある。
5. 通貨体制とは、為替市場の安定をもたらすための行動ルールと制度の総体であり、通貨の交換性を実質的に保障するはたらきを持つ。
6. ブレトンウッズ体制は、固定相場制を通じて安定的な交換性期待の形成を可能にし、資本移動制限を通じて金融政策の自律性を保障した。同体制崩壊後の変動相場制の下では、主要通貨の間の相対的な資産保全性が変化することにより、民間主体の準備通貨構成のシフトから為替市場の不安定性が発生しやすい。現在求められているのは、準備通貨諸国の政策選択を制約するルールを含んだ通貨体制である。

第Ⅲ部　現代資本主義の動態

第 9 章　所得と雇用の決定
第10章　インフレーションとデフレーション
第11章　景気循環
第12章　投機とバブル
第13章　資本主義の構造変化

国民所得や雇用の水準によって示される一国経済全体の活動水準はどのようにして決まるのだろうか。インフレーションとデフレーション，失業，景気循環等，資本主義経済が絶えず直面している深刻な問題はどのようにして生じるのだろうか。第Ⅲ部では，このような資本主義経済の動態にかかわる諸問題を，その基底にある社会的・政治的構造にまで遡って探究する。まず第9章では，所得と雇用の決定の仕組みについて解説するとともに，完全雇用を実現するためにはどのような政策が必要とされるのかについて考える。第10章は，社会経済学の諸潮流における代表的なインフレーションの理論を取り上げて，物価水準の変動の原因，およびその実体経済への影響について考察する。第11章では，景気循環の特徴と類型について説明した後に，社会経済学における主要な景気循環の諸理論を紹介する。現代資本主義経済の不安定性について考えるさいには，地価や株価等，資産価格の変動が実体経済活動に及ぼす影響を無視することができない。そこで第12章は，資産市場の均衡がどのようにして成立するのかを明らかにした後に，投機的バブルの形成と崩壊の過程について理論的に分析する。さらに資本主義経済は，長期的な成長と危機の交替を通じて構造変化を繰り返す。第13章では，レギュラシオン理論にもとづいて資本主義経済の長期的動態の解明を試みる。特に，フォーディズムと呼ばれる戦後資本主義の成長体制の生成・確立から，その解体を経て，1970年代以降の先進資本主義経済における国民的軌道の多様化に至る過程に焦点があてられる。

第9章
所得と雇用の決定

本章の課題
1. ケインズの提唱した「有効需要の原理」では，所得と雇用の決定はどのように説明されるのか。また，ケインズの考え方と新古典派の考え方との違いは何か。
2. 総需要を構成する主要な項目である消費と投資はどのようにして決まるのか。
3. ケインズの理論では，どのようにして国民所得が決定されるのか。また不完全雇用均衡とは何か。
4. 投資の変化はいかなる仕組みによって所得の変化を引き起こすのだろうか。
5. 完全雇用を実現するために政府はどのような経済政策をとることができるのか。また，それらの政策を通じて完全雇用に至る道にはどのような障害が横たわっているのだろうか。

1. ケインズ経済学の登場

　一国の経済活動水準を表す国民所得（GDP）の規模はどのようにして決まるのか。また雇用量はどのように決定されるのだろうか。所得と雇用の決定についても，新古典派経済学と社会経済学との間には大きな見解の相違が存在する。新古典派経済学では，仮に市場において不均衡が発生したとしても，賃金や価格が伸縮的に変化することによって経済体系はふたたび均衡に向かうと考える。すなわち，資本主義経済は，それ自らのはたらきに委ねておけば完全雇用を達成するような機構を備えた本来的に安定的なシステムであるとみなされているのである。これに対して社会経済学のアプローチにもとづく経済学者たちは，たとえ賃金や価格が伸縮的であったとしても完全雇用が実現するとはかぎらないと主張する。国民所得と雇用は有効需要の水準によって決定されるのであり，有効需要が完全雇用をもたらす水準に常に一致するとはかぎらない。す

なわち，失業は有効需要の不足によって発生するというのが彼らの見方である。

所得と雇用が需要によって決定されるという**有効需要の原理**★は，イギリスの経済学者ジョン・メイナード・ケインズ（J. M. Keynes）によって明快な形で定式化された。ケインズは，完全雇用を仮定している伝統的な新古典派経済学では1930年代の大不況のさいに生じた大量失業を説明することはできないと考え，資本主義経済における非自発的失業の発生を説明することのできる新しい経済学の構築へと向かった。そして，1936年に公刊した著書『雇用・利子および貨幣の一般理論』において自らの理論的枠組みを提示した。

今日では，ケインズの「有効需要の原理」は，ポスト・ケインズ派はもとより，マルクス派にいたるまで，社会経済学の理論的基礎として広く受容されている。そこで，この章では，有効需要の原理にもとづきながら国民所得と雇用の決定の仕組みについてみていくことにする。さらに，完全雇用を実現するために政府はどのような政策をとることができるのかについても考えてみよう。

2. 有効需要の原理

ケインズの考え方の特徴を理解するためには，彼が批判の対象とした新古典派経済学の主張がどのようなものであるのかを，まず初めに知っておく必要がある。新古典派のマクロ経済学は，「供給がそれ自らの需要をつくり出す」という**セイ法則**★にもとづいている。それによれば，経済全体についてみるならば，常に総供給が総需要に等しくなるので，すべての生産物が同時に過剰になる状態（一般的過剰生産）は起こりえないとされる。その論理は，以下のようなものである。

まず生産活動が行われる場合には，必ず生産物の価値に等しい所得が生み出される。なぜならば，企業が生産物を生産するときには，地代・賃金・利潤という形で各生産要素に対する支払が行われるからである。それらの所得は消費か貯蓄のいずれかにあてられるが，貯蓄はすべて投資に用いられるので，結局，所得はすべて生産物を購入するために使われることになる。その結果，総供給と総需要の均衡が実現する。もちろん，この場合にも各部門においては需給の不一致が生じることがありうるけれども，部分的な過剰生産は，競争による資

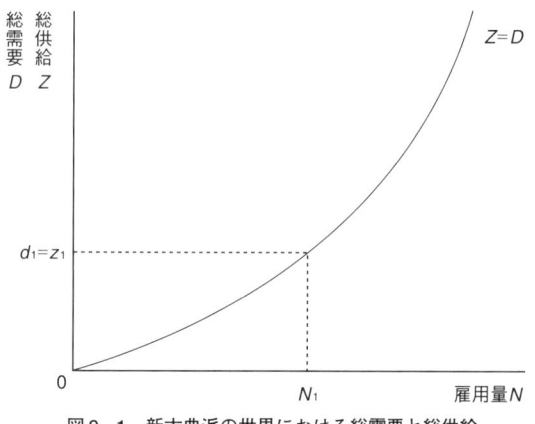

図9-1 新古典派の世界における総需要と総供給

本の移動によって解決されるであろう。

　ここで横軸に雇用量 N をとり，縦軸にその雇用量によって生産される生産額，すなわち総供給 Z をとるならば，雇用の増加とともに生産額が増加するので，「総供給曲線」は図9-1にみられるような右上がりの曲線となる。セイ法則が述べていることは，総需要 D は総供給 Z に常に等しくなるということであるから，総雇用と総需要との関係を示す「総需要曲線」は総供給曲線とちょうど重なり合うことになる。たとえば雇用量が N_1 であるとすれば，このとき総供給 z_1 は総需要 d_1 と等しくなり，企業家の期待がみたされるので，彼らは生産を拡大するだろう。生産を拡大するために雇用量を増加させたとしても，やはり総供給とちょうど同じ額の総需要が生み出されるので，経済は需給一致の状態で完全雇用に至るまで拡大を続けていくことになる。セイ法則の世界においては，完全雇用の実現を妨げる障害は何ら存在しないのである。

　これに対してケインズは，総需要と総供給とが必ずしも一致するとはかぎらないと主張する。彼によれば，貯蓄は淀みなく投資へと流れていくのではなく，その一部分は貨幣という形で保蔵される。したがって，その分だけ支払いの流れからの漏れが生じて，総需要は総供給を下回ることになる。この場合には，企業家は生産活動を縮小するので，雇用水準もまた低下することになるだろう。こうして，失業をともなう均衡が実現する。すなわち，貨幣という価値保蔵手段として機能する資産が存在することが資本主義経済における失業の根本的な

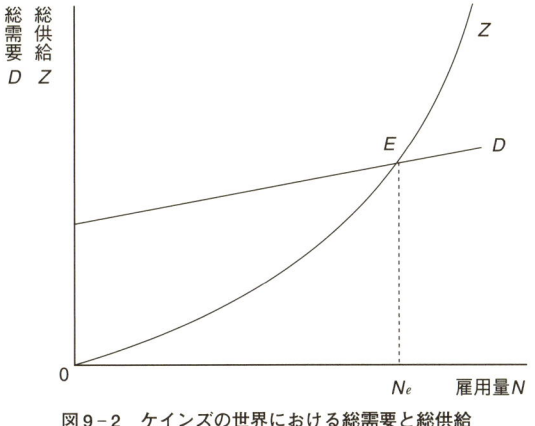

図9-2 ケインズの世界における総需要と総供給

原因であるというのが，ケインズの見方である。生産可能財に対する需要の増加が雇用の増加をもたらすのに対して，貨幣に対する需要が増加するならば，かえって雇用は減少することになる。なぜならば，信用貨幣経済においては，貨幣供給を増加させるために追加的な労働力が必要とはされないからである。

総需要曲線が図9-2のように描かれるとすれば，雇用量は総供給曲線と総需要曲線の交点Eにおいて決定される。このとき均衡雇用水準はNeとなる。これら2つの曲線の交点における総需要の値を**有効需要**（effective demand）という。図から明らかなように，総需要曲線のシフトは有効需要の大きさを変化させ，雇用量の変化を引き起こす。総需要が総産出量と総雇用量を決定するというのが，**有効需要の原理***の基本的な考え方である。このようにしてケインズは，「供給がそれ自らの需要をつくり出す」という新古典派の主張を覆した。以下では，総需要によって国民所得が決定される仕組みについてさらに詳しくみていくことにしよう。

3．消費と投資

(1) 消費関数

議論を単純にするために政府部門と外国部門を捨象すると，総需要は，消費と投資という2つの項目から構成される。これらのうち，まず初めに消費がど

のようにして決まるのかについてみることにしよう。民間消費は，日本経済において総需要の約60％を占める主要な需要項目である。

ケインズは，消費Cは主に現在所得Yによって決定されると考えた。消費と所得との関係を示す関数を**消費関数**という。ケインズは，人々は所得の増加につれて消費を増加させるが，消費の増加は所得の増加ほど大きくはないという法則が存在することを指摘する。ケインズは，これを「近代社会の基本的心理法則」と呼んだ。したがって，所得1単位の増加ΔYに対する消費の増加ΔCは1よりも小さくなる。所得の変化に対する消費の変化の比率$\frac{\Delta C}{\Delta Y}$を**限界消費性向**という。たとえば，所得が1万円増加したときに消費が8000円だけ増加するならば，限界消費性向は0.8となる。さらに，所得水準にかかわらず固定的な消費が存在する。この部分を**基礎消費**という。以上より，ケインズ型の消費関数は次のように表される。

$$C = A + cY, \quad 0 < c < 1 \tag{9-1}$$

ここでCは消費，Aは基礎消費，cは限界消費性向，Yは国民所得を表す。この消費関数は図9-3のようになる。限界消費性向は1よりも小さいので，消費関数は45°線よりも緩やかな傾きの直線となる。これより，所得がゼロのときには消費は基礎消費に等しく，所得が増加するにつれて消費も増加することがわかる。

それでは，所得に対する消費の割合はどのように変化するのだろうか。この比率$\frac{C}{Y}$は**平均消費性向**と呼ばれて，次の式で表される。

$$\frac{C}{Y} = \frac{A + cY}{Y} = \frac{A}{Y} + c \tag{9-2}$$

この式から明らかなように，平均消費性向は所得の増加とともに低下する。このことは図9-3からも理解することができる。平均消費性向は，原点と消費関数の上の点を結ぶ直線の傾きによって示される。その傾きは所得の増加とともに緩やかとなる。このように，限界消費性向が定数であるのに対して，平均消費性向は所得の増加とともに低下するという性格を持っている。このことは，所得の増加とともに，所得と消費の差額が拡大するということを意味している。

社会が豊かになればなるほど，現実の生産量と潜在的な生産量との差はます

図9-3 消費関数

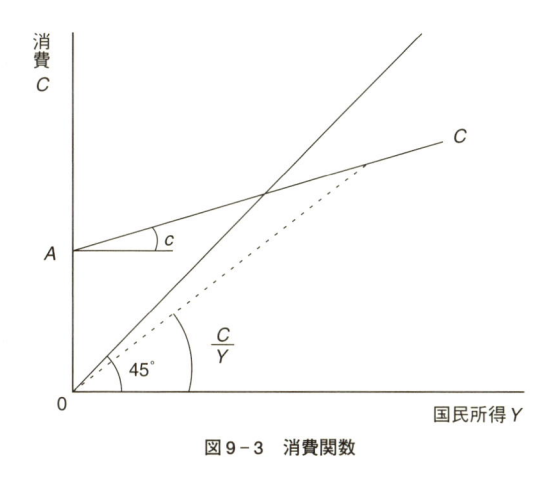

ます拡大していく傾向があり，資本主義経済に内在する矛盾はますます明白かつ深刻なものとなる，とケインズはいう。所得と消費の差額が拡大するならば，その差額を補うに足るだけの十分な投資がなければその時点での所得水準を維持することはできない。しかもいっそう悪いことに，資本蓄積の進んだ豊かな社会においては，魅力的な投資機会はますます乏しくなっている，とケインズは考えていた。投資が不足するならば，所得水準が低下して，非自発的失業が増加することになるだろう。豊かな社会における失業は，投資の不足によって生じるのである。このような逆説的な現象を，ケインズは**豊富の中の貧困**と呼んだ。先進資本主義経済における完全雇用の達成は，大きな投資誘因を維持することができるか否かにかかっているのである。

(2) 投資決定の理論

消費と並んで有効需要を構成する主要な項目が投資である。前節でみたように，消費は所得によって決定される。また消費関数はかなり安定的な関数であり，そのため消費支出もほぼ安定的に推移している。このことは，経済システムに安定性をもたらす1つの要因となっている。これに対して投資は，日本経済においてGDPの20％程度を占めるにすぎないが，消費に比べるときわめて変動しやすい性格を持っている。そして，これからみていくように，投資の変動こそが，産出量と雇用量の変動を生み出す始動的な要因なのである。

ケインズは，投資の決定要因として，**資本の限界効率***および**利子率**の2つを挙げている。資本の限界効率とは，投資の予想利潤率のことである。企業は，投資によって得られると予想する利潤率と，投資にともなう資本コストとを比較しながら，投資を行うか否かを判断する。資本の限界効率は，以下のようにして求めることができる。

いま，n 年の耐用期間を持つ資本資産の予想収益の系列が $Q_1, Q_2, \cdots\cdots, Q_n$ であるとすれば，それを新たに1単位だけ生産するための費用である**資本資産の供給価格** P_I と予想収益とのあいだには，次のような関係が成立する。

$$P_I = \frac{Q_1}{(1+m)} + \frac{Q_2}{(1+m)^2} + \cdots\cdots + \frac{Q_n}{(1+m)^n} \qquad (9-3)$$

資本資産の現在価値は，毎期の予想収益の系列 $Q_1, Q_2, \cdots\cdots, Q_n$ を現在時点からみて評価した値である。たとえば，この資本資産が仮に毎期100万円の収益をもたらすとしても，現在の100万円と1年後の100万円，n 年後の100万円とではそれぞれ価値が異なるので，その資産の価値を評価するためには，将来の予想収益を現在の価値に直してやる必要がある。このとき，予想収益の系列の割引現在価値を資本資産の供給価格に一致させるような割引率 m が資本の限界効率として定義される。(9-3)式から明らかなように，資本資産の供給価格 P_I が低下すればするほど，また予想収益 $Q_1, Q_2, \cdots\cdots, Q_n$ が高まれば高まるほど，資本の限界効率 m の値は大きくなる。それゆえ，資本の限界効率を予想利潤率として解釈することができるのである。

資本の限界効率は，投資の増加とともに低下すると考えられる。その理由は，1つには，特定類型の資本の供給が増加するにつれて予想収益 $Q_1, Q_2, \cdots\cdots, Q_n$ が低下するからである。すなわち，その資本設備が生産する生産物の価格は企業間競争の激化によって低下するので，投資の予想収益もまた低下するであろう。いま1つには，その類型の資本設備の生産が増加すると，収穫逓減法則の作用によって限界費用が増加するために，その資本資産の供給価格 P_I が上昇するからである。これら2つの要因のうち，長期になればなるほど第1の要因が重要となるであろう。

これに対して，利子率 i は投資の水準にかかわらず一定であるとみなされている（利子率の決定については，第5章を参照）。したがって図9-4にみられるように，資本の限界効率 m と利子率 i が一致する点で投資量が決定されることに

図9-4 投資の決定（ケインズ）

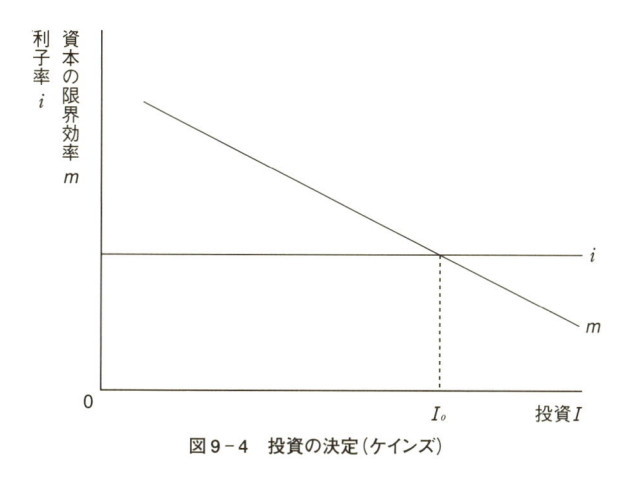

なる。m が i を上回るかぎり企業は資金の借入を増やして投資を拡大することが有利であり，反対に m が i を下回るときには投資を行うと損失をこうむることになるので，企業は投資を行わないからである。ここで利子率が不変の場合，将来収益についての企業家の期待が楽観的となれば，資本の限界効率曲線が右にシフトして投資は増加することになる。反対に彼らの期待が悲観的となれば，資本の限界効率曲線が左にシフトして投資は減少することになる。また，資本の限界効率曲線が不変であるときには，利子率が上昇（低下）すると，投資は減少（増加）。すなわち投資 I は，資本の限界効率曲線のシフトを引き起こす要因である企業家の予想収益 E の増加関数（⊕）であり，利子率 i の減少関数（⊖）であるから，**投資関数**★は次のように表される。

$$I = I(\underset{\oplus\ominus}{E, i}) \tag{9-4}$$

ケインズは，予想収益と利子率という 2 つの投資の決定要因の中でも，予想収益が根本的な重要性を持っていると主張する。投資物件の将来における収益を規定する要因についての我々の知識の基礎はまったく当てにならないというのが，現実世界における顕著な事実である。このような**根本的不確実性**をともなう資本主義経済においては，投資の予想収益に関する期待はきわめて移ろいやすいものでしかない。このため，資本の限界効率曲線はしばしば激しい変動にさらされる。投資の決定においては，企業家の抱く長期期待の状態が決定的に重要な役割を演じるのである。楽観的な期待に導かれて，積極的な活動に乗

図9-5 投資の決定(カレツキ)

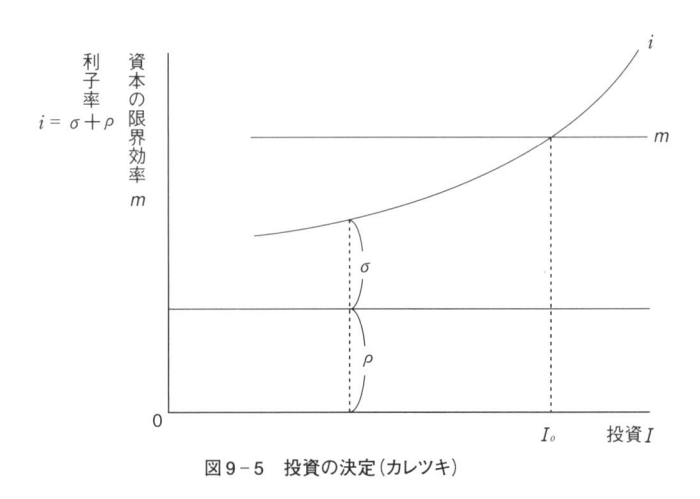

り出そうとする企業家の自生的な衝動のことを，ケインズは**アニマル・スピリッツ**という言葉で表現している。

(3) 危険逓増の原理

ここまでみてきたように，ケインズは，企業が一定の利子率で望むだけの資金を借り入れることができるという仮定にもとづいて投資の決定を説明した。すなわち，金融市場は完全競争的であるとされていたのである。しかしながら，現代資本主義経済においては，商品市場と同様に，金融市場も一般に不完全競争的であると考えられる。このことを鋭く指摘したのは，ケインズに先行して**有効需要の理論***を発見したことで知られているポーランド生まれの経済学者ミハウ・カレツキ（M. Kalecki）である。

カレツキが提唱した**危険逓増の原理***によれば，企業家の保有する自己資本に比べて投資が増加すればするほど，投資が失敗したときの企業者所得の減少は大きくなる。投資の増加につれて「借り手のリスク」とともに「貸し手のリスク」が逓増するので，貸し手は，限界リスク率 σ の増大とともに貸出利子率を引き上げるであろう。すなわち，借入額の増加とともに企業家にとっての資金調達コストは増大するのである。この場合には，図9-5のように資本の限界効率 m が投資とともに逓減しないときにも投資水準の決定を説明することができる。すなわち投資は，資本の限界効率 m が利子率 i（投資量にかかわら

ず一定の部分 ρ と限界リスク率 σ の和）に等しくなる点において決定される。

このようなカレツキの見方によれば，投資は企業家の所有する自己資本によって制約を受けることになる。自己資本は，それ自体が投資資金として使用されるだけでなく，外部資金を誘引するための源泉としての役割をも持っている。そのために，企業家の所有する自己資本が大きくなればなるほど，実行することのできる投資の額もまた大きくなるのである。自己資本の増加は，図9-5において i 曲線の右方シフトによって示されるので，このときには投資量が増加することがわかる。したがって，ケインズが投資決定に影響を及ぼす金融的要因として利子率を重視したのに対して，カレツキの見解によれば，利子率よりも**信用の利用可能性**が重要であるということになる。このような見解は，スティグリッツ（J. E. Stiglitz）をはじめとする現代のニュー・ケインジアンの「信用割当の理論」においても主張されている。

4. 国民所得の決定

本章の枠組みにおいては政府部門と外国部門を捨象しているので，国民所得は消費と投資から構成される。すでに述べたように，このうち消費は所得によって決定されるので，結局，国民所得と雇用量はもう1つの需要項目である投資によって決定されるということになる。ここでは，国民所得の決定について図9-6にもとづいて説明しよう。

まず横軸に国民所得 Y をとり，縦軸に総需要 D と総供給 Z をとる。企業の生産活動によって生産物が生産されるときには必ずそれに等しい所得が生み出されるので，総供給曲線は原点から出発する45°線によって示される。消費関数は45°線よりも緩やかな傾きの右上がりの直線として描かれる。総需要は消費 C に投資 I を加えたものであるから，消費関数に投資を上乗せすることによって総需要曲線を得ることができる。総需要曲線は消費関数を I だけ上に平行移動したものであるから，その傾きは消費関数に等しい。このようにして得られた総需要曲線と総供給曲線との交点において総需要と総供給が等しくなるので，マクロ経済的均衡は点 E によって定義される。このとき，**均衡国民所得**は Y^* である。OY^* と EY^* は同じ長さであるから，ここで総需要と総供給はともに国民所得に等しくなっていることがわかる。また図より，均衡においては投

図9-6 国民所得の決定

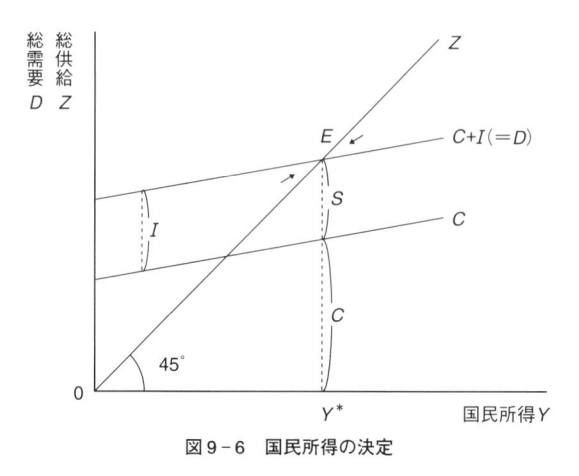

資Iと貯蓄Sが等しくなることもわかる。もし投資が増加するならば，総需要曲線の上方シフトを通じて国民所得が増加し，その結果，投資の増加に等しい貯蓄の増加がもたらされることになる。

次に，点Eが安定的な均衡点であるかどうかについて考えてみよう。もし現実の所得が均衡国民所得Y^*を下回る場合には，総需要が総供給を上回り，商品市場においては超過需要が存在する。したがって，このとき企業にとっては生産を拡大しようとする誘因がはたらくので，国民所得は増加し，経済は点Eに向かって動くであろう。反対に，国民所得がY^*よりも大きい場合には商品市場に超過供給が存在するので，生産物の一部は売れ残り，企業にとって意図せざる在庫の増加が生じるであろう。この場合には企業は生産を削減しようとするから，国民所得は減少して，経済は点Eに引き戻されることになるであろう。こうして，点Eは安定的な均衡点であることが理解される。

ここで問題となるのは，上のようにして決定された均衡国民所得が完全雇用国民所得に等しくなるとはかぎらないということである。たとえば，ある時点での均衡国民所得の水準は完全雇用をもたらすような国民所得の水準よりも小さいかもしれない。このときには商品市場においては均衡が実現している一方で，労働市場においては失業が生じている。このような失業をともなう均衡，すなわち**不完全雇用均衡***が発生する可能性を理論的に明らかにしたところにケインズの大きな貢献がある。

さて，これまでの議論をふまえた上で，貯蓄・投資・所得の間の関係についてあらためて考えてみよう。総需要 D は消費 C と投資 I から構成されるので，

$$D = C + I \tag{9-5}$$

となる。また総供給 Z は国民所得 Y に等しく，さらに国民所得は消費 C か貯蓄 S のいずれかにあてられることから，次の式が成立する。

$$Z = C + S \tag{9-6}$$

したがって，総需要と総供給が等しいマクロ経済的均衡の下では，

$$C + I = C + S \tag{9-7}$$

となるので，両辺から C を引くと，

$$I = S \tag{9-8}$$

という関係が導かれる。先に述べたように，このような投資と貯蓄の均等は国民所得の変化を通じてもたらされる。自立的な投資の変化が国民所得の変化をもたらし，それに次いで投資の変化に等しい貯蓄の変化が生じる。このように，投資の変化こそが経済変動を生み出す起動力となるのである。それでは，投資の変化はどのような過程を通じて所得の変化をもたらすのだろうか。またそのさい，どれだけの所得の変化を引き起こすのだろうか。この問いに答えることが次の課題となる。

5. 乗　数

上の(9-5)式と(9-6)式から，総供給と総需要が等しいというマクロ経済的均衡の下では，$Y = C + I$ であることがわかる。この式に消費関数(9-1)式を代入すると，次の式を得ることができる。

$$Y = A + cY + I \tag{9-9}$$

これを Y について解くならば，

$$Y^* = \frac{1}{1-c}(A+I) \tag{9-10}$$

となる。(9-10)式が均衡国民所得の決定式となる。みられるように，均衡国民所得は，基礎消費 A と投資 I の和に $\frac{1}{1-c}$ を掛けた値に等しくなる。基礎消費と投資はともに国民所得とは独立に決定される支出部分であることから**独立支出**と呼ばれている。また $\frac{1}{1-c}$ は**乗数**★（multiplier）と呼ばれている。0＜ c ＜1 であるから，乗数は1よりも大きい。限界貯蓄性向 s は $s=1-c$ と定義されているので，乗数は $\frac{1}{s}$ と表すこともできる。ともあれ，

均衡国民所得＝乗数×独立支出

という関係が存在しているのである。したがって独立支出の増加は，それに乗数を掛けただけの所得の増加をもたらす。たとえば，投資が1兆円だけ増加し，このとき限界消費性向 c が0.8であるとすれば乗数の値は5であるから，5兆円の所得の増加が生じることになる。さらに，限界消費性向が大きければ大きいほど，乗数の値は大きくなる。限界消費性向が0.9に上昇するならば乗数は10となるので，この場合には，投資の増加はその10倍の所得の増加をもたらすことになる。

反対に，人々が節約に励めば励むほど，限界消費性向が小さくなることによって乗数も小さくなり，均衡国民所得は減少する。その結果，当初の意図に反して貯蓄額 S は変わらない。このことは，今日では**節約のパラドックス**★と呼ばれている。たしかに個人の観点から考えるならば，貯蓄を増やすためには限界貯蓄性向 s を引き上げる必要がある（これは，限界消費性向 c を引き下げることとまったく同じことを意味する）。しかしながら，経済を構成する人々がいっせいにこのような行動をとるならば，投資 I の大きさに変化がないかぎり国民所得が減少するので，限界貯蓄性向が上昇したとしても貯蓄額 S は変わらない。(9-8)式にみられるように，マクロ経済的均衡においては貯蓄と投資は等しくなるので，貯蓄性向が上昇するならば，貯蓄額が不変に保たれるところまで所得が低下するからである。このように，個々人にとっては妥当な結論も社会全体にあてはまるとはかぎらないことを**合成の誤謬**★という。

さて，それでは投資の増加が，それに等しいだけの所得の増加をもたらすにとどまらず，その乗数倍の所得の増加をもたらすのはなぜだろうか。その仕組

みを明らかにするために**乗数過程**をたどっていくことにしよう。ここで，上の数値例のように，限界消費性向 c が 0.8 のときに 1 兆円の投資の増加があったとする。この場合，1 兆円の投資財生産の増加が生じるので，投資の増加はそれに等しい国民所得の増加を生み出す（第 1 ラウンド）。これに次いで，1 兆円の所得の増加は，限界消費性向が 0.8 であることから，8000 億円の消費の増加をもたらす。この 8000 億円の消費の増加は，同じく 8000 億円の消費財生産と所得の増加をもたらす（第 2 ラウンド）。さらに第 3 ラウンドでは，8000 億円に 0.8 をかけた 6400 億円の消費と所得の増加が生じる。これと同じようにして，第 4 ラウンドでは 5120 億円の消費と所得の増加が生じるだろう。このようにして，需要の増加が経済の各部門に次々と波及していく過程（乗数過程）が無限に続くことになる。

このことを一般的な式で表すと，ΔI だけの投資の増加によってもたらされる所得の増加 ΔY は，

$$\Delta Y = \Delta I + c\Delta I + c^2 \Delta I + c^3 \Delta I + \cdots\cdots$$
$$= (1 + c + c^2 + c^3 + \cdots\cdots)\Delta I$$

となる。ここで，$|x|<1$ のとき，$1 + x + x^2 + x^3 + \cdots\cdots = \dfrac{1}{1-x}$ という無限等比級数の和の公式を用いるならば，上の式を次のように書き直すことができる。

$$\Delta Y = \frac{1}{1-c}\Delta I \qquad (9-11)$$

これより，投資の増加は，その乗数倍の所得の増加をもたらすことが理解される。このようにして，投資の変動こそが経済変動の根本的な原因であることを明らかにした点に，乗数理論の意義が認められる。

6. 所得決定理論の要約

ここまで説明してきた所得決定の理論を要約すると，図 9-7 のようになるであろう。まず資本の限界効率 m と利子率 i が一致する点において投資 I が決定される。ただしケインズが，資本の限界効率が投資量の増加とともに低下し，また利子率は投資量にかかわらず一定であると仮定していたのに対して，カレツキは，金融市場は一般に不完全競争的であるという観点から，ケインズの仮

```
      所得Y ─────→ 消費C
           (消費関数)  ╲
                       ╲
                      所得Y ─────→ 雇用量N
                       ╱
  資本の限界効率m ╲   ╱
                  ─→ 投資I
  利子率i       ╱   (乗数理論)
           (投資関数)
```

図9-7　所得決定理論の構造

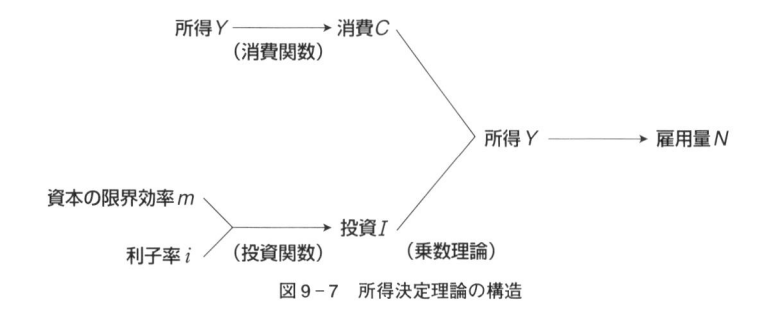

定は非現実的であると批判した。ともあれ投資量が決まれば，乗数過程を通じて国民所得Yの水準が決まる。国民所得は有効需要に等しく，それは投資と消費の総額に等しい。消費Cは，消費関数を通じて所得によって決定される。国民所得が与えられると，それに対応する雇用量が決まる。

このように，ケインズの所得決定理論は因果順序がはっきりしている体系である。一般にケインズの経済学体系を要約したものとして知られている **IS-LM体系**が相互依存・同時決定の体系であることを考えると，それがケインズの理論を適切に要約したものであるのかどうかについては疑問の余地も残されている。

7．経済政策の効果

(1) 完全雇用のための3つの政策

失業は，有効需要の不足，とりわけ民間投資の不足のために生じるというのが，ケインズの診断であった。したがって彼は，政府が政策的介入を行うことによって総需要を管理するならば，失業を克服して完全雇用を実現することができると主張した。伝統的な自由放任政策を否定し，国家の経済介入に理論的な根拠を与えたところに，ケインズの経済学の大きな意義がある。国家の経済介入については本書第6章ですでに詳しく論じているので，ここでは，本章の分析的枠組みの範囲内で経済政策の効果について考えてみることとしたい。ケインズの所得決定理論から，完全雇用を達成するための政策として，財政政策・金融政策・所得再分配政策の3つが導き出される。

第1に，赤字財政による公共投資の拡大という**財政政策**＊がある。ここで政

図9-8 政府支出の効果

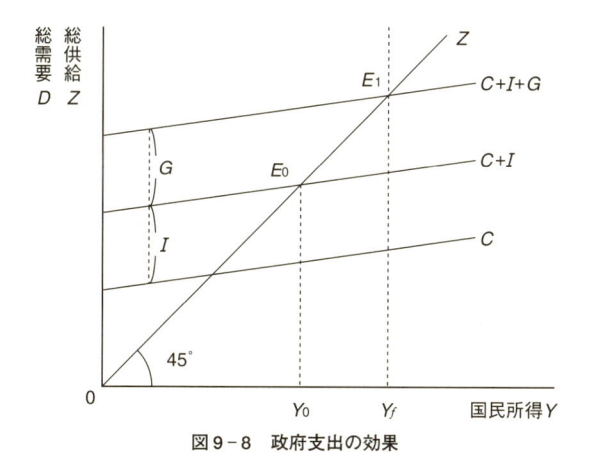

府支出を G，租税を T で表すと，(9-5)式と(9-6)式で与えられたマクロ経済の均衡条件は，次のように変わる。

$$Y = C + I + G \tag{9-12}$$

また租税の存在を考慮して，消費関数も次のように修正される。

$$C = A + c(Y - T) \tag{9-13}$$

すなわち，消費は所得 Y それ自体にではなく，**可処分所得** $Y - T$ に依存して決まることになる。(9-13)式を(9-12)式に代入すると，

$$Y = A + c(Y - T) + I + G \tag{9-14}$$

となる。これを Y について解くならば，均衡国民所得 Y^* の水準

$$Y^* = \frac{1}{1-c}(A + I + G - cT) \tag{9-15}$$

を求めることができる。この式において乗数は $\frac{1}{1-c}$ であるので，$\varDelta G$ だけの政府支出の増加があれば，それに乗数を掛けた額に等しい所得の増加 $\varDelta Y$ がもたらされることがわかる。したがって，

$$\varDelta Y = \frac{1}{1-c} \varDelta G \tag{9-16}$$

という関係を導くことができる。(9-16)式における乗数$\frac{\Delta Y}{\Delta G}$を**政府支出乗数**という。民間投資が落ち込んだとしても，政府は，公共投資を行い総需要を管理することによって，高くて安定的な雇用水準を維持することができるのである。

このことは，図9-8を用いて説明することができる。ここでは，消費Cと投資Iを合計した民間部門の総需要Dによって決まる国民所得の水準はY_0である。したがって，完全雇用国民所得をY_fとすれば，完全雇用を実現するためには$Y_f - Y_0$だけの所得が不足することになる。しかしながら十分な額の政府支出Gがあれば，その分だけ総需要曲線が上方にシフトして均衡点がE_0からE_1へと移るので，所得水準をY_0からY_fにまで引き上げることができる。ケインズは，完全雇用に近い状態を確保するためには国家が長期的な視野にもとづいて経済全体の投資量を管理すること，すなわち**投資の社会化**が必要であると主張した。

完全雇用を実現するための第2の政策は，金利の引下げという**金融政策**＊である。本章第3節(2)でみたように，利子率の引下げは投資を増加させるので，このことは乗数過程を通じて所得と雇用の増加をもたらすであろう。図9-8にもとづいて説明するならば，低金利によって引き起こされた投資の増加は，$C+I$で表される総需要曲線の上方へのシフトを通じて均衡国民所得の水準を引き上げるということになる。

第3の政策として**所得再分配政策**がある。一般に貧しい人々は豊かな人々よりも高い消費性向を持つ。富者は所得の多くの部分を貯蓄にあてることのできるゆとりを持っているのに対して，貧者は所得の大部分を必需品の購入をはじめとする消費にあてざるをえないからである。したがって，累進課税などの手段によって富者から貧者に所得の再分配を行うならば，社会全体についての消費性向が上昇するであろう。このような社会的消費性向の上昇は投資乗数の値を大きくするので，一定の額の投資について，より高い水準の所得がもたらされることになる。

(2) 賃金上昇が雇用に及ぼす効果

賃金の引上げもまた，所得再分配政策と同じように雇用を増加させるという効果を持つかもしれない。労働者の消費性向が資本家の消費性向よりも高いと

すれば、賃金上昇は利潤所得から賃金所得への再分配をもたらして、社会的消費性向を引き上げるからである。この場合には、賃上げによって労働者所得が増加すると、これに続いて消費財需要が増加して総需要と雇用の水準が上昇することになる。しかしながら賃上げは、これとは反対の方向に作用する効果をも持っている。すなわち、賃金の上昇は利潤を圧縮するので、企業家の長期期待にマイナスの影響を与えて投資支出の減少をもたらす。これによって、総需要と雇用の水準は低下する。したがって、賃金の上昇が雇用を増加させるか否かは、これら2つの効果のいずれがより強いのかによって決まることになる。

　賃金上昇によってもたらされる消費の増加が、賃金上昇によってもたらされる投資の減少を上回るならば、賃金の上昇は総需要と雇用の増加を引き起こすことになる。多くの失業者と遊休設備が存在する不完全稼動の状態においては、雇用と賃金がともに低い水準に抑制されているので、そうでない場合に比べて労働者の消費性向は高い。それゆえ、賃金上昇が消費財需要の増加をもたらす度合いも大きい。また遊休設備を抱えている企業は、それらの設備をふたたび稼動させることによって需要の増加に対応することができるので、たとえ利潤が増加したとしても投資を行って新たな資本設備を購入しようとはしないだろう。そのため、このような状況においては、賃金の上昇による利潤圧縮が投資を減少させるという効果のはたらきは小さい。したがって不完全稼動状態の下では、賃金上昇は、総需要の増加と経済成長を導くことになるだろう。このように賃金の上昇に導かれて実現するようなタイプの経済成長を**賃金主導型成長**★（wage-led growth）という。

　これに対して完全稼動状態（およびそれに近い状態）においては、雇用と賃金の水準が高くなるので、労働者の消費性向は不完全稼動状態に比べると低くなる。そのため、賃金が上昇しても、それによって生じる消費財需要の増加はそれほど大きくないだろう。それと同時に、完全稼動の状態では、利潤率が高ければ企業は積極的に投資を行うはずであるから、賃上げによる利潤圧縮が投資の減少をもたらすという効果が強く作用するようになる。したがって、完全稼動状態の下での賃金上昇は、総需要と雇用をかえって減少させる可能性が大きい。反対に、賃上げの抑制は利潤を増加させ、さらに利潤の増加は投資の拡大を導いて総需要と雇用を増加させるであろう。ここにみられるような、利潤と投資の増加によって牽引される経済成長のパターンを**利潤主導型成長**★

(profit-led growth) という。

　要するに，賃金上昇が雇用に及ぼす効果は，経済がおかれている状況によって異なってくるのである。不況の局面においては，賃金の引上げは雇用を増加させる可能性が大きい。これに対して，好況の局面において経済成長を持続させるためには過度の賃金上昇を防ぐような制度的仕組みが必要となる。

(3) 完全雇用の達成に対する制約

　この節での議論によって，政府の拡張的な経済政策や賃金の引上げによって雇用水準の改善が可能であるということが明らかにされた。しかしながら，これらの需要創出政策を通じて完全雇用に至る道には，さまざまな障害や制約が横たわっている。まず第1に，生産と金融のグローバリゼーションが急速に進行している中で，各国が独自に拡張的なマクロ経済政策を追求することのできる余地がますます小さくなっているということがある。ある一国が拡張的な財政・金融政策をとるとしても，輸出入の開放度が高い経済では，新たにつくり出された需要の多くの部分が外国に漏出してしまうかもしれない。この場合には，拡張的な経済政策の効果は著しく低減する。また所得再分配政策は，高賃金・高福祉の負担を嫌う企業が生産拠点を海外に移動するという形での資本逃避を引き起こす可能性がある。今日では，賃金の需要としての側面よりも費用としての側面に人々の関心が集まっており，賃金と雇用を抑制して国際競争力を高めることが唯一のありうべき進路であるという見方が各国において支配的となりつつある。

　グローバリゼーションの奔流が国民国家の枠組みを打ち破り，各国レベルでの自立的な経済政策の政治的・経済的基盤を掘り崩した以上，市場原理にもとづく新自由主義 (neo-liberalism) の路線に対抗して民主主義的・平等主義的な経済政策の新たな可能性を追求しようとする側も，旧来の「一国ケインズ主義」を乗り越える「グローバル・ケインズ主義」という国際主義的なプログラムを構築する必要がある。そのプログラムにおいては，多国籍企業と国際金融資本の活動に対して何らかの社会的規制を加えることが不可欠となるであろう。すなわち，グローバル資本主義の下で多くの国々に経済的な繁栄と安定をもたらすためには，各国間の協調的なマクロ経済政策によって総需要を拡大するとともに，資本規制などの措置を採用して投機的な国際資本移動を制限しなくては

ならない。すべての外国為替取引に対して低率の税を課すというトービン（J. Tobin）の提案（トービン税）も、この方向に沿ったものである。

完全雇用の達成に対するいま1つの制約として、カレツキが1943年の論文「完全雇用の政治的側面」（Kalecki [1971] 第12章として再録）において指摘したように、持続的な完全雇用は労働者の階級的力量を高めて政治的不安定性を生み出すので、資本側からの反対にあうだろうということがある。完全雇用経済においては、解雇の脅しによる労働者の規律づけ効果が機能しなくなるので、労資間の力関係は労働側に有利に傾き、その結果、大幅な賃金上昇が生じる。それと同時に「工場内の規律」が弛緩することによって労働生産性の低下が生じるであろう。これらは、ともに利潤率を低下させる要因としてはたらくので、資本側は完全雇用政策に反対して、緊縮的な財政・金融政策に後戻りすることを強く求めるであろう。不況がこれに続き、政府支出の拡大を求める声がふたたび強くなる。このようにして人造的につくり出される景気循環をカレツキは**政治的景気循環***と呼んだ。政府支出の操作を通じて完全雇用を達成することは、たしかに技術的には可能であるかもしれないが、政治的にきわめて大きな困難をともなうのである。このことについて、カレツキは次のように述べている。

> 公債で賄われた政府支出を通じて完全雇用を維持することについて、近年さかんに議論がたたかわされている。けれども議論は問題の純経済的な側面に集中しており、政治的現実には然るべき考慮が払われていない。資本主義ではもし政府がそのやり方さえ知っていれば完全雇用を維持しようとするはずだ、という仮定は誤っている。（Kalecki [1971] 邦訳 p.141）

したがって、完全雇用の実現をめざす政策が実行されるためには、それを可能とするような社会的合意が、資本と労働の間で取り結ばれなくてはならない。持続的な経済成長を実現するためには、たんなる国家の政策介入だけでなく、労使妥協をはじめとする安定的な社会的・制度的枠組みの存在が必要となる。すなわち、諸個人・諸集団・諸制度の間の矛盾・対立を緩和し、個人や集団の行動を適切な方向に誘導していくための制度的仕組みが確立されることによって初めて、経済システムを安定化することが可能となるのである。このような

観点から，第13章では，社会諸制度の果たす役割に注目しながら資本主義経済の長期的・歴史的動態について考察する。

■ 読書案内

- 伊東光晴『ケインズ――「新しい経済学」の誕生』岩波新書，1962年。
  ケインズ革命の歴史的・思想的背景を明らかにするとともに，『一般理論』の骨組みについて平易に解説している。
- 吉川洋『ケインズ――時代と経済学』ちくま新書，1995年。
  ケインズ自身の経済学の進化の軌跡をたどりながら，『一般理論』その他の主要な著作について解説する。
- 宇沢弘文『ケインズ「一般理論」を読む』岩波現代文庫，2008年。
  『一般理論』の精密な再読を通して，資本主義経済に内在する不安定性を捉える新しい経済学の枠組みを模索する。
- M・C・ソーヤー『市場と計画の社会システム――カレツキ経済学入門』(緒方俊雄監訳) 日本経済評論社，1994年。
  カレツキの経済学についての包括的・体系的入門書。マルクス，ケインズの経済学との比較・対照も興味ぶかい。
- 鍋島直樹『ケインズとカレツキ――ポスト・ケインズ派経済学の源泉』名古屋大学出版会，2001年。
  ケインズとカレツキの経済学を，理論・思想・政策の3つの側面から総体的に再検討し，その統合と発展の方向を探る。

■ 本章のまとめ

1. ケインズの「有効需要の原理」によれば，総需要の大きさが産出量と雇用量を決定する。総需要が不足するならば，失業をともなう均衡（不完全雇用均衡）が発生する。
2. 国民所得は主として投資によって決定される。根本的不確実性をともなう資本主義経済においては，企業家の抱く期待のあり方が投資の動向を左右する。
3. 投資の増加はその乗数倍の所得の増加をもたらす。すなわち，投資の変動こそが経済変動の根本的な原因である。
4. 完全雇用を実現するために，政府は，公共投資政策・低金利政策・所得再分配政策等の政策をとることができる。しかし，完全雇用に至る道にはさまざまな制約や障害が横たわっている。

第10章

インフレーションとデフレーション

> **本章の課題**
> 1. インフレーション（デフレーション）は，経済社会に対してどのような害悪をもたらすのだろうか。
> 2. 現代資本主義におけるインフレーション（デフレーション）はどのようにして生じるのだろうか。
> 3. インフレーションを抑制するためには，どのような政策をとればよいのだろうか。
> 4. 価格の伸縮性は完全雇用をもたらすのか。特に不況期の物価下落は雇用にどのような影響を及ぼすのだろうか。

1. 物価の変動をどうみるか

　資本主義経済は，絶えず産出水準の変動を経験しているだけでなく，また一般物価水準の変動にもさらされている。一般物価水準が持続的に上昇している状態を**インフレーション***，それが持続的に下落している状態を**デフレーション***という。戦後資本主義経済においては，ほとんどの期間においてインフレーションが観察された。1950年代から1960年代にかけての高度成長期の先進各国においては，物価の上昇は相対的に穏やかなものであった。しかし，1970年代初頭には多くの国で急速な物価水準の上昇がみられた。図10-1にみられるように，日本でも，消費者物価と企業物価の上昇率がいずれも年率で10％を大きく上回る激しいインフレーションが発生した（なお「卸売物価指数」は，2003年に「企業物価指数」に改称された）。これに対して，1990年代以降の日本経済においては物価が低水準で推移し，穏やかなデフレ傾向が持続している。

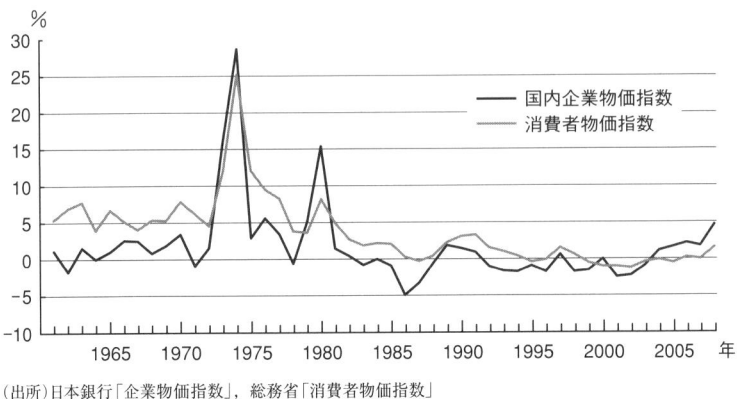

(出所)日本銀行「企業物価指数」，総務省「消費者物価指数」

図10-1 戦後日本のインフレ率

　現代資本主義におけるインフレーションの主要な原因は何であるのかに関しては，いくつかの異なる見解が存在している。フリードマン（M. Friedman）によって代表されるマネタリストは，**貨幣数量説**★にもとづいて，実質国民所得の増加率を上回る貨幣供給の増加がインフレーションの原因であると主張する。彼らは中央銀行が貨幣供給を制御することが可能であると考えているので，結局のところ，中央銀行による過大な貨幣供給こそがインフレーションの根本的な原因であるということになる。したがって彼らの見解によれば，「インフレーションはいつでもどこでも貨幣的現象である」とされる。サミュエルソン（P. Samuelson）やソロー（R. Solow）のような新古典派的ケインジアンは，完全雇用に到達する以前では物価上昇は起こらないという固定的価格体系を採用していた。彼らは，完全雇用に到達した以後の総需要の増加が物価水準の上昇を引き起こすのだと主張する。ここにみられるように，マネタリストが貨幣的要因を重視するのに対して，新古典派的ケインジアンは実体的要因を重視している。しかし，こうした違いはあるにせよ，主流派の経済学者たちは，商品市場における超過需要によってインフレーションが発生するという**ディマンドプル・インフレーション**の考え方をとっている点においては共通している。

　これに対して，社会経済学のアプローチにおいては，インフレーションとは所得分配をめぐる経済諸集団の対立の帰結であるとみなされている。このアプローチは，インフレーションの主な原因として賃金コストの上昇を重視する。

すなわち現代資本主義におけるインフレーションを，基本的に**コストプッシュ・インフレーション**であるとみているのである。

この章では，まずインフレーションとデフレーションの社会的費用について検討した後に，社会経済学のアプローチにおける2つの代表的なインフレーションの理論を紹介する。すなわち，マルクス派の**コンフリクト理論***とポスト・ケインズ派の**賃金コスト・マークアップ理論***について概観する。それに続いて，主にデフレーションの局面に注目しながら，価格伸縮性の安定化効果と不安定化効果について考察する。それを通じて，賃金や価格の引下げが失業問題を解決するための必要条件であるという主流派経済学の見解を批判的に検証する。

2. インフレーションとデフレーションの社会的費用

インフレーションの弊害についてみるためには，第1次世界大戦後のドイツで生じた歴史上まれにみるほどの悪性インフレーションを想起すればよい。ドイツのインフレーションでは，1922年8月から1923年11月にかけての1年強の間に物価が約100億倍になった。このように急激な物価上昇のことを**ハイパー・インフレーション**という。物価上昇率が天文学的な数字で大きくなっていくハイパー・インフレーションの中で，貨幣としてのマルクは完全に崩壊した。たとえば，買い物に出かけるときに大量の紙幣を運ぶための手押し車が必要となったり，あるいは1日のうちに商品の価格が大きく上昇したりするという事態が現れた。こうして貨幣価値の急速な下落にともない，マルクは，価値保蔵手段としてはもちろんのこと，交換手段および価値尺度としてもまったく機能しなくなった。

通貨としてのマルクの機能停止は，実体経済にも深刻な影響を及ぼさずにはおかない。1922年前半には生産活動がきわめて活発で，ドイツ経済は完全雇用に近い状態にあった。しかしインフレーションが進むにつれ，投機的・非生産的な事業活動が急速に拡大することによって同年後半には生産活動が停滞に向かい始め，翌1923年末には失業率が20％を大きく上回るようになった。ハイパー・インフレーションは，貨幣のあらゆる機能を麻痺させることによって経済システムを全面的な撹乱状態に陥れるのである。

インフレーションが加速し，通貨の実質価値が日ごとに大きく変動していくにつれて，資本主義経済の究極的な基礎をなしている債権・債務関係は完全に混乱して，ほとんど無意味になる。また人々は，着実な生産活動よりも各種の投機的な活動によって所得を得ようという誘因に駆られるようになる。こうして，所得と富を得る過程が賭博や富くじのようなものとなってしまう。かつてレーニン（V. I. Lenin）は，「資本主義体制を打倒する最善の道は通貨を台なしにすることだ」と宣言したと伝えられている。このことについてケインズ（J. M. Keynes）は，次のように述べている。

> レーニンは，たしかに正しかったのだ。通貨を台なしにしてしまうこと以上に，現存の社会の基盤を覆す精妙・確実な手段は存在しないのである。この過程は，経済法則のいっさいの隠れた力を破壊の側に傾かせ，しかもそれを百万人中の誰一人として予断できないような仕方でやってのけるのである。（Keynes［1919］邦訳 p.185）

第2次世界大戦後の先進資本主義経済においては，通貨が機能停止に追い込まれるほどの悪性インフレーションは生じていない。しかしながら，ハイパー・インフレーションも相対的に穏やかなインフレーションも，程度の差こそあれ，その基本的な性格において変わるところはない。ハイパー・インフレーションのさいには，一般にインフレーションが内包している弊害が極端な形で発現するにすぎない。インフレーションにせよデフレーションにせよ，物価水準の変動は，かなり穏やかなものであっても，社会的公正や経済効率の観点からみて許容することのできない悪影響を経済社会に及ぼすのである。

第1に，物価水準の変化は恣意的な所得再分配を生み出す。名目賃金が一定であれば，予想されないインフレーションは，実質賃金を下落させることによって労働者から資本家への意図せざる所得の移転をもたらすだろう。これとは逆に，デフレーションは資本家から労働者に所得を移転させることになる。もっとも，賃金の物価スライド制を採用すれば，物価の変動によって生じる実質賃金の変動をある程度は回避することができるようになる。また年金の受給者のように固定的な金額の所得を得ている人々は，インフレーションが起こると所得の実質価値が目減りして損失をこうむるけれども，デフレーションは彼ら

に予期せぬ利得をもたらす。さらに，物価水準が変化するときには債権者と債務者の間でも所得の移転が発生する。インフレーションは債権と債務の実質価値をともに低下させて，債権者から債務者への実質的な資産の移転を引き起こすのに対して，デフレーションは債務者から債権者へ資産の移転をもたらす。このように物価水準の変動は，社会的に正当化することのできない富と所得の再分配を生じさせるという害悪を持っている。

　第2に，インフレーションとデフレーションは，貨幣価値の安定性を損ない，契約決済手段としての貨幣のはたらきを阻害することによって貨幣経済の効率性を低下させる。その理由は以下のようなものである。貨幣で表示された契約によって人々は，不確実な将来における成果と現金の流れをある程度まで制御することが可能となる。たとえば企業家は，生産活動においてさまざまな生産要素を効率的に結合するために，労働者や下請け業者と長期的な先物貨幣契約を取り結ぶ必要がある。先物貨幣契約とは，将来における財・サービスの引渡しと貨幣の支払いの時点を契約当事者間であらかじめ決めておくような契約のことである。企業家がこのような契約を結ぶならば，生産活動が開始される以前に，労働サービス・原材料などの引渡しと債務決済の日付，および貨幣支払額が固定される。このようにして労働者や下請け業者の将来の成果についての保証を得たり，誤りや失敗にともなう損失から自らを守ったりするための手段を持つときに初めて，企業家は安んじて生産活動に乗り出すことができるのである。

　こうして貨幣と契約の使用は，生産資源を有効に利用することによって人々の生活水準を引き上げることを可能にする。というのは，契約決済手段として貨幣を用いる経済は，物々交換にともなう取引費用を大きく低減させるからである。貨幣は，それが購買力を将来に移転する手段（すなわち価値保蔵手段）としての役割を果たすと人々が信じているときにのみ，契約決済手段として機能することができる。したがって，物価が激しく変動して貨幣価値が不安定になれば，貨幣は契約決済手段として人々によって受容されなくなり，その結果，貨幣経済の効率性が低下することになるだろう。

　以上のように，インフレーションとデフレーションは深刻な社会的費用を経済にもたらす。だが，それだけではない。物価水準の変動は，産出量と雇用量の変動を引き起こしてマクロ経済を不安定化させるという効果も持っているの

である。この点については，主にデフレーションの場合に注目しながら，本章の第5節でみることにしよう。

3. コンフリクト理論——マルクス派の見解

イギリスのマルクス経済学者であるローソン（R. E. Rowthorn）は，1977年に発表した論文「対抗，インフレーション，および貨幣」（Rowthorn [1977]）において，所得の分配をめぐる資本家と労働者の間の階級対立がどのようにして一般物価水準の変動を引き起こすのかを明らかにするインフレーションの**コンフリクト理論***を提示した。その理論は，1960年代末から1970年代にかけての組織労働者の戦闘性の高揚を背景とする賃金と物価の上昇過程を的確に捉えるものであった。しかしながらローソンの理論は，生産性が一定であるという仮定をおいて分析を分配面に限定していた。それゆえ，生産過程における資本と労働の間のコンフリクトについては論じられていない。そのような欠点にもかかわらず，先進資本主義経済におけるインフレーションの基本的性格を明らかにする理論として，それは，論文が発表された当時の歴史的背景を超える一般性を有している。その基本モデルは，以下のようなものである。

ここで政府部門と外国部門を捨象するならば，経済諸集団は労働者と資本家の2つに分類される。したがって国民所得は，これら2つの集団の間で賃金と利潤に分割されることになる。分権的な市場経済においては，賃金の水準は，将来のインフレーションを考慮しながら，労資間の交渉によって取り決められる。したがって資本家には，所得から労働者の分け前 α を差し引いた後の分け前 π が残されるので，

$$\pi = 1 - \alpha \qquad (10\text{-}1)$$

であることがわかる。ここで α を「交渉で取り決められた賃金シェア」と呼び，π を「交渉で取り決められた利潤シェア」と呼ぼう。次に，賃金が固定された状態の下で，資本家は，一定の「目標利潤シェア」π^* が達成されるような価格政策をとると想定しよう。「交渉で取り決められた利潤シェア」と「目標利潤シェア」の2つが同じである場合には，資本家の目標が実現しているので，2つの決定レベルの間に対抗は存在しない。しかし，これら2つが異なる

場合には対抗が存在する。この対抗の程度は，$\pi^* - \pi$という量によって測定される。この量を**アスピレーション・ギャップ**（aspiration gap）と呼び，Aで表すことにする。それゆえ，

$$A = \pi^* - \pi \tag{10-2}$$

アスピレーション・ギャップが存在するときには，資本家は，生産物価格の引上げによって目標利潤シェアを達成しようとするだろう。資本家は，目標利潤シェアが交渉で取り決められたシェアよりも大きいか小さいかに応じて，価格の引上げを予期されたよりも大きくしたり小さくしたりする。したがってインフレ率$\hat{P}$は，アスピレーション・ギャップの関数であるとみなされる。このことは，次の式によって表すことができる。

$$\hat{P} = \lambda A + \hat{P}^a \tag{10-3}$$

ここで，λはAが現実の物価上昇率に反映される程度と速度を示す定数であり，$\hat{P}^a$は賃金契約で先取りされたインフレ率である。この式をみると，インフレ率は，①アスピレーション・ギャップA，②価格調整の速度λ，③先取りされたインフレ率$\hat{P}^a$によって決定されることがわかる。ここでλが正であり，$\hat{P}^a$が仮にゼロであるとすれば，資本家が賃金契約で取り決められた以上の利潤を求める（$A > 0$）ときにはインフレ率は正であり，それ以下の利潤しか求めない（$A < 0$）ときには負であるということになる。

それでは，アスピレーション・ギャップがどのようにして決定されるのかについて考えてみよう。ローソンによれば，それは，労働者および資本家の市場支配力と，この支配力を用いようとする彼らの意思とによって決定される。たとえば，よく組織されていて戦闘的な労働者階級は，大幅な賃上げを勝ちとり，利潤にかなりの圧迫を加えることができる。他方で大きな市場支配力を持つ寡占企業は，商品価格の引上げを通じて，より高い利潤シェアを得ることができるだろう。このように労働者が労働市場において支配力を持つ一方で，資本家が商品市場において支配力を持つならば，「取り決められた利潤シェア」と「目標利潤シェア」の間に大きな食い違いが生じることになる。すなわち，労働者は大幅な賃上げを実現するために自らの支配力を行使し，資本家の側では価格の引上げによって労働側に対抗しようとする。

このようにして引き起こされる賃金と物価の螺旋的な上昇過程においてアスピレーション・ギャップが拡大し，インフレーションが加速的に進行することになる。労働組合と団体交渉が制度化されるとともに，巨大企業による寡占的競争を特徴とする現代資本主義経済におけるインフレーションとは，資本家と労働者という相対立する2つの階級のアスピレーションの相克を原因として発生するのだと，ローソンは捉えたのである。

　上でみたように，インフレ率を規定するアスピレーション・ギャップの大きさは，資本家と労働者による市場支配力とそれを行使しようとする意思によって決定される。労資双方による市場支配力の行使に対して大きな影響を及ぼす重要な要因の1つに，総需要の大きさがある。総需要の変化は，労働者の賃上げや企業の価格引上げを容易にしたり困難にしたりして，対抗を調整する要因として機能するだろう。

　総需要の水準が低く，大量の失業者が存在しているような状況では，賃金交渉における労働組合の力は相対的に弱くなるので，組合は賃上げ要求を控え目なものとするだろう。また，このような不況の局面においては，企業は過剰な生産能力を抱えており，同じように過剰な生産能力を抱えている他の企業が自分たちの市場に侵入してくることを恐れて，慎重な価格政策をとるだろう。労働者と資本家がともに自らの要求を緩和させるのであるから，物価の上昇は穏やかなものとなる。これとは反対に，総需要の水準が高く完全雇用に近い状態が実現している状況では，労働組合は，交渉力の増大を背景として攻勢的な賃金要求を行うようになる。また，好況期に生産能力が完全稼動に近い水準で利用されているならば，諸企業は，他企業もほぼ同じ状態にあって自分たちの市場に容易に侵入することができないことをよく知っているので，生産物の価格をかなり容易に引き上げることができる。この場合には，資本家と労働者がともに自らの市場支配力を積極的に行使しようとする結果，アスピレーション・ギャップが拡大し，インフレーションが加速することになる。

　上でみたように，総需要が減少して失業が増加するときには，資本家と労働者がともに力を弱めて要求を抑制するのであるから，一般的には，失業水準Uが高くなるほどアスピレーション・ギャップが小さくなり，インフレ率は低くなると考えることができる。このように，アスピレーション・ギャップが失業水準の減少関数（⊖）であることを考慮するならば，インフレ率$\hat{P}$を示す（10

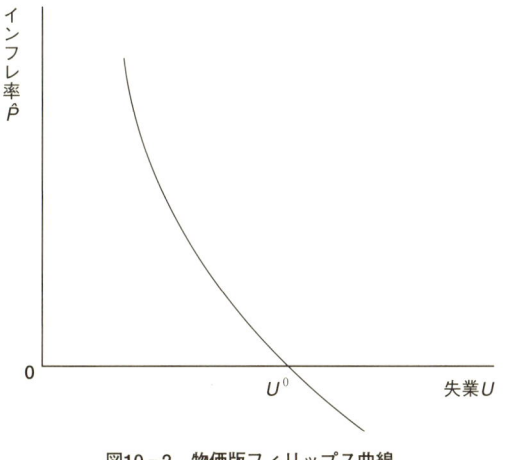

図10-2 物価版フィリップス曲線

-3)式を次のように書き直すことができる。

$$\hat{P} = \lambda A(\underset{-}{U}) + \hat{P}^a \tag{10-4}$$

すなわち，インフレ率と失業水準との間には負の相関関係が存在する。したがって，縦軸にインフレ率$\hat{P}$をとり，横軸に失業水準Uをとると，図10-2のように両者の関係を右下がりの曲線として描くことができる。これが**物価版フィリップス曲線**★である。ここでも議論を単純にするために$\hat{P}^a$がゼロであるとするならば，この曲線は失業がU^0の水準で横軸と交わる。失業がこの水準にあるときにはアスピレーション・ギャップがゼロであり，国民所得はそれに対する総要求とちょうど一致すると同時に，インフレ率はゼロとなる。失業がこれよりも減少する場合には，労働力と生産物に対する需要がともに増大する。このときには労働者と資本家の双方はより大きな実質所得を要求して，両者の間の対立が強まるので，インフレ率が上昇し始める。反対に，失業がU^0の水準以上に増加する場合には，労働力と生産物に対する需要がともに減少し，労働者と資本家の間の対立が弱まるので，インフレ率はマイナスとなり物価水準の下落が生じる。

このようにしてコンフリクト理論は，所得分配をめぐる労資間の対抗に焦点をあてることによって物価水準の変動を説明しようとする。その理論は，資本家と労働者のそれぞれが持つ市場支配力に対して総需要がどのような影響を及

ほすのかを明らかにしている。総需要の水準が高ければ労資間の対立が強まってインフレーションが昂進し，その水準が低ければ対立が弱まってインフレーションは鎮静化する。総需要の水準がきわめて低くなる場合には，デフレーションが生じることもありうる。

4. 賃金コスト・マークアップ理論——ポスト・ケインズ派の見解

　マルクス派と同様に，ポスト・ケインズ派もまた，インフレーションは所得分配をめぐる闘争の兆候であるという見方をとっている。ポスト・ケインズ派によるインフレーションの分析は，アメリカの指導的なポスト・ケインズ派経済学者であるワイントロープ（S. Weintraub）とデヴィッドソン（P. Davidson）によって簡潔に定式化されている。彼らは，賃金コストに対する企業のマークアップ価格形成行動によって物価水準の決定を説明している。そのため，彼らのインフレーションの理論は**賃金コスト・マークアップ理論**＊と呼ばれている。

　貨幣表示の民間部門の総産出量 Z は，次のように表すことができる。

$$Z = kwN \tag{10-5}$$

ここで w は貨幣賃金率，N は雇用水準，そして k は貨幣賃金支払額 wN に対する粗利潤マークアップである。また総産出量 Z は，物価水準 P に企業の実質産出量 Q を掛けたものであるから，

$$Z = PQ \tag{10-6}$$

と書くことができる。これらの2つの式から次式を得ることができる。

$$P = kw\frac{N}{Q} \tag{10-7}$$

さらに平均労働生産性 $\frac{Q}{N}$ を z で表すと，$\frac{N}{Q}$ は z の逆数であることから，(10-7)式は次のようになる。

$$P = k\frac{w}{z} \tag{10-8}$$

　(10-8)式は**賃金コスト・マークアップ方程式**と呼ばれている。この式から，マークアップの大きさを表す k の値が一定であるとすれば，貨幣賃金率 w の上

昇が労働生産性 z の上昇を上回るときに，物価水準 P の上昇，すなわちインフレーションが生じることがわかる。したがって，k が長期的に安定している場合には，貨幣賃金率の上昇を生産性上昇の範囲内にとどめるならば，インフレーションを抑制することができる。

そこでポスト・ケインズ派は，インフレ抑制政策として**課税基準所得政策**★ (tax-based incomes policy；TIP) を提唱する。所得政策の基本的な考え方は，生産性上昇を上回る賃上げは社会のすべての構成員に損害を与えるというものである。その政策は，生産性の上昇を大きく超えた賃上げを認める企業に対して罰則を加えるために法人所得税体系を用いる。許容される賃上げの大きさは，経済状態に応じて変化させることができるだろう。この制度の下では，インフレ的な賃金要求に応じた企業には，より高い課税という罰則を課せられることになる。新古典派が提唱する金融引締めによるインフレ抑制政策が景気後退によってほとんどすべての労働者と企業に罰則を課すのに対して，所得政策はインフレを助長するような行動をとる企業だけを罰するという利点を持っている。

戦後アメリカ経済の歴史を振り返ってみると，政府が貨幣賃金の上昇率を直接に制御するための政策をとったときには，インフレーションをともなうことなしに経済が完全雇用状態に接近したということがわかる。1961～68年のケネディ＝ジョンソン政権時代には，貨幣賃金の上昇に上限を設けるという「ガイドライン」政策によって物価の上昇が抑制されていた。この間，失業率は6.7％から3.5％に低下する一方で，消費者物価水準は年率で3％強しか上昇しなかった。しかし，ベトナム戦争の拡大によってジョンソン大統領への国民の支持が低下したために，ガイドラインに対する合意も消滅してしまった。これ以降は，1971年8月に始まるニクソン大統領の賃金・物価抑制政策の17ヵ月の期間を除いて，もっぱら金融引締めによって引き起こされる計画的な景気後退が，インフレ抑制のための手段として利用されることになる。すなわち，永続的な所得政策に代わる選択肢は，永続的な高失業か高インフレしか存在しないのだということを知っておかねばならない（Davidson［1991］第8章を参照）。

ここまでは，インフレーションについての理論とそれを抑制するための政策について考察してきた。次に，特にデフレーションの局面に焦点をあわせながら，一般物価水準の変化が経済活動水準にどのような影響を及ぼすのかについ

て考えてみよう。

5. 価格伸縮性は完全雇用をもたらすのか

　現代の主流派経済学においては，賃金や価格の硬直性が持続的失業の原因であり，したがって，それらの変数が伸縮的であれば完全雇用均衡が実現されるという見解が共有されている。これに対して，社会経済学のアプローチにもとづく経済学者たちは，価格の伸縮性が失業を解消するための必要条件であるとは考えない。むしろ伸縮的な価格は，不況を悪化させ，失業を増加させる要因として作用するかもしれないと主張する。以下では，主流派経済学の標準的な考え方を紹介した後に，価格の伸縮性が経済システムを不安定化させる可能性についてみていくことにしよう。

(1) 価格伸縮性の安定化効果

　第9章でみたように，ケインズは「有効需要の原理」にもとづいて，資本主義経済においては，有効需要の不足によって失業をともなう均衡が発生する可能性があることを指摘した。さらに彼は，賃金の切下げは消費と投資を減少させるので，かえって不況を深刻なものとし，失業を増加させる結果になるだろうと主張した。ケインズによれば，賃金の引下げが生産物価格を低下させることによって需要を刺激し，産出量と雇用量の増加をもたらすという新古典派の見解は，個別産業レベルでの議論を経済全体に拡張しようとするものである。総需要の大きさによって産出水準が決定されるという**有効需要の原理***の考え方にもとづくならば，貨幣賃金の切下げが産出量と雇用量を増加させるのか否かは，それが総需要にどのような影響を及ぼすのかに依存して決まることになる。したがって，個別産業レベルでは妥当する議論であっても，それをそのまま経済全体にあてはめることは許されないのである。ケインズは，新古典派の見解を**合成の誤謬***にほかならないとして斥けた（「合成の誤謬」については第5章第5節を参照）。

　この主張に対して，ケインズの論敵であり，当時の代表的な新古典派経済学者であったピグー（A. C. Pigou）は，価格が伸縮的であるならば，経済には自動的に完全雇用状態に向かう傾向が備わっていると反論した。ピグーは，物価

水準が低下するならば，人々の保有する実質貨幣残高が増加するので，それによって消費が増加するという経路が存在することを指摘する。すなわち，貨幣供給 M が一定であるとすれば，物価水準 P が下落するときには貨幣の実質残高 $\frac{M}{P}$ が増加する。実質貨幣残高の増加は，人々がそれだけ豊かになったことを意味するので，そのことは消費を刺激して総需要を増加させることになるだろう。この効果を，**ピグー効果**★または**実質残高効果**★という。このようにしてピグーは，賃金と価格の伸縮性が完全雇用をもたらすという伝統的な新古典派経済学の考え方に新しい論拠を提供した。

これに加えて，物価水準の下落が総需要を増加させるもう1つの経路が存在する。上でみたように，物価水準が下落すると実質貨幣残高は増加する。貨幣供給が一定であるとすれば，このことは利子率の低下をもたらすので，企業の投資支出を刺激して総需要を増加させるだろう。物価の下落は，個々の取引に必要とされる貨幣額を縮小させ，取引動機にもとづく貨幣需要を減少させるからである。新古典派経済学の前提では，失業が存在するかぎり賃金と物価の下落が進むので，完全雇用が達成されるまで投資と総需要の増加が続くことになる。この効果は，ケインズが『雇用・利子および貨幣の一般理論』において言及していることから**ケインズ効果**★と呼ばれている。

しかしながら，ケインズ自身も認めていたように，ピグー効果とケインズ効果が作用するのは，貨幣供給が不変である場合においてだけであるということに注意する必要がある。もし物価水準の下落とともに貨幣供給も減少するならば，実質貨幣残高に変化は生じないので，たとえ賃金と価格が完全に伸縮的であったとしても，これら2つの効果がはたらく余地は存在しなくなる。すなわち，貨幣ストックが貨幣需要の変化に対応して内生的に供給される変数であるとすれば，新古典派経済学が想定している市場経済の自動安定化機能は作用しなくなるのである（**内生的貨幣供給**★にについては，第5章第4節(4)を参照されたい）。

貨幣供給が内生的である現代の信用貨幣経済においては，賃金と価格の伸縮性が完全雇用をもたらすという新古典派の主張の根拠はきわめて薄弱なものでしかない。そればかりではなく，不況の局面での賃金と価格の下方伸縮性は，かえって産出量と雇用量の減少をもたらすであろうと考えるためのいくつかの根拠が存在する。そこで次に，価格伸縮性の不安定化効果についてみていくこ

とにしよう。

(2) 価格伸縮性の不安定化効果

まず第1に，物価の下落は，貨幣をはじめとする資産の実質価値だけでなく，負債の実質価値をも増加させることを見落としてはならない。すなわち，負債の名目価値 D が一定である場合，物価水準 P が下落するならば，負債の実質価値 $\frac{D}{P}$ は増加する。このような債務負担の増大は，債務の返済を困難にすることによって企業の破産を増加させたり，そうでなくとも企業の利潤を減少させたりするので，企業の投資支出を抑制する要因となるだろう。このようにして負債の増加とデフレーションという2つの病弊が互いにその悪影響を強め合う結果，産出・雇用水準の低下が累積的に進行するのである。このような考え方は，1930年代の大不況の分析を通じて構築されたアーヴィング・フィッシャー (I. Fisher) の「負債デフレーション理論」において示されたものである。したがって，この効果を**負債デフレーション効果***と呼ぶことにしよう。第11章第6節でみるように，この考え方はミンスキー (H. P. Minsky) の「金融不安定性仮説」にも受け継がれている。

第2に，本章の第2節でもふれたように，物価の下落は，負債の実質価値を高めることを通じて債務者から債権者への購買力の移転を発生させる。一般には債務者よりも債権者のほうが限界支出性向が小さいので，このような購買力の移転は経済全体の消費需要を減少させて，総需要の低下をもたらし，デフレーションをさらに厳しいものとするだろう。トービンは，この効果を**フィッシャー効果***あるいは**逆ピグー効果***と名づけている (Tobin [1980])。

第3に，総需要の減少による物価の下落は，将来のいっそうの物価下落の予想を生み出し，所与の名目利子率の下で実質利子率を上昇させる。実質利子率 r，名目利子率 i，期待物価上昇率 $\hat{P}^e$ の間には，

$$r = i - \hat{P}^e \tag{10-9}$$

という関係がある。(10-9)式は**フィッシャー方程式**と呼ばれている。この式から，期待インフレ率が下落するとき，言い換えるならば期待デフレ率が上昇するときには，実質利子率が上昇することが理解される。実質利子率の上昇は投資支出を減少させるので，その結果，不況はさらに悪化するかもしれない。

しかも価格の伸縮性が大きければ大きいほど，人々は，将来の物価下落が大きくなると予想するだろう。その場合には，実質利子率が上昇して投資と産出量の水準が低下する度合いもそれだけ大きくなる。この効果は，それを定式化した経済学者マンデル（R. Mundell）の名にちなんで**マンデル効果**★と呼ばれることがある。

以上のように，深刻な不況の下での賃金と価格の切下げは，累積的なデフレーションを誘発することによって経済を不安定化する可能性が大きい。したがって，新古典派経済学の見解とは反対に，ケインズの視点を継承する社会経済学の考え方によれば，賃金や価格の粘着性をもたらすような社会的・制度的仕組みは，むしろ経済システムを安定化させる要因であるとみなされる。それは，価格の粘着性が将来の不確実性を減少させて，人々の期待形成を安定化するからである。すなわち，賃金と価格が粘着的である場合には，企業家は，生産費用と生産物価格の動向を予測することがある程度まで可能となるので，ある種の慣行的な判断にもとづいて生産活動に乗り出すことができる。賃金と価格の粘着性は，持続的失業を生み出す原因であるどころか，むしろ安定的な経済成長にとっての前提条件となるのである。

■ 読書案内

- B・ローソン『現代資本主義の論理』（藤川昌弘・小幡道昭・清水敦訳）新地書房，1983年。
  第6章「対抗，インフレーション，および貨幣」は，インフレーションの「コンフリクト理論」を提示したことで著名な論稿。ただし，現在は入手が困難。
- P・デヴィッドソン『ポスト・ケインズ派のマクロ経済学——21世紀の経済政策の基礎を求めて』（渡辺良夫・小山庄三訳）多賀出版，1997年。
  ケインズ革命の意義をあらためて問い，インフレーションや失業など，現代経済が直面する諸問題を解決するための政策を提唱する。
- 吉川洋『現代マクロ経済学』創文社，2000年。
  上級レベルのマクロ経済学の教科書。ケインズ経済学の核心が，価格の硬直性ではなく「有効需要の原理」にあることを明らかにする。

■ 本章のまとめ

1. インフレーション（デフレーション）は，恣意的な所得再分配を生み出したり，貨幣経済の効率性を低下させたりするなどの深刻な社会的費用を経済にもたらす。
2. インフレーションは，所得分配をめぐる経済諸集団の闘争の結果として生じる。総需要の水準が高く，失業率が低い状況の下では，労資間の対立が激化してイ

ンフレーションが加速する。
3. インフレーションを抑制するためには，賃金上昇率を生産性上昇の範囲内に抑えるような所得政策をとらなくてはならない。
4. 伸縮的な価格と賃金は，経済システムを不安定化させる。特に不況の局面での物価水準の下落は，深刻なデフレーションを引き起こして，不況をさらに悪化させる恐れがある。

第11章

景気循環

本章の課題
1. 景気循環とはいかなる現象か。また景気循環にはどのような類型があるのか。
2. マルクスは景気循環をどのように捉えていたのか。
3. 現代のマルクス派景気循環理論には，どのようなタイプの理論があるのか。
4. カレツキ＝カルドア型の景気循環理論の特徴はどこにあるのか。
5. ミンスキーの「金融不安定性仮説」は，景気循環の発生をどのように説明しているのか。

---

1. 景気循環とは何か

　資本主義経済は直線的に成長を続けるのではなく，そこにおいては好況と不況との反復が周期的に発生する。このような経済の動きを**景気循環**★（business cycle）という。社会経済学のアプローチにおいては，景気循環は，資本主義経済の矛盾の典型的な現れであるとみなされている。すなわち，資本蓄積が一定期間にわたって進行すると，それに続いて資本主義経済それ自らがはらむ内在的な矛盾によって好況は不況へと転化する。ひとたび景気の下降が始まると，それは深刻な大不況へと進展していくかもしれない。したがって，資本主義経済の本来的な不安定性を強調する異端派経済学者たちの間では，景気循環の機構を解明することはきわめて重要な理論的課題であると常に位置づけられてきた。

　新古典派経済学においても，また社会経済学においても，景気循環の理論にはきわめて多様な類型のものがあり，今日に至るまで，多くの経済学者が同意している共通の理論というものは存在していない。景気循環の理論は，いくつ

かの基準を用いることによって類型化することができる。まず，景気循環が経済システムの外部からのショックによって生じるのか，それとも経済システムの中から内生的に生じるのかについて見解が分かれている。また，景気循環が主に貨幣的な要因によって生じるとみるのか，それとも実体的な要因によって生じるとみるのかによって理論が区分される。さらに実体的なショックについても，供給サイドのショックを重視する見解と需要サイドのショックを重視する見解とが対立している。

　この章では，社会経済学における景気循環分析の出発点となっているマルクス（K. Marx）の理論を概観し，現代マルクス派の景気循環理論の諸類型を紹介した後に，ポスト・ケインズ派の景気循環論の代表的な存在と位置づけられているカレツキ（M. Kalecki）とカルドア（N. Kaldor）の非線型景気循環理論，およびミンスキー（H. P. Minsky）の金融的景気循環理論についてみていくことにする。

2．景気循環の特徴と類型

　景気循環とは，国民所得（GDP）によって示されるマクロ経済の活動水準の周期的変動のことをいう。景気が下降から上昇に転じる点を**谷**と呼び，上昇から下降に転じる点を**山**と呼ぶ。1つの谷から山にかけての局面が**拡張期**であり，山から谷にかけての局面が**後退期**である。1つの谷から次の谷までの（あるいは，1つの山から次の山までの）長さによって景気循環の1つの周期が定義される（図11-1）。拡張期は，産出量と雇用量の急速な増加によって特徴づけられる。これに対して後退期には，産出量の増加が緩慢になり，失業が増加する。景気の後退が厳しいものであるならば，産出量が減少して，経済成長率がマイナスになることもある。ただし，第2次世界大戦後の先進資本主義経済においては，ほとんどの国のほとんどの期間で経済成長率がプラスとなっているため，今日では，GDPそれ自体の水準のアップ・ダウンではなく，経済成長率のアップ・ダウンで景気循環を定義することが一般的となっている。

　景気循環は周期の違いによっていくつかに分類される。それらは，周期の短い順に，それぞれの発見者の名にちなんで，①キチン循環，②ジュグラー循環，③クズネッツ循環，④コンドラチェフ波動，と呼ばれている。第1に，周期が

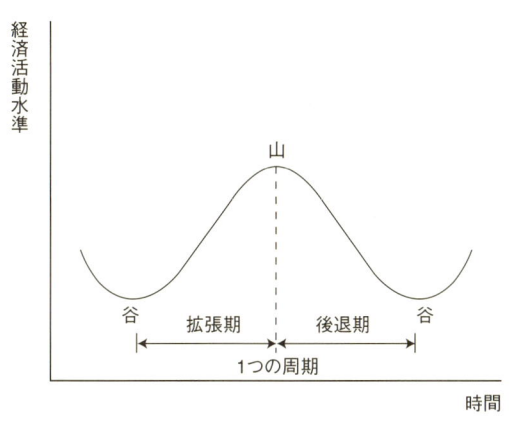

図11-1 景気循環

　3〜4年ともっとも短い**キチン循環**は主に在庫投資の変動によって生じると考えられている。第2に，周期が8〜10年の**ジュグラー循環**は，設備投資の変動がその原因であるとされている。この循環は，一般に景気循環の理論的考察の主要な対象とされているために「主循環」と呼ばれることもある。第3に，**クズネッツ循環**は建設投資の変動によって生じるとみなされており，周期が約20年の循環である。

　さらにロシアの経済学者コンドラチェフ（N. D. Kondratieff）は，資本主義経済には約50年を周期とする長期波動が存在することを1920年代に主張した。この循環は**コンドラチェフ波動**＊と呼ばれている。彼の見解によれば，豊富な貯蓄の存在とその投資者への集中を前提とする新規投資の高揚によって長期波動の上昇局面が開始し，貸付資本がしだいに枯渇するにつれて利子率の上昇と投資の削減が生じて，長期波動の下降局面が始まる，とされる。後にシュンペーター（J. A. Schumpeter）は，コンドラチェフとは異なり，長期波動の原因を企業家による技術革新に求めている。第13章でみるように，欧米マルクス経済学の系譜に属するレギュラシオン理論もまた，独自の視点から資本主義経済の長期波動を説明しようとする試みであるとみなすことができる。

　戦後日本の経済成長率は，図11-2のように推移している。この図から，戦後日本経済は，経済成長率の上昇と下降を繰り返しながら，成長のペースを徐々に減速させてきたということがわかる。1950年代後半から1960年代の

(出所)内閣府「国民経済計算」

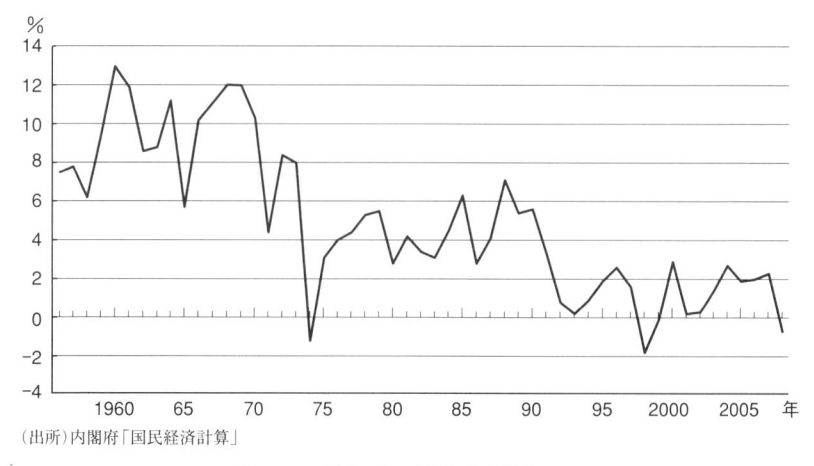

図11-2　戦後日本の実質経済成長率

「高度成長」の時期には，年平均10％前後の高い成長率を日本経済は達成していたが，1970年代以降は，中程度の成長から低成長へと，しだいに成長のペースが低下している。1990年代の平均成長率は約1％であり，2000年代に入っても依然として経済活動の停滞が続いている。

　内閣府（2000年までは経済企画庁）が公表する「景気基準日付」によれば，戦後日本経済（1951～2002年）はこれまでに13回の景気循環を経験した。戦後最長の景気拡張期は1965年に始まる「いざなぎ景気」で，景気の拡張が4年9ヵ月に及んだ。ただし，2002年2月に始まる第14循環の景気の山が暫定的に2007年10月に設定され，その拡張期間は5年9ヶ月となる。したがって，あくまで暫定ながら「いざなぎ景気」を超えたことになる。他方で最長の景気後退期は，第2次石油ショック後の1980年に始まる不況で，ちょうど3年にわたって景気の後退が続いた。拡張と後退を合わせた1つの循環の長さは，最長の6年11ヵ月（1986年11月～1993年10月）から最短の2年7ヵ月（1975年3月～1977年10月）までのばらつきがあるが，平均すると4年強になる。このうち拡張期の長さが平均3年弱で，後退期の長さが約1年半であるから，拡張期は後退期のほぼ2倍の長さである。したがって「景気基準日付」によって定義されている景気循環は，キチン循環に対応していると考えることができる。さらに戦後日本経済においても，ほぼ10年周期のジュグラー循環と20年周期のクズネッツ循環が存在することが，多くの人々によって確認されている。

3. マルクスの周期的恐慌論

(1) 景気循環の発見

　景気循環と恐慌は，資本主義経済に特有の現象である。しかし資本主義経済の生成期の恐慌は，戦争や財政に関連する政治的要因，天候の変化による農作物の収穫状況，各種の投機活動などによって規定される不規則で局所的な現象にすぎなかった。したがって，それらを原因として生起する景気の変動は，資本主義に内在する自律的で法則的な運動ではなかった。ところが産業資本主義の成立以来，イギリスにおいては，1825年，1836年，1847年，1857年，1866年，とほぼ10年の周期で激烈な**恐慌**が勃発し，それを媒介として好況と不況の交替が規則的に繰り返されるようになった。すなわち，数年にわたる好況の結果として，数ヵ月から1年ほどの短期間のうちに経済活動の急激な収縮が起こり，1～3年程度の不況がそれに続くという経済変動のパターンが確立したのである。恐慌の局面においては，生産物価格の崩落，利潤率の低下，生産の縮小，失業の増加が急速に進むとともに，信用制度が崩壊して，経済過程は一時的に麻痺状態に陥る。このように，19世紀の資本主義においては，国家の政策的介入の拡大によって景気の局面変転がなだらかなものとなった第2次世界大戦後の資本主義とは異なり，好況・恐慌・不況という3つの局面から景気循環がなっていた。

　マルクスに先立つ古典派経済学は，資本主義を自然的で調和的な秩序とみなし，一般的過剰生産として現れる恐慌の可能性を原理的に否定していた。そのような見方は，「供給はそれ自らの需要をつくり出す」という**セイ法則***に端的に示されている（第9章第2節を参照）。これに対してマルクスは，1825年恐慌から2度の循環性恐慌しか経験していない1840年代に，恐慌が法則性をもって発生する経済現象であることをいち速く指摘した。彼は，『哲学の貧困』（1847年）において次のように述べている。

　　大工業の誕生と同時に，……生産は，繁栄，不況，恐慌，沈滞，あらたな繁栄——以下この順をくりかえす——という変遷をつぎつぎと永遠にたどりつづけることを，宿命的に強制されているのである。(Marx [1847] 邦訳 p.96)

このように，経済学の歴史において，景気循環という現象を最初に発見したのはマルクスであった。以下では，マルクスの説明にもとづいて，古典的資本主義の景気循環を構成する好況・恐慌・不況の各局面の特徴について述べることにしよう。景気循環は反復的な過程であるので，どの局面から考察を始めることもできるが，ここでは好況の局面から始めることとする。

(2) 景気循環の過程
①好況期

好況初期においては，既存の固定資本が十分な収益をあげることができることから，まずはその稼働率の上昇によって需要の増加への対応がなされ，さらに，それを通じて得られた利潤によって固定資本それ自体の積極的な蓄積が進められる。資本蓄積の拡大につれて労働力に対する需要も増加するけれども，この時期には，良質の労働力が豊富に存在しているので，既存の賃金水準で労働力を調達することができる。また蓄積の進行とともに資金需要も旺盛となるが，信用の順調な還流に支えられて利子率もなお低い水準にとどまる。こうして，この局面においては，安定した賃金水準を背景として，利子率と利潤率の双方がともに安定的に推移し，資本蓄積が順調に進んでいくことになる。

しかしながら，資本の蓄積とともに労働力需要が増大するので，好況が続くと，やがては**産業予備軍**＊と呼ばれる失業者のプールが枯渇することになるだろう。こうして好況末期には，労働力不足の状態が現れて，賃金水準は上昇せざるをえなくなる。その場合，蓄積が進むといっそうの賃金上昇によって利潤が圧縮されるので，蓄積によって資本が追加されても以前より少ない利潤しか取得できないか，かえって利潤が減少するという**資本の絶対的過剰生産**＊の状態に経済は陥ることになる。また銀行の資金供給もしだいに非弾力的となっていくので，利子率も上昇し始める。したがって好況末期には，賃金上昇と利子率の上昇によって利潤が徐々に侵食され，恐慌の可能性がしだいに現実味を帯びたものとなってくる。

②恐慌期

資本の絶対的過剰生産によって利潤率の低下が深刻になってくると，資金の貸し手である銀行は利子率をいっそう引き上げるだけでなく，信用供給そのものを停止せざるをえなくなるだろう。こうして恐慌は，まず信用恐慌という外

観をまとって発生する。新たな資金の供給を受けることのできない企業は，負債を返済するために在庫の投げ売りによって資金を調達しようとするので，商品価格は崩落する。商品価格の下落が激しいものであるならば，新たに商品を生産しても生産費用を回収することさえ困難となるので，生産活動の規模は急速に縮小することになるだろう。こうして資本の過剰蓄積は，生産能力の過剰と労働力の過剰とを同時に引き起こし，その結果，企業倒産が続出するとともに大量の失業が発生する。このため労働者の消費需要は大きく減少するので，商品の販売はますます困難の度を増してゆく。こうして典型的な周期的恐慌は，信用恐慌・商業恐慌・産業恐慌の3つが一体となって急性的・全面的に展開する。

③不況期

恐慌期には企業倒産の連鎖を通じて過剰資本の整理が進むが，一部の企業は企業清算の嵐を乗り越えて存続することができるだろう。これに続く不況期には，かろうじて存続することのできた企業によって生産活動が続けられることになる。この時期には，大量の失業労働者が生み出されているので賃金水準は下落し，投資の回復のための条件が形成されるけれども，他方で生産物価格は依然として低い水準にとどまっているので，投資活動もしばらくは停滞を続けることになる。また投資の停滞を反映して資金需要も低調に推移するので，利子率も低水準にとどまるが，このことも直ちに投資の回復をもたらす要因としては作用しない。したがって，低賃金・低利潤・低金利が並存する状況がかなりの期間にわたって継続するというのが不況期の特徴となる。

しかし，既存の固定資本の償却と廃棄が進むと，生産物の供給が需要に調節されることによって，生産物価格の下落傾向が止まり，それに関連する資本財の生産も下げ止まる。こうして，ようやく不況は底入れを示し，景気回復の兆しが現れる。しかし不況末期には，依然として各企業が過剰な生産能力を抱えており，各企業は自らの生産物をできるかぎり多く販売して資本設備の稼働率を高い水準に維持しようとするので，企業間で厳しい価格競争が展開されることになる。この競争に勝ち残るためには生産条件を改善して費用を切り下げることが不可欠となるため，個別企業は固定資本の更新による生産方法の改善を強いられる。この時期には，固定資本の償却と廃棄がかなりの程度まで進むと同時に，生き残った企業には多少なりとも利潤が蓄積されているので，固定資

本の更新をともなう新生産方法の導入が集中的に展開されるようになる。この新しい資本財需要のために資本財生産部門の生産と雇用が拡大し，それに続いて消費財生産部門の生産と雇用もしだいに拡大してゆくので，経済は，新たな好況の局面を迎えることになる。

(3) 景気循環の基本的性格

　上でみたように，景気循環を引き起こす直接的な原因は投資の変化である。そして投資は，利潤率の変化に反応して増減する。好況期には高い収益性に導かれた順調な資本蓄積の進行によって景気が拡大してゆくものの，資本の過剰蓄積によって利潤率が低下すると投資が崩壊し，経済は恐慌に続いて不況の局面をたどることになる。そして不況期の賃金下落によって利潤率が改善すると，ふたたび投資の回復のための条件が用意されて，不況から脱出し，新たな好況の局面が始まる。

　このような見方は，社会経済学の流れを汲む多様なアプローチに共通するものであるといってよい。後にみるように，ポスト・ケインズ派の景気循環理論も，マルクスと同様に，投資の変化が景気循環の原因であると考えている。マルクスの見解の特徴は，景気循環の過程を通じて資本家と労働者の間の階級的力関係が変化し，それによって利潤率と賃金率が規制されるとみる点にある。すなわち，**産業予備軍***という失業労働者のプールが豊富に存在する局面においては，資本家の側が優位に立ち，賃金は相対的に低い水準に抑制される。これに対して，資本の蓄積が進むにつれて労働市場が逼迫し，完全雇用に近い状態が現れると，階級的力関係が逆転して労働側の交渉力が強くなるので，急速な賃金上昇が生じやすくなる。このようにして，利潤率と賃金率は階級間の力関係に依存しながら変化するのであるから，マルクスによれば，景気循環と恐慌の根本原因は資本主義的な階級関係にあるということになる（産業予備軍とその経済的機能については，第4章第3節を参照されたい）。

　より抽象的・一般的には，周期的恐慌とは資本主義における**生産力**と**生産関係**との矛盾の発現であると，マルクスは把握していた。彼によれば，巨大な生産手段や交通手段の発達によって生産力がますます社会的な性格を強めているために，私的所有にもとづく資本主義的生産関係は，もはや生産力を促進する要因ではなく，逆に生産力の発展にとっての桎梏となっている。このような資

本主義に内在する基本的矛盾の爆発が恐慌にほかならないのである。しかしその一方で，周期的恐慌という形で現れる資本主義の内的矛盾は，恐慌期における過剰資本の整理と産業予備軍の創出を通じて現実的な解決を与えられる。恐慌は一時的にせよ過剰生産と不均衡を解決し，資本蓄積再開のための土台を用意するからである。マルクスは，恐慌を「ブルジョア的経済のあらゆる矛盾の現実的総括および暴力的調整」であると捉えている（Marx［1905］）。ただし，そのような解決は相対的・一時的なものにすぎないから，好況期の蓄積を通じてふたたび過剰生産と不均衡が拡大することになり，この不均衡もふたたび恐慌によって暴力的に解決されねばならなくなる。こうして周期的な恐慌を繰り返しながら蓄積過程が進行するところに，資本主義的な蓄積の基本的な特徴がある。

しかしながらマルクスは，恐慌と景気循環の分析について多くの有益な示唆を残してはいるものの，彼自身の体系的な景気循環の理論を構築するには至らなかった。マルクス以後，景気循環理論の展開はマルクス経済学における重要な課題の1つとなり，これまで多くの理論家たちが，それぞれの観点からマルクスの分析の拡張を試みてきた。そのため，景気循環と恐慌に関するマルクス派の理論にも実に多様なものが存在する。次の節では，現代のマルクス派における景気循環理論の諸類型について概観することにしよう。

4. マルクス派景気循環論の諸類型

前節でみたように，マルクスの見解によれば，景気循環は投資の変化によって引き起こされる。そして投資は利潤率に反応して変化する。したがって，利潤率は経済変動にとっての基軸的な変数であるということになる。そこで，まず利潤率がどのような要素から構成されるのかについて考えてみよう。資本ストックを K，利潤を Π，現実の国民所得（産出量）を Y，完全稼動水準で実現される国民所得（潜在的産出量）を Y^* とすれば，利潤率 $\dfrac{\Pi}{K}$ を次の3つの構成要素に分解することができる。

$$\frac{\Pi}{K} = \frac{\Pi}{Y} \cdot \frac{Y}{Y^*} \cdot \frac{Y^*}{K} \tag{11-1}$$

すなわち利潤率は，①利潤シェア $\dfrac{\Pi}{Y}$，②生産能力利用度 $\dfrac{Y}{Y^*}$，③潜在産出

量／資本比率を表す $\dfrac{Y^*}{K}$ によって決定される（**利潤率***の決定については，第2章第5節(3)ですでに詳しく説明した）。これら3つの要素のうちのいずれを重視しているのかによって，マルクス派の景気循環論は以下の3つに分類される。

第1は，利潤シェアの変化に注目して，利潤率と投資の変化を説明しようとする理論である。この理論によれば，拡張期には蓄積の進行とともに産業予備軍が減少するので，労働側の交渉力が増大して賃金上昇が生じる。賃金上昇は利潤シェアを低下させることを通じて利潤率の低下を引き起こす。このような**利潤圧縮***（profit squeeze）は，収益性に関する資本家の期待を悪化させて投資の減少を招き，景気の後退を開始させることになる。これとは反対に，不況期には失業が増大するために労働側の交渉力が低下して賃金が下落するので，利潤シェアは上昇することになるだろう。このことは，利潤率の上昇と投資の増加を，ひいては景気の回復をもたらす。この理論の代表的な提唱者には，アメリカのボディ（R. Boddy）とクロッティ（J. Crotty），イギリスのグリン（A. Glyn）とサトクリフ（B. Sutcliffe）などがいる。ポスト・ケインズ派に属するグッドウィン（R. M. Goodwin）の成長循環モデルも，この理論と同じ着想にもとづくものである。

第2は，生産能力利用度の変化に焦点をあてる理論である。景気拡張の初期には，生産物に対する需要が増加するので，資本設備の稼働率が上昇し，その結果，利潤率もまた上昇するので，投資と産出量は増加を続けることになるだろう。しかし，この理論によれば，何らかの理由によって，拡張期における実質賃金の上昇は労働生産性の上昇よりも緩やかにしか進まないとされるので，蓄積の進行につれて賃金シェアは低下するようになる。その理由として，労働契約期間が固定されているために賃金上昇が景気の拡張に遅れることや，過剰な労働者を企業内に抱え込む労働保蔵が存在する場合には景気の拡張とともに労働生産性が急速に上昇することなどが考えられる。賃金シェアの低下によって労働者の消費需要と総需要の増加が制限されるならば，これに続いて能力利用度と利潤率の低下が生じるので，投資が減少して景気の後退が始まる。景気後退期には，実質賃金の下落が労働生産性の低下よりも緩やかであるために，この時期には賃金シェアが上昇する。このことは需要の減少を緩やかなものとすることを通じて稼働率の上昇と投資の増加をもたらすので，景気は回復に向かうことになるだろう。このように，景気後退と不況の原因を消費需要の不足

に求める理論は**過少消費説***と呼ばれる。過少消費説は，古典派経済学者のマルサス（T. R. Malthus）やシスモンディ（J. Sismondi）以来の長い歴史を持っている。過少消費説の流れを汲む著名なマルクス経済学者に，バラン（P. Baran）とスウィージー（P. M. Sweezy）がいる。

　第3の類型の理論は，潜在産出量／資本比率の動きを重視するものである。この比率は近似的に**資本の有機的構成***の逆数であるとみなすことができる。マルクスは，生産手段の購入に投じられた資本を**不変資本**，労働力の購入に投じられた資本を**可変資本**，労働によって新たにつくり出された価値を**剰余価値**と呼び，さらに生産において用いられる労働力に対する生産手段の割合，すなわち可変資本に対する不変資本の割合を「資本の有機的構成」と定義した。ここで，不変資本を C，可変資本を V，剰余価値を M で表すと，潜在産出量／資本比率は，

$$\frac{Y^*}{K} = \frac{V+M}{C} \tag{11-2}$$

と書き直すことができる。この式の右辺 $\frac{V+M}{C}$ の逆数 $\frac{C}{V+M}$ は，資本の有機的構成を示す $\frac{C}{V}$ とほぼ同じ動きを示すと考えられるので，潜在産出量／資本比率を近似的に資本の有機的構成の逆数であるとみなすことができる。この理論の提唱者たちは，マルクスにしたがい，資本の有機的構成が時とともに高度化する傾向を持っていると主張する。資本構成の高度化は潜在産出量／資本比率の低下を意味しているので，その場合，利潤率の低下が生じて，投資が減少することになるだろう。しかし，この理論には，利潤率に対する下方圧力の存在を示すだけで，景気の内生的な回復を説明することができないという難点がある。この理論は，シャイク（A. Shaikh）をはじめとする原理的なマルクス経済学者の間で比較的多くの支持を集めている。

　これら3つの理論のうち，第1の利潤シェアを重視する理論と，第3の潜在産出量／資本比率を重視する理論が供給サイド理論であるのに対して，第2の生産能力利用度に注目する理論は需要サイド理論であると大まかに分類することができる。しかしながら，実際の景気循環の過程においては，需要面と供給面の双方の要因がともに利潤率・投資・産出量の決定に影響を及ぼしているに違いない。したがって，需要サイド理論と供給サイド理論を統合するとともに，景気循環の各局面で需要と供給のいずれの面の要因がより強く作用しているの

5. カレツキ＝カルドア型の非線型景気循環理論

　第9章でも述べたように，カレツキは，ケインズ（J. M. Keynes）とは独立に「有効需要の理論」を発見した経済学者として知られている。しかし，ケインズが本格的な景気循環の理論を形成するには至らなかったのに対して，カレツキの理論は，最初から景気循環を考察の対象とする動学的な理論であった。カルドアもまた，カレツキとほぼ同じような考え方にもとづく景気循環モデルを提示している。彼らの理論モデルは，今日では**カレツキ＝カルドア型モデル**と呼ばれ，ポスト・ケインズ派を代表する景気循環理論の1つと位置づけられている。ここでは，1939年のカレツキの著作『経済変動理論論集』（Kalecki [1939]），および1940年のカルドアの論文「景気循環のモデル」（Kaldor [1940]）にもとづいて，彼らの景気循環理論を紹介することにしよう。

　カレツキとカルドアの理論の特徴は，利潤原理にもとづく投資関数と乗数理論を結合している点にある。まず投資財生産量と国民所得との関係は，**乗数*理論**にもとづいて，

$$Y_t = f(A_{t-\lambda}) \tag{11-3}$$

と表される。ここで，Yは国民所得，Aは投資財生産量，λは投資財生産量と所得の間のラグを表す。したがって，この式は，投資財生産量の変化がλ期のラグの後に所得の増加をもたらすということを示している。さらに投資財注文量をI，投資財の注文と生産のラグをλに加えたものをτとすれば，(11-3)式を次のように書き直すことができる。

$$Y_t = f(I_{t-\tau}) \tag{11-4}$$

すなわち，今期の国民所得はτ期前の投資決意によって決定されることになる。この関係は，図11-3におけるような右上がりの直線として描かれる。この直線の傾きは乗数の値に依存する。乗数が大きくなればなるほど，直線の傾きは緩やかになる。

　次に**投資関数***について考えてみよう。カレツキは，「危険逓増の原理」にも

第11章 景気循環　275

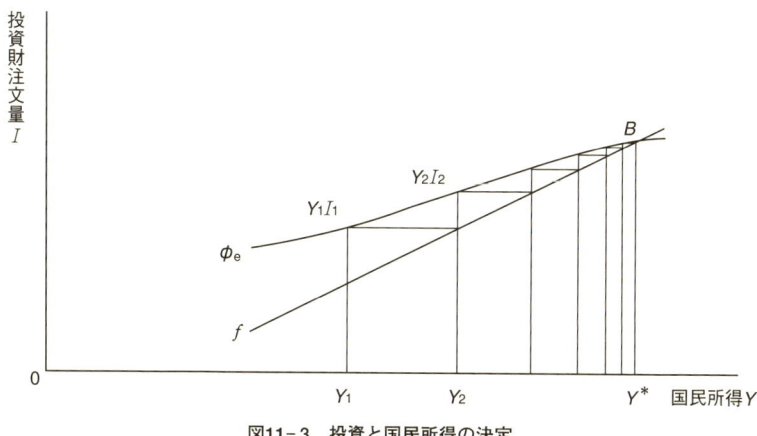

図11-3　投資と国民所得の決定

とづいて，投資が予想利潤率と利子率の差の増加関数であるとみなしていた（第9章第3節(3)を参照）。しかし，企業家が将来における事業の状態を正確に予測することはほとんど不可能であるから，彼らの期待形成の過程に対しては現在の状態が大きな影響を及ぼすであろう。したがって，予想利潤率もまた現行利潤率に依存することになる。さしあたり資本ストックが一定であると仮定するならば，現行利潤量 Π を資本ストック K で割った現行利潤率 $\frac{\Pi}{K}$ は利潤量によって決定される。さらに分配関係が安定的であるかぎり，利潤量は国民所得 Y に依存して決まるので，結局のところ，投資は国民所得そのものの関数であるということになる。したがって利子率が安定的であるとするならば，投資財注文量を次の式によって表すことができる。

$$I_t = \phi_e(Y_t) \tag{11-5}$$

ここで ϕ は増加関数であり，添字 e は一定量の資本ストックを表している。このように，利潤量（あるいは国民所得）の水準によって投資の決定を説明する考え方を**利潤原理***または**速度原理***という。

　さらに，この投資関数(11-5)式は，図11-3のように緩やかなS字型の曲線として描かれる。景気の回復につれて企業家の期待は楽観的となり，投資財の注文が急速に増加する一方で，ある点を超えれば，企業家たちの間で景気拡張の持続についての疑念が生じて，投資財の注文は以前よりも緩慢にしか増加しなくなるからである。このように，1次関数の形をとっていない投資関数を**非**

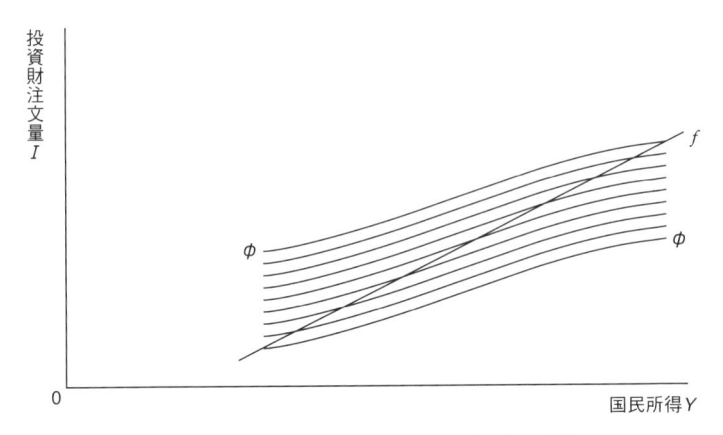

図11-4　資本ストック変化の投資財注文量に対する影響

線型な投資関数という。

　投資財注文量の決定を示すϕ曲線がS字型であるために，それはある点でf曲線と交差するはずである。これら2つの曲線の交点Bにおいては，投資財注文量と国民所得は増減いずれの傾向も持たない。しかし，ある時点の国民所得がY_1であったとするならば，そのときの投資財注文量はI_1であり，この投資財注文量は次期にY_2の国民所得をもたらすであろう。そして国民所得がY_2であれば，そのときの投資財注文量はI_2であるから，それによっていっそうの国民所得の増加がもたらされる。このようにして，投資財注文量と国民所得の増加は，YとIが点Bに到達するまで続くであろう。そして点Bにおいて均衡国民所得が与えられることになる。要するに，ϕ曲線がf曲線の上方に位置しているならば国民所得は増加に向かう。反対に，ϕ曲線がf曲線の下方に位置している場合には国民所得は減少するだろう。

　ここまでは，資本ストックが一定であるという仮定にもとづいて議論を進めてきた。しかし不変の国民所得Y（したがって，不変の利潤量Π）の下での資本ストックKの増加は，利潤率$\dfrac{\Pi}{K}$の低下をもたらすので，投資財注文量を減少させる要因として作用するだろう。それゆえ，国民所得が不変である場合には，資本ストックの増加はϕ曲線を下方にシフトさせる。したがって図11-4のように，資本ストックの量に対応して一群のϕ曲線を描くことができる。このようにして，資本ストックの変化が投資に及ぼす影響を考慮する場合には，

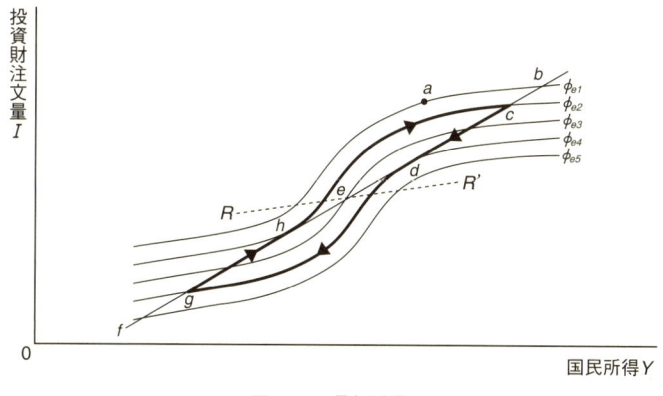

図11-5 景気循環

投資は，国民所得の増加関数であるとともに，資本ストックの減少関数であるということになる。

さて，これまでに得られた結果をふまえるならば，景気循環の過程を説明することができる。図11-5は，図11-4と同じく，一群の投資関数に乗数関係を示すf曲線を重ね合わせたものである。均衡においては貯蓄と投資が等しくなることから，関数fは，国民所得と貯蓄との関係を示す貯蓄関数であるとみなすこともできる。景気循環についてみていくに先立ち，粗投資が減価償却量を上回れば資本ストックが増加し，粗投資が減価償却量を下回れば資本ストックが減少するということを想起されたい。すなわち，純投資がゼロの場合にのみ，資本ストックは不変に保たれる。ここで，各々のϕ曲線の上に純投資がゼロとなる点をとり，それらの点を結んだ軌跡がRR'であるとする。

資本ストックが大きくなるほど減価償却量が大きくなり，資本ストックを不変に保つために必要とされる更新投資も大きくなるため，RR'線は右上がりとなる。RR'線の上方の領域では純投資が正であるのでϕ曲線は下方にシフトし，RR'線の下方の領域では純投資が負であるのでϕ曲線は上方にシフトするということになる。このようなϕ曲線のシフトによって示される資本ストックの変化と，先に図11-3において示されたϕ曲線とf曲線の交点に向かうYとIの運動とがあいまって景気循環を生み出すのである。それでは，図11-5を用いて景気循環の過程をたどることにしよう。

いま経済がa点にあるとしよう。この点ではϕ曲線がf曲線の上に位置して

いるので，YとIは，2つの曲線の交点に向かってϕ_{e1}の上をb点に向かって動く。しかしRR'線の上の領域においては純投資が正であるので，資本ストックが増加し，ϕ曲線は下方にシフトし続けるであろう。その結果，経済はf曲線の上をb点からc点へ，さらにd点へと移動して下降を続ける。しかしd点では投資関数が貯蓄関数に下から接しているので，この点は不安定な均衡点である。すなわち，この均衡点の右側の領域では経済を均衡へと向かわせる力が作用する一方で，その左側では均衡から離れさせようとする力がはたらく。貯蓄が投資を上回るとき（すなわち，総供給が総需要を上回るとき）には生産が減少するという調整メカニズムが存在すると想定されているからである。したがって経済は，d点を過ぎるとf曲線上から離れて投資関数ϕ_{e4}に沿って急速に下降し，景気の谷であるg点に至る。

　この点は安定的な均衡点であるものの，RR'線の下にあり，そこでは純投資が負であるために，資本ストックが減少してϕ曲線が上方に移動する。したがってYとIは増加に転じ，均衡点はf曲線に沿ってh点に至るであろう。しかしh点で均衡がふたたび不安定となるので，経済は急速な拡大を開始し，投資関数ϕ_{e2}に沿ってc点へと向かう。そしてこれ以降，$c \to d \to g \to h \to c$という経済の循環運動が無限に繰り返される。なお$e$点は，貯蓄と投資が等しく，かつ純投資がゼロの定常均衡点である。この点以外のどの任意の点から出発しても，経済は$c \to d \to g \to h \to c$という軌道に引き込まれることになる。

　ここまでみてきたように，カレツキとカルドアの景気循環理論は，非線型の投資関数を用いて景気循環の機構を説明しているので**非線型景気循環理論**★に分類される。さらに彼らの景気循環理論の特徴は，投資の**乗数効果**とともに**資本蓄積効果**を考慮している点にある。すなわち，投資は乗数効果を通じて需要と所得の増加をもたらす一方で，資本ストックを増加させることによって利潤率を低下させ，投資を抑制する要因としても作用するのである。とりわけカレツキは，恐慌の原因が投資の二面的性格にあることを強調していた。マルクスと同様に，カレツキもまた，投資には矛盾した性格があり，恐慌とは資本主義経済の内的矛盾の発現にほかならないとみていたのである。以下のカレツキの主張には，明らかにマルクスの影響をみてとることができる。

　　我々は，「何が周期的恐慌を引き起こすのか」という疑問に対して手短に

答えることができるのがわかる。投資は生産されるのみならず，資本設備の生産を行うものである。……投資の悲劇は，それが有用であるがゆえに恐慌を引き起こすことにある。おそらく多くの人々はこの理論を逆説的だと考えるであろう。しかし逆説的であるのは，理論ではなく，その主題，すなわち資本主義経済である。(Kalecki [1939] pp. 148-9)

6. ミンスキーの金融的景気循環理論

これまで考察してきたマルクスとマルクス派の景気循環理論，およびカレツキ＝カルドア型の景気循環理論においては金融的な要因があまり重要な役割を演じてはいなかった。これに対してミンスキーは，現代資本主義経済の分析においては，発達した金融機関を持つ貨幣経済をまず前提としなくてはならないと主張する。精巧で複雑な金融制度の存在こそが現代の資本主義を特徴づけるものであって，景気循環は資本主義経済にとって本質的な金融的属性のために生じるというのがミンスキーの基本的な見方である。投資と金融の相互作用が景気循環を生み出すことを明らかにしている彼の理論的枠組みは**金融不安定性仮説***と呼ばれている。その理論は，投資の変動が景気循環の主要な原因であり，また投資はさまざまな金融的条件によって制約を受けるというケインズの洞察を受け継いでいる（たとえば，Minsky [1986] を参照）。

ミンスキーによれば，**根本的不確実性**をともなう資本主義経済においては，投資とその金融についての意思決定は御しがたい不確実性に直面したままで行われざるをえない。そして，移ろいやすく突然の変化にさらされる利潤期待に導かれた投資の変動こそが経済の変動を生み出す推進力となる。したがって，景気循環の過程を説明するためには，まず投資の水準がどのようにして決まるのかを明らかにすることが重要な課題となる。

投資の水準は，投資財の需要曲線 P_K と投資財の供給曲線 P_I との関係によって決定される（図 11-6 を参照）。**投資財の需要価格**は，ある資本資産がもたらすと予想される収益の割引現在価値であり，それは主に将来利潤に関する現在の予想に依存する。これに対して**投資財の供給価格**は，貨幣賃金・原材料費用・利子費用などの生産費用に対するマークアップによって決定される（投資財の供給価格 P_I については，第9章第3節 (2) での説明を参照されたい）。P_K が P_I を

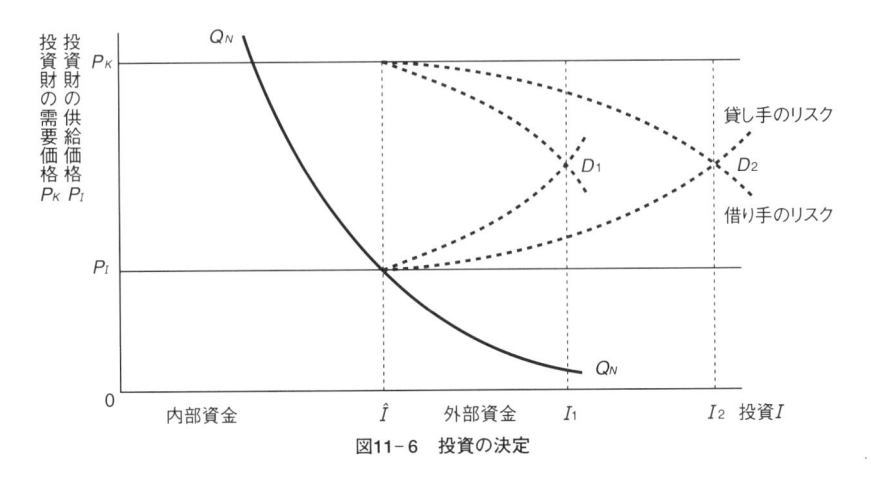

280　第Ⅲ部　現代資本主義の動態

図11-6　投資の決定

上回るならば投資が収益をもたらすので，その条件がみたされているかぎりにおいては投資が実行される。

　まず企業は，投資をファイナンスするために内部資金を優先的に利用するであろう。内部資金によってまかなうことのできる投資財価格と投資財数量の組合わせは $Q_N = P_I\hat{I}$ という式によって表されるので，ひとたび利用可能な内部資金の額が見積もられると，内部資金と投資との関係を定義する直角双曲線 Q_NQ_N を得ることができる。この直角双曲線と投資財の供給曲線 P_I との交点において，予想内部資金によってまかなうことのできる投資量が与えられる。図11-6では，それは $\hat{I}$ で示されている。

　投資がこの水準を上回るならば，企業は外部資金を導入しなくてはならない。しかしながら，カレツキが「危険逓増の原理」によって明らかにしたように，企業が自己資本の額を超えて投資を拡大するならば，**借り手のリスクと貸し手のリスク**がともに増大する（第9章第3節(3)を参照）。そのため，借り手のリスクを調整した投資財の需要価格 P_K がしだいに低下する一方で，貸し手のリスクを組み込んだ投資財の供給価格 P_I はしだいに上昇するだろう。その結果，これら2つの価格が等しくなる点 D_1 において投資の水準が決定される。このときの投資水準は I_1 となり，このうち $\hat{I}$ の部分は内部金融によって，$I_1 - \hat{I}$ の部分は外部金融によって調達されることになる。

　景気の拡張期には，楽観的な期待が経済全体を支配するので，企業と銀行はともに外部金融にともなうリスクを過小評価し，よりいっそう積極的な投資行

動と金融行動をとるようになる。企業は将来の成功を確信しており，借り手のリスクが低く見積もられるので，投資財の需要曲線 P_K の傾きは以前よりも緩やかなものとなるだろう。それと同時に，資金を供給する銀行の側では貸し手のリスクが弱まるので，債務不履行の危険を恐れずに低い金利で弾力的な資金の供給を行うようになる。このことは，投資財の供給曲線 P_I の傾きをいっそう緩やかにする。こうして企業と銀行がともに楽観的になるにしたがい，企業の投資需要は I_1 から I_2 に増加するだろう。このような投資の増加は，負債によってファイナンスされる必要がある。したがって，景気の拡張が進むにつれて企業の負債／自己資本比率（レバレッジ比率）はしだいに上昇する。資本主義経済の金融構造は，景気の拡張とともに頑健性から脆弱性へと向かう本来的な傾向を持っているのである。こうして経済は，穏やかな拡張から投機的な投資ブームへと導かれる。しかし，負債の増加をともなう投資ブームが永続的に続くことはありそうにない。実は，資本主義経済が内包する上方への不安定性こそが，深刻な不況過程の開始にとっての先行条件にほかならないのである。

　投資ブームから不況への転換の契機となるのは利子率の上昇である。投資ブームの局面においてはインフレーションが急速に進むので，中央銀行はそれを抑制するために，遅かれ早かれ金融引締め政策に転じることになるだろう。それと同時に，金融的に脆弱な経済主体が増加するようになると，銀行をはじめとする民間の金融機関も資金供給を抑制しようとするだろう。投資の増加にともない資金需要が急増する一方で，資金供給が非弾力化するので，短期利子率は急速に高騰する。さらに短期利子率の急騰は長期利子率の上昇をもたらす。このことは，利子費用の増大を通じて投資財の供給曲線を上方に移動させる一方で，資本資産によって稼得されると期待される粗利潤の現在価値を下落させるので，投資財の需要曲線を下方に移動させるであろう。利子率の上昇がきわめて急激なものである場合には，あらゆる投資水準において投資財の供給価格（費用の現在価値）がその需要価格（収益の現在価値）を上回る**現在価値の逆転**という現象が生じるかもしれない（図 11-7）。この場合には，投資活動が停止して企業の粗利潤が急落する。

　利潤の減少は，企業が負債を返済する能力を弱めることを意味している。利潤が減少し，しかもそれと同時に銀行が貸出を削減しているならば，企業は自らが保有している資本資産を売却することによって負債を返済するための資金

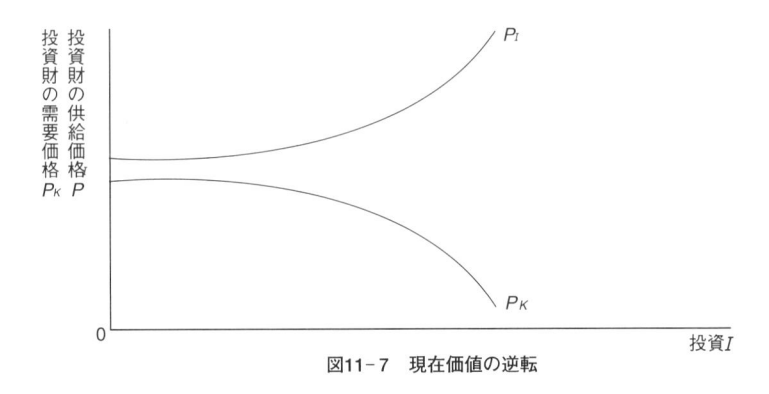

図11-7 現在価値の逆転

(縦軸: 投資財の需要価格 P_K, 投資財の供給価格 P / 横軸: 投資 I / 曲線: P_I, P_K)

を調達しなくてはならない。だが，このような動きが経済全体に広がると資産価格はさらに下落する。このような資産価格の崩壊は，投資の減少→利潤の減少→資産価格の下落，という**負債デフレーション***の累積的な進行過程を引き起こす可能性をはらんでいる。

ミンスキーの金融不安定性仮説は，負債デフレーションにさえ進展しかねないような金融不安定性が，経済システムにとって外生的なショックや政策当局の誤りによって生じるのではなく，資本主義経済の正常なはたらきの自然な結果として生じるのだということを強調する。言い換えるならば「安定性が不安定性を生み出す」というのが，資本主義経済の特質についてのミンスキーの見方である。すなわち資本主義経済とは，内生的な不安定性という本質的な欠陥をそれ自らのうちにはらんだシステムであるとみなされているのである。

しかしながら現実の資本主義経済においては，長期にわたる大不況が生じることはきわめてまれである。ミンスキーによれば，第2次世界大戦後の資本主義において深刻な大不況が生じなかったのは，2つの制度的な仕組みが景気の振幅を適度な範囲内に制限する「天井と床」として機能していたからであるとされる。第1に，不況期に反循環的な財政政策を採用する**大きな政府**が，企業の利潤フローの安定化を通じて，民間投資の水準を維持することに寄与していた。第2に，中央銀行が**最後の貸し手***として積極的に介入することによって，資産価格と金融市場を安定化し，負債デフレーションの発生を防いできた。このように経済システムの発散的な運動に対して制度的な天井と床を設定することによって，資本主義経済の不安定化傾向を抑制することができるのである。

ミンスキーの金融不安定性仮説は，資本主義経済に内在する諸力のはたらき

によって景気の上昇が下降に転化するのだという視点を，社会経済学の伝統にしたがう景気循環の諸理論と共有している。ミンスキーは，主にはケインズとカレツキの知的遺産を継承し，金融的要因と実体的要因の相互作用を明らかにしながら景気循環の発生を説明している。しかしながら，その分析視角は，恐慌期に生じる信用制度の崩壊に注目するマルクスの恐慌論とも重なり合う部分がある。したがって今日，ミンスキーの貢献は，ポスト・ケインズ派やマルクス派をはじめとする多くの異端派経済学者たちの関心を集め，その分析の深化と拡張がさかんに進められている。

■ 読書案内

- 宇野弘蔵『恐慌論』岩波書店，1953年。
  我が国におけるマルクス恐慌論研究の古典。好況期の賃金上昇にもとづく利潤率の低下が恐慌の契機になると説く。2010年に岩波文庫の1冊として復刊された。
- H・P・ミンスキー『金融不安定性の経済学——歴史・理論・政策』（吉野紀・浅田統一郎・内田和男訳）多賀出版，1989年。
  自らの「金融不安定性仮説」を理論的・歴史的に検証し，経済安定化のための改革プログラムを提示する。ポスト・ケインズ派経済学における基本文献の1つ。
- 浅田統一郎『循環と成長のマクロ動学』日本経済評論社，1997年。
  高度な研究書であるが，85ページに及ぶ序章は，ケインジアンのマクロ経済動学についての入門的な解説が行われており有益である。

■ 本章のまとめ

1. 景気循環とは，経済活動水準の周期的な変動のことであり，資本主義経済に内在する自律的な運動である。景気循環は，周期の違いによっていくつかに分類される。
2. マルクスは，経済学の歴史において初めて景気循環という現象の存在を発見した。彼は，周期的恐慌を，資本主義の下での生産力と生産関係との矛盾の発現であるとみていた。
3. 現代のマルクス派は，景気循環は投資の変化によって引き起こされ，投資は利潤率に反応して変化するという見解を，マルクスから受け継いでいる。マルクス派の景気循環理論は，利潤率の3つの構成要素のうちいずれを重視しているのかによって3つに分類される。
4. カレツキとカルドアによれば，投資は需要をつくり出すだけでなく，資本ストックを増加させることによって利潤率を低下させ，投資の減少を引き起こすという効果を持っている。資本主義経済における恐慌の原因は，このような投資の二面的性格にある。
5. ミンスキーは，投資と金融の相互作用が景気循環を生み出すという「金融不安定性仮説」を提示した。彼の見解では，資本主義経済に内在する諸力のはたらきによって不安定性が生じるのだ，とされる。

第12章
投機とバブル

> **本章の課題**
> 1. バブルとは何か。バブルを潰すための政策はどのようなものか。
> 2. 資産市場はどんな経済的役割を期待され、また実現しているか。
> 3. 今日の資産市場において、投資家はどのような行動をとるのが合理的か。
> 4. 資産市場の均衡とは、どのようなものであり、どのように成立するのか。
> 5. 資産市場の安定と危機の動態はどのようなものであり、その中でバブルはどのようにして形成されるか。
> 6. 資産価格の変動は、景気循環過程にどのような影響を与えるか。

1. バブルとは何か

　1980年代後半、日本では、株や土地といった資産価格の異常な上昇が起きた（以下では主な資産である株と土地を考察対象にするが、当時はワンルームマンションやゴルフ会員権なども大きく値上がりした）。ここで「異常」とは、①それまでの長期趨勢から大きく乖離して価格が上昇し続けた、②実体経済（生産・所得）の動向から大きく乖離した価格上昇だった、という2つのことを意味する（図12−1参照）。特に②の理由により、この時期の資産価格の異常な上昇は**バブル**＊（泡）と呼ばれる。「バブル」とは、ファンダメンタルズ（実体経済）の裏づけを持たない価格の膨れ上がった部分という意味である。

(1) 資産価格の決定式

　バブルを正確に定義するには、資産価格の決定式をまず理解しておく必要がある（以下、詳しくは野口［1992］参照）。資産価格は、その資産を購入したとき

第12章　投機とバブル　285

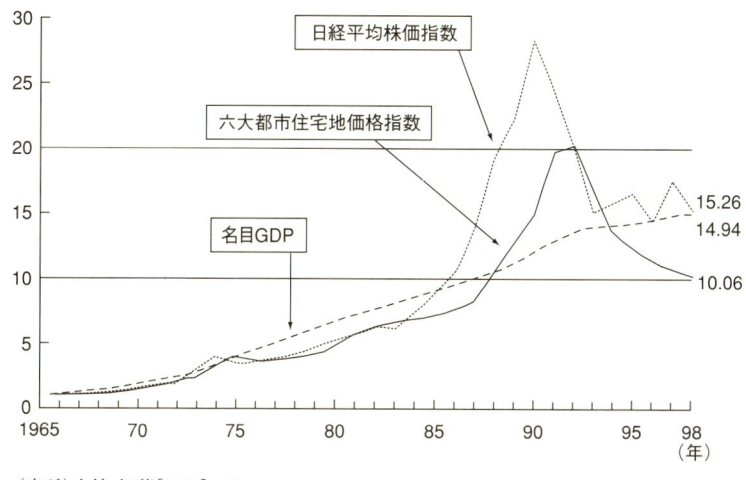

図中ラベル：日経平均株価指数／六大都市住宅地価格指数／名目GDP
右端の値：15.26／14.94／10.06

(出所) 小林・加藤[2001] p.27

図12-1　1965年を基準とした地価と株価の推移

に得られるであろうと予想される金銭的利益を反映して決まると考えられる。資産購入者が得ようとするその金銭的利益には，①収益と，②キャピタルゲイン（値上がり益）の2種類がある。①は，株の場合，毎期の企業収益から分配される配当，土地の場合，住宅用地・商業用地として使用したときにあがる利用収益である。②は，資産を購入し一定期間保有した後に売却するとしたときに，売却価格＞購入価格であることから得られる差益である（反対に，売却価格＜購入価格のときの差損はキャピタルロスと呼ばれる）。

記号で表してみよう。資産購入者は1期間だけ資産を保有するものとし，t期に購入，$(t+1)$期に売却するとする。資産から得られると期待される金銭的利益は，t期の予想収益 r_t と，$(t+1)$期の予想価格 p^*_{t+1} から t 期の価格 p_t を差し引いた予想キャピタルゲイン（$p^*_{t+1} - p_t$）との和で表される。これを購入時の価格 p_t で割ったものを資産の「総利回り」と呼び，これを R で表す。資産購入者は株や土地の資産を買うかどうか選択するとき，R を「安全資産」である国債の利回り（利子率）i_t と比較するものとする。

いま $R > i_t$ であり，資産（株または土地）の購入が選択されるとしよう。資産価格は市場の需給バランスで変動するから，$R > i_t$ で資産需要が増加すると，資産価格 p_t は上昇し総利回り R は低下する（国債の価格変動は考えないものと

する）。わずかでも R が i_t を上回っていれば資産は購入されるから、資産（株または土地）を購入しても国債を購入しても利回りが無差別になる（$R=i_t$）ところまで R は直ちに低下する。このときの資産価格は，

$$R = \frac{r_t + (p^*_{t+1} - p_t)}{p_t} = i_t$$

を解くことにより，

$$p_t = \frac{r_t + p^*_{t+1}}{1 + i_t} \tag{12-1}$$

となる。これが資産価格の決定式である。資産の予想収益（r_t）が増加するとき，次期の予想価格（p^*_{t+1}）が上昇するとき，あるいは基準となる利子率（i_t）が低下するとき，資産価格（p_t）は上昇する。

(2) ファンダメンタル価格とバブル

次に，資産価格の決定要因のうち，資産の収益と利子率は毎期同じ値をとるものとし，予想価格（p^*_{t+1}）がどのように決まるか考えてみる。資産購入者の選択原理が同じであるとすれば，$(t+1)$ 期の予想価格 p^*_{t+1} は $(t+2)$ 期の予想価格 p^*_{t+2} を織り込んで決まることになる。すなわち，

$$p^*_{t+1} = \frac{r + p^*_{t+2}}{1 + i_t}$$

これを (12-1) 式に代入すると

$$p_t = \frac{r}{1+i} + \frac{r}{(1+i)^2} + \frac{p^*_{t+2}}{(1+i)^2} \tag{12-2}$$

以下，予想価格の部分について同じ手続きを繰り返していくと，

$$p_t = \frac{r}{1+i} + \frac{r}{(1+i)^2} + \frac{r}{(1+i)^3} + \cdots\cdots + \frac{p^*_{t+n}}{(1+i)^n}$$

となる。n が無限大のとき最後の項はゼロに収束する（分母が無限大になる）から，p_t は初項 $\frac{r}{1+i}$，公比 $\frac{1}{1+i}$ の無限等比級数である。よって，無限等比級数の和の公式（239 ページ参照）より，

$$p_t = \frac{r}{i} \tag{12-3}$$

このように，一定の条件の下でキャピタルゲインの要因（予想価格）を除いて考えられた資産価格を，**ファンダメンタル価格**と呼ぶ。ファンダメンタル価

格を決定する変数は，景気動向で決まる収益（r）と，**金融政策***や物価・為替相場の動向によって決まる利子率（i）の2つである。いずれの変数も，経済の基礎的条件によって，すなわち資産市場の外から与えられる。

バブルは，「市場で形成される資産価格がファンダメンタル価格を超えて上回る部分」として定義することができる。株価であれば，将来の高配当が予想されるとき，ファンダメンタル価格は高くなる。もしも予想配当が低いのに株価が高ければ，その株価はファンダメンタル価格から乖離しており，バブルを含むことになる。実際，このようなバブルが1980年代後半の日本において観察された。株価については，便宜的な指標としてPER（株価収益率＝株価／1株当たり収益）を挙げておく。PERが傾向的な数値から乖離しているとき，バブルの存在が推定される。日本のPERは，1980年代前半には平均25倍であったが，1986年には50倍になり，1989年までその高い倍率が続いた（吉冨[1998]）。地価については，利用収益（賃貸料）と基準金利（住宅地では住宅ローン金利，商業地では長期金利）から求められた理論地価から，現実の地価が乖離しているかどうかをみる。全国平均では，住宅地についておおむね1986年から1993年まで，商業地についておおむね1983年から1993年までバブルが存在したものと推定される（経済企画庁[1994]）。

(3) バブル崩壊が投げかける問題

資産価格の上昇がバブルによるものかどうかという問題は，経済政策の運営にさいして重要な意味を持つ。ファンダメンタル価格の上昇に見合った資産価格の上昇であれば，資産市場が経済の基礎的条件を適切に評価しているわけなので，上昇抑制の政策をとる必要はない。これに対して，バブルは，経済の基礎的条件を反映しない資産価格の上昇であるから，資源配分や所得分配の歪み，またそれによる経済の非効率性を生じさせる。よって，資産価格にバブルが含まれるとき，バブルの部分を除去してファンダメンタル価格に近づけることが望ましいことになる。

バブル潰しの政策は，資産市場における投機を抑制することをめざす。**投機***とは，キャピタルゲインの獲得を目的にして資産を売買する経済活動のことである。いま，資産市場において，ファンダメンタル価格の水準から上方に乖離する価格の動きが生じたとしよう。このとき行われる可能性のある投機は，①

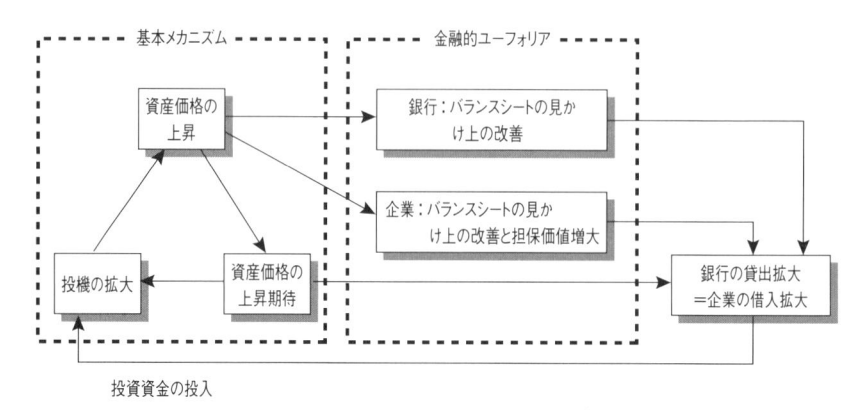

288　第Ⅲ部　現代資本主義の動態

図12-2　バブルの自己増殖メカニズム

(出所) 北原[1995] p.55の図を参考に作成。

「安定的な投機」, ②「不安定な投機」の2種類である。①が行われるのは, 「市場にはファンダメンタル価格への復元力があるから, 価格はほどなく低下するだろう」という予想が支配的なときである。このとき, 多くの市場参加者が, 後で買い戻すことを前提に, 直ちに資産を売却しようとするだろう。すると, 資産売却の圧力の下で実際に価格の低下が促進され, ファンダメンタル価格への収斂が起きる。よって, このときの投機は安定的である。これに対して②の場合, 「市場に復元力があるとしても, 当面は価格上昇が続きそうだ」との予想が支配的であり, 多くの市場参加者は, いまのうちに資産を買っておき, 後で価格が上がったときに売ろうとする。すると, 資産購入の圧力の下で価格の上昇が強まる。よって, 少なくとも当面の間はファンダメンタル価格からの乖離が強められるのであり, このときの投機は不安定化の作用を持つ。

この「不安定な投機」が持続するとき, バブルが発生すると考えられる。この意味でバブルは, しばしば**投機バブル**と呼ばれる。まず, 不安定な投機によって, ファンダメンタル価格から乖離する価格上昇が強められる。次に, 力強い価格上昇をみた市場参加者たちが, 先行きのさらなる価格上昇を予想して, 価格上昇への投機を拡大する。こうして, 資産価格が自己増殖的に上昇する運動, すなわち, 「現実の資産価格上昇→資産価格の上昇期待→投機の拡大→現実の資産価格上昇→……」というプロセスが展開される。これがバブルの「基本メカニズム」である (図12-2)。基本メカニズムにおける投機行動は, ファ

ンダメンタル価格から乖離した価格上昇を持続させるという意味で，社会的に不合理である．しかし，価格上昇が続くかぎりにおいて，同じ行動が個別的には合理的であるといえる．なぜなら，投機を行う人々にとっては，理論的に説明できない価格上昇であっても，とにかくそこから利益を引き出すことができる以上，投機は利益最大化の原理に合致しているといえるからである．この側面からみたバブルは「合理的バブル」と呼ばれる．

　バブル潰しの政策は，この基本メカニズムを断ち切ることをめざす．通常そのさいに用いられる手段は，金融引締め政策である．基本メカニズムが作動するためには，それに対応する金融の膨張が不可欠である．つまり，自己資金だけでなく借入資金も投機に回るのでないと，バブルは形成されない．特に，バブルが膨れ上がるときには，値上がりした購入資産を担保にしてさらなる投機資金の借入がなされるようになる（レバレッジの拡大）．このとき，限界的に資産を購入するかどうかの選択は，投機資金の借入利子率に比べて，キャピタルゲインを中心とする投機の利益が大きいかどうかによって決まる．よって，金融引締めにより借入利子率が上昇すれば，投機の拡大は弱まる．日本においては，地価高騰による経済活動の阻害が憂慮されるようになったため，1989年に金融政策が引締めに転じ，バブル潰しがはかられるようになった．地価バブルに対しては不動産関連融資の総量規制や土地税制の改正なども動員され，その結果，1990年代に入ると資産価格は暴落し，バブルは崩壊した．

　先に述べたように，バブルが崩壊すれば，資産市場の機能は正常化し，経済の効率性は高まるはずである．したがって，バブルの崩壊は一時的にこそ資産市場や経済にショックを与えるものの，その後は以前よりも力強い経済成長が再開するものと期待された．政府当局もそのような見込みから，バブル潰しの政策を実行した．しかし，現実にその後の日本経済が直面したのは，今日に至る長期不況であった．過度の単純化は禁物であるが，「バブルの後遺症」といわれるように，バブルの発生・崩壊を経たことにより日本経済の構造は大きく変わってしまったようだ．政府も1997年頃から，「平成不況」がそれまでの不況とは違うことを認識し始めたといわれている．

　バブルが大きな経済問題になったのは，日本だけではない．主なものだけでも，1980年代前半アメリカの不動産（貯蓄貸付組合（S＆L）問題），1980年代後半スウェーデンの不動産，1990年代前半メキシコの株，1990年代後半アジ

ア諸国の株・不動産（アジア経済危機），1990年代後半以降のアメリカの株（インターネット・バブル）および不動産（サブプライム・ローン問題）と，ここ四半世紀の間にさまざまな国でバブルが発生し，経済に深刻な影響を及ぼしてきた。資産市場の自律的な動態が実体経済に大きな影響を及ぼすということが，資本主義経済の新しい特徴となり，経済学はその解明を迫られている。以下では，株式市場を中心に考察することにより，資産市場において投機が行われるのはなぜか（第2節），実体経済の動態からしばしば乖離する資産市場の動態はどのようなものか（第3節），資産市場の動態は経済にどのような影響を及ぼすか（第4節），を順に明らかにしていく。

2．資産市場と投機

　通常我々が資産市場に期待している役割とは，適切なファンダメンタル価格を形成すること，すなわち経済活動（企業，土地利用）の収益性を適切に評価することである。ところが前節でみたように，現実の資産市場は，しばしばバブル（ファンダメンタル価格から乖離した価格）を発生させてしまう。資産市場の役割に関するこのような理想と現実のギャップは，なぜ生じるのだろうか。本節と次節では，株式市場についてこの問題を考えてみたい。

　考察に入る前に，株（株式）と株式市場について簡単に説明しておく。企業の資金調達方法には，第5章でみた銀行貸出（間接金融）のほかに，社債や株式の発行（直接金融）がある。このうち株式発行は，大規模設備の建設資金を調達するのに用いられる手段である。株式発行によって自己資本を調達して設立される企業が株式会社であり，**株式**は，企業の部分的所有権（持ち分権）を表す証書である。株式には，収益権（配当を受け取る権利）と経営管理権（株主総会での議決権）が付いている。このように株式は，長期間固定される物的資本の代理物であるが，投資家（株主）は株式の流動化（任意の時点で貨幣に交換できるようにすること）を要求するので，物的資本の固定性を免れ流動化を実現するための制度として**株式市場**が創設された。

(1) 企業家が期待する株式市場の役割

　資金を調達する側と提供する側，すなわち企業家（民間企業の経営者）と投

資家（保険会社・年金基金等の機関投資家と富裕層などの個人投資家）どちらの立場に立つかによって，株式市場に期待される役割は異なってくる。まず，企業家の立場に立って考えてみよう。企業家にとって重要なのは，企業の収益性（将来的に利潤を生み出す能力）を適切に評価してくれることである。企業の収益性は，**ファンダメンタルズ**（基礎的条件）と呼ばれる多様な変数，すなわち生産組織・経営・競争環境・消費者の嗜好・技術進歩・マクロ経済状態等によって決まる。これらの変数は多数の個別的意思決定に左右されるため，収益性の予想は本質的に不確実なものにならざるをえない。ところが，資本主義の経済システムが安定的に存続する上では，企業家が収益性の低いプロジェクトに投資しないことが至上命題である。そこで求められるのが株式市場の役割である。つまり株式市場に期待されるのは，ファンダメンタルズ情報を集中することにより，企業の収益性に関する社会的評価をつくり上げ，それを予想配当として折り込んだファンダメンタル価格を形成することである（企業利潤に対する配当の割合である配当性向を一定とするとき，配当は利潤によって決まる）。このようにして形成される社会的評価としてのファンダメンタル価格は，企業の収益性に関する最適の指標とみなされる。企業家が，この指標を選択基準として利用するならば，不確実性に打ち勝ち，効率的なプロジェクトに投資を行えることになる。通常私たちが「理想的」と考えるのは，このように企業家にとって理想的な株式市場の姿にほかならない。

　株式市場がこうした機能を果たすためには，株式市場の取引主体である投資家（株式所有者）自らがファンダメンタルズ情報を収集してファンダメンタル価格の評価を行い，それを基準に売買を行うのでなければならない。このような行動を**ファンダメンタル主義**，このような行動をとる投資家を**ファンダメンタル主義者**と呼ぶことにしよう。いま，1人のファンダメンタル主義者Fがいるとする。そして，このFがA社の株のファンダメンタル価格を30と評価しているときに，現在価格が25であるとする。このとき，Fは「真の価格」30に値上がりした時点で売り戻して利得5を稼ぐために，現在価格25での買いを選択するだろう。F以外の大多数の投資家もファンダメンタル主義的行動をとり，かつファンダメンタル価格を30と評価するならば，買いの圧力により相場は直ちに30へ押し上げられるだろう。先にみた「安定的な投機」である。しかし，投資家が基準とするファンダメンタル価格は，あくまで主観的評価で

ある。実際には，ファンダメンタル価格を現在価格25よりも高く評価する投資家と，低く評価する投資家がいる。価格の動きは，前者による買い圧力と後者による売り圧力との力関係で決まる。たとえば，買い圧力が売り圧力を上回るとき，両者が拮抗するまで価格は上昇する。結局，個々の投資家によるファンダメンタル価格の評価を平均した水準に，価格は落ち着くことになる。この均衡価格が，ファンダメンタル価格の社会的評価とみなされるものである。

　このような理想的な市場の姿は，**効率的市場仮説***における市場のイメージに合致する。株式市場に即していえば，効率的市場仮説とは，市場が競争的である場合，新しいファンダメンタルズ情報は瞬時に現在価格に織り込まれるので，本来的に投機の機会は存在しないという考え方である。この考え方は，「安定的な投機」も認めないという点で極端ではあるが，株価の動きは常に社会的平均的なファンダメンタル価格に収斂するとみなす点で，投資家Fについての上の説明と合致する。しかし，このような市場のイメージは，バブルをしばしば発生させる現実の市場の姿とは合致しない。この点について効率的市場仮説は以下のように解釈する。すなわち，「不安定な投機」したがってまたバブルが発生するのは，情報の伝達に歪みがあるか，売買の自由に制約がある場合にかぎられる。よって，情報の透明性を高め規制を除去し，市場に本来の機能を発揮させれば，ファンダメンタル価格から株価を乖離させる不安定な投機は避けられ，市場によるファンダメンタル価格形成が保障される，と。

　だが，効率的市場仮説で想定されているように，株式市場における投資家の行動は，本来的にファンダメンタル価格への収斂をもたらすものなのだろうか。投資家が期待する株式市場の役割について考察した後，この点に立ち戻って考えることにする（本節(3)）。

(2) 投資家の要求としての流動性

　投資家が株式市場に求めるものは，何よりもまず**流動性***（譲渡可能性）である。流動性とは，投資家が株を現金化しようと望むとき，自由かつ即座に売却できる可能性のことである。いま，投資家が何らかの事情で貨幣の支払を迫られ，保有株の売却によって貨幣を入手しようとするとしよう。そのとき買い手が見つからないと，資金繰りが逼迫してしまう。このような恐れが「流動性リスク」である。多額の予備現金を持つことのできる投資家であれば，それを

リスクへの備えとすることができる。しかし，そのような投資家しか株式投資を行えないようだと，株式市場への参加者は限定されてしまい，株式発行による社会的な資金調達は阻害されてしまう。そこで求められるのが，株式市場による流動性の保障である。流動性が保障されているといえるためには，①売買の出会いがつけられるよう価格が十分に伸縮的であること，②売買注文の伝達・執行が十分な速度と正確さで行われること，③一定の売買頻度を可能にする低い取引費用，④企業の収益性情報が市場参加者に一様に伝達されること，等の条件がみたされねばならない。

現実の株式市場には，これらの条件を実現するための多様な制度的取決めが存在する。すなわち，気配価格（現在相場を示すために公表される価格）の公表周期と停止手続き，注文情報の透明性，取引費用の大きさ（手数料，税，気配価格の単位，売り値と買い値の開き），企業情報の規格（バランスシート，会計規則）等についてルールが確立されている。特に1980年代以降には，先進諸国および新興市場（エマージング・マーケット）諸国の株式市場において，手数料引下げや情報の透明性確保など，流動性を高める方向での制度改革が進められた。また，市場規模が拡大し売買数量が大きくなるにつれ，市場の厚み（大幅な価格シフトをともなわずに大口注文を吸収できる市場の能力）が増したことも，流動性を高める要因となった。

(3) 株式市場における投機の支配

以上のように，今日の株式市場は高い流動性を提供することによって，投資家の要求に応える形となっている。効率的市場仮説にしたがうならば，このような変化は，株価のファンダメンタル価格への収斂を容易にするので，企業家の期待にも沿うもののはずである。しかし，実際は，流動的な株式市場において，むしろ企業家の要求はみたされなくなる。なぜか。順を追って説明しよう。

まず，流動性の観点からみたとき，価格は「売買の出会いをつける」という機能を果たすことが要求される（上記の流動性の条件①）。つまり，価格は「売ろうとするとき買い手が見つかる価格」でなければならない。この価格の機能は通常の商品市場における需給調節機能と何ら変わりない。たとえば，現金化のために売りに出される株に対して，現在の価格では買い手が不足すると

する。このとき，価格は買い手がつくまで下落しなければならない。株が流動的であるためには，株価がこのように伸縮的でなければならない。

　次に，このような株価の変動は投機の機会を提供する。株価がシフトする方向・程度とその持続期間をうまく予想できれば，売買によってキャピタルゲインを得ることができる。ところが，株価の変動について予想を立てるとき，企業のファンダメンタルズ情報は役に立たない。株の流動性を保障するための価格の変動は，企業の収益性の動向とは関係ないものだからだ。株価の変動を予想するには，むしろ他の投資家の心理や行動についての情報を集めて，売り圧力が強まるか買い圧力が強まるかの予想を立てねばならない。この予想にもとづいて売買を行うことを**投機主義**，投機主義的行動をとる投資家を**投機家**と呼ぶことにしよう。先のファンダメンタル主義とこの投機主義とでは，投資家の認知的態度（何を知ろうとするか）がまったく異なる。形成される予想が主観的なものである点ではどちらも同じだが，ファンダメンタル主義者は，市場の外に目を向け，企業の収益性を評価しようとするのに対して，投機家は，市場の内に目を向け，他の投資家の行動を予想しようとする。いま，1人の投機家Ｓが，買い圧力の強まりを，したがって株の上昇を予想するものとしよう。このときＳは買いを選択するだろう。大多数の投資家がＳと同様に株価上昇を予想して買いを選択するならば，買い圧力はさらに強まり価格は押し上げられるだろう。これは「不安定な投機」である。このとき，たまたま株価がファンダメンタル価格に向かって動くことはあっても，その動きは決して「ファンダメンタル価格への収斂」とはいえない。

　では，投機主義的行動が企業の収益性とは関係のない価格変動を引き起こすにしても，その一方にはファンダメンタル主義者もいて，彼らの行動がファンダメンタル価格への収斂を促すとは考えられないだろうか。しかし，現実には，たとえそのような投資家がいたとしても，流動性の高い株式市場では投機主義に巻き込まれてしまう。投資家Ｆの例に戻ってみよう。Ｆは，Ａ社株についてファンダメンタル価格30と評価し，現在価格25で買いを選択した。もしもこのＦが，他の投資家の行動に関する信頼できる情報にもとづいてＡ社株が3ヵ月後に20にまで下がることを予想できたとしたらどうなるか。現在価格でのＦの選択は買いではなく売りになる。つまりＡ社株を直ちに25で売り，3ヵ月後に20になった時点で買い戻し，「真の価格」30になるまで保有すればよい。

ファンダメンタル主義に忠実であったら利得は5であるのに対し，このような投資戦略をとれば利得は15になる。結果として短期的にファンダメンタル価格からの乖離に加担するとしても，Fは重要な利益源泉を逃さないために投機主義的行動をとらざるをえない。

このように，流動的な株式市場は，投資家に流動性という利益をもたらす代わりに，企業の収益性指標としての株価の機能という企業家の要求を犠牲にする。投資家Fについてみたように，投資家は企業家の期待通りに行動してはくれない。ここに，実体経済からの株式市場の自律性が見出される。この点を理解するには，逆の極端な状況，すなわちいったん取得した株は売却できないという仮想的な状況を考えてみればよい。この場合，株式購入による金銭的利益は配当だけになるから，投資家はファンダメンタル価格を基準にして株を買うかどうかを選択するので，株価はファンダメンタル価格に収斂する。つまり，非流動的な市場こそがファンダメンタル価格への収斂をもたらすのである。

以上の考察からわかるように，流動的な株式市場において投機主義的行動が支配的になることによって，ファンダメンタル価格からの株価の乖離が日常的な現実となる。しかし，大きな乖離が生まれかつ持続する理由（バブル発生の理由）はまだ十分に説明されていない。次節ではこの点に立ち入る。

3. 資産市場の動態

前節では，投資行動にはファンダメンタル主義と投機主義の2種類があり，今日の流動的な株式市場においては投機主義が支配的であると述べた。では，なぜ投機主義的行動が，バブル発生を含む株式市場の動態を生み出すのだろうか。問題の焦点は，投資家が強気の態度をとり続けることがどうして可能かという点にある。強気の態度とは，バブルの基本メカニズム（図12-2）のうち，現在の株価上昇を見た投資家が将来の上昇を予想することである。投機主義の投資家（投機家）たちは，売買の選択を行うにさいして，互いの選択についての予想に依拠する。そのような活動の結果として，どうして**強気相場**（価格を持続的に押し上げるような市場の動態）が生み出されるのか。これは解明を要する問題である。本節では，コンヴェンション（共有信念）理論（Orléan [1999]）によりながら，この問題を考察していく。

以下の説明の大前提は，投資家が合理的態度をとること，逆にいえば「理由のない行動はとらない」ことである。投資家は，正しいと思える予想を基準にして，投資（売買）の選択を行う。予想が正しいと思えるのは，予想の理由づけが正しく行われているときである。この予想および予想の理由づけは，言語命題の形で存在している。このように，自らの行動を正当化するために動員される命題が**信念**である。信念とは，その持ち手が正しい（真である）と信じる命題である。たとえば，ファンダメンタル主義者の場合，「新製品の開発に成功した」「経営合理化の目途が立った」などの信念が買いの選択を正当化する。信念には，個人的信念（個人的に信じている命題）と共有信念（集団的に共有されている信念）の2種類があるが，この例における信念は個人的信念である。これに対して，コンベンション理論では後者の共有信念が重視され，共有信念の安定と危機という側面から資産市場の動態が定式化される。以下，(1)投資家がしたがう合理性の性質，(2)共有信念形成の必然性とメカニズムを考察した後，(3)資産市場の動態について説明していく。

(1) 自己言及的合理性

流動的な株式市場において利得を稼ぐためには，投資家は投機主義的行動をとり，他の投資家たちが行う投資選択の中でどの選択（単純にいえば，売りか買いか）が多数を占めるか予想しなければならない（前節参照）。ケインズ（J. M. Keynes）は「美人投票」にたとえてこのゲームの性質を説明した（Keynes [1936]）が，その内容を写真コンテストのケースで要約すると次のようになる。新聞が写真コンテストを主催する。新聞紙上に写真が100枚掲載され，読者はその中からもっとも美しい写真6枚を選び，投票する。集計の結果，投票者の平均的認定にもっとも近かった読者には賞品が贈呈される。賞品を獲得しようと思うならば，読者は「自分で美しいと思う写真」に投票するのではなく，「読者の多数意見が美しいとみなすであろう写真」に投票しないといけない。このとき読者が直面する課題は，流動的な株式市場において投資家が直面する課題と同じ性質を持つ。

では，投資家はどのようにして多数選択を予想すれば成功するのだろうか，換言すれば，どのような信念を持つ投資家が成功するのだろうか。信念の形成方法としては3種類が考えられる。第1は，自分自身でファンダメンタルズ情

報を分析して，信じるに足るファンダメンタル価格を見出す方法である。得られる信念の内容は，ファンダメンタル価格とその評価理由である。この信念に依拠した投資選択は，**ファンダメンタル主義的合理性**にしたがっているという。この方法によって多数選択を予想できるとすれば，それは，自分の個人的信念が同時に他の多くの投資家のものでもある場合だけである。だが，①ファンダメンタルズ情報の内容はあまりに多様かつ複雑である，②その解釈は人によって千差万別である，という２つの理由で，誰もが認める「真のファンダメンタル価格」を導き出すことは不可能である。「自分の信念は他人の信念でもあるはずだ」と自己投影をして投資選択を行ってもうまくいかないことは，すでに投資家Fの例から明らかである。そこで第２に，他の投資家たちの個人的信念について情報を収集することによって，「他人の個人的信念に関する自分自身の個人的信念」を得るという方法が考えられる。これによって多数選択を予想することを，**戦略的合理性**にしたがうという。この方法はうまくいくだろうか。たしかに，市場の外（企業のファンダメンタルズ）から内（投資家の個人的信念）へと視線を転じるこの方法は，投機主義の認知的態度に合致している。しかし，投機主義が支配する市場においては，同じ方法は他の投資家もとるはずである。「自分は他人の個人的信念を探ろうとしているけれども，他の投資家は彼ら自身の信念に忠実に選択を行う」と想定するのは，合理的ではない。よってこの方法も成功しない。

　以上のように，第１・第２の方法は，投機主義の支配する市場においては不適切である。結局，適切なのは次に述べる第３の方法である。想定されるのは，投資家全員が多数選択を自分の選択にしようと考えており，その下で「どの選択が多数選択か」を予想しようとしている状況である。どの投資家も多数選択を予想できれば自分の利益になる，しかしファンダメンタルズ情報も他人の個人的信念に関する情報も多数選択を見出すのに役立たない。このような状況の下では，投資家たちはお互いの間で多数選択をつくり出すしかない。その上で，「これが多数選択だ」といえるもの，すなわち多数選択に関する信念にしたがって投資選択を行えば成功することになる。これを，**自己言及的合理性**にしたがった選択と呼ぶ（**自己言及的投機**[*]）。自己言及（あるいは自己参照）という言葉は因果関係に関しても使われるが，ここでは理由関係（行為とその理由との関係）に関して使われている。投資選択に理由づけを与えてくれる個人的信

念がもともと存在しないとき，理由づけできる信念を自分たちでつくり出し，それを選択の基準にするというのが，ここでの「自己言及」である。以下では，そのようなこと，つまり上の状況の下で多数選択を見出すことがどのようにして可能なのかを考えていく。まず，問題をもう少し正確に定式化しておこう。

　第1の方法によって得られる信念をC_X［P0］と表す。Cは「信念（信じている）」を表し，全体は「投資家Xは命題P0（が真であること）を信じている」という意味になる。第2の方法においては，まず他の投資家それぞれの個人的信念が探られる。それによって得られる信念を$C_Y C_X$［P1］と表す。これは，「『投資家XがP1を信じている』と投資家Yは信じている」という意味である。この「信念についての信念」を「1次の信念」，先の第1の方法における信念を「ゼロ次の信念」と呼ぶ。第2の方法では，次に，他の投資家の個人的信念についての情報から多数選択を推測する。Mを投資家の多数とするとき，ここでの信念は$C_Y C_M$［P1］と表される。「『投資家集団の多数がP1を信じている』と投資家Yは信じている」という意味である。これは，投資家の多数の信念に関して個別投資家Yが形成する「1次の信念」である。さて，第3の方法では，第2の方法でYが行ったことを，他の投資家も行うものと考える。このとき獲得すべき信念は，$C_Y C_M C_M$［P1］となる。これは，「投資家の多数が『投資家の多数はP1を信じている』と信じている，と投資家Yは信じている」という意味であり，「2次の信念」である。しかし，このような信念は，第2の方法が不十分だったと同じ意味で不十分である。なぜなら，Yだけが「2次の信念」を形成し，他の投資家は「1次の信念」しか形成しない，と考えるのは合理的でないからだ。そこで他の投資家も「2次の信念」を形成するとすると，Yの「3次の信念」$C_Y C_M C_M C_M$［P1］が得られる。だが，これもまたYだけが「3次の信念」を形成すると考える点で不十分だ。そこで以下同様に考えていくと，信念の形成は高次化していき，予想は複雑化する。他者の位置に次々に自分をおくことによって信念が高次化していくこの過程は，あたかも合わせ鏡に映し出された像のようである。よって，これを**鏡面の過程**と呼ぶ。

　「美人投票」に関してケインズもまた，4次・5次だけでなくさらに高次の領域に達する人がいることを指摘していた。実際の株式市場においても，同様のことが行われている。たとえば，ある情報が市場に伝えられたとき，投資家は，自分自身としてはその情報が誤りであると信じる理由を持っているし，他の投

資家も誤りに容易に気づくはずだと考えるとする。そのときでも，やはり投資家は，情報を重視する人がいると考えて，市場への影響を予想しようとするだろう。このときの予想形成は，上の鏡面の論理にしたがうものとなる。しかし，この方法からは多数選択を見出すことは困難である。投資家の多数が情報を正しいと信じるかどうか（1次の信念）について投資家の間で多数意見を形成することに比べて，「投資家の多数が『投資家の多数が信じている』と信じる」情報かどうか（2次の信念）について多数意見を形成することは困難だろうからである。信念が高次化していくと，ますますこの困難は強まる。したがって，市場への情報の影響に関する投資家の予想は，多様で不安定，しばしば誇張されたものになる。噂が市場に大きな影響を与えるのは，この理由による。

　このように，投資家が複雑な予想形成を行うことによって，市場では多数選択が形成されず，むしろ意見の分散が起きてしまう。にもかかわらず，なぜ，投機主義が支配する市場において多数選択の発見に成功するのか。これが次の問題である。

(2) 共有信念の形成

　自己言及的合理性にしたがう投資家が，鏡面の過程に陥らずに多数選択を見出すには，どんな戦略をとればよいか。この問題は**純粋協調ゲーム**の考察から明らかになる。純粋協調ゲームとは，選択の内容には関係なく，協調の成否だけが利得を左右するゲームのことである。たとえば次のようなものだ。互いに見知らぬ2人の参加者がそれぞれ別の部屋にいる。2人に対して「数（自然数）を1つ挙げよ」と要求する。2人の選択した数字が同じ（協調）ならば両者は一定金額を獲得し，数字が違う（非協調）ならば何も獲得できないことになっている。可能な協調解は無限個あるから，このゲームで協調に成功する可能性は途方もなく低いようにみえる。

　しかし，現実には，この種のゲームにおいて，参加者は協調に成功するのが普通である。それは，参加者が認知的資源を動員して，可能な解の中から**標識**（他と明確に区別される特徴）を持った解を見つけ出そうとするからである。参加者が配慮するのは，個人的好みにあてはまる解を選択することではなく，相手の選択と一致する解を選択することである。よって，誰が見ても他と区別される「特別なもの」を選ぶという戦略は合理的である。標識に注意を向ける

選択戦略には，①シェリング標識，②ステレオタイプ標識，③模倣的標識の3種類がある。

①数のゲーム（上記）において用いられるのが**シェリング標識**の戦略（この分野の開拓者であるトマス・シェリング Th. Schelling が重視したもの）である。この戦略においては，多くの参加者が「1つの選択を他の選択と区別するための，誰もが認めるルール」を発見しようと思考をめぐらす。数のゲームの場合，参加者たちは「もっとも小さい数字を選ぶ」というルールに思い至る。このルールにあてはまるという意味で他の数字と区別される唯一の数字，すなわち標識を持つ数字は「1」である。よって，「1」が，参加者の多数が選択する協調解となる。このように，シェリング標識の戦略は，抽象的な思考を駆使しつつ，「一意的で明確な解」を指し示す集団共通の参照基準（ルール）を見つけ出そうとする（Schelling [1960]）。

②「（人の）名前を1つ挙げよ」というゲームにおいて行使されるのが，**ステレオタイプ標識**の戦略である。アメリカ人による実験では，多数の参加者が「ジョン」を選択した。このような結果になるのは，参加者たちの思考の中に「名前といえばジョン」というステレオタイプ（常套的発想）ができあがっていて，このステレオタイプがあてはまる「ジョン」が標識的な名前とみなされるからである。①とは異なり，ステレオタイプにしたがうこの戦略は，抽象的な思考によるルールの発見を必要としない。

③上の2つのゲーム（数，名前）は2人間かつ1回かぎりのものだったが，今度は，集団間かつ繰り返しの協調ゲームを考える。n人の集団であれば，毎回n個の回答がなされる。そのうち多数回答を選択した参加者に利得を与えるものとする（「美人投票」と同じ原理）。これを繰り返す。毎回のゲームが始まる前には，参加者たちに前回の結果が知らされる。このゲームにおいては，前回の多数選択であった回答は，「前回の多数選択であった」という標識によって他の諸回答から明確に区別される。したがって，参加者は前回の多数選択を今回の回答とすることによって，協調の可能性を高めることができる。これが**模倣的標識**の戦略である。模倣的標識はルール（前回の多数戦略）の発見にもとづいており，シェリング標識の一種である。多数選択にしたがうという点で似たものに「群集行動」があるが，本能的に他人の動きに追随する群集行動は非合理的なものである。これに対して模倣的標識の戦略は，協調を達成するた

めに多数選択に注意を向けるという合理的行動である。

　株式市場において多数選択が形成されるとき重要な役割を果たすのは，③の模倣的標識である。だが模倣的標識の作用は強力であり，単なる多数選択だけでなく，それより一歩進んで「満場一致の選択」をもたらす。名前のゲームでいえば，1回目にステレオタイプ標識によって「ジョン」が多数選択になるとき，2回目には模倣的標識の作用が加わるので，「ジョン」を選択する参加者は1回目よりもずっと増えるだろう。ゲームを2〜3回繰り返せば，満場一致で「ジョン」が選択されるようになるだろう。ところが，ひとたび満場一致の状況が達成されてしまうと，その後は前の満場一致が再生産されるだけで，状況は変わらなくなる。この均衡状態が達せられるとき，選択の基準となる信念の内容に変化が起きる。「前回の多数選択は『ジョン』である」ではなく「多数選択とは『ジョン』のことである」が選択の基準となる。一見どちらも同じようだが，前者が，実際に参加者のとった選択についての情報であるのに対して，後者においては，参加者の実際の選択は忘却されている。後者の信念は，名前の多数選択に関する「真の」命題として通用している。これを**共有信念（コンベンション）**＊と呼ぶ。満場一致が成立する均衡状態においては，ゲームの参加者集団は共有信念を持つ。いまや個々の参加者は，協調を達成しようとするときに，「他の参加者の選択が何か」にではなく，「共有信念は何か」に注意を向ければよいことになる。ここにおいて参加者の認知的態度は，投機主義からファンダメンタル主義に転換している。選択基準となる信念はこれから集団によって創造されるもの（自己言及的合理性）ではなく，すでに客観的存在として集団に与えられているのである（ファンダメンタル主義的合理性）。

(3) 資産市場の動態

　上の考察を株式市場にあてはめてみよう。自己言及的合理性にしたがう投資家が選択の対象とするのは，現在までの株価の推移を解釈するモデルである。以下これを「解釈モデル」と呼ぶが，「モデル」といっても厳密な数学的モデルである必要はなく，情報を取捨選択するときの基準というほどの意味である。投資家は，「解釈モデルを1つ挙げよ」というゲームに参加する。これは繰り返しゲームなので，共有信念が形成される。

①強気相場の共有信念

　第2節では，流動的な株式市場において，ファンダメンタル価格から乖離する価格変動が日常的である理由を説明した。そのときは個別企業に即して説明したが，ここでは，平均株価で示される市場全体の価格変動について考える。いまT国の株価が上方にシフトするとしよう。投資家や証券アナリストは，この上昇について自らの解釈を表明するとともに，他人の解釈についても意見を表明する。このやりとりの中で，特定の解釈（以下「解釈D」と呼ぶ）がステレオタイプとなって一定の広まりをみせると（ステレオタイプ標識），今度は，多数意見であることに注目して多くの投資家がその解釈を採用するようになる（模倣的標識）。

　たとえば，解釈Dが「政府の規制緩和政策が効果を表し始めた」というものであるとしよう。規制緩和路線が継続する見込みが高ければ，解釈Dは，先行きのさらなる株価上昇を予想させる内容である。よって，模倣により解釈Dを多数意見と予想した投資家は，株価上昇を予想し，買いに出る。この予想が当たり，実際に多数の投資家が買いを選択するならば，市場での買い圧力が強まり株価は上昇する。このとき株価上昇の予想が当たったのは，解釈Dが「真」であったからではなく，解釈Dが多数意見とみなされたためである。このとき予想は「自己実現された」といわれる（**自己実現的予言**＊）。また，このとき解釈Dが多数意見であることが確証されるので，解釈D採用の効果はますます高まる。こうして，予想と実現の繰り返しの中で解釈Dは満場一致で採用され，共有信念になる。共有信念となった解釈モデルは一般に**解釈コンベンション**と呼ばれるが，解釈Dは株価上昇持続の予想を正当化するものなので，特に**強気相場の共有信念**（コンベンション）と呼ばれる。

②共有信念の安定

　バブルは，強気相場の共有信念（コンベンション）の安定が続くときに発生する。表12-1は，実際に観察された典型的な強気相場の共有信念（コンベンション）の例である。挙げられている共有信念（コンベンション）はいずれも，解釈D（規制緩和の効果）のようなありきたりの内容ではなく，歴史を画する新段階へと経済が突入したことを告げている。日本のバブルにおいては，「株価右肩上がり信仰」「土地神話」とともに，「日本が『未成熟な債権国』の発展段階に入った」とする共有信念も大きな役割を果たした。国際収支の発展段階説において，「未成熟な債権国」とは，経常収支黒字の継続

表12-1 強気相場のコンベンション

引き起こされた経済現象	解釈コンベンション
日本のバブル経済（1980年代後半）	「未成熟な債権国」
メキシコ危機（1994年）	「新興市場」
アジア通貨経済危機（1997年）	「アジアの奇跡」
アメリカのインターネット・バブル（1998～2000年）	「インターネット株」
アメリカの住宅バブル（2005～2006年）	「低所得者層の住宅所有」

によってそれまでの対外純債務国から純債権国へと転化し，なおも対外債権を蓄積している段階を意味する。日本はすでに1970年代から純債権国であったが，1980年代前半の大幅な経常収支黒字の継続によってその地歩を固めた。1987年末には，日本の対外純資産残高はGNPの10％に達した（詳しくは，富田［1989］）。純債権国になると，支払フローの安定的流入により，通貨が安定し相対的な低金利を享受できるようになる（第8章参照）。日本がその段階に入ったとすれば，プラザ合意（1985年9月）以降の日本の低金利（図12-3）は永続化することが期待される。低金利は，ファンダメンタル価格を高めるとともに，投機資金の調達を容易にするので，資産価格の上昇につながる。よって，「未成熟な債権国」という共有信念は当時の日本の強気相場を支えたと思われる。

　解釈コンベンションは，集団が共有する客観的参照基準として通用するものであり，ファンダメンタルズ情報に裏づけられた論証性・説得性を持つことが要求される。しかし，ファンダメンタルズ情報の裏づけがあるからといって，これを市場によるファンダメンタル価格形成と混同してはならない。第2節でみたように，後者においては，個々の投資家が自分で評価したファンダメンタル価格を基準にして投資選択を行い，その合成的結果として市場のファンダメンタル価格が形成される。これに対して，解釈コンベンションは，実現された株価の推移についての事後的な解釈であり，しかも従来の傾向値から乖離した理由を説明することに主眼がある。ファンダメンタルズ情報は，この目的に沿って選択的に動員される。

　解釈コンベンションはいったん形成されると，a）認知的過程とb）社会的過程を通じて自己維持される。a）は**市場的近視眼**と呼ばれる現象である。解釈コンベンションは，特定の価格水準を厳密に指し示すものではなく，むしろファンダメンタルズ情報の取捨選択方法を投資家に指示するものである。たとえば，アジア通貨金融危機が起きる前には，「アジアの奇跡」という共有信念に

(出所)日本銀行作成統計

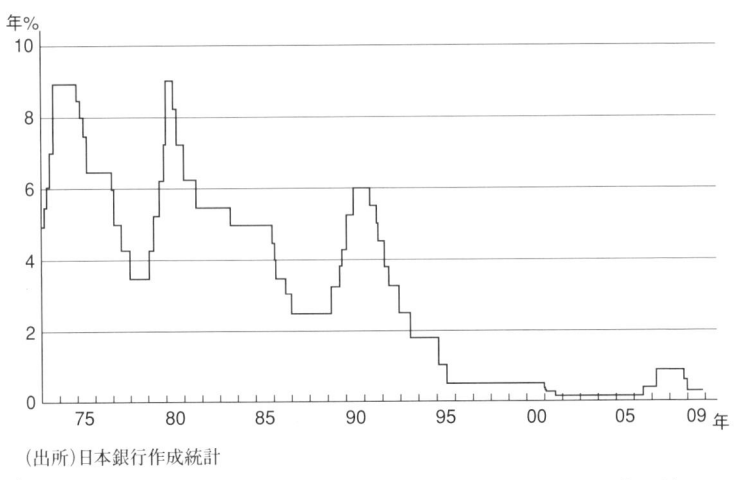

図12-3 日本の基準割引率および基準貸付利率（2006年8月までは公定歩合）

より，投資家（特に海外投資家）たちの注目は，成長と貯蓄に関するアジア諸国のマクロ経済実績に集中していた。その結果，経常収支や外貨準備状況の悪化は変則（アノマリー）として軽視され，「アジアの奇跡」という共有信念は持続した。日本のバブルについていえば，企業・金融機関のバランスシート脆弱化（資産担保に依存した資産・負債の拡大）が問題視されなかったことも近視眼の例だが，もっとも顕著なのは1989年5月に金融政策が引締めに転じた後も株価が上昇し続けたことである。国際協調の枠組みでの日本銀行の無力さ，あるいは「未成熟な債権国」という共有信念は強力であり，引締めは「一時的なもの」として軽視された。金利引上げを繰り返した末にこの金利観は転換し，1990年に入ってようやく株価は下落に転じた（北原［1995］）。

b) は，共有信念を批判する意見に対して加えられる社会的な排斥圧力である。共有信念の不適切さを主張する者は，「投資家を脅迫する者」として逆に脅迫されるか，「エキセントリックな論争家」として嘲笑されてしまう。解釈コンベンションしたがってまた近視眼は，このような社会的過程によっても維持される。

ガルブレイス（J. K. Galbraith）は，「バブルの犯人捜し」のとき大衆投資家の行動がいつも容疑者から外されることに異を唱え，「大衆的狂気」こそがバブルの真因であることを強調している（Galbraith［1990］）。上の説明に即してい

えば，共有信念が模倣行動によって生み出されたものであることが忘却されたとき，大衆的狂気が始まるといえよう．共有信念が形成されると投資家はファンダメンタル主義的合理性にしたがうようになるが，大衆的狂気とは，この合理性が（個人的信念とではなく）共有信念と結びついている状態のことである．

③共有信念の問い直しと危機

　共有信念の安定は永続的ではない．しだいに，共有信念では無視されていた変則が，無視できない影響を株価に及ぼすようになるからだ．先に述べたように，アジア通貨金融危機の場合，この変則とはたとえば経常収支悪化や外貨準備減少であった．この過程で大きな役割を演じるのが，ヘッジ・ファンドのような，流れに逆らう投機家である．彼ら反抗的投機家（仮にこう呼んでおく）は，「市場の評価は常に歪んでいる」という考えから，ファンダメンタルズ情報を自ら分析して，過大あるいは過小に評価されている市場・金融商品・銘柄を見つけ出そうとする．そして，たとえば強気相場のときに大量の売りを行うことにより，共有信念への疑いを抱いた他の投資家の売りを誘導しようとする．うまくいって，価格が下がった時点で買い戻せば，反抗的投機家は利得が得られる．この方法を成功させるには，他の投資家の追随が必要なので，「市場の感触」を探るための取引を行い，タイミングを測ることも重要である．いずれにせよ，こうした反抗的投機家の行動は，市場の変動性を高めるので，共有信念にしたがうことの効率性を低下させる．

　次に，共有信念にしたがっても利益にならないことに気づいた投資家たちは，投資家集団全体の平均的な評価・意見を探り出そうとする．つまり，投資家たちは，ファンダメンタル主義的合理性から戦略的合理性へと予想の態度を切り替える．共有信念になお固執する投資家にしても，市場の歪みを指摘する反抗的投機家にしても相対的に確固とした信念を持っている．だから戦略的合理性が有効である．しかし，戦略的行動が市場の不安定性を高めると，共有信念への固執も個人的信念への随従も効率的ではなくなる．そこで最後に自己言及的合理性が支配的になる．つまり，自他ともに客観的な参照基準を持たないという条件の下で，どのような行動が多数選択になるかを予想しなければならない．この予想は困難である（本節(1)参照）から，売りの申し出に対して買い手がつかない状況が発生してくる．そうなると価格は下げる一方となり，早いうちに

現金化しようという流動性選好が高まる。これは市場の危機である。

以上は株式市場を念頭においた説明であるが，同じことは資産市場一般にあてはまる。すなわち，安定から危機への資産市場の動態は，共有信念の「安定→問い直し→危機」の過程として，あるいは支配的な合理性が「ファンダメンタル主義的合理性→戦略的合理性→自己言及的合理性」と推移していく過程として描き出すことができる。ここで共有信念とは強気相場の解釈コンベンションのことであり，この安定が持続するときバブルが発生する。

このように，資産市場の動態は内生的かつ自律的である。「内生的」とは，投資家の安定した相互作用のうちに危機の原因が含まれているということである。ただし，これはあくまで理論的図式にすぎず，実際の資産市場がこの通りに推移するわけではない。たとえば，日本のバブル潰しについてみたように，政策の転換（金融引締め）という外部的ショックはしばしば安定的な共有信念に断絶をもたらす。また「自律的」とは，資産市場の動態は実体経済の単なる表現（効率的市場仮説）ではないということである。ただし「自律的」とは実体経済と無関係という意味ではない。むしろ「自律的」であるがゆえに，資産市場は実体経済に対して大きな影響を及ぼすのである（次節参照）。

4．資産市場と実体経済

本節では，資産価格の変動（バブルとその崩壊）が実体経済に及ぼす影響を，(1)家計と企業の行動，(2)銀行の行動の順に考察する。

(1) 家計と企業の行動

株価と地価のバブルが発生しているとき，家計と企業の行動はどのような影響を受けるだろうか。まず，家計の行動は以下のようなものとなる。①キャピタルゲイン収入から一定の割合を消費に振り向けるので，消費を増やすことになる。②**資産効果**によって消費を増やす。物価を一定としたとき保有資産の価値が上昇すれば，資産保有者はそれだけ豊かになったことになるので，消費を増加させる。これが資産効果である（第10章では物価下落による実質残高効果をみたが，それとほぼ同じ原理である）。③資産価格が上昇すると，借入のさいの担保価値が増加するので，負債形成を活発化させる。負債調達した資金は消費や

投機に回される。

　次に，企業の行動は以下のようなものである。①獲得したキャピタルゲインは内部留保の増加になり，バランスシート構造が強化される。これは投資拡大の基盤となる。②評価が上昇した資産を担保とする借入，あるいは株高を利用した低費用での資金調達（時価発行増資，エクイティファイナンス）によって負債を拡大させる。調達した資金は投資や投機（財テク）に回される。企業の投機には土地や株の現物だけでなく，大口顧客向けの投資信託等も利用される。③需要（消費，投資）増加により景気見通しが楽観的なものになり，投資と雇用を増やす。

　上のような家計と企業の行動は，資産市場の影響が少ない状況ではみられない景気循環上の2つの帰結を生じさせる。第1に，資産価格の上昇によって消費と投資が刺激される分だけ，通常の景気拡張よりも振り幅の大きな景気拡張が現れる。第2に，バブル崩壊後の景気後退を深刻化させる要因が形成される。バブルが進行していくと，「資産を担保とした借入→資産の購入→資産価格上昇→資産担保の借入増加→……」というスパイラルが発生する（家計の行動③，企業の行動②）。このような資産・負債の同時拡張が**両建て取引**と呼ばれるものであり，この結果，家計・企業のバランスシート構造は脆弱なものとなる。なぜなら，バブルが崩壊してしまえば，資産の価値が低下して，負債がそのまま残ることになるからである。一般に，景気の拡張期には楽観的な期待が経済全体を支配し，企業のバランスシートの脆弱化（負債自己資本比率の上昇）が進む（第11章参照）。しかし，資産価格が膨張するバブルの下では，資産担保の評価が過度に楽観的になること，すなわち**金融的ユーフォリア**＊（多幸症または陶酔的熱狂）が支配的になることによって，特に著しい金融脆弱性が進行する。潜在的な債務過剰がこの脆弱性の中身である。

　バブルが崩壊すると，バブル期に形成された金融脆弱性が顕在化する。この帰結は以下のようなことである。企業は，バブル期に資産投資だけでなく生産的投資も拡大させていた。バブルが崩壊するときには，金利負担の増加（金融引締め政策による）や経済成長見通しの下方修正により，生産的投資の過剰も顕在化する。そこで企業は，債務の比重を減らすためのバランスシート調整を行わなければならなくなる。利潤は優先的に債務返済資金にあてられるとともに，付加価値に占める利潤の割合を高めるために賃金費用削減が進められる。

このような調整の結果，投資は低下する。家計においては，貯蓄の修復がはかられるとともに，収入減少・逆資産効果・借入能力低下によって消費が減少する。景気後退時，家計には，貯蓄を取り崩し消費を維持することによって需要落ち込みを緩和すること（家計消費のラチェット効果）が期待されるが，バブル崩壊後はこうした効果がはたらかない。以上のように，資産市場の動態の影響が大きい景気後退においては，企業も家計も景気後退を維持するような行動をとる。

　バブル崩壊後の景気後退は，どれだけの期間続くのか。これは，企業がバランスシート調整にどれだけの時間を要するかによって決まる。必要なバランスシート調整の大きさは，バブルの時期に形成された金融脆弱性の程度によって決まる。1980年代後半の日本のバブルにおいては，両建て取引の進行による金融の脆弱化は著しいものがあった。そのため「バブルの後遺症」も重症となった。また，それに加えて，グローバル競争の中で，日本の企業は従来からの「負債依存体質」のバランスシート構造から脱却することを求められていた。こうした二重の圧力の下に企業のバランスシート調整が長引いたことが，1990年代の日本の不況長期化（「失われた10年」）の原因になった（Koo [2003]）。

(2) 銀行の行動

　銀行自らが，株や土地の投機取引に直接乗り出すことはない。しかし，バブルの時期には，金融的ユーフォリアが支配する中，銀行は，資産担保の貸出を増加させる。その結果，①生産的投資が促進されるだけでなく，②両建て取引のスパイラルを通じた資産価格の一層の上昇も促進される。70年代以降の日本では，製造業大企業の「銀行離れ」という構造的要因があったので，銀行には，代替的貸出先である消費者個人や中小企業に積極的にアプローチする必然性があった。しかし，銀行はそうした貸出先の信用リスクを評価する能力を十分に蓄積してこなかった（情報蓄積の不足，審査方法の未確立）こともあり，貸出決定を担保重視で行う傾向が強かった（担保主義）。そのため銀行は，価値が膨張した不動産を担保にとることによって，不動産・建設・ノンバンクといった業種の中小企業へ貸出を伸ばしていった。

　バブルの崩壊は，銀行に以下のような影響を与える。①資産価格の下落によって，貸出担保中の資産要素の価値は低下する。これは資産市場による評価な

ので，これによる債権の質の低下を銀行は管理することができない。よって，銀行の貸出活動における不確実性が高まる。②バブル崩壊の影響を受けて貸出先企業の経営が悪化するので，信用リスク（貸倒れリスク）が高まる。信用リスクは，利払いの遅れという形で表面化する。利払いが滞っている債権を**不良債権**という。利払いがなされないことは銀行の損失である（営業費用を賄えないので）から，本来は，利払いが遅れ出した時点で貸出を停止すべきである。ところが，a）不良債権の原因がバブル崩壊のようなマクロ的ショックであり，かつショックが一時的なものだと銀行が信じている（日本でもバブル崩壊直後はそう信じられていた）場合，あるいはb）債権の一部を引き揚げると企業が倒産してしまい，債権の全体が回収できなくなる場合，不良債権は保有され続ける。a）の場合，規制当局も同様の姿勢でのぞみ，不良債権の保有を容認することが多い（規制猶予政策）。このように不良債権を保有していると，損失の累積はしだいに大きくなる。さらに企業が経営悪化の末に倒産すると，不良債権は破綻債権に転化する。破綻債権とは担保の取得・売却を行う権利だが，担保の価値が下がっているときには，元本の金額も回収できなくなる。③銀行の損失が膨らんでも，当期の利益または保有株の売却（益出し）によってカバーできれば問題はないが，バブル崩壊後ではそれも限界がある。そうなると，銀行は自己資本を減らすことによって，損失を埋めざるをえなくなる。

　自己資本とは，もともと，株式会社が株式発行によって集めた資金のことをいう。返済しなくてよい資金という意味である。しかし，株式会社が営業を続けていくと，資産が拡大するので，総資産から総負債を差し引いた金額が「自己資本」ということになる。自己資本が一定額あれば，損失が生じて資産が減少したとき，その埋め合わせに使うことができる。他の企業と同じく銀行もまた，経営リスクのバッファー（緩衝材）として一定額の自己資本を持たねばならない。今日の銀行制度の下では，健全性（プルーデンス）規制の一環として所要自己資本比率（＝自己資本／リスク資産）とその計算方法が定められている。国際金融市場で取引を行うには8％の（BIS規制），日本国内で営業するには4％の自己資本比率を達成することが必要である。

　さて，バブル崩壊の影響で自己資本を毀損してしまうと，上の自己資本比率基準をみたせなくなる恐れが出てくる。そこで銀行は，自己資本比率を引き上げるために，分母の資産を減らそうとする。国債などは安全資産なので自己資

本による引当てが要求されない。したがって分母の資産とは，企業貸出などのリスク資産であり，この部分が削られることになる。企業の側の信用需要を一定とすれば，銀行の貸出削減は，企業の信用需要がみたされなくなることを意味する。これが**クレジット・クランチ**（信用逼迫または貸し渋り）である。バブルの崩壊は，銀行によるクレジット・クランチを通じて実体経済に深刻な影響を与える。特にそれは，中小企業が真っ先に貸出削減の対象となるためである。銀行からみて，中小企業への貸出は不確実性が高く，貸出審査のための情報費用が大きいからである。ところが，ほかに資金調達のルートがない（社債発行のための格付け取得や費用負担が困難であるため）中小企業にとって，銀行借入が確保できるかどうかは死活問題であり，クレジット・クランチは中小企業の経営危機の原因になる。景気回復は中小企業の回復から始まるのが通常であるが，銀行のバランスシート調整（自己資本基準の達成）が続くときには，なかなかその過程が開始されない。このように，バブルの崩壊は，銀行の行動への影響を通じても景気後退を深刻化させる。

　日本においてはバブル崩壊直後から信用の収縮がみられたが，これは企業が信用需要を低下させたためであった。ところが日本でも，1997年末以降，信用供給（銀行）側の要因による信用収縮，すなわちクレジット・クランチが発生した。1997年11月，政府は「トゥー・ビッグ・トゥ・フェイル（大きすぎて潰せない）」政策を放棄し，コール市場（日本の銀行間貨幣市場）で資金をとれなくなった三洋証券をそのまま倒産させてしまった。これ以降，流動性市場（コール市場，ＣＤ市場など）では，全体にレートが上昇し，また経営不良の銀行に対する選別が強まった。その結果，銀行はバランスシート改善を迫られ，対中小企業を中心にして貸出を削減するようになった。そして，経営悪化したわけでもない企業が融資を打ち切られる（貸し剥がし）など，クレジット・クランチの現象が明白にみられるようになった。

　なお，クレジット・クランチとは別に，銀行の経営破綻とその処理過程において発生する信用収縮も大きな問題になった。銀行破綻の処理方式には，①清算（ペイオフ），②資産・負債の承継（P&A），③一時国有化がある。銀行も民間企業であるから，支払不能時には倒産するのが原則であるが，そのさいに一般企業とは異なり，預金者保護という特殊な配慮が必要となる。そこで，預金保険制度の助けを借りて（小口）預金者に預金払戻しをした上で，銀行を倒産

6. 資産価格の変動は，家計・企業・銀行の行動を変容させ，景気循環の振れを大きくする。特に景気後退は，企業・銀行のバランスシート調整過程であるため，深刻化し長期持続するようになる。

第13章

資本主義の構造変化

本章の課題
1. レギュラシオン理論とはどのような性格を持つ理論か。
2. レギュラシオン理論を構成する諸概念はどのようなものか，またその理論的役割はどのようなものか。
3. 蓄積体制の形態と需要形成の型にはどのようなものがあり，またそれぞれがどのような関連を有するのか。
4. フォーディズムはどのようなマクロ経済的な規則性を持つ成長体制か。
5. フォーディズム以降の先進資本主義経済はどのように理解されるか。

1. 資本主義の時間的可変性と空間的多様性

　資本主義の歴史を振り返れば，長期的成長から構造的危機を経て停滞の時期へ，そして停滞の時期からふたたび長期的成長の時期へとあい次ぐ成長と危機の交替をみることができる。危機から成長への反転は市場調節に還元されるようなものでもなく，自律的なものでもない。危機から成長への移行には**制度的イノベーション**と呼ぶべき制度および諸制度の接合の刷新がみられる（Boyer [1986]）。もちろん，制度的イノベーションを必要とせずに，成長へと回復する危機もある。だが，**構造的危機***もしくは**大危機**と呼ばれるような危機は制度的イノベーションなしには克服されえない。制度および諸制度の接合の変容は資本主義の構造変化の源泉である。

　本章の主題は資本主義の構造変化である。すなわち，第1に，資本主義が時間的に不変の経済システムではなく，変化しうる経済システムであるということ，第2に，資本主義がどの国でもどの地域でも同一の構造を持つような経済

システムではなく，その国／地域特有の制度的特徴を持つ経済システムであるということを説明することにある。

本章では，資本主義の時間的可変性と空間的多様性を**レギュラシオン理論**にもとづいて説明する。第2節ではレギュラシオン理論の理論的性格と基本的な諸概念を解説する。第3節ではレギュラシオン理論によって開発された蓄積体制概念にマクロ経済的表現を与え，同時に賃金決定に関する調整に焦点をあてながら需要形成のパターンを示す。その上で蓄積体制と需要形成の整合性を取り上げ，成長体制の安定性／不安定性および成長の性格に関する説明を与える。第4節においては第3節で与えられる成長体制の構図にもとづいて19世紀以降，ほぼ1世紀にわたる資本主義の長期的変容に関するスケッチを与える。ここでは資本主義の時間的可変性が確認される。最後に，第5節は，第2次世界大戦後の資本主義を特徴づける大量消費をともなう内包的蓄積体制——すなわちフォーディズム——を再度取り上げ，賃労働関係を軸にその成長と危機を説明する。その上で，フォーディズム以後の先進資本主義経済がフォーディズムという1つのモデルから多様な成長体制へと移ってきたことを示す。ここでは資本主義の空間的多様性が確認される。

2. レギュラシオン理論

本節では，第1に，レギュラシオン理論の理論的性格を新古典派経済学と対比しながら説明する。次いで，レギュラシオン理論によって開発された基本的な諸概念を解説することにしよう。

(1) レギュラシオン理論とは

第Ⅰ部で説明されたように，資本主義はそれ自身の内部に資本・労働間の利害対立を抱えるがゆえに安定性は必ずしも保証されていない。だが，それにもかかわらず資本主義は相対的に長期的な安定も経験してきた。資本主義の歴史はあい次ぐ成長と危機の歴史である。

いかにしてこうした資本主義の時間的可変性を捉えることができるであろうか。レギュラシオン理論はこうした課題を理論的中心に据える。最初に，新古典派経済学と比較しながら，レギュラシオン理論の理論的性格をみておくこと

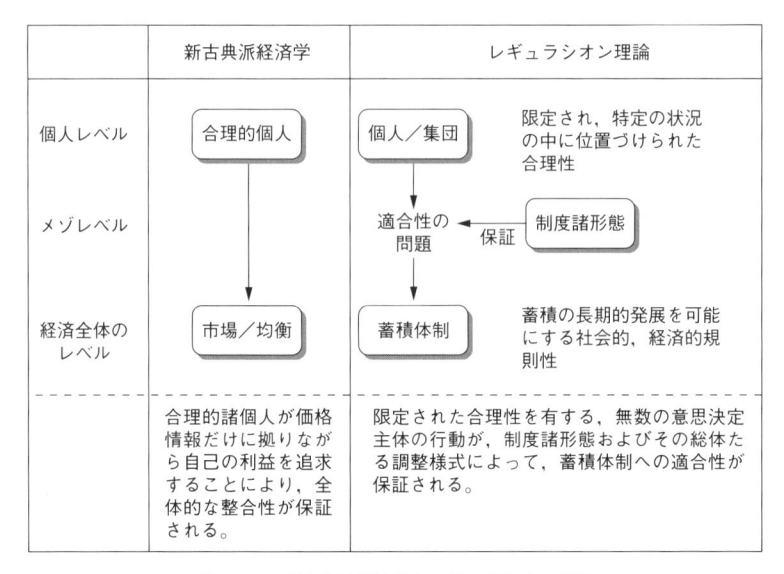

	新古典派経済学	レギュラシオン理論
個人レベル	合理的個人	個人／集団 → 限定され，特定の状況の中に位置づけられた合理性
メゾレベル		適合性の問題 ←保証― 制度諸形態
経済全体のレベル	市場／均衡	蓄積体制 ― 蓄積の長期的発展を可能にする社会的，経済的規則性
	合理的諸個人が価格情報だけに拠りながら自己の利益を追求することにより，全体的な整合性が保証される。	限定された合理性を有する，無数の意思決定主体の行動が，制度諸形態およびその総体たる調整様式によって，蓄積体制への適合性が保証される。

図13-1　新古典派経済学とレギュラシオン理論

にしよう。

　新古典派経済学の理論構成と比較するならば（図13-1参照），レギュラシオン理論は，経済全体のレベルでは，市場に代えて**蓄積体制概念**★を据える，次にメゾレベルにおいて諸個人の行動を社会化する――すなわち蓄積体制に適合させる――**制度形態**★を介在させる。最後に，ミクロレベルでは，合理的個人に代えて特定の状況の中に位置づけられた個人を配置する。

　理論的構成において新古典派経済学ともっとも大きく相違する点は，メゾレベルの制度形態の存在にある。新古典派経済学においては，市場の中で諸個人が価格情報を基礎に自己の利益を最大化するように行動する。そこでは経済全体の調整を担う主体が存在しないにもかかわらず，諸個人の行動の全体的な整合性が保証される。しかし，レギュラシオン理論では，諸個人の行動の全体は，制度形態によって媒介されることなしには整合性を持ちえないとみられる。言い換えれば，マクロ的な規則性の総体性を描く蓄積体制へと結びつけられない。

　こうした理論的構成はレギュラシオン理論の基本的性格を表現する。経済・社会全体のマクロ的な整合性は合理的個人や市場によってではなく，基本的な

諸制度の補完性*によって保証される。したがってそれぞれの社会には諸制度の補完性が形づくる固有の構造とその構造に固有の危機が存在する。ある特定の歴史時代を超えるような，またある特定の空間を超えるような普遍的な合理性や普遍的な法則というものは存在しない。レギュラシオン理論はそうした固有の構造と固有の危機を対象にする。レギュラシオン理論の経済分析の中心は成長と危機，危機の時間的・空間的な可変性である（Boyer [1986]）。

こうしたレギュラシオン理論の理論的性格をおさえた上で，以下ではレギュラシオン理論の基本的な諸概念——蓄積体制，制度形態，調整様式，成長体制および危機それぞれを説明することにしよう。

(2) 蓄積体制

蓄積体制*とは蓄積の中長期的な発展を可能にする社会的経済的規則性の総体である。そうした規則性はマクロ経済学の成長モデル——カレツキ（M. Kalecki）やカルドア（N. Kaldor）のアイデアを取り入れたモデル——によって表現することができる。技術変化の性格や強さ，需要の規模と構成，さらに労働者の生活様式のタイプに応じて同一の生産性の抽出方法を，相異なる需要の創出方法と組み合わせることが可能となる。ここから相異なる蓄積体制が出現する。蓄積体制自体は長期的に変容し，空間的にも多様である。

蓄積体制は，表13-1の第1列において示されているように，4つの点——生産編成，所得分配，需要形成および労働者の再生産——から特徴づけられる。蓄積体制をこうした4つの点にわたって特徴づけることで蓄積体制の多様性および各々の蓄積体制の安定性／不安定性，成長の性格を示すことができる。また，そうした蓄積体制を特徴づける点はマクロ経済モデルのパラメータを定義する上での特徴も示している。この点は第3節において蓄積体制をマクロ経済的に表現するさいに説明しよう。

蓄積体制については，**外延的蓄積体制***と**内包的蓄積体制***と呼ばれる2つの基本的な形態が定式化されている（表13-1，第1行を参照）。外延的蓄積体制とは旧来の生産方法を維持したままで，生産の規模を拡大していく体制であり，したがってそこでは生産性の急速な上昇は観察されない。内包的蓄積体制とは科学技術の進歩を資本主義的生産の中に積極的に取り入れ，また**テーラー主義**的と呼ばれる労働編成を採用することで生産性の上昇を実現する体制である

表13-1 蓄積体制

	(A)外延的蓄積体制	(B)大量消費なき内包的蓄積体制	(C)大量消費をともなう内包的蓄積体制	(D)外延的蓄積体制，大量消費下と同一の需要形成パターン
生産編成	単純協業／弱い生産性上昇	テーラー的労働再編／強い生産性上昇	フォード的機械化の進展／高度な生産性上昇	フォード主義の疲弊／在来の生産性源泉の枯渇
所得分配（賃金決定）	蓄積の景況によって調整	労働市場を通じた賃金決定	賃金所得の契約化	制度化された所得分配の再検討
社会的需要形成	資本形成の原動力的役割／最終消費の二次的役割	消費の普及，しかし投資の優越性	消費と投資の同時的発展	需要のこれまでの傾向や規則性からの断絶
労働者の再生産	労働者は本質的に資本主義の外部で再生産される	資本主義への労働者のゆっくりとした編入	資本主義への労働者の終身的編入	
成長体制	安定的／低成長	不安定	安定的／高成長	不安定／低成長

(出所) Boyer[1986] 邦訳 pp.252-253 をもとに作成。

(テーラー主義については本章第5節および第4章を参照)。この2つの蓄積体制については，第3節において，蓄積体制をマクロ経済的に表現するさいに，より明確な表現を与える。

(3) 制度形態

蓄積体制すなわち社会的経済的規則性は，諸個人の行動の織り成すマクロ的な結果である。だが，マクロ的な規則性それ自体は諸個人にとっては抽象的なものであり諸個人に自覚されることはない。ここに**制度形態**★の重要性がある。上述のように，諸個人の行動は，諸個人に認識される具体的な制度形態によって誘導されることにより，全体的な整合性を与えられる（図13-1を参照）。その意味において制度形態は社会的経済的規則性の源泉である。

したがって社会的経済的規則性が一定の歴史時代および特定の空間に固有なものであるという性格の起源は制度諸形態とその接合関係に求められる。制度諸形態の分析は，ある歴史時代と特定の空間における社会諸関係の構図を明らかにする。

レギュラシオン理論において取り上げられるのは5つの制度形態である。**貨幣・金融制度**，**競争形態**，および**賃労働関係**，そのそれぞれが資本主義の基本

的社会関係——すなわち,商品・貨幣関係と資本・労働関係,また両者の相互作用——から派生する。そしてこの3つに**国際体制**★,**国家**が加えられる。

貨幣・金融制度は貨幣が一般的等価物であり,貨幣が諸々の経済単位を結合するという役割に由来する。ここでは経済主体の行動を制約する多様な通貨体制に関する構図——たとえば,管理通貨制度や金本位制度——が取り上げられる(第5章参照)。競争形態は,生産者の間の関係がどのように組織されるかを示す。2つの対極的な企業間競争のケースが考えられる。すなわち,競争メカニズムと独占メカニズムである。国際体制においては国民国家が他の世界と取り結ぶ関係,たとえば貿易体制の選択,外国資本への開放度,金融投資そして為替管理の選択等,国際空間への参入様式およびその整合性が取り上げられる(第8章参照)。国家という制度形態は,公的権力の組織が経済的動態の中にどのように統合されているかを示す(第6章参照)。

レギュラシオン理論が第2次世界大戦後のおよそ30年間に及ぶ安定的な高成長を分析する際,もっとも重視する制度形態は**賃労働関係(もしくは賃労働形態)**★であり,5つの制度諸形態の中にあって特権的位置を占める。それは,第1に理論的な理由であるが,この概念によって資本主義的生産における剰余の領有方法を明確に示すことができるという理由からである。第2に——実証的な理由であるが——資本主義の成長と危機の分析から賃労働関係の変容が成長体制の長期的変化における主要な決定因として認識されているからである(だが,1980年代以降の資本主義分析にもとづき,貨幣・金融制度が賃労働関係にとって代わり制度諸形態の特権的位置を占めつつある——すなわち金融主導型の成長体制——という認識がレギュラシオン学派において出現しつつある)。

賃労働形態とは「労働過程の編成,熟練のヒエラルキー,労働力の可動性,賃金所得の形成/使用といった内容を含むところの,労働力の使用と再生産を規定する諸条件の総体」(Boyer [1980] p.494) である。さまざまな労働編成のタイプ,賃労働者の生活様式,および賃労働者の再生産の間の相互関係を特徴づけることによって,賃労働形態の多様なタイプが定義される。

すでに歴史分析と国際比較を通じて,**自由競争的形態,テーラー的形態,フォード的形態**と呼ばれる3つの賃労働関係の形態が導出されている。自由競争的賃労働形態の特徴的な点は労働者の生産も消費も資本主義の生産に統合され

ていないか，わずかにしか組み込まれていないという点にある。次のテーラー的形態においては，労働者が資本主義的生産に組み込まれ，テーラー的労働編成によって大量生産が可能になっているが，労働者の生活様式は根本的には変容していない。最後のフォード的形態においては，労働者が生産においても消費においても資本主義的生産に統合され，消費規準と生産規準が同時に発展する。

(4) 調整様式

制度形態の調整効果は部分的なものである。それらの総体がシステム全体の再生産を可能にしていくような調節を生み出す場合，それは**調整様式（レギュラシオン様式）***と呼ばれる。レギュラシオンの原語はrégulationであるが，「規制」の意味合いが強い英語のregulationとは異なる。フランス語のrégulationは通常，「調節」「制御」「調整」を意味する（山田［1994］）。調整様式は次のような機能を果たす。1)図13-1に描かれているように，諸個人の分散的意思決定が全体として動態的に両立するように保証する。2)調整様式は現行の蓄積体制を維持し「操縦」する。蓄積体制が長期的な成長モデルに相当するとすれば，調整様式は経済の日常的な調節を意味する。

ここでは賃金決定に焦点をあてることで引き出される，2つの相異なる調整を示しておこう。競争的，独占的と呼ばれる調整がそれである。

賃金決定に関する競争的調整においては，労働力は他の商品と同様の一商品にすぎない。そこでは労働力の価格は主として労働市場での需給状況に応じて決定される。独占的調整では労使間の団体交渉を通じて賃金は決定される。それは消費者物価と生産性上昇トレンドに応じた事実上の準スライド制をとることによって賃金を設定するものである。すなわち，生産性上昇に実質賃金上昇をリンクさせる賃金決定方式――**賃金の生産性インデクセーション**――である。

(5) 成長体制と2つの危機概念

成長体制*とは1つの蓄積体制と1つの調整様式の結合体である。成長と危機，危機の時間的・空間的な可変性の分析はこの成長体制概念を使って説明される。すなわち，蓄積体制と一定のタイプの調整様式はどのように長期的に安

定するのか，そしてどのように危機に陥り，どのように危機を克服するのか。ここにおいて2つの基本的な危機概念の区別が重要となる。**循環的危機**★と**構造的危機**★がそれである。

　循環的危機は現在の制度諸形態の大きな変容をともなうことなく展開する。この下では景気後退から好況局面への反転を引き起こすために制度的イノベーションも経済政策の質的変化も必要としない。危機は既存の調整様式の内部に位置づけられ，危機からの脱出は既存の調整様式に依存する。

　構造的危機とは，制度諸形態と経済的動態の不整合性から発生する危機，もしくは調整様式自身の危機である。この場合，不況から好況への反転は自動的でなくなり，既存の制度諸形態の一部ないし全体を変えることなしには克服できない危機である。

3. 蓄積体制と需要

　前節においてはレギュラシオン理論の理論的枠組みを説明した。本節では，蓄積体制にマクロ経済的な表現を与える。そうすることで時間と空間における可変性分析の経済学であるレギュラシオン理論の性格をより明確化することができる。最初に，蓄積体制のマクロ経済的表現を通じて多様な蓄積体制——外延的蓄積体制と内包的蓄積体制——を示す。次いで賃金決定に焦点をおいた調整も合わせて考察することで蓄積体制と需要形成の整合性を取り上げる。最後に，蓄積体制と需要を突き合わせながら成長体制の安定性／不安定性，および成長の性格を確認する（表13-1参照）。

　図13-2においては**フォーディズム**★——フォーディズム概念については次節において説明する——の理想的な好循環が描かれている。この循環図においては，賃労働関係が成長体制の長期的変化における主要な決定因であるという認識が反映されており，制度諸形態のうち主として賃労働関係が取り上げられている。この循環図から2つの問題を設定することができる。第1に，生産性上昇率はどのようにして生み出されるのか（生産から生産性への効果）。この問題設定から蓄積体制のマクロ経済的表現が引き出される。第2に，生産性上昇がどのようにして賃金と利潤に分配されるのか（生産性から生産（＝需要）への効果）。この問題設定からは需要形成のパターンが識別される。

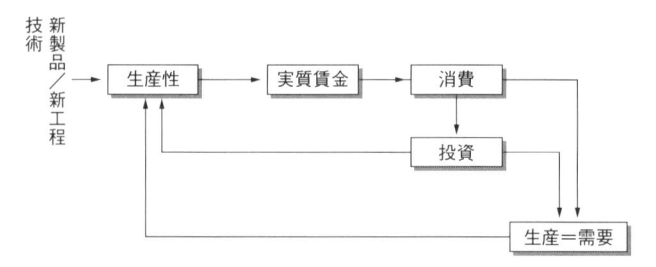

(出所)Boyer［1986］邦訳の付録をもとに作成。

図13-2　フォーディズムの好循環

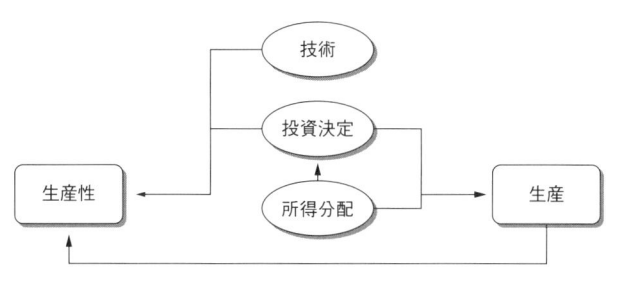

図13-3　蓄積体制の諸要因

(1) 外延的蓄積体制と内包的蓄積体制

　第1の問題は図13-2のフォーディズムの循環図を「生産」から「生産性」に向けて読むことになる。だが，生産が生産性に与える効果は，図13-3の概念図によって描かれているように，技術，投資決定，所得分配の複合的効果の結果である。

　図13-3の技術要因は新たなテクノロジーの出現と規模に関する収穫逓増において表現される。前者は技術から生産性への回路によって表現され，後者は生産から生産性への直接的な回路において表現されている。後者の回路は，社会的分業や市場規模の拡大が労働生産性を引き上げる，ということを示している。

　投資の決定要因を考える場合，ここでは利潤が投資を主導するパターン，および需要（消費需要）が投資を主導するパターンが想定されている。したがって所得分配のあり方が投資決定に影響を与えることになる。

　所得分配については賃金決定に関する調整が重要な役割を果たす。すでに説

表13-2 所得分配と投資決定

		投資決定のパターン	
		利潤感応的	消費需要感応的
所得分配(賃金決定)パターン	市場競争	整合	不整合
	生産性インデクセーション	不整合	整合

明したように，賃金決定に関する調整については2つの型が存在する。1つは競争的調整である。この調整の下においては労働市場の競争要因が賃金決定にもっとも強い影響を与える。もう1つは独占的調整と呼ばれるものであり，これは消費者物価と生産性上昇トレンドに応じた事実上のスライド制をとることによって賃金所得の上昇を設定するものである。

賃金が市場競争を通じて決定される場合，相対的に低賃金であり不安定である。この場合，所得分配は利潤に有利にはたらく。他方，賃金が生産性に対する事前的なインデクセーションを通じて決定される場合には，賃金所得は安定的であり，相対的に高水準である。したがって賃金所得が需要の重要な源泉となる。

所得分配と投資決定の関係については表13-2に要約されている。賃金が市場競争を通じて決定される場合，所得分配は利潤に有利にはたらく。したがって投資が利潤によって主導される場合，投資決定と所得分配は整合的となる。他方，賃金が生産性への事前的なインデクセーションを通じて生産性の上昇とともに上昇する場合，賃金所得は安定化する。この場合，投資が消費需要に感応的であれば，投資決定と所得分配は整合的となる。

したがって，賃金が市場競争によって決定され，投資が利潤に感応的である場合，あるいは賃金が生産性インデクセーションを通じて決定され，投資が消費需要感応的である場合，生産から生産性への効果はプラスである。すなわち，生産規模が拡大すれば，生産性はますます上昇していくことになる。

最後に，表13-1で示された歴史的説明も考慮した上で，以上の関係にもとづいて蓄積体制の2つの形態の定義を与えよう。技術——特に規模に関する収穫逓増——の効果がプラスであり，所得分配と投資決定が整合的である場合，生産から——技術/所得分配/投資決定を経由した——生産性への複合的効果はプラスである。これによって**外延的蓄積体制***と**内包的蓄積体制***の定義を与えることができる。生産から生産性に与える効果がプラスであり，その効果が

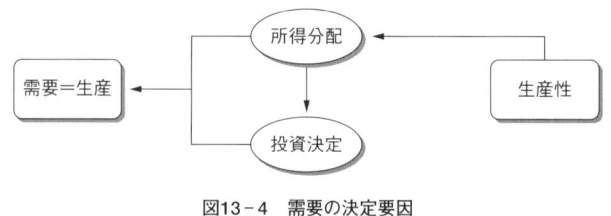

```
      所得分配
需要＝生産  ←    ↑   ←  生産性
      投資決定
```

図13-4　需要の決定要因

大きい場合，蓄積体制は内包的であり，その効果が，プラスではあるものの小さい場合，外延的蓄積体制が出現する。

(2) 需要の決定

　第2の問題——生産性上昇がどのようにして賃金と利潤に分配されるのか（生産性上昇率から生産（＝需要）への効果）——はフォーディズムの好循環を「生産性」から「生産（＝需要）」へとたどる回路に焦点をおく。生産性から需要への効果は，図13-4において示されているように，所得分配と投資決定の複合的効果の結果である。

　所得分配すなわち生産性の上昇益を賃金と利潤にどのようにして分配するかという問題については，前項で説明したように，市場競争を通じて賃金が決定されるパターン，生産性インデクセーションにもとづく賃金決定のパターンに依存する。

　投資決定についても，すでに説明したように，投資が消費需要によって決定されるパターンと投資が利潤によってのみ主導されるパターンがある。

　所得分配と投資決定が整合的となるのは，すでに指摘したように，1)賃金が市場競争を通じて決定され投資が利潤に感応的である場合，また，2)賃金が生産性インデクセーションを通じて決定され，投資が消費需要感応的である場合である（表13-2参照）。この2つのケースにおいては生産性から需要（＝生産）への効果はプラスとなる。だが，1)のケースの下での所得分配が企業に有利であり，賃金が市場競争によって決定されるため，賃金労働者の消費が需要の主役となるのは雇用が増加する場合にかぎられる。2)の場合，需要の成長は賃金によって主導される。生産性のどのような改善も事前に実質賃金を引き上げ，消費，および消費需要に感応的な投資，したがって有効需要を増大させる。本書第9章第7節の用語を利用すれば，1)のケースを**利潤主導型★**，2)のケース

表13-3 蓄積体制と需要

		蓄積体制	
		外延的	内包的
需要形成	大量消費の成立	(D)不安定な低成長	(C)安定的な高成長
	大量消費の不成立	(A)穏やかな安定的成長	(B)構造的不安定：危機

を**賃金主導型**★と規定することができる。だが，ここでは，中長期的な資本主義の変容に焦点がおかれ，2つのケースの分類が制度の違いにもとづいていることに注意されたい。この2つの需要形成パターンのうちいずれかが保証される場合，所得分配と投資決定の複合的効果を通じて生産性が需要に与える効果はプラスとなる。だが，その効果がプラスであるものの，1)の場合には需要の成長は限定的である。2)の連鎖では生産性のどのような改善も有効需要の増加へと結びつけられる。したがって1)においては大量消費の出現はみられないが，2)においては大量消費が出現する。

(3) 蓄積体制と需要

これまで説明してきた2つの蓄積体制と2つの需要形成パターンから蓄積体制と需要の対応関係を理解することができる。これにより成長体制の安定性／不安定性および成長の性格を示すことができる。

表13-3において示されているように，4つの典型的な成長体制の構図を考えることができる。さらに，その表においては各セルに成長体制の安定性／不安定性および成長の性格が示されている。(A)外延的蓄積体制と大量消費の不成立。成長体制は生産と需要の不整合がみられず安定的であるが，蓄積体制は外延的であり，成長は緩やかなものである。(B)大量消費なき内包蓄積体制。蓄積体制は内包的なものに転じ，高い供給能力が出現するが，これに対応する需要は創出されず，成長体制が不安定化する。(C)大量消費をともなう内包的蓄積体制。高い供給能力に見合う需要が創出され，成長体制が安定化する。しかも成長は(A)の構図と異なり，高水準なものとなる。(D)外延的蓄積体制と大量消費である（ただし，このケース(D)の場合，「大量消費」は需要形成パターンがケース(C)と同一であることを意味するにすぎない）。

4. 資本主義の長期的変容

　本節においては，第3節で説明された枠組みを利用して資本主義の長期的変容に関するスケッチを与えることにする。以下のケース(A)〜(D)は表13-1および表13-3の分類に対応する。

(1) 成長体制と資本主義の変容
①外延的蓄積体制と低い需要——ケース(A)

　表13-3に示されているように，蓄積体制は外延的である。したがって成長から生産性への効果は正であるものの，その効果は小さい。この蓄積体制下では生産性上昇率の急激な上昇はみられない。他方，需要形成をみると，生産性の上昇が需要の拡大へと結びつけられているが，その効果は小さく，需要の成長は限定的である。したがって大量消費は成立していない。こうした組合わせの結果は弱い生産性上昇率と限定的な需要の伸びである。この下では撹乱が発生したとしてもシステム内部で自己調整され，システム自体は安定的である。発生する危機の性格は循環的なものである。だが，その成長は緩やかなものにすぎない。

　こうした成長体制——**外延的蓄積体制***と低水準の需要——は19世紀の緩やかな成長に対応する（表13-1の第2列参照）。基本的にこの時代を特徴づける新しい生産方法は，利潤に主導された工業部門への急激な投資によって実現される。この高水準の投資率が引き続いて生産性を引き上げる。すなわち生産性は利潤主導型投資によって規定される。だが，分業の深化に関連した規模に関する収穫逓増はそれ以前の時代のトレンドとほぼ同一であり緩やかなものである。

　需要創出に関していえば，資本に有利な所得分配によって投資が主導的要因となっている。賃金は主に競争的な労働市場を通じて決定されるため労働者が工業化過程から恩恵を受けるのは雇用が増加する場合にかぎられる。

　したがって低い水準で生産性上昇率と需要の伸びが対応し，緩やかな成長を描く。この時代を通じて産業の危機はときおり観察されるが，自己調整的である。すなわち成長体制は安定的である。生産性あるいは需要のいずれか一方に影響を与えるどのような撹乱もその体制内部で解消される。したがってこの成

長体制下で発生する危機は既存の制度諸形態の大きな変化をともなうものではなく，循環的なものである．

②大量消費なき内包的蓄積体制——ケース(B)

このケースでは蓄積体制は内包的である．したがって成長から生産性への効果は正でありその効果も大きい．生産性上昇率は高水準に転じ，大量生産が可能となる．だが，需要形成は(A)のケースと同一であり需要の伸びは緩やかである．大量生産は大量消費によって補完されなければならないが，大量消費は出現していない．需要創出に比した生産能力の過剰は，したがって，システム全体を不安定なものにする（表13-1の第3列参照）．

この(B)のケースは第1次世界大戦と第2次世界大戦に挟まれた1920年代（戦間期）に対応する．調整様式は19世紀——(A)のケース——と強い連続性を示す．特に賃労働関係に関する調整において妥当する．すなわち賃金は依然として市場競争を通じて決定される．したがって需要形成において賃金労働者の消費と消費に主導される投資需要が中心的な役割を担うことはなく，大量消費の出現をみることはできない．

しかし，生産性については変化が確認される．科学的管理法が，分業の深化，専用機の利用を通じた規模に関する収穫逓増を促進し，生産性上昇率の引上げを可能にする．こうして大量生産の可能性が出現する．

この成長体制の描く構図はケース(A)の成長体制と異なる．新しいテクノロジーシステムが生産性を上昇させることで中期的な生産性上昇率は以前に比べいっそう高水準となる．しかし，需要形成をめぐる制度的配置は19世紀と強い連続性を持ち，需要量に対する生産能力の過剰が発生する．これがシステム全体を不安定なものに転化させ，大量消費なき**内包的蓄積体制***の悪循環を出現させる．したがってこれは調整様式の再編を迫る危機であり，構造的危機と呼ぶことができる．

③大量消費をともなう内包的蓄積体制——ケース(C)

蓄積体制は戦間期——(B)のケース——と同様に内包的である．だが，このケースにおいては需要形成において(B)のケースと決定的な断絶を示す．生産性の上昇が有効需要の増加へと結びつけられ大量消費が出現する．これにより，大量生産に大量消費が結びつけられる．この結果，システム全体は安定化し，成長も高水準なものとなる（表13-1の第4列参照）．

この成長体制——大量消費をともなう内包的蓄積体制——は第2次世界大戦後のブーム期に対応する。この体制は，次節で説明するように，フォーディズムと呼ばれる。

生産性に関するメカニズムは戦間期と同一であるが，2つの主要な構造変化が所得分配と需要創出に影響を及ぼしている。第1に，団体交渉の制度化と生産性シェアリングをめぐる独自な資本・労働合意により新しい賃金形成が生み出される。すなわち，生産性の上昇とともに増加する賃金，したがってまた消費需要が生み出される。第2に，投資が需要との結びつきを強め，利潤との関連性を弱める。その結果，総需要は戦間期——ケース(B)——にみられた関係とは反対に生産性の上昇とともに拡大していく。

こうしてこの成長体制の下では大量消費と大量生産が関連づけられる。したがってこの蓄積体制の内部では安定的で速い成長経路が存在しうる。需要は規模に関する収穫逓増を通じて生産性に波及する。これとともに消費需要に結びついた投資が生産性を高める。他方，生産性の上昇は生産性に対する賃金インデクセーションを通じて賃金を安定的に上昇させ，いっそうの消費需要を喚起する。これとともに消費と関連を強めた投資も拡大し，総需要を押し上げる。この成長体制は安定的であり，その結果，生産能力と需要のどのような不一致も自己修正される。

④外延的蓄積体制と大量消費下と同一の需要形成パターン——ケース(D)

需要形成は第2次世界大戦後のブーム期と同一である。だが，蓄積体制は外延的なものとなる。このパターンでは生産性上昇率の成長は望めなくなる。したがってシステムは不安定化し，成長率も低下する。この成長体制は1970年代以降の不安定な低成長の時代に対応する（表13-1の第5列参照）。

このケース(D)以降の資本主義の変容については，フォーディズムと対比しつつ，次節において説明しよう。

5．フォーディズムから多様な成長体制へ

本節では，フォーディズムと呼ばれる独自の体制に関するより詳細な特徴づけを与えた後にフォーディズムが1970年代以降構造的な危機に陥ったことを示し，最後に，賃労働関係に焦点をあてながら，フォーディズム以降の多様な成

長体制を説明することにしたい。

(1) フォーディズム
①フォーディズムとは

　第2次世界大戦後のおよそ30年間に及ぶ安定的な高成長の原因は，前節で説明したように，大量消費をともなう内包的蓄積体制に求められる。この大量消費をともなう内包的蓄積体制が**フォーディズム**★と呼ばれる。フォーディズムという用語自体は1920年代にベルトコンベヤーにもとづく流れ作業を導入し大量生産を可能にし，他方で自社製品の販路を拡大するために高賃金政策を採用した自動車会社フォード（およびその創始者の1人ヘンリー・フォードH. Ford）に由来している。だが，ここでいうフォーディズムは蓄積のマクロ経済的条件を特徴づけることを目的としている。

　フォーディズムは，それに適合的な賃労働関係という制度形態に焦点をおくことでより正確に定義することができる。以下2点にわたって説明しよう。

　1) 生産編成はテーラー主義的な労働編成原理とフォード主義的な機械化の結合にもとづいている。**テーラー主義**とは，「構想」を担う生産管理者と現場で実際に労働する「実行」者を分離し，実行される労働をさらに諸課業へと細分化し，それぞれの課業に作業ノルムを設定し，そうすることで作業の「客観性」「科学性」を確保する生産管理方法である。フォーディズムの下では，こうしたテーラー主義から出発して生産過程の機械化が進められ，組立てラインは各種専用機とベルトコンベヤーから構成される。こうした労働編成により生産性の持続的な上昇が可能となる。

　2) フォーディズムを特徴づけるためには労働編成を観察するだけでは不十分である。フォーディズムの本質的な特徴は賃労働関係の長期的な契約化——明示的，暗黙的を問わない——である。労働者は賃金所得の契約化を通じて生産性上昇益の配分を確実なものにしなければならない。これによって投資と同時に消費も発展していくことになる。以上の1)と2)の2つの特徴によってフォード主義的賃労働関係が定義される。

　こうした賃労働関係は労使間妥協の結果でもある。すなわち，労働者はテーラー主義的労働編成原理（およびそこから生み出される労働強化）を受け入れる代わりに，資本は生産性上昇益を賃金に分配する。これは賃金の生産性イン

デクセーション——生産性上昇に実質賃金をリンクさせる賃金決定方式——において具体化される。こうした労使間妥協は**フォーディズム的労使妥協**＊と呼ばれる。

②フォーディズムの危機

①において，賃労働関係に焦点をおくことでより詳細なフォーディズムの定義を与えてきた。そこで，フォーディズムの危機を取り上げる場合も，この賃労働関係という制度形態に焦点をあてながら説明することにしよう。

a）テーラー主義的労働編成の疲弊……生産性源泉の枯渇の原因はテーラー主義的労働編成の疲弊に求められる。テーラー主義原理のいっそうの推進は労働をますます単調なものにし，無内容なものにしていった。同時に労働強化をいっそう高めていった。テーラー主義原理を徹底した結果，労働意欲の喪失，労働者の疲弊，さらに労働者の抵抗を招くことになる。こうしてフォーディズム下の労働過程は生産性を引き上げる能力を喪失していった（労働編成モデルの危機）。ここからテーラー主義的労働編成原理が再検討されるようになる。

b）制度化された所得分配の再検討……賃金生活者は賃金所得の契約化を通じて生産性上昇益の分配を確実なものにしてきた。この契約において重要なことは利潤が過度に悪化しないということである。だが，1960年代末の労働市場の逼迫化とともに，賃金の生産性インデクセーションが行きすぎたものとなり，利潤の低下が限界を超えるようになった。最終需要が相対的にダイナミズムを維持していたにもかかわらず，収益率の低下は企業の投資決定に悪影響を及ぼし，システム全体に重圧を課すようになった。このため1980年代初頭から，中期的な生産性上昇率にしたがった賃金上昇決定方法と異なる賃金決定方法が模索され始める。

こうして，テーラー主義的労働編成に求められた生産性源泉が枯渇すると同時に制度化された所得分配も放棄され始める。こうした結果，フォーディズム的労使妥協そのものも再検討されるようになる。

③フォーディズムから多様な成長体制へ

フォーディズムとは，資本・労働間妥協——テーラー主義的労働編成原理の受け入れと生産性上昇益の分配の制度化——と結びついた大量生産と大量消費の体制である。ここで重要な点は第2次世界大戦後の主要な先進資本主義経済が「1個同一の基本的なフォーディズムモデルにそった国民的諸軌道」（Boyer

[1990] 邦訳 p.27) をとったという点である。言い換えれば,「多数の国民的ブランド」はあるものの,フォーディズムという1つのモデルによって特徴づけられるということである。しかし1970年代にフォーディズムが構造的危機に陥った後,先進資本主義諸経済はフォーディズムを離れ独自の国民的軌道へと進むことになる。

(2) 資本主義経済の多様性

　本項目においては,主要先進資本主義経済それぞれの国民的軌道を資本主義空間に位置づけることにしよう。この作業は同時に資本主義の空間的多様性を確認することである。フォーディズムについては,その賃労働関係に焦点をあてながら説明してきた。フォード主義的賃労働関係はテーラー主義的労働編成原理と制度化された所得分配という2つの柱の上に成立していた。そこで各先進資本主義経済を資本主義空間に位置づけるさいにも,その2つの座標軸を利用することにする。そうすることによりフォーディズムとの異同も明確にすることができる。

①テーラー主義労働編成原理

　テーラー主義的原理は構想と実行の分離を基本的特徴とする。「実行」作業は複数の課業に細分化され,各労働者は細分された課業に張り付けられ,単純化された作業を遂行する。

　そこで労働編成をさらに次の3つの点において特徴づけ,先進資本主義経済の労働編成を類型化することにしよう。第1に,構想と実行の分離が明瞭であるかどうかを取り上げる。構想と実行の分離はテーラー主義的労働編成のもっとも基本的な特徴である。第2に,職務区分のあり方が採用される。テーラー主義的原理は作業を細分化し,職務区分を厳格化する。第3に,技能の内容である。テーラー主義においてはそれぞれの労働者が実行する課業は単純化され,一般的性格を与えられている。

②フォード主義的所得形成

　フォード主義的な賃金決定の下では労働者は賃金所得の契約化を通じて生産性上昇益の分配を確実なものにしていた。これは,消費者物価もしくは生産性上昇に対する賃金のインデクセーションである。このフォーディズムと対極的なケースは市場競争を通じた賃金決定方式である。賃金決定に関する調整はし

表13-4 先進資本主義国の労働編成と所得配分

	労働編成			所得分配（賃金決定）	
	構想と実行の分離	職務区分	技能	賃金決定	賃金交渉
フォーディズム	明瞭	厳格な職務区分：低い職務間移動	単純な、一般的技能	生産性インデクセーション	団体交渉の集権化（もしくは団体協約が等価な機能を果たす）
	（テーラー主義的労働編成）			（制度化された賃金決定）	
アメリカ	明瞭	厳格な職務区分：企業内での低い職務間移動	単純な、一般的技能	市場の競争を通じた決定	個人レベルの賃金交渉もしくは企業レベルの賃金交渉
日本	不明瞭（現場労働者が異常に対処）	曖昧な職務区分：企業内での高い職務間移動	企業特殊的技能	企業収益に依存的	企業レベルの賃金交渉
ドイツ	不明瞭（共同決定を通じた労働者の経営参加）	厳格な職務区分：企業内での低い職務間移動	高度な、産業一般的な技能（職業別市場）	生産性インデクセーション	産業別賃金交渉
スウェーデン	不明瞭（共同決定を通じた労働者の経営参加）	厳格な職務区分：企業内での低い職務間移動	一般的技能	生産性インデクセーション	集権的賃金交渉

（出所）Boyer［1990］邦訳 pp.38-39, 表2, p.81, 表11, Boyer［1986］邦訳 pp.204-205, 表2, およびEstevez-Abe et al.［2001］p.170, table, 4.3（邦訳p.196, 表4.3）をもとに作成。

たがって制度化されたケースと市場競争を通じたケースに分類される。

　フォーディズムの下においては，妥結した賃金要求が経済全体に波及し平均名目賃金の上昇ペースを決めていくが，この波及は賃金交渉制度によって補完されている。そこで先進資本主義諸経済の所得形成と，フォーディズム下のそれとの異同を測るために賃金交渉制度も採用することにしたい。

③フォーディズム以後の先進資本主義諸国を資本主義空間に位置づける

　表13-4においては，以上の労働編成と所得分配の特徴づけにもとづいて主要先進資本主義経済における労働編成と所得分配の特徴を示してある。表13-4は主に1980年代以降の各国の制度的特徴にもとづいている。

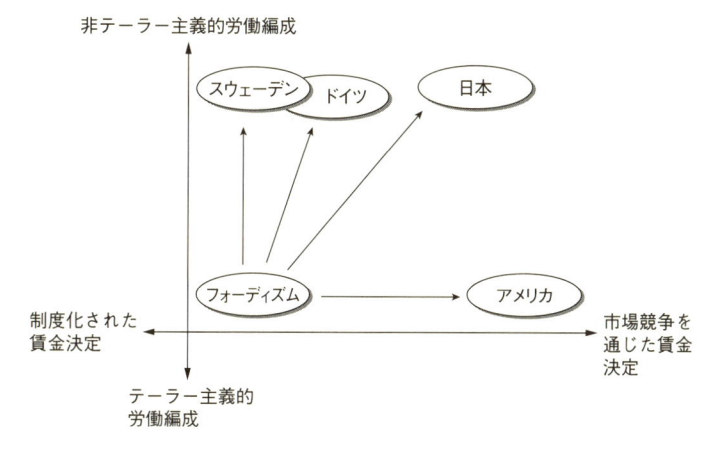

図13-5　国民的軌道

　ここから各資本主義経済とフォーディズムとの距離を測ることができる。労働編成については，アメリカがフォーディズムに近く，他の先進資本主義経済——日本，ドイツ，スウェーデン——は一様にフォード主義的労働編成から離れたものとなっている。もちろん日本と他の2ヵ国とでも異なることに注意しなければならない。日本においては職務区分が曖昧で企業内での職務間移動がみられ，実行と構想の境界線は——「実行」労働者が職場において作業の異常に対処するという意味において——曖昧にされている。ドイツ，スウェーデンにおいては職務区分は厳格であり，構想と実行の境界を曖昧にするのは労働者の経営参加である。これを可能にしている制度的背景には強力な産業別労働組合もしくは全国レベルの労働組合の存在がある。

　賃金決定に関しては，スウェーデンとドイツは依然として生産性インデクセーションを採用している。しかも賃金交渉が産業レベルもしくは全国レベルで実施されるため賃金要求が産業全体もしくは経済全体に波及する。したがって賃金格差は低い。他方，アメリカと日本は市場競争の方向に分岐する。アメリカでは経済状態が競争的労働市場を通じて賃金に影響を与えるが，日本においては，賃金交渉が企業別化されているため，経済状態が企業収益を迂回して賃金に影響を与える。したがって妥結した賃金要求が経済全体に波及する可能性は低く，賃金格差は企業収益の格差に応じて拡大する。

　したがって以上の制度的特徴を考慮した場合，先進資本主義経済の位置づけ

は，概念的に，図13-5のように表現することができる。フォーディズムの中核はフォーディズム的労使妥協である。だが，各国は，図13-5が示すように，そうした妥協の形態から離れ，独自の国民的軌道へと移行している。

先進資本主義諸経済をフォーディズム的労使妥協を参照基準に配置しただけでも，資本主義が多様な成長体制の構図を描くということを理解できる。したがって複数の資本主義が同程度の競争力（もしくは効率性）を長期にわたり持続するとしても，それはまったく対照的な制度諸形態から生まれる可能性がある。また，構造的危機に直面してもその解決は資本主義ごとに異なることになる。

最後に，図13-5に示された複数の資本主義の中から日本経済を取り上げ，特に1990年代以降の軌道をみることにしよう。1990年代初頭，日本経済は日本銀行の金融引締め策への政策転換を契機に資産価値の急激な低下を経験する。これによって銀行は巨額の不良債権を抱えることになり，企業への資金供給能力をいちじるしく低下させるに至った。以後，日本経済は20年以上にわたり停滞を続けている（第12章参照）。現在の危機がこうした金融の機能麻痺を契機とし，またそれを原因としていることはたしかだが，それだけに還元されるものではない。レギュラシオン理論の観点から現在の日本経済の停滞を分析する場合，次の3つの点に焦点があてられるべきである。すなわち，1)制度諸形態のヒエラルキーの変化，2)制度形態そのものの変容，3)諸制度間の補完性の機能低下である。以下，3つの点について説明しよう。

1) 現代の――とりわけ1980年代後半以降の――資本主義世界においては，資本が国境を越えて自由に移動し，企業間競争もグローバルに展開されている。こうした外部環境の変化に起因し，競争形態もしくは貨幣・金融制度が5つの制度形態の序列の中にあって，成長体制の持続的成長と安定性を規定するもっとも重要な位置を占めつつある。従来の日本企業はその競争力の源泉を独自の賃労働関係――雇用保障の下，企業特殊的技能を身につけ，複数の課業をこなす労働者，および柔軟な職務編成――に求め，そうした賃労働関係に適合的な金融制度・企業統治との制度的補完性を形成していた。だが，現在では，資本市場を無視した企業統治は株価の低下という制裁を科されるようになり，以前に比べ短期的収益が企業経営により大きな影響を与えるようになってきている。また，企業経営者は，製品市場での企業間競争圧力に直面し，依然として

労働者の技能を企業競争力の源泉としつつも,労働者を賃金コストの側面から捉える傾向を強めている。こうして現在では,賃労働関係に適合的な制度諸形態よりも,より高い収益性を求めて移動する資本およびグローバルな企業間競争に適合的な制度諸形態が求められるようになってきている。

2) 複数の制度諸形態の中から賃労働関係を取り上げれば,日本企業および労働者はしだいに発展途上国における企業および労働者との競争圧力から影響を受けるようになってきており,長期勤続を前提に安定的な所得形成を保障していた国内の賃金決定制度——春季に行われる労使間の賃金交渉,年功序列型賃金——は侵食されつつある。さらに,企業間競争の国際的展開は,価格の低下と品質の向上に加え需要の変化により迅速に対応できる能力を求めるようになり,従来の日本企業の労働編成——長期勤続の下,企業特殊的技能を有し複数の課業をこなす労働者と柔軟な職務編成——は再検討を迫られることとなった。こうした方向へと制度が大きく転換する契機は,1999年の「派遣の原則自由化」であった。これ以降,日本の賃労働関係はアメリカ型へといちだんと接近することになる。いまや,労働者の3人に1人までが非正規労働者となり,労働力の「商品」化が急速に進行している。

3) 経営は銀行との長期的関係を築くことで株主からの相対的自律性を保持し,短期的な収益の変動にとらわれずに,労働者に長期的な雇用を保障していた。だが,資本市場の圧力は経営の株主からの相対的自律性を奪いつつあり,したがってまた雇用保障をより難しいものとしつつある。これに加え,製品市場の競争圧力は企業に製品価格のいっそうの低下を求め,賃金コストの下方圧力を強めつつある。こうして,これまで形成されていた制度的補完性——とりわけ賃労働関係と金融制度,賃労働関係と競争形態の制度的補完性——は根本的な変容の途上にある。

したがってレギュラシオン理論の観点からは,日本経済が2つの課題に同時に直面しつつあるということが浮かび上がる。すなわち,個々の制度形態を再構築すると同時にそうした制度諸形態の間に新たな制度的な補完関係を構築しなければならない,ということである。

■ 読書案内

- 山田鋭夫『レギュラシオン・アプローチ――21世紀の経済学〔増補新版〕』藤原書店，1994年。
  日本の代表的なレギュラシオニスト自身の手になるレギュラシオン理論の紹介。同理論の概要を知る上で格好の入門書。さらにレギュラシオン理論を学ぼうとする読者にはR・ボワイエ『現代「経済学」批判宣言』『入門・レギュラシオン』が役に立つであろう。
- C・クラウチ，W・ストリーク編『現代の資本主義制度――グローバリズムと多様性』（山田鋭夫訳）NTT出版，2001年。
  資本主義への比較制度アプローチにもとづき，グローバリズム下での先進資本主義諸経済の多様性を明らかにしたもの。資本主義諸経済がアメリカ型に収斂するという主流派経済学の理論予測を批判。
- S・マーグリン，J・ショアー編『資本主義の黄金時代――マルクスとケインズを超えて』（磯谷明徳・植村博恭・海老塚明監訳）東洋経済新報社，1993年。
  アメリカ・ラディカル派経済学者やフランス・レギュラシオニストら，非主流派経済学者が共同で戦後資本主義の安定的高成長とその後の危機を分析した論文集。戦後資本主義の歴史的構造変化を展望する上で有益。

■ 本章のまとめ

1. レギュラシオン理論とは資本主義の時間的可変性――成長と危機――と空間的多様性の分析を中心に据える理論である。
2. レギュラシオン理論は，蓄積体制，制度形態，調整様式，成長体制という基礎概念によって構成される。蓄積体制とは蓄積の発展を可能にする社会的経済的規則性である。制度形態およびその総体たる調整様式は諸個人を蓄積体制に結びつける媒介である。成長体制は蓄積体制と調整様式の結合体であり，成長と危機の時間的・空間的可変性の分析を可能にする。
3. 蓄積体制は外延的蓄積体制と内包的蓄積体制に分類され，また需要形成は大量消費の成立・不成立に分類される。この両者が整合的となり，成長体制が安定化するのは外延的蓄積体制と大量消費の不成立，内包的蓄積体制と大量消費という2つの組合わせの場合である。
4. フォーディズムとは，フォーディズム的労使妥協――労働者はテーラー主義的労働編成原理を受け入れる代わりに，生産性上昇益の分配を受け取る――の基礎の上に大量生産と大量消費が成立した成長体制である。
5. 先進資本主義諸経済は，フォーディズムから分岐し，独自の国民的軌道へと移行しつつある。

参考文献

阿部清司・石戸光 [2008]『相互依存のグローバル経済学——国際公共性を見すえて』明石書店.

Aglietta, M. [1991] "Stabilité dynamique et transformations des régimes monétaires internationaux", in Boyer, R. et al.(dir.) *Les figures de l'irréversibilité en économie*, EHESS. 坂口明義訳「国際通貨レジームの動態的安定性と変容」, R.ボワイエ・山田鋭夫編『国際レジームの再編』藤原書店, 1997年.

Aglietta, M. [1995] *Macroéconomie financière*, La Découverte. 坂口明義訳『成長に反する金融システム——パフォーマンスと今後の課題』新評論, 1998年.

Aglietta, M.et Orléan, A. (dir.) [1998] *La monnaie souveraine*, Odile Jacob. 坂口明義・中野佳裕・中原隆幸訳『主権貨幣』藤原書店, 近刊.

Aglietta, M. et Orléan, A. [2002] *La monnaie entre violence et confiance*, Odile Jacob.

Armstrong, A. et. al. [1991] *Capitalism since 1945*, Basil Blackwell.

Bhaduri, A. [1986] *Macroeconomics*, Macmillan.

Bowles, S. and Gintis, H. [1988] "Contested Exchange: Political Economy and Modern Economic Theory", *American Economic Review, Papers and Proceedings*, vol. 78, no. 2.

Bowles, S. and Edwards, R. [1993] *Understanding Capitalism: Competition Command, and Change in the U. S. Economy*, 2ed, Harper Collings College Publishers.

Boyer, R. [1980] "Rapport salarial et analyses en termes de régulation: Une mise en rapport avec les théories de la segmentation du marché du travail", *Economie appliquée*, vol. 33, no. 2.

Boyer, R. [1986] *La théorie de la régulation*: *une analyse critique*, La Découverte. 山田鋭夫訳『レギュラシオン理論——危機に挑む経済学 (新版)』藤原書店, 1990年.

Boyer, R. [1990] "The Capital Labour Relations in OECD Countries", *CEPREMAP*, No. 9020. 伊藤正純訳「OECD諸国における資本-労働関係——フォーディズムの「黄金時代」から対照的な国民軌道へ」『〈レギュラシオン・コレクション 1〉危機——資本主義』藤原書店, 1993年.

Boyer, R. et Sailard, Y. (dir.) [1995] *Théorie de la régualtion, l'état des savoirs*, La Découverte. 井上泰夫訳『現代「経済学」批判宣言——制度と歴史の経済学のために』藤原書店, 1996年.

Boyer, R. [2002] *La croissance, début de siècle. De l'octet au gène*, Albin Michel. 井上泰夫監訳『ニューエコノミーの研究——21世紀型経済成長とは何か』藤原書店, 2007年.

ボワイエ, R. [2003]「21世紀型の経済成長とは何か」,『環』vol. 14.

Braverman, H. [1974] *Labor and Monopoly Capital*, Monthly Review Press. 富沢賢治訳『労働と独占資本』岩波書店, 1978年.

Calmfors, L. and Driffill, J. [1988] "Bargaining Structure, Corporatism and Macroeconomic Performance", *Economic Policy*, no. 6.

Carlin, W. and Soskice, D. [1990] *Macroeconomics and the Wage Bargain: A Modern Approach to Employment, Inflation and the Exchange Rate*, Oxford University Press.

Chandler, Jr., A.D. [1977] *The Visible Hand: the Managerial Revolution in American Business*, Belknap Press. 鳥羽欽一郎・小林袈裟治訳『経営者の時代——アメリカ産業における近代企業の成立』東洋経済新報社, 1979年。

Davidson, P. [1991] *Controversies in Post Keynesian Economics*, Edward Elgar. 永井進訳『ケインズ経済学の再生——21世紀の経済学を求めて』名古屋大学出版会, 1994年。

Deleplace, G. and Nell, E. (eds.) [1996] *Money in Motion. The Post Keynesian and Circulation Approaches*. Macmillan & St. Martin.

Estevez-Abe, M., Iversen, T. and Soskice, D. [2001] "Social Protection and the Formation of Skills: A Reinterpretation of the Welfare State", in Hall, P. A. and Soskice, D. (eds.) *Varieties of Capitalism: The Institutional Foundations of Comparative Advantage*, Oxford University Press. 遠山弘徳・安孫子誠男・山田鋭夫・宇仁宏幸・藤田菜々子訳『資本主義の多様性——比較優位の制度的基礎』第4章, ナカニシヤ出版, 2007年。

Flaschel, P. [1993] *Macrodynamics*, Peter Lang.

Foley, D. K. and Michl, T. R. [1999] *Growth and Distribution*, Harvard University Press. 佐藤良一・笠松学監訳『成長と分配』日本経済評論社, 2002年。

Galbraith, J. K. [1990] *A Short History of Financial Euphoria: Financial Genius is before the Fall*. Whittle Direct Books. 鈴木哲太郎訳『[新版]バブルの物語——人々はなぜ「熱狂」を繰り返すのか』ダイヤモンド社, 2008年。

George, S. [2001] *Remettre L'OMC à sa place*, Mille et une nuits. 杉村昌昭訳『WTO徹底批判！』作品社, 2002年。

Guttmann, R. [2003] "Money as a Social Institution: A Heterodox View of the Euro", in Bell, S. A. and Nell, E. J. (eds.), *The State, the Market and the Euro. Chartalism versus Metallism in the Theory of Money*, Edward Elgar.

Hall, P. A. and Soskice, D. [2001] *Varieties of Capitalism: The Institutional Foundations of Comparative Advantage*, Oxford University Press. 遠山弘徳・安孫子誠男・山田鋭夫・宇仁宏幸・藤田菜々子訳『資本主義の多様性——比較優位の制度的基礎』ナカニシヤ出版, 2007年。

Harris, D. J. [1978] *Capital Accumulation and Income Distribution*, Stanford University Press. 森義隆・馬場義久訳『資本蓄積と所得分配』日本経済評論社, 1983年。

Harrod, R. F. [1939] "An Essay in Dynamic Economic Theory", *The Economic Journal*, XLIX.

Hayek, F. A. [1945a] "Individualism: True and False", *The Twelfth Finlay Lecture, Delivered at University Dublin*. 田中真晴・田中秀夫訳「真の個人主義と偽の個人主義」,『市場・知識・自由』第1章, ミネルヴァ書房, 1986年。

Hayek, F. A. [1945b] "The Use of Knowledge in Society", *American Economic Review*, vol. 35, no. 4. 田中真晴・田中秀夫訳「社会における知識の利用」,『市場・知識・自由』第2章, ミネルヴァ書房, 1986年。

Herr, H. [1992] *Geld, Währungswettbewerb und Währungssysteme. Theoretische und*

Historische Analyse der Internationalen Geldwirtschaft, Campus. 坂口明義訳『国際通貨の政治経済学――貨幣・通貨間競争・通貨システム』多賀出版, 1996年.

Hirsch, J. [1995] *Der Nationale Wettbewerbsstaat*. Edition ID-Archiv. 木原滋哉・中村健吾訳『国民的競争国家』ミネルヴァ書房, 1998年.

Howard, M. C. and King, J. E. [1992] *A History of Marxian Economics 1929-1990*, vol. 2, Macmillan. 振津純雄訳『マルクス経済学の歴史 下』ナカニシヤ出版, 1998年.

Jacoby, S. M. [1985] *Employing Bureaucracy : Managers, Unions, and the Transformation of Work in American Industry, 1900-1945*, Columbia University Press. 荒又重雄他訳『雇用官僚制: アメリカの内部労働市場と"良い仕事"の生成史』北海道大学図書刊行会, 1989年.

神野直彦 [2002]『人間回復の経済学』岩波新書.

Kaldor, N. [1940] "A Model of the Trade Cycle", *Economic Journal*, vol. 50, no. 197.

Kalecki, M. [1939] *Essays in the Theory of Economics Fluctuation*, Allen & Unwin. 増田操訳『ケインズ雇用と賃金理論の研究』戦争文化研究所, 1944年.

Kalecki, M. [1971] *Selected Essays on Dynamics of Capitalist Economy*, Cambridge University Press. 浅田統一郎・間宮陽介訳『資本主義経済の動態理論』日本経済評論社, 1984年.

金森久雄・荒憲治郎・森口親司編 [2002]『有斐閣経済辞典 (第4版)』有斐閣.

経済企画庁 [1994]『平成6年度年次経済報告』.

Keohane, R. [1984] *After Hegemony. Cooperation and Discord in the World Political Economy*, Prinston University Press. 石黒馨・小林誠訳『覇権後の国際政治経済学』晃洋書房, 1998年.

Keynes, J. M. [1919] *The Economic Consequences of the Peace*, reprinted as *Collected Writings of John Maynard Keynes*, vol. 2, Macmillan. 早坂忠訳『平和の経済的帰結』東洋経済新報社, 1977年.

Keynes, J. M. [1936] *The General Theory of Employment, Interest and Money*, reprinted as *Collected Writings of John Maynard Keynes*, vol. 7, Macmillan. 塩野谷祐一訳『雇用・利子および貨幣の一般理論』東洋経済新報社, 1983年.

Kindleberger, Ch. [1973] *The World in Depression 1929-1939*, California University Press. 石崎昭彦・木村一朗訳『大不況下の世界 改訂増補版―― 1929-1939年』岩波書店, 2009年.

King, J. E. [2002] *A History of Post Keynesian Economics since 1936*, Edward Elgar.

木下悦二 [1991]『外国為替論』有斐閣.

北原徹 [1995]「バブルと銀行行動」, 青木達彦編『金融脆弱性と不安定性――バブルの金融ダイナミズム』日本経済評論社.

小林慶一郎・加藤創太 [2001]『日本経済の罠――なぜ日本は長期低迷を抜け出せないのか』日本経済新聞社.

Koo, R. [2003] *Balance Sheet Recession. Japan's Struggle with Uncharted Economics and its Global Implications*, John Willey & Sons (Asia) Pte Ltd. 楡井浩一訳『デフレとバランスシート不況の経済学』徳間書店, 2003年.

Kregel, J. A. [1973] *The Reconstruction of Political Economy: an Introduction to Post-Keynesian Economics*, Macmillan. 川口弘監訳『政治経済学の再構築』日本経済評論社,

1978年。

Lavoie, M. [1992] *Foundations of Post-Keynsian Economic Analysis*, Edward Elger.

Lavoie, M. [2004] *L'Économie postkeynésienne, La Découverte.* 宇仁宏幸・大野隆訳『ポストケインズ派経済学入門』ナカニシヤ出版, 2008年。

Leijonhufvud, A. [1966] *On Keynesian Economics and the Economics of Keynes: A Study in Monetary Theory*, Oxford University Press. 根岸隆監訳『ケインジアンの経済学とケインズの経済学』東洋経済新報社, 1978年。

Lipietz, A. [1995] "Le monde de l'après-Fordisme", Coloqio Internacional "Processo de Regionalización y Perspectives del Etado-Nasión", 11-14 septembre, 1995. 中原隆幸訳「アフター・フォーディズムの世界」, 情況出版編集部編『グローバリゼーションを読む』情況出版, 1999年。

Lipietz. A. [2002] *La théorie sociale de la régulation.* 若森章孝編訳『レギュラシオンの社会理論』青木書店, 2002年。

Maddison, A. [1991] *Dynamic Forces in Capitalist Development*, Oxford University Press.

Marglin, S. [1971] "What Bosses Do?", *Harvard Institute of Economic Research Discussion Paper*, No.222. 青木昌彦編著『ラディカル・エコノミックス』中央公論社, 1973年。

Marglin, A. S. [1984] *Growth, Distribution, and Prices*, Harvard University Press.

Marx, K. [1847] *Misère de la philosophie*, Marx-Engels Werke, Bd.4, Dietz Verlag, 1959. 高木佑一郎訳『哲学の貧困』国民文庫, 大月書店, 1954年。

Marx, K. [1857-58] *Karl Marx, Friedrich Engels: Gesamtausgabe*(*MEGA*) 2. Abteilung: "Das Kapital" und Vorarbeiten Band 1 KARL MARX Ökonomische Manuskripte 1857/58, Teil 1-2, Dietz Verlag, 1976-81. 資本論草稿集翻訳委員会訳『マルクス資本論草稿集① 1857-58年の経済学草稿 第1分冊』『マルクス資本論草稿集② 1857-58年の経済学草稿 第2分冊』大月書店, 1981-93年。

Marx, K [1867] *Das Kapital,* Erster Band, Marx-Engels Werke, Bd.23, Dietz Verlag, 1962. 向坂逸郎訳『資本論 (1)-(3)』岩波文庫, 1969-70年。

Marx,K. [1885] *Das Kapital.* Zweiter Band, Marx-Engels Werke, Bd.24, Dietz Verlag, 1963. 向坂逸郎訳『資本論 (4)-(5)』岩波文庫, 1969-70年。

Marx, K. [1905] *Theorien über den Mehrwert*, Marx-Engels Werke, Bd.26, Dietz Verlay, 1965-68. 岡崎次郎・時永淑訳『剰余価値学説史 (1)-(9)』, 国民文庫, 大月書店, 1970-71年。

マルクス・カテゴリー事典編集委員会編 [1998]『マルクス・カテゴリー事典』青木書店。

Mill, J. S. [1848] *Principles of Political Economy with some of their Applications to Social Philosophy.* 末永茂喜訳『経済学原理 (1)-(5)』岩波文庫, 1959-63年。

Minsky, H. P. [1986] *Stabilizing an Unstable Economy*, Yale University Press. 吉野紀・浅田統一郎・内田和男訳『金融不安定性の経済学——歴史・理論・政策』多賀出版, 1989年。

Mitchell, B. R. [1988] *British Historical Statistics*, Cambridge University Press. 中村壽男訳『イギリス歴史統計』原書房, 1995年。

Morgan, V. [1969] *A History of Money*, 2ed, Penguin Books. 小竹豊治監訳『貨幣金融史』慶應通信, 1989年。

森嶋通夫 [1973]『近代社会の経済理論』創文社。

Morishima, M. [1973] *Marx's Economics: A Dual Theory of Value and Growth*, Cambridge University Press. 高須賀義博訳『マルクスの経済学』東洋経済新報社, 1974 年

中岡哲郎 [1971]『工場の哲学』平凡社.

Nell, E. J. [1998] *The General Theory of Transformational Growth: Keynes after Sraffa*, Cambridge University Press.

根本忠宣 [2003]『基軸通貨の政治経済学』学文社.

野口悠紀雄 [1992]『バブルの経済学——日本経済に何が起こったのか』日本経済新聞社.

置塩信雄 [1977]『マルクス経済学』筑摩書房.

置塩信雄 [1987]『マルクス経済学 II』筑摩書房.

置塩信雄・鶴田満彦・米田康彦 [1988]『経済学』大月書店.

Orléan, A. [1999] *Le pouvoir de la finance*, Odile Jacob. 坂口明義・清水和巳訳『金融の権力』藤原書店, 2001 年.

Pasinetti, L. L. [1962] "Rate of Profit and Income Distribution in relation to the Rate of Economic Growth", *The Review of Economic Studies*, vol. 29, no. 4. 宮崎耕一訳『経済成長と所得分配』第 5 章, 岩波書店, 1985 年.

Pasinetti, L. L. [1977] *Lectures on the Theory of Production,* Columbia University Press. 菱山泉他訳『生産理論』東洋経済新報社, 1979 年.

Pasinetti, L. L. [1981] *Structural Change and Economic Growth: A Theoretical Essay on the Dynamics of the Wealth of the Nations*, Cambridge University Press. 大塚勇一郎他訳『構造変化と経済成長』日本評論社, 1983 年.

Polanyi, K. [1944] *The Great Transformation: Political and Economic Origin of our Time*, The Beacon Press. 野口建彦・栖原学訳『〔新訳〕大転換——市場社会の形成と崩壊』東洋経済新報社, 2009 年.

Pollin, R. [2003] *Contours of Descent,* Verso. 佐藤良一・芳賀健一訳『失墜するアメリカ経済』日本経済評論社, 2008 年.

Ricardo, D. [1817] *On the Principles of Political Economy and Taxation*, ed. by Sraffa, P., CUP. 1953. 堀経夫訳『経済学および課税の原理』雄松堂出版, 1990 年.

Riese, H. [1989] "Geld, Kredit, Vermögen. Begriffliche Grundlagen und preistheoretische Implikationen der monetären keynesianischen Ökonomie", in Riese, H. und Spahn, H. P.（hrsg.）*Internationale Geldwirtschaft*, Transfer.

Robinson, J. [1956] *The Accumulation of Capital*, Macmillan. 杉山清訳『資本蓄積論』みすず書房, 1957 年.

Robinson, J. [1962] *Essays in the Theory of Economic Growth*, Macmillan. 山田克己訳『経済成長論』東洋経済新報社, 1963 年.

Rochon, L. P. [1999] *Credit, Money and Production. An Alternative Post-Keynesian Approach*, Edward Elgar.

Rowthorn, R. E. [1977] "Conflict, Inflation and Money", *Cambridge Journal of Economics*, vol. 3, no. 1, reprinted in Rowthorn, R. E. [1980] *Capitalism, Conflict and Inflation,* Lawrence & Wishart. 藤川昌弘・小幡道昭・清水敦訳『現代資本主義の論理——対立抗争とインフレーション』第 6 章, 新地書房, 1983 年.

Rowthorn, R. E. [1982] "Demand, Real Wage and Economic Growth", *Studi Economici*, no. 18. 横川信治・野口真・植村博恭訳『構造変化と資本主義経済の調整』第1章, 学文社.

Schelling, Th. [1960] *The Strategy of Conflict*, Oxford University Press. 河野勝訳『紛争の戦略——ゲーム理論のエッセンス』勁草書房, 2008年.

Sen, A. [1970] *Growth Economics*, Penguin Economics Reading.

Smith, A. [1776] *An Inquiry into the Nature and Causes of the Wealth of Nations*, 5ed. 水田洋監訳『国富論 (1)-(4)』岩波文庫, 2000-01年.

Sraffa, P. [1960] *Production of Commodities by Means of Commodities*, Cambridge University Press. 菱山泉・山下博訳『商品による商品の生産』有斐閣, 1962年.

Sylos Labini, P. [1993] *Economic Growth and Business Cycles*, Edward Elgar.

高瀬保 [2003]『WTOとFTA』東信堂.

Taylor, F. W. [1911] *The Principles of Scientific Management*, Harper & Brothers. 上野陽一訳編『科学的管理法』産業能率短期大学出版部, 1969年.

Théret, B. [1992] *Régimes économiques de l'ordre politique. Equisse d'une théorie régulationniste des limites de l'état*, PUF. 神田修悦・中原隆幸・宇仁宏幸・須田文明訳『租税国家のレギュラシオン——政治的秩序における経済体制』世界書院, 2001年.

富田俊基 [1989]『国際国家の政治経済学——国際システムの安定と日本経済』東洋経済新報社.

Tobin, J. [1980] *Asset Accumulation and Economic Activity: Reflections on Contemporary Macroeconomic Theory*, Basil Blackwell. 浜田宏一・藪下史郎訳『マクロ経済学の再検討——国債累積と合理的期待』日本経済新聞社, 1981年.

都留重人編 [2002]『岩波小辞典 経済学』岩波書店.

植村博恭・磯谷明徳・海老塚明 [1998]『社会経済システムの制度分析——マルクスとケインズを超えて』名古屋大学出版会.

植村博恭・磯谷明徳・海老塚明 [2007]『新版 社会経済システムの制度分析——マルクスとケインズを超えて』名古屋大学出版会.

宇仁宏幸 [1998]『構造変化と資本蓄積』有斐閣.

宇仁宏幸 [1999]「戦後日本の構造変化と資本蓄積」, 山田鋭夫・R.ボワイエ編『戦後日本資本主義』藤原書店.

八木紀一郎 [2006]『社会経済学』名古屋大学出版会.

山田鋭夫 [1994]『レギュラシオン・アプローチ——21世紀の経済学 (増補新版)』藤原書店.

吉冨勝 [1998]『日本経済の真実——通説を超えて』東洋経済新報社.

若森章孝 [1996]『レギュラシオンの政治経済学』晃洋書房.

社会経済学基本用語集

＊執筆にあたり，金森・荒・森口［2002］，都留［2002］
マルクス・カテゴリー事典編集委員会［1998］を参照した。

【あ】

アソシエーション　諸個人が共同の目的を実現するために，自覚的に，その力や財を支出し結合することによって社会をつくり出す行為を意味する。あるいはそのような行為を通じてつくり出された社会を意味する。ルソーなどの市民社会論にも萌芽がみられるこの概念を，マルクスは資本主義を超える未来社会の基礎として位置づけた。

安定／不安定　経済学では安定は2つの意味で使われる。第1の意味は，ある経済変数の時間を通じた変動が小さいことである。第2に，「均衡の安定」という意味で使われる。何らかの攪乱によって，ある経済変数が均衡値から乖離したとき，ふたたび均衡値に戻る性質があるならば，その均衡は安定である。逆に乖離幅が拡大する性質があるならば不安定である。

インフレーション　一般物価水準が持続的に上昇している状態。社会経済学においては，所得分配をめぐる経済諸集団の間の対立の結果として，インフレーションが加速すると考えられている。失業水準が低くなると，労働市場と商品市場の双方において需給が逼迫するために，賃金と物価の螺旋的な上昇が生じる。

【か】

外延的蓄積体制　成長から生産性に与える効果がプラスであるものの，その効果が小さい蓄積体制。これは，単純協業に基礎をおくという生産編成の特徴に起因する。

外国為替市場　為替銀行・中央銀行・為替ブローカーで構成される，銀行間為替市場である。銀行が為替持高の額や通貨別割合を調整する場でもあり，中央銀行が市場介入を行う場でもある。広義には為替銀行と企業・個人との間の対顧客市場も含む。

外部不経済　経済主体の活動が，他の経済主体の効用や費用に対して，市場を通さないで直接に影響を与えるとき，それを外部効果という。影響を受ける側からみて，有利な影響であれば外部経済，不利な影響であれば外部不経済と呼ぶ。環境破壊など外部不経済の問題に対処する方法には，直接的な規制と社会的費用の内部化がある。

価格調整　ある商品に対する需要量が供給量を超過する場合には他の商品の価格に比べてその商品の価格が上昇し，逆に，供給量が需要量を超過する場合にはその商品の価格が低下することにより，需要量と供給量とのギャップを縮小し，需給一致に導く調整のこと。

過少消費説　景気後退と不況の原因を消費需要の不足に求める理論。古典派経済学者のJ・シスモンディやT・R・マルサス以来の長い歴史を持ち，マルクス経済学者の間でも少なからぬ支持を集めてきた。

寡占的競争　かなり大きな市場占有率を持つ少数の企業が競争している状況を表す。20世紀における多くの工業製品については，寡占的競争が行われるようになった。寡占的競争の下では数量調整によって需給ギャップは解消されることが多い。また寡占企業は市場価格をコントロールする力を持ち，マークアップ原理にもとづいて価格設定を行うことが多い。「マークアップによる価格決定」の項も参照。

加速度原理　産出高が増加すると，この増加分に比例した投資が行われるという考え方。生産設備が不完全稼働状態にある場合には，産出高が増加しても稼働率を高めること

で対応できるので，加速度原理は妥当しないという批判もある。

貨幣数量説　貨幣供給の変化は，実体経済に影響を及ぼさず，もっぱら物価水準の変化に反映されるという新古典派の理論。このように貨幣部門と実体部門は互いに影響を及ぼすことなく完全に分離しているという考え方は，「古典派の二分法」，あるいは「貨幣ベール観」とも呼ばれている。

貨幣の信認　貨幣が取引手段として広く受領されることを人々が信じている状態をいい，貨幣が機能を果たすための前提である。今日の信用貨幣においては，他の経済主体による受領だけでなく，決済システムを保護する通貨当局の能力も信認の重要な対象である。

貨幣の両義性　貨幣は，計算単位・取引手段の機能を果たす公共財であるとともに，価値貯蔵手段の機能を果たす私的財でもあるという二面性を持つ。銀行が過度に貨幣供給を拡大するとき，公共財としての貨幣の特性は損なわれる。貨幣の両義性を管理するために確立されたのが中央銀行制度である。

為替体制　自国通貨の為替相場を管理するために各国が選択する市場介入の枠組み。単純に変動か固定かでいえば，大きく変動相場制・固定相場制・段階的伸縮制に分かれるが，それぞれがさらに変動・固定の程度によって，また介入方法についての国際的取決めの有無によって多様な方式に区別される。

危険逓増の原理　企業家の保有する自己資本に比べて投資が増加すればするほど，投資が失敗したときの企業者所得の減少は大きくなるという原理。カレツキは，この原理にもとづき，投資は企業者資本の額によって制約を受けると主張した。

基軸通貨　国際的な価値貯蔵手段として機能する国民通貨（準備通貨）の中で，もっとも資産保全性に優れている通貨。基軸通貨国の中央銀行は，金融政策の自由度において他国に優越する。強い覇権に支えられた基軸通貨（第1次大戦以前の英ポンド，第2次大戦後の米ドル）が存在するとき，安定した国際通貨体制が現れる。

擬制商品　市場で商品として取引されるようになった労働・土地・貨幣。この3者は企業の生産活動の前提であるが，企業自身では生産できず，社会的規制の下で再生産されるものである。K・ポランニーは，19世紀にこの3者を商品化した「自己調整的市場」が現れ，それに対する社会からの防衛的反応として20世紀に社会主義やファシズムの体制が出現したと説明した。

共有信念（コンベンション）　自己言及的投機において多数意見を予想するとき，過去の多数意見を模倣することが有効である。投資家たちが模倣行動の結果としてつくり上げる満場一致の意見が，共有信念である。資産市場の自律的・内生的動態は，共有信念の形成・問い直し・危機の過程として描き出される。

金融政策　中央銀行を中心とする金融当局が，物価安定・為替相場安定・完全雇用等の目標を達成するために，民間金融機関との金融取引を通じた多様な方法（準備率操作，公定歩合変更，公開市場操作）によってマクロ経済変数に影響を与えようとする政策。

金融デフレ　銀行が不良資産によるバランスシート悪化から，貸渋り（クレジット・クランチ）を行う結果として，企業の信用需要がみたされず経済の総信用供給量が低下する現象。バブル崩壊後の日本の不況原因をこのような現象に求めるのが，「金融デフレ論」である。

金融不安定性仮説　投資と金融の相互作用が景気循環を生み出すことを主張するH・P・ミンスキーの理論。資本主義経済の金融構造は，景気の拡張とともに頑健性から脆弱性へと転化する本来的な傾向を持つので，資本主義経済の正常なはたらきの結果として経済システムの不安定性が生じるのだと説く。

景気循環　資本主義経済においては，好況と不況の反復が周期的に発生する。このような経済活動水準の自律的・規則的な拡張と収

縮を「景気循環」という。イギリスにおいては，産業資本主義の成立とともに，1825年以後，ほぼ10年の周期で激烈な恐慌が勃発し，それを媒介として好況と不況の交替が規則的に繰り返されるようになった。

形式的包摂→「実質的包摂／形式的包摂」を見よ

ケインズ効果　物価水準が下落すると，実質貨幣残高が増加して利子率は低下する。さらに利子率の下落は，投資支出を刺激して総需要を増加させる。この効果を「ケインズ効果」という。ただしケインズ自身は，貨幣供給が内生的である場合には，この効果が作用しないことを指摘している。

原子的競争　物質が非常に小さな無数の原子から構成されているように，1つの市場で無数の小企業が競争している状況を表す。原子的競争の下では各企業の市場占有率は小さく，個々の企業は単独では市場価格を動かすことができない。19世紀において多くの商品市場での競争は，原子的競争に近く，価格調整が作用した。

ケンブリッジ方程式　「資本蓄積率＝資本家の貯蓄性向×利潤率」という関係。ケンブリッジ方程式は，経済成長にかかわる基本変数である資本蓄積率と所得分配にかかわる基本変数である利潤率とを結びつけるという重要な役割を果たしている。

権力関係の非対称性　ある経済主体Aは他の経済主体Bに対して制裁を科す，もしくは科すと威嚇することによって自己の利害のためにBの行動をコントロールできるが，Bが同様の方法でAの行動をコントロールすることができない場合，AとBの権力関係は非対称的であるという。AはBをコントロールする権力を有する。

交換性　一国の通貨が他国の通貨と自由に交換できること。19世紀の国際金本位制の下では交換性は金交換性（金との交換保証）と同じ意味だったが，今日では外国為替市場でドルその他の国際通貨に自由に交換できること，したがって安定した外国為替市場の存在が交換性の要件になっている。

合成の誤謬　個々人にとって正しい命題も社会全体に妥当するとはかぎらないこと。たとえば，多くの企業が利潤の増加を意図していっせいに賃金の切下げを行う場合，消費と投資の減少が有効需要を低下させるために，かえって利潤が減少する結果となる可能性がある。

構造的危機（大危機）　蓄積体制と調整様式の不整合，あるいは蓄積体制や調整様式そのものの機能不全から発生する危機。構造的危機は既存の制度諸形態の一部もしくは全体（調整様式）を変えることなしには克服不可能な危機。

抗争的交換　一方の経済主体が他方の経済主体をコントロールする非対称的な権力関係となる契約・交換関係をいう。ある経済主体Aの行動が，別の経済主体Bとの契約・交換関係において，完全に特定化されない場合，BはAとの契約・交換関係を更新しないという威嚇を行使することによってAの行動をコントロールできる。

効率的市場仮説　利用可能なあらゆる情報を即座に織り込んで価格形成する株式市場においては，特定の投資家が市場の平均的収益を上回る収益をあげ続けることは期待できない，とする証券理論。市場の現実はこの仮説の有効性を否定している。

国際体制　国家間の利害対立が紛争に転化するのを防ぎ，自由貿易の利益など共同利益を実現するよう諸国の行動を誘導するルールと制度の総体。GATTやWTOによる貿易体制，ブレトンウッズ体制等の通貨体制，国際エネルギー機関等の石油体制がある。

国際分業　各国が比較優位財の生産に特化し，貿易により生産物を交換し合う分業のあり方。従来，先進国と途上国の間で工業品と原材料の貿易を行う垂直的国際分業と，先進国間で工業品相互の貿易を行う水平的国際分業とに分けられてきたが，70年代後半以降，企業レベルの垂直的国際分業である新国際分業が注目されるようになった。

コーディネートされた市場経済　資産の特

殊性の程度に応じて分類された資本主義のタイプであり、特殊的資産——企業特殊的な技能等、他の用途に転用することが難しい資産——に基礎をおく経済を指す。

コンドラチェフ波動　ロシアの経済学者N・D・コンドラチェフは、資本主義経済には約50年を周期とする長期波動が存在することを主張した。この景気の長波を「コンドラチェフ波動」という。彼は、豊富な貸付資本の投資者への集中によって長期波動の拡張局面が開始し、貸付資本の枯渇によって投資が減少すると経済は下降局面に入ると論じた。

コンフリクト理論　所得の分配をめぐる労資間の対抗に焦点をあててインフレーションの過程を説明する理論。イギリスのマルクス経済学者R・E・ローソンによって提唱された。失業水準が低くなると、労働市場と商品市場の双方において需給が逼迫するために、賃金と物価の螺旋的な上昇が生じると主張する。

【さ】

最後の貸し手　個別の金融機関の支払不能が金融システム全体の機能麻痺につながる恐れがある場合、経営危機に陥った金融機関に対して中央銀行が準備の供給を行うことによって、金融市場の安定性を維持することができる。中央銀行の果たすこのような機能を「最後の貸し手」機能という。

再生産条件　資本財生産部門と消費財生産部門の2部門からなる経済において、商品市場の需給一致を維持するための条件。資本蓄積がなく同一規模の生産が繰り返されるケースの再生産条件は次の通りである。資本財生産部門の賃金支払額と資本家消費額＝消費財生産部門の資本財補塡額。資本蓄積があるケースの再生産条件は、第3章(3-12)式の通りである。

財政政策　課税・財政システムを利用した国家の経済政策。減税・公共支出によって需要を刺激する短期的な財政措置（景気政策）と、より広範な財政的措置を動員して資源配分の効率化や消費性向の改善を促す長期的な財政政策がある。

産業予備軍　生産技術の変化によって生産手段に対する労働力の比率が低下すると、労働力人口の一部は、資本にとって相対的に過剰となる。このようにして生み出される非自発的失業者のプールを、マルクスは「産業予備軍」と呼んだ。産業予備軍の存在は、現役労働者の賃上げ要求を抑制するという効果を持ち、この効果を「産業予備軍効果」という。

自己言及的投機　流動性の高い株式市場において投機利得を稼ぐためには、株価に関する投資家の多数意見をうまく予想しなければならない。このとき有効なのは、他の投資家も多数意見を予想しようとしていると前提した上で、投資家集団の多数意見を予想する方法である。この予想態度に依拠した投機行為を自己言及的投機という。

自己実現的予言　誤った状況規定にもとづいて立てられた予想が新しい行動を呼び起こし、その行動が当初の誤った考えを真実なものとすること。経済における予想の多くは、人々が信じれば当たるという意味で自己実現的である。

市場価格　市場において商品が実際に取引される価格。市場価格の決定メカニズムは1つではない。技術と企業組織の変化によって、市場の調整パターンは変化する。大きく分けて、原子的競争の下での価格調整と、寡占的競争の下での数量調整とがある。

市場の規律づけ機能　市場参加者が間違った選択を行ったり情報を歪めたりした場合、そうした行動を修正するように市場参加者を動機づける機能。市場参加者に、自分の行動の結果得た便益を受け取る権利を与えると同時に自分の行動によって招いた損失に対する責任をも負わせる、という市場の基礎にある私的所有から発生する。

実質賃金率→「賃金率」を見よ

実質的包摂／形式的包摂　労働編成や生産手段の変化等、生産過程の実体的変化を通じ

て，労働者に対する経営者の支配力は強化される。このような支配を，マルクスは，資本の下への労働の実質的包摂と呼び，単なる労働契約にもとづく指揮命令権による支配（形式的包摂と呼ばれる）と区別した。

失職コスト　労働者が現在の職を失うことによって喪失する所得部分をいう。現在の職で受け取っている賃金から最低保証賃金——現在の職を失った場合，代替的な職において受け取ると期待される賃金——を引いた大きさ。「レント」の項も参照。

資本係数，資本集約度　資本係数とは1単位の産出量を生産するのに必要とされる資本ストック量であり，資本・産出量比率とも呼ばれる。資本集約度とは，資本ストック量を労働量で割った比率であり，資本装備率とも呼ばれる。

資本制的領有法則　他人労働にもとづく新たな他人労働の所有のこと。利潤の源泉は剰余労働であるというマルクスの基本定理を念頭において，利潤所得の一部が投資されて資本ストックとして蓄積されるというプロセスを連続的にみると，資本主義における利潤の取得は，「自己労働にもとづく他人労働の所有」ではなく，「他人労働にもとづく新たな他人労働の所有」である。

資本蓄積（率）　企業の投資活動を通じて機械設備や工場建物など資本ストックの量が増加していくことを資本蓄積という。資本蓄積率とは資本ストックの増加率である。

資本の一般的定式　資本の自己増殖運動を表現したもの。$M-C-M'(=M+\Delta M)$ によって表現される。そこで M は貨幣，C は商品，M' は剰余によって増加した貨幣，Δ は増分である。この定式そのものが自己増殖する価値の運動体としての資本概念を提供する。

資本の限界効率　投資の予想利潤率のこと。ケインズは，資本資産の予想収益の系列の割引現在価値を資本資産の供給価格に一致させるような割引率を，資本の限界効率と定義した。ケインズの見解によれば，資本の限界効率と利子率が等しくなる点で企業の行う投資量が決定される。

資本の絶対的過剰生産　好況末期には，労働力不足のために賃金水準が上昇する。この場合，蓄積活動が進むといっそうの賃金上昇によって利潤が圧縮されるので，蓄積によって資本が追加されても，以前より少ない利潤しか取得できないか，かえって利潤が減少することになる。マルクスは，このような状態を「資本の絶対的過剰生産」と呼んだ。

資本の有機的構成　労働力の購入に投下された資本（可変資本）に対する生産手段の購入に投じられた資本（不変資本）の比率のこと。マルクス経済学においては，資本の有機的構成の高度化は，利潤率の低下をもたらす要因の1つとして重視される。

資本論争（ケンブリッジ資本論争）　ロビンソン，カルドアなど英国のケンブリッジ大学を中心とするポスト・ケインズ派と，サミュエルソン，ソローなど米国のケンブリッジにあるマサチューセッツ工科大学を中心とした新古典派の間で行われた論争。主な論点は資本の測定や技術選択などであり，1960年代にポスト・ケインズ派の勝利という形で決着した。

社会的共通資本　国家の公共事業によって供給される，集団的な生産・生活諸条件のストック。国土保全に必要な治山・治水等，産業活動の基盤となる道路・港湾・通信施設等，生活環境の向上に役立つ下水道・公園等，に分類される。広義には自然環境・社会制度（学校・決済システムなど）も含む。

自由な市場経済　資産の特殊性の程度に応じて分類された資本主義のタイプであり，一般的資産——一般的技能等，容易に他の目的に転用可能な資産——に基礎をおく経済を指す。

循環的危機　既存の制度諸形態および調整様式の大きな変容をともなう必要のない危機であり，その内部で解決される危機。

乗数　外生変数の変化に対する内生変数の変化の割合。たとえば，投資乗数とは，投資

の変化に対する国民所得の変化の割合のことである。ケインズは，投資が乗数効果を持つことを示し，投資の変動こそが経済変動の根本的な原因であると主張した。

剰余生産物　総生産物――社会がある一定期間に生み出した，一定の大きさの財とサービス――から必要生産物――総生産物の生産に携わった労働者とその家族の生活を維持するために必要な生活資料部分，および生産に利用された資本財と原材料部分――を控除した後に残る部分。剰余生産物の資本主義的形態が利潤である。

諸制度の相互補完性　制度は経済主体の行動および成果に影響を与えるが，諸制度の相互補完性とはそうした制度的影響力の相互依存性を指す。ある制度の有する制度的影響力の効果が，他の制度の存在およびその効果によって高められる場合，諸制度の相互補完性が存在するという。

所得政策　完全雇用に近い状態の下でインフレーションの発生を防ぐために，貨幣賃金の上昇を生産性上昇の範囲内に抑えようとする政策。ポスト・ケインズ派は，インフレ的な賃金要求に応じた企業には高率の税を課すという「課税基準所得政策」を提唱している。

所得分配（率）（利潤シェア／賃金シェア）
個人的分配と機能的分配という2つの意味があるが主として後者の意味で使用される。機能的分配とは，国民所得が利潤所得と賃金所得とに分かれることをいう。国民所得に対する利潤所得の割合は利潤シェア（または資本分配率）と呼ばれ，賃金所得の割合は賃金シェア（または労働分配率）と呼ばれる。

信用貨幣　銀行と中央銀行が信用創造によって発行する貨幣の形態を信用貨幣（credit money）といい，預金通貨・中央銀行券・中央銀行預け金からなる。資本主義における貨幣の歴史は，商品貨幣から信用貨幣への移行の歴史である。政府不換紙幣も信用貨幣（fiat money）と呼ばれることがあるが，混同してはならない。

信用創造　銀行が他の金融機関（証券，保険など）と異なるのは，預金を取り扱える点である。この権限を利用することにより，銀行は，外部から資金を取り入れなくても，預金という自己宛債務の発行によって信用供給を行うことができる。これが信用創造である。

数量調整　ある商品に対する需要量が供給量を超過する場合には，その商品の供給量を増やし，逆に，供給量が需要量を超過する場合には，その商品の供給量を減らすことにより，需要量と供給量とのギャップを縮小し，需給一致に導く調整のこと。企業が過剰生産能力を有することが，数量調整が作用する前提となる。

生産価格　均等利潤率，均等賃金率という条件の下で経済システムの再生産を可能とする諸商品の交換比率。価格方程式の解として求めることができる。原子的競争を研究した古典派経済学者は，日々変動する市場価格の重心（長期的平均）として，生産価格を位置づけ，「自然価格」と呼んだ。

政治的景気循環　完全雇用状態の下では，資本家は，解雇の脅しを用いて労働者を規律づけることができなくなるので，労資間の力関係は労働側に有利に傾く。このため資本側は，完全雇用に反対して緊縮的な経済政策を政府に求めるようになる。このようにして人造的につくり出される景気循環を，カレツキは「政治的景気循環」と呼んだ。

成長体制　蓄積体制と調整様式の結合体。レギュラシオン理論においては，この成長体制概念を利用することによって成長と危機の交替，危機の時間的・空間的な可変性が分析される。

制度形態　諸個人の行動を誘導し，マクロ的な社会的経済的規則性との整合性を与える制度。レギュラシオン理論によっては，貨幣・金融制度，競争形態，賃労働関係，国際体制および国家の5つの制度形態が取り上げられる。

セイ法則 経済全体についてみれば、常に総供給が総需要と等しくなるために、すべての市場が同時に供給超過になることはありえないという命題のこと。この命題は、「供給はそれら自らの需要をつくり出す」という表現によって広く知られている。フランスの古典派経済学者J・B・セイによって提唱された。

節約のパラドックス 人々が貯蓄を増やそうとして節約に励むならば、限界消費性向が小さくなることによって乗数の値も小さくなり、均衡国民所得もまた減少する。その結果、当初の意図に反して貯蓄額は変わらない。このことを「節約のパラドックス」という。

挿入国家 第2次大戦後、国家の経済介入には、長期的機能（生産要素の再生産、社会的共通資本の供給、公共財貨幣の供給）のほかに、福祉国家（社会保障支出）とケインズ主義国家（景気政策）の機能が加わるようになった。これにより、資本の蓄積過程の不可欠な契機として国家自身の経済活動が組み込まれた。このときの国家を挿入国家という。

速度原理→「利潤原理（速度原理）」を見よ

ソロー・モデル R・M・ソローが1956年に発表した経済成長モデル。今日も新古典派の長期理論のベースとして使われている。このモデルでは安定性を持つ均斉成長率が存在し、しかも完全雇用が維持される。独立的投資関数を含まない点や、完全雇用を保証するように技術が選択される点など、ソロー・モデルの仮定には問題点が含まれている。

【た】

単位労働コスト 産出物1単位を生産するために必要とされる労働コスト。産出物1単位当たりの賃金額として表現される。単位労働コストと利潤率の間には、単位労働コストが上昇する（低下する）場合、利潤率は低下する（上昇する）、という関係がある。

蓄積体制 蓄積の中長期的な発展を可能にする社会的・経済的規則性の総体を指す。そうした規則性は生産性上昇の源泉と所得分配の中長期的均衡を定式化したマクロ経済学的成長モデルによって表現される。蓄積体制は時代ごと、国ごとで異なる。

知識社会 1990年代以降、先端産業は加工組立部門（自動車、家電等）から知識集約部門（IT、ハイテク等）へ移行した。この現実を前にP・ドラッカーは、主要経済資源が資本・土地・労働ではなく知識になったとする知識社会論を唱えた。知識社会においては、教育の高度化や社会システムの活性化を促す国家の役割が重要になる。

中央銀行制度 民間経済に信用を供給する銀行と、通貨価値・決済システムの安定を任務とする中央銀行とに役割分担した階層的な信用制度。民間発券銀行制度の弊害が明白になった19世紀以降、中央銀行の設立とその下への発券集中が進み、今日の中央銀行制度ができあがった。

中央銀行の独立性 中央銀行が金融政策の運営に関する意思決定を、政府から独立して行うこと。「独立性」は中央銀行の原則として広く採用されている。その理由は、①中央銀行が通貨価値・決済システムの安定という使命を達成するのに必要、②中央銀行の使命達成が結局は生産・雇用の安定にもつながる、の2点である。

調整様式（レギュラシオン様式） 制度諸形態の総体であり、システム全体の再生産を可能にする調節を生み出すもの。ゲームのルール。レギュラシオンの原語はrégulationであるが、「規制」の意味が強い英語のregulationと異なり、フランス語のそれは「調節」「制御」「調整」を意味する。

賃金交渉制度 労働組合と経営者（もしくは経営者団体）が賃金をめぐって交渉する制度的枠組みをいう。こうした制度的枠組みは賃金上昇だけではなく、失業やインフレーションといったマクロ経済的パフォーマンスにも影響を与える。

賃金コスト・マークアップ理論 賃金コストに対する企業のマークアップ価格形成行動によって物価の上昇を説明するポスト・ケインズ派のインフレーション理論。生産性上昇を上回る貨幣賃金の上昇によってインフレー

ションが発生すると説く。したがってインフレーションを抑制するためには，過度の賃上げを防ぐための所得政策が必要であるとされる。

賃金シェア→「所得分配（率）」を見よ

賃金主導型成長　賃金上昇が消費と総需要の増加をもたらすことによって実現するような経済成長のパターン。一般に，不完全稼動状態の下で実現しやすい。

賃金率（名目賃金率／実質賃金率）　賃金率とは，単位時間当たりの賃金のこと。名目賃金率とは貨幣額で表した賃金率のことであり，貨幣賃金率ともいう。実質賃金率とは，名目賃金率を消費者物価水準で除した値であり，賃金の実際の購買力を示す。

賃金・利潤曲線　生産技術を所与とした場合に，価格方程式から導かれる賃金率と利潤率には，複数の組合わせがありうる。その組合わせのすべてを平面にプロットすると，右下がりの曲線となる。これが賃金・利潤曲線であり，「要素価格フロンティア」と呼ばれることもある。賃金率が上がれば，利潤率は下がるという相反関係がある。

賃労働関係（賃労働形態）　レギュラシオン理論が重視する制度形態の1つであって，労働力の利用と再生産を規定する諸条件の総体を指す。そこには労働過程の編成，熟練のヒエラルキー，労働力の可動性，賃金所得の形成・利用といった内容が含まれる。

適応型期待形成　期待とは，不確実な将来の事象に関して経済主体が行う予想である。期待がどのようにして形成されるかについてはさまざまな仮説がある。その1つが適応型期待形成仮説である。この仮説によると，たとえば，期待された価格が現実価格よりも低いことが判明したとき，経済主体は期待値を少しプラス方向に修正して両者のギャップを小さくしていく。

デフレーション　有効需要の不足のために一般物価水準が持続的に下落している状態。失業水準が高くなると，労働市場と商品市場の双方において需給が緩和するために，資本家と労働者はともに自らの要求を抑制して，物価の上昇は穏やかなものとなる。

テーラー・システム　F・W・テーラーが提唱した工場管理の方法。科学的管理法とも呼ばれる。課業の科学的な設定と，それを専門的に担う計画部門の設置や機能的職長制度を柱とする。現場労働者が部分的に有していた計画機能を，すべて管理者側に移すことになるので，テーラー・システムの基本的理念は「実行と構想の分離」と呼ばれる。

投機　将来価格と現在価格の差から利益（キャピタルゲイン）を得ようとする投資行為。投資家の多数が価格の趨勢値への収斂を予想するとき投機は価格変動を平準化するはたらきをし，価格の一方的な上昇または下落を予想するとき投機は価格変動を増幅させる。バブルを生み出すのは後者の「不安定な投機」である。

投資関数　投資量がどのような諸要因の影響を受けて決まるかを関数で表したもの。加速度原理，利潤原理（速度原理），稼働率原理にもとづく投資関数などがある。このような投資関数を仮定する場合，貯蓄の決定から投資の決定が独立する。その結果，セイ法則（投資と貯蓄との恒等関係）は成立しなくなる。この意味で，独立的投資関数とも呼ばれる。「加速度原理」「利潤原理」の項も参照。

【な】

内生的貨幣供給　マネーサプライは中央銀行が外生的に管理するのでなく，企業部門の資金需要に対する銀行の信用供給態度によって決定されるとする考え方。中央銀行は準備貸出にさいして貸出条件（公定歩合等）を決定できるが，その条件の下での銀行の準備需要には無条件に応じなければならないとされる。

内包的蓄積体制　成長から生産性に与える効果がプラスであり，かつその効果が大きい蓄積体制。これは生産編成においてテーラー主義的労働編成が導入されたことにより労働生産性上昇率が引き上げられたことに起因する。「蓄積体制」「テーラー・システム」「フ

ォーディズム」の項も参照。

ニューエコノミー　1990年代アメリカでは，インフレーションなしの好景気が持続した。1997年頃から，この長期的景気拡大を歴史上類のない「ニューエコノミー」と呼び，IT（情報技術）部門を中心とする生産性上昇によってアメリカ経済から景気循環が消滅したのだとする議論が大きな影響を持つようになった。

【は】

覇権（国際的覇権）　A・グラムシは，イデオロギー・文化の力を借りて自発的同意を組織化する権力を覇権（ヘゲモニー）と呼んだ。国際政治経済における覇権とは，自国の利益に合致した国際的ルールを他の諸国に受け入れさせる政治的支配力をいう。アメリカが20世紀初めにイギリスから引き継いだ覇権国の地位はいまや衰退しつつある。

バブル　証券・通貨・土地などの資産の市場価値が，経済の基本的条件によって説明できる値（ファンダメンタル価格）から乖離して持続的上昇を示すとき，この実体のない価格上昇をバブル（泡）という。「値上がり予想→投機買い→実際の価格上昇→さらなる値上がり予想」というスパイラルの発生と，これを可能にする投機資金の供給がバブルを生み出す。

ハロッドの不安定性原理　現実成長率の保証成長率からの乖離は，乖離幅を増やす力を生み出すという命題。R・F・ハロッドの経済成長モデルから導かれる。経済成長経路はナイフの刃の上に存在するように不安定であるという意味で，「ナイフの刃の不安定性」とも呼ばれる。この不安定性は，加速度原理にもとづく独立的投資関数と，乗数効果の組合わせから生まれる。「乗数」の項も参照。

ピグー効果（実質残高効果）　物価水準が下落すると，人々の保有する実質貨幣残高が増加するために，消費支出が増加する。この効果は，それを最初に指摘したピグーの名にちなんで「ピグー効果」と呼ばれている。これによってピグーは，賃金と価格の伸縮性が完全雇用をもたらすという新古典派経済学の考え方に新しい根拠を与えた。

非線型景気循環理論　非線型な投資関数を用いて景気循環の機構を説明する理論。非線型な投資関数とは，1次関数の形をとっていない投資関数のことである。ポスト・ケインズ派のカレツキ＝カルドア型モデルが代表例として挙げられる。そのモデルにおいては，緩やかなS字型の曲線として描かれる投資関数が用いられている。

不安定→「安定／不安定」を見よ

フィッシャー効果（逆ピグー効果）　物価の下落は，負債の実質価値を増加させることを通じて，債務者から債権者への購買力の移転をもたらす。債務者よりも債権者のほうが低い限界支出性向を持つならば，経済全体の消費需要は減少し，総需要は低下する。この効果は，I・フィッシャーの名にちなんで「フィッシャー効果」あるいは「逆ピグー効果」と呼ばれる。

フィードバック　あるシステムの出力信号を入力側に伝達し，入力信号に付加することをフィードバックという。実際の出力が目標値から乖離したさい，フィードバックが乖離幅を縮小する効果を持つ場合，ネガティブ・フィードバックという。逆に乖離幅を拡大する効果を持つ場合，ポジティブ・フィードバックという。

フィリップス曲線　賃金上昇率と失業率の間に存在する相反関係を示す曲線。ニュージーランド生まれの経済学者A・W・フィリップスによって導出された。賃金上昇率の代わりに，物価上昇率と失業率との間の相反関係を示す曲線は「物価版フィリップス曲線」と呼ばれる。

フォーディズム　第2次世界大戦後のおよそ30年間に及ぶ高成長を可能にした，大量消費をともなう内包的蓄積体制。フォーディズムという用語自体は自動車会社フォードおよびその創始者の1人であるH・フォードに由来するが，レギュラシオン理論において利用される場合，それは蓄積のマクロ経済的諸条件を指す。「フォード・システム」「大量生

フォーディズム的労使妥協　第2次大戦後に成立した、経営者が進める生産性上昇に労働者が参加・協力する代わりに、生産性上昇益を賃金引上げによって労働者に分配するという労使妥協。この妥協の理念は賃金交渉制度や社会保障制度となって現実化され、高度成長の基礎になった。

フォード・システム　H・フォードがフォード自動車会社で実施した高度の経営合理化方式。製品モデルの単純化、部品の標準化、機械設備の専門化およびベルトコンベア・システムなど、大量生産のための工場全体にわたる生産合理化システム。

不完全雇用均衡　不完全雇用に対応する国民所得の水準で成立する均衡。この下では、商品市場においては均衡が実現している一方で、労働市場では、超過供給、すなわち失業が生じている。ケインズは、有効需要の不足によって、このような状態が発生する可能性があることを理論的に明らかにした。

福祉国家　国民一般の厚生水準の向上を目的とし、税制や社会保険制度を通じて大規模な再分配を行う国家。近代になり市場経済が国民生活に浸透していくと、共同体的な相互扶助システム（親族、近隣、地域）は弱体化した。それを補完するのが福祉国家の役割である。

負債デフレーション　物価の持続的な下落によってもたらされる債務負担の増加は企業の投資支出を抑制する要因として作用する。こうして、負債の増加とデフレーションという2つの病弊が互いに悪影響を強め合うことによって産出と雇用の水準が累積的に下落する過程を、I・フィッシャーは「負債デフレーション」と呼んだ。

負債デフレーション効果　物価水準の下落は、負債の実質価値を増加させて、企業の破産を引き起こしたり、企業利潤を減少させたりするので、投資支出を抑制して総需要の低下をもたらす。この効果は、I・フィッシャーの「負債デフレーションの理論」において示されたことから「負債デフレーション効果」と呼ばれることがある。

ブレトンウッズ体制　1944年のブレトンウッズ協定にもとづく通貨体制。①通貨の交換性を保障するための厳格な固定相場制と、②国際収支の一時的不均衡に対処するためのIMF（国際通貨基金）とからなる。①は、アメリカが1オンス35ドルでドルの金交換を保証し、他の諸国が対ドルの固定相場を維持するという方法がとられた。1970年代初めに同体制は崩壊した。

補完性→「諸制度の相互補完性」を見よ

【ま】

マークアップによる価格決定　企業が一定の大きさの利潤を確保するために費用に一定比率を乗じて製品価格を決定する方式をいう。不完全競争市場において寡占企業がとる価格設定行動。「寡占的競争」「賃金コスト・マークアップ理論」の項も参照。

マネーサプライ　民間非金融部門が保有する通貨残高のことで、貨幣供給（量）とも通貨供給（量）ともいう。物価や景気の指標なので、金融政策の中間目標として重視される。もっとも狭義には現金通貨＋要求払預金（M1）だが、必要に応じて定義は拡張される。

マルクスの基本定理　利潤が発生するための必要十分条件は剰余労働が存在することであるという定理。この定理は利潤の源泉は剰余労働であること示す。剰余労働の定義は次の通りである。剰余労働＝（労働者が支出した労働量）−（労働者が賃金によって購入する諸商品の「価値」計）。「資本制的領有法則」の項も参照。

マンデル効果　物価水準の下落は、将来のいっそうの物価下落の予想を生み出し、所与の名目利子率の下で実質利子率を上昇させる。さらに実質利子率の上昇は、投資支出と総需要の減少をもたらす。この効果は、それを定式化したR.マンデルの名にちなんで「マンデル効果」と呼ばれている。

名目賃金率→「賃金率」を見よ

【や】
有効需要の原理　有効需要とは購買力の裏づけのある需要のことを指し、有効需要の大きさが総産出量と総雇用量を決定するというケインズが提唱した原理を「有効需要の原理」という。この原理によってケインズは、「供給はそれ自らの需要をつくり出す」というセイ法則にもとづく新古典派の主張を覆した。

ユーフォリア　資産市場で投機が過熱する時期にみられる、過度に楽観的な投資態度。「陶酔的熱狂」等と訳される。単なる集団心理によるのではなく、担保資産が高く評価されバランスシートの改善が進むこともまたユーフォリアの要因である。

【ら】
利潤圧縮　持続的な高雇用水準の下で労働市場が逼迫する結果、賃金交渉における労働側の力が高まって賃金が上昇し、利潤シェアと利潤率が低下すること。1960年代後半に一部の先進資本主義諸国で生じた。

利潤原理（速度原理）　利潤の水準あるいは国民所得の水準によって投資の決定を説明する理論。生産量の変化に比例して投資が行われると論じる「加速度原理」との対比で、「速度原理」とも呼ばれる。カレツキ、カルドアらによって提唱された。

利潤シェア→「所得分配（率）」を見よ

利潤主導型成長　利潤の増加が投資と総需要の増加をもたらすことによって実現するような経済成長のパターン。一般に完全稼働状態の下で実現しやすい。

利潤率　所有資本財の価値に対する利潤総額の比率。資本1単位が利潤の創造においてどの程度成功したかを示す指標。

流動性　資産を貨幣に変換するときの容易さの度合い。金融資産の場合、満期の短さのほかに、発達した流通市場が組織され売却が容易であることも、流動性を高める要因である。流動性の高さは、広範な投資家を金融市場に参加させるための必須条件である。

流動性選好説　資産の貨幣への転換のしやすさが流動性であり、貨幣は「流動性そのもの」であるといわれる。ケインズは、3つの動機（取引動機・予備的動機・投機的動機）からなる貨幣需要を流動性選好と呼び、流動性選好によって決まる貨幣需要と、中央銀行が決定する貨幣供給から利子率が決定されると考えた。これが利子率決定の流動性選好説である。

レギュラシオン様式→「調整様式（レギュラシオン様式）」を見よ

レント　契約・交換関係において、ある経済主体が別の経済主体に自分の期待する行動をとらせるために必要な最小限の金額を上回る超過部分。もしくは後者の経済主体が次善の代替的な契約・交換において受け取ると期待する所得を上回る超過部分。労働抽出モデルにおいては失職コストがレントにあたる。「失職コスト」の項も参照。

労働生産性、労働投入係数　労働生産性とは、産出量を労働投入量で割った比率である。付加価値額を労働投入量で割った比率は付加価値労働生産性と呼ばれる。労働投入係数とは1単位の産出量を生産するのに必要とされる労働投入量であり、労働生産性の逆数である。

労働抽出曲線　失職コストと労働努力の関係——ある一定の大きさの失職コストが与えられたときに労働者がどれだけの労働努力を提供するのか——を描いた曲線。この曲線は、解雇の威嚇を基礎にした労働者からの労働努力の抽出方法がどれだけの効果を持つかをということを示す。

労働の人間化　職務の拡大や充実やローテーション、自律性や責任の付与、小集団自主管理活動、労働者の経営参加などの施策を通じて、現場労働を人間的なものにしようとすること。テーラー・システムやフォード・システムによって引き起こされる労働の疎外と呼ばれる現象への対策の1つとして試みられた。

索　引

【あ】

IS – LM 体系　240
IMF　216, 217
　──コンディショナリティ　218
アグリエッタ (M. Aglietta)　144
アジア経済危機　290
「アジアの奇跡」　303
アスピレーション・ギャップ　252–255
アソシエーション　91
アニマル・スピリッツ　50, 76, 78, 234
安定　77, 88
EMS　218
一般的過剰生産　227, 267
一般流通　122
インフレーション　45, 55–56, 185, 187, 247
　──のコンフリクト理論　82, 249, 252, 255
　──の社会的費用　249–251
　コストプッシュ・──　249
　ディマンドプル・──　248
　ハイパー・──　249
ヴェブレン (Th. Veblen)　3
ウルグアイ・ラウンド　207, 208
エクイティファイナンス　307
SDR　217
大きな政府　282
置塩信雄　5
OJT　188
オルレアン (A. Orléan)　144, 164

【か】

外国為替　214
　→「為替」もみよ
　──市場　214
解雇の威嚇　33
外部金融　280
外部不経済　89, 153
価格　37–46
　→「マークアップ」もみよ
　──構造　200, 201
　──伸縮性　258–261
　──調整　6, 42, 43, 71, 81, 182
　──の静態的な理解　18
　──の長期的変化　55–56
　──の動態的な理解　18
　──方程式　40, 41, 67, 72, 99, 100
　工業製品──　55
　市場──　38, 42, 43
　生産──　37–42, 43, 52
　量的情報としての──　88
拡大再生産　63
貸し渋り　310
貸し手のリスク　234, 280
貸し剥がし　310
過小消費説　273
可処分所得　241
課税基準所得政策　257
課税・財政システム　149
寡占企業　174, 182
寡占的競争　75, 253–254
加速度原理　83
価値　53
GATT　206–212
　──の精神　207
　──ルール　207
稼働率　70
貨幣
　→「信用」もみよ
　──循環理論　133
　──数量説　248
　──ストック　136
　──代替物　126
　──の依法性信認　144
　──の諸機能　120–121
　──の諸形態　121–129
　──の信認　140, 143–145
　──のヒエラルキー信認　144
　──の矛盾的二元性　141
　──の両義性　121, 139
　──の倫理信認　144

価値貯蔵手段としての── *120*
　　計算単位としての── *120*
　　契約決済手段としての── *251*
　　交換手段としての── *120*
　　公共財としての── *121*
　　私的財としての── *121*
　　支払手段としての── *120*
　　商業── *123*
　　商品 *121*
　　取引手段としての── *120*
貨幣供給
　　内生的── *135-136, 259*
　　──量 → マネーサプライ
貨幣・金融制度 *118-119, 319*
貨幣経済 *104*
　　──の効率性 *251*
株式 *290*
株式会社 *189, 290*
株式市場 *290-292*
　　──における投機の支配 *293*
　　──に期待される役割 *290*
可変資本 *273*
借り手のリスク *234, 280*
カルドア(N. Kaldor) *5, 278, 317*
ガルブレイス(J. K. Galbraith) *304*
カレツキ(M. Kalecki) *5, 235, 239, 245, 264, 274, 280, 317*
カレツキ＝カルドア型モデル *274*
為替
　　──切下げ競争 *198*
　　──体制 *217*
　　──リスク *215*
環境問題 *153*
慣習 *148*
間接金融 *65*
完全競争市場 *174*
完全雇用 *103-105, 162, 226, 228, 231, 240 -245, 249, 258*
　　──安定成長 *78-79*
　　──国民所得 *241*
機械制大工業 *109, 111*
機械補償説 *103*
企業 *173-181*
　　──間関係 *188, 190, 192*
　　──統治 *92, 188-193*
　　──と諸制度 *188-193*
　　静学的──モデル *173*
　　政治的構造としての── *175-181*

危険逓増の原理 *234, 273, 280*
基軸通貨 *221*
技術
　　──進歩 *64, 111-112*
　　──選択 *106-108*
　　──変化 *55, 96-99, 102-106 108-115*
希少財 *38*
希少性 *19*
擬制商品 *153*
基礎消費 *230*
キチン循環 *264, 265*
技能 *189*
　　一般的── *188*
　　特殊的── *188*
規模に関する収穫逓増 *323*
規模の経済 *210, 221*
キャッシュレス化 *129*
キャピタルゲイン *285*
供給 *15*
　　──曲線 *17*
　　超過── *17*
恐慌 *267*
　　信用── *268*
競争形態 *318*
競争市場 *15*
　　不完全── *181*
競争制限規則 *143*
協調(コーディネーション) *204*
共同利益 *200*
鏡面の過程 *298*
共有信念 → コンベンション
均斉成長 *71, 72*
銀行 *129-137*
　　──信用 *125*
　　──手形(銀行券) *124*
　　──の営業権 *132*
　　──の規制猶予政策 *309*
　　──の競争制限規則 *143*
　　──の健全性規制 *143*
　　──の自己資本 *309*
　　──の信用供給行動 *133-135*
　　──の特殊性 *131-133*
　　──のトゥー・ビッグ・トゥ・フェイル政策 *309*
　　──不在の経済 *129-131*
　　バブル崩壊と── *308-310*
　　民間発券── *125*
金本位制 *122, 199*

索　引　357

金融化　165
金融政策　89, 139, 141, 156, 244, 287
　　——の自律性　217
　　——の非対称性　139
金融的ユーフォリア　307
金融デフレ　311
金融不安定性仮説　260, 279
クズネッツ循環　264, 265
グッドウィン（R. M. Goodwin）　5, 272
クロス・デュアル・ダイナミクス　43
グリン（A. Glyn）　272
クレジット・クランチ　310
クロッティ（J. Crotty）　272
グローバル化, グローバリゼーション　47, 244
グローバル・ケインズ主義　244
群集行動　300
経営管理機構　114
経営者団体　181
景気
　　——基準日付　266
　　——政策　156-159, 196
　　——の拡張期　264
　　——の後退期　264
　　——の谷　264
　　——の天井と床　282
　　——の山　264
景気循環　263-266
　　——の発見　267
　　政治的——　245
景気循環理論
　　カレツキの——（非線型景気循環理論）　274-278
　　マルクスの——　267-271
　　マルクス派の——　271-273
　　ミンスキーの——（金融的景気循環理論）　279-283
経済成長　63-65, 71, 72, 98-101
　　——モデル　65-68
　　——率　63
　　賃金主導型——　243, 325
　　利潤主導型——　243, 324
経済統合　212
ケインズ（J. M. Keynes）　3, 5, 65, 71, 160, 227, 230, 231, 234, 236, 239-240, 250, 258, 259, 261, 274, 279, 283, 296
ケインズ革命　5
ケインズ効果　259

ケインズ派　75-78, 81, 104
　　→「ポスト・ケインズ派」もみよ
ケインズ主義
　　——国家　162, 163
　　——的財政政策　91
　　一国——　244
　　グローバル・——　244
限界革命　4
限界原理　51
限界消費性向　230
限界生産力説　51
限界貯蓄性向　238
現金　124
　　——通貨　128
　　取引——　120
　　保蔵——　120
　　予備——　120
現在価値の逆転　281
原子的競争　42, 75
健全性規制　143
ケンブリッジ方程式　68, 73, 74, 77, 78, 81, 85, 100
権力　174
　　——関係の非対称性　31
交換性　214-215
公共財　213
工業製品価格　55
公共投資　240, 242
合成の誤謬　86, 142, 156, 238, 258
構造の危機（大危機）　314, 321
抗争的交換　21, 108
購買力平価説　219
効率的市場仮説　292
合理的個人　316
国際収支の天井　217
国際体制　199, 319
国際的相互依存　195
　　対立的な——　197
　　調和的な——　196
国際紛争　198
国際分業　209
　　新——　210
　　垂直的——　209
国内所得　28
　　→「国民所得」もみよ
国内総生産（GDP）　25-28
国民経済　47, 48
国民所得　235-237

→「国内所得」もみよ
均衡―― 235, 236, 238, 241
国民的競争国家 168
個人的所有 92
コストプッシュ・インフレーション 249
護送船団行政 143
国家 319
　→「フォーディズム」もみよ
　――と経済 150-152
　――と政治 147-150
　――の経済介入 152-159, 162
　――の調整機能 149
　――の法活動 148
　――の暴力装置 149
　限定―― 163
　広義の―― 157
　国民的競争―― 168
　シュンペーター的ワークフェア―― 168
　挿入―― 163
　福祉―― 162-164
固定資本減耗 26
固定資本ストック 64
固定相場 216
　調整可能な―― 216
古典派経済学 1, 2, 43, 49, 267
コーポレート・ガバナンス → 企業統治
雇用契約 31
コンドラチェフ波動 264, 265
コンフリクト理論 → インフレーション
コンベンション（共有信念） 295, 301, 303
　――の安定 302
　――の危機 305
　――理論 294
　解釈―― 302
　強気相場の―― 302

【さ】
最後の貸し手 142, 218, 282
再生産
　――可能財 38
　――条件 68-71
　拡大―― 63
　単純―― 63
財政政策 89, 156, 240, 244
財テク 307
債務危機 218
先物貨幣契約 251
サステナビリティ問題 222

サトクリフ（B. Sutcliffe） 272
サミュエルソン（P. Samuelson） 106, 248
産業予備軍 104, 268, 270
　――効果 104
産業連関構造 38
産業連関表 38
ジェヴォンズ（W. S. Jevons） 4, 51
シェリング（Th. Schelling） 300
シェリング標識 300
時価発行増資 307
資源の効率的配分 19
自己言及的合理性 296
自己実現的予言 302
自己資本 235, 309
　→「銀行」もみよ
資産
　――価格 284-286
　――保全性 220
　――的個人主義 166
　関係特殊な―― 193
　転用可能な―― 193
資産効果 306
　逆―― 308
資産市場 289, 296, 301-312
　――と実体経済 305
　――の動態 306
市場 14-22
　――介入 216
　――支配力 253-254
　――調整パターン 42
　――的近視眼 303
　――による調整 82, 88
　――の厚み 293
　――の規律づけ機能 19-22
　――の失敗 87-89
　――の清算 17-18
　――の調整機能 15-19
　完全競争―― 174
　競争―― 15-17
　不完全競争―― 181
　不完全な―― 21
市場価格 → 価格
市場経済
　コーディネートされた―― 193
　自由な―― 193
システミック・リスク 142
シスモンディ（J. Sismondi） 273
事前の協議 90

索　引　359

失業　102-106
　　非自発的——　227, 231
実行と構想の分離　111, 329
実質残高効果　259
実質賃金　56
　　——率　48, 59
失職コスト　3, 4, 60, 81, 179
質的情報　88, 90
私的所有権　32
私的所有システム　150
シーニョリッジ　140
資本　12, 22-35
　　——規制　244
　　——係数　58, 96
　　——市場　193
　　——集約度　97
　　——ストックの蓄積　64
　　——の一般的定式　23
　　——の過剰蓄積　269
　　——の限界効率　130, 232, 233, 234, 239
　　——の原始的蓄積　92
　　——の権力　31
　　——の絶対的過剰生産　268
　　——の下への形式的包摂　109
　　——の下への実質的包摂　109
　　——の有機的構成　273
　　——論争　106
　　可変——　273
　　自己増殖する価値の運動体としての——　24
　　知識——　167
　　不変——　273
　　流動——　64
資本家の貯蓄性向　66
資本資産の供給価格　232
資本蓄積　55, 64, 65, 73-83
　　→「蓄積体制」もみよ
　　——効果　278
　　——率　64, 73-74
資本主義　12-14, 53
　　——の（空間的）多様性　1, 315, 331
　　——の国民的諸軌道　331
　　——の根本的不確実性　233, 279
　　——の時間的可変性　1, 315
　　——の二層構造　31
　　——の変容　326
資本制的領有法則　93
資本・労働関係　23, 31

市民的個人主義　165
シャイク（A. Shaikh）　273
社会規範　148
社会経済学　1-7, 99, 206, 226, 227, 248, 249, 258, 261, 263, 264, 270, 283
社会システム　167
社会資本　167
社会の共通資本　155
社会の消費性向　242
社会の責任投資　166
社会の分業　14
社会保障　162
自由競争的形態　319
自由貿易　196
集権的な経済調整　87
集合行為のジレンマ　198
ジュグラー循環　264, 265
需要　15, 321, 323, 325
　　——曲線　16
　　超過——　18
循環的危機　321
純粋協調ゲーム　299
純生産物　25
準備通貨　220
シュンペーター（J. A. Schumpeter）　166, 264
シュンペーター的ワークフェア国家　168
商業
　　→「貨幣」もみよ
　　——信用　122
　　——手形　122, 123
　　——流通　122
条件つきの契約更新　22
乗数　85, 237-239
　　——過程　69, 239
　　——効果　278
　　——理論　274
消費　229
　　——関数　229-231, 240
　　——基礎　230
商品交換　15
商品生産の所有法則　92
商品の命がけの飛躍　15
剰余　24
　　——アプローチ　51
　　——価値　273
　　——生産物　24, 25
剰余労働　54

　　　　──の搾取　53
諸制度の相互補完性　→　制度
所得政策　257
所得（再）分配　41, 48, 49, 52, 64, 73-83, 250, 323, 330
　　　　──政策　242, 244
進化経済学　5
新古典派　1, 3, 51, 79-80, 99, 106, 108, 173-175, 226, 227, 229, 257, 258, 259, 261
　　　　──的ケインジアン　248
　　　　──生産関数　79, 106
新自由主義　163, 244
神野直彦　166
信用
　　　→「銀行」もみよ
　　　　──貨幣　121, 122-129
　　　　──契約　120
　　　　──市場　137-139
　　　　──創造　125, 132
　　　　──の暴走　139
　　　　──の利用可能性　235
　　　商業──　122
新リカード派　3, 5
スウィージー（P. M. Sweezy）　273
数量調整　42, 44, 71, 77, 81, 182
数量方程式　67, 99
スティグリッツ（J. E. Stiglitz）　235
ステークホルダー　93
ステレオタイプ標識　300
スミス（A. Smith）　2, 19, 43
スラッファ（P. Sraffa）　5
生産　22-24
　　　　──過程　13, 108-112
　　　　──関係　270
　　　　──技術　41, 52, 66, 96
生産価格　→　価格
生産力　270
政治　147-150
　　　→「国家」もみよ
　　　　──的景気循環　245
　　　　──的対立　198
成長　→　経済成長
成長経路　70-71, 99
成長体制　320, 326, 328
制度　148, 206
　　　　──形態　209, 316, 317
　　　　──的イノベーション　314
　　　　──的調整　80, 89, 328

　　　　──の（相互）補完性　188, 317
　　　企業と──　188-194
政府支出乗数　242
政府不換紙幣　121
セイ法則　227, 228, 267
絶対優位　202
節約のパラドックス　78, 238
ゼロサム・ゲーム　197
戦略的合理性　297
総供給　228, 235, 237
　　　　──曲線　228, 235
総需要　228, 235, 237, 240, 242, 254, 255
　　　　──曲線　228, 235
総生産物　25
速度原理　275
ソロー（R. Solow）　248
ソロー・モデル　80

【た】
大量消費　325
兌換銀行券　124
兌換中央銀行券　126
WTO　211-213
　　　　──の新ラウンド　211
単位労働コスト　177-180, 183
単純協業　109, 110
単純再生産　63
団体交渉　253
蓄積軌道　72
蓄積体制　316, 321-328
　　　→「資本蓄積」もみよ
　　　　──概念　316
　　　　外延的──　316, 322, 325
　　　　19世紀の──　326
　　　　戦間期の──　327
　　　　戦後ブーム期の──　327
　　　　内包的──　317, 323, 327
知識社会　166
知識集約型産業　166, 212
中央銀行　119, 137-143, 157
　　　　──預け金　128
　　　　──貨幣　128
　　　　──制度　119
　　　　──の独立性　139
　　　　──への発券集中　125
調整様式　→　レギュラシオン様式
直接金融　65
貯蓄　75-78

貯蓄貸付組合問題　289
賃金　46-51
　　──シェア　59
　　──主導型成長　243, 325
　　──所得　47
　　──の生産性インデクセーション　320
　　──の長期的変化　56-57
　　間接──　162
　　実質──　56
　　名目──　56
賃金交渉制度　186
　　分権的──　186
　　集権的──　186
賃金コスト・マークアップ
　　──方程式　256
　　──理論　249, 256-257
賃金・利潤曲線　49, 50, 57, 73, 101, 107
賃金率　40, 41, 73-74, 107, 175
　　均等──　46
賃労働関係　318, 319
通貨
　　──体制　215-218
　　──の安定　139
　　介入──　216
　　基軸──　221
　　準備──　220
　　預金──　127
強気相場　295
ディマンドプル・インフレーション　248
デヴィッドソン (P. Davidson)　256
適応型期待形成　84
デフレーション　46, 247
　　→「金融デフレ」「負債デフレーション」
　　　もみよ
　　──の社会的費用　250-251
デュアルシステム　188
デュアル・ダイナミクス　45
テーラー (F. Taylor)　112
テーラー・システム　112-114
テーラー主義　317, 329-331
　　──的形態　319
　　──的労働編成　112, 113
投機　215, 287
　　──主義　294
　　──バブル　288
　　安定的な──　288
　　自己言及的──　297
　　不安定な──　288

投機家　294
道具主義　6
投資　65, 75-78, 231, 233
　　──財　279-281
　　──財の需要価格　279
　　──財の供給価格　279
　　──の社会化　242
　　公共──　240, 242
投資関数　75, 233, 274
　　独立的──　76, 104
　　非線型な──　276
独立支出　238
トービン (J. Tobin)　245, 260
　　──税　245
取付　141

【な】
内生的貨幣供給　135-136, 259
内部金融　280
ニューエコノミー　164, 169
ニュー・ケインジアン　235
人間創造的成長のモデル　170
ネガティブ・フィードバック　85

【は】
ハイエク (F. A. Hayek)　87, 91
ハイパー・インフレーション　249
売買契約　119
覇権　203
　　──安定論　205
　　──的協調　204
バブル　284-290
　　──崩壊と銀行　308-312
　　インターネット──　290
　　合理的──　289
バラン (P. Baran)　273
ハロッド (R. F. Harrod)　84
ハロッドの不安定性原理　83-87
PER (株価収益率)　287
比較生産費説　202
比較優位　202
ピグー (A. C. Pigou)　258
ピグー効果　259
　　逆──　260
非市場的コーディネーション　89
非市場的調整　83, 89, 92
非自発的失業　227, 231
「美人投票」　295

BIS 規制　　309
必要生産物　　24
標識　　298
評判　　205
ヒルシュ（J. Hirsch）　　168
ファンダメンタル価格　　286-290
ファンダメンタル主義　　291
　　――者　　291
　　――的合理性　　297
ファンダメンタルズ　　291
不安定　　77, 88
フィッシャー（I. Fisher）　　260
フィッシャー効果　　260
フィッシャー方程式　　260
フィードバック制御システム　　85
フォーディズム　　163, 164, 208-212, 321, 329-331
　　――国家　　163, 164, 171
　　――的労使妥協　　161, 330
フォード（H. Ford）　　160, 329
フォード・システム　　114
フォード的形態　　319
不完全雇用均衡　　236
不完全競争市場　　181
不換中央銀行券　　127
福祉国家　　162, 163
　　――の危機　　163
負債デフレーション　　260, 282, 311
　　――効果　　281
双子の赤字　　164, 196
物価版フィリップス曲線　　254-255
物象化　　91
物々交換経済　　104
不変資本　　273
部門間分業　　209
部門内分業　　210
プラザ合意　　223, 303
フリードマン（M. Friedman）　　248
不良債権　　309
ブレトンウッズ体制　　216
プロセス・イノベーション　　109
プロダクト・イノベーション　　109
分権的経済調整　　83, 87-89
分権的システム　　93
紛争　　148
分断的労働市場　　115
平均消費性向　　230
平成不況　　289

ベースマネー　　128
ヘッジ取引　　219
ヘッジ・ファンド　　305
変動相場制　　217
法　　148
貿易体制　　205
貿易ブロック　　198
貿易利益　　200, 203
封建制　　53
豊富の中の貧困　　231
方法論的個人主義　　6
補完性　　190
　　→「制度」もみよ
　諸制度の相互――　　189, 190, 317
保護主義　　197
ポジティブ・フィードバック　　86
ポスト・ケインズ派　　3, 5, 227, 249, 257, 264, 270, 283
　　→「ケインズ派」もみよ
ボディ（R. Boddy）　　272
ポランニー（K. Polanyi）　　90
ボワイエ（R. Boyer）　　169

【ま】
マークアップ　　174, 183, 279
　　――価格形成行動　　256
　　――原理　　45
　　――による価格決定　　174, 182-184
マクロ経済
　　――的均衡　　235
　　――の安定化　　89-92
　　――の不安定性　　83-89
マニュファクチュア　　110
マネーサプライ　　128, 136
マネタリスト　　248
マルクス（K. Marx）　　2, 5, 43, 50, 51, 53, 65, 92, 103, 109, 244, 267, 270, 279, 283
マルクスの基本定理　　51, 54, 92, 94
マルクス派　　3, 61, 75, 80-83, 105, 227, 249, 271, 283
マルクス・ルネサンス　　5
マルサス（T. R. Malthus）　　273
マンデル効果　　261
「見えざる手」　　13, 19
未成熟な債権国　　303
ミル（J. S. Mill）　　50
ミンスキー（H. P. Minsky）　　5, 260, 264, 279
無限等比級数の和の公式　　239

名目賃金　　56
メンガー（C. Menger）　　4, 51
目標利潤シェア　　252, 253
模倣的標識　　300
森嶋通夫　　5

【や】

有効需要　　226, 229, 240, 324, 325
　　——の原理　　227, 229, 234, 258
預金通貨　　127
預金保険制度　　143, 310
予備現金　　120

【ら】

ラチェット効果　　308
リカード（D. Ricard）　　2, 43, 50, 103, 202
利子待忍説　　131
利子率　　136, 232, 233, 234, 235, 239
　　——の外生的決定説　　136
利潤　　46-54, 92-94
　　——圧縮　　59, 60, 243, 272
　　——原理　　274, 275
　　——主導型成長　　243, 324
　　——所得　　47
　　——総額　　175
　　——創造　　29
　　——の長期的変化　　57-61
　　——の源泉　　24, 51, 92, 93
利潤シェア　　57
　　目標——　　252, 253
利潤率　　46, 57, 72-73, 107, 175-181
　　均等——　　46, 49
リスク・プレミアム　　137
リーズ・アンド・ラグズ　　215
流動資本ストック　　64
流動性　　292
　　——選好説　　131
　　——プレミアム　　130
　　——リスク　　292

両建て取引　　307
量的情報　　88
累進課税　　242
ルーブル合意　　223
ルール　　198, 206, 207, 208
レギュラシオン様式　　319
レギュラシオン理論　　5, 265, 315-321
　　→「蓄積体制」も見よ
レーニン（V. I. Lenin）　　250
レント　　22, 167
労使関係　　80-83, 188-192
労使対立　　186
ローソン（R. E. Rowthorn）　　252
労働　　22-35
　　——過程　　108-115
　　——需要成長率　　73-75, 78
　　——生産性　　56, 59, 97, 99-102, 110, 176, 183
　　——抽出曲線　　34
　　——投入係数　　96
　　——と資本の対立　　175-181
　　——努力　　33, 179-181
　　——の抽出　　30
　　——の人間化　　114
　　——保蔵　　271
労働組合　　181-182, 184-187
　　企業別——　　187
　　産業別——　　187
　　全国的な——　　187
労働者　　30
労働力　　30
　　——の再生産　　153
　　——商品　　30
ロビンソン（J. Robinson）　　5, 65, 106

【わ】

ワイントロープ（S. Weintraub）　　256
ワルラス（L. Walras）　　4, 51

〈執筆者紹介〉

宇仁宏幸（うに・ひろゆき）——序章，第 2, 3, 4 章執筆
　京都大学大学院経済学研究科教授（経済理論）。1977 年，京都大学工学部卒業。1995 年，大阪市立大学大学院経済学研究科後期博士課程単位取得退学。著書に『構造変化と資本蓄積』（有斐閣），『制度と調整の経済学』（ナカニシヤ出版），翻訳書にラヴォア『ポストケインズ派経済学入門』（共訳，ナカニシヤ出版）など。

坂口明義（さかぐち・あきよし）——第 5, 6, 8, 12 章執筆
　専修大学経済学部教授（経済理論，金融論）。1982 年，横浜国立大学経済学部卒業。1988 年，一橋大学大学院経済学研究科博士後期課程単位取得退学。著書に『貨幣経済学の基礎』（ナカニシヤ出版），『現代貨幣論の構造』（多賀出版），翻訳書にアダ『経済のグローバル化とは何か』（共訳，ナカニシヤ出版）など。

遠山弘徳（とおやま・ひろのり）——第 1, 7, 13 章執筆
　静岡大学人文学部教授（政治経済学，社会経済論）。1981 年，山形大学人文学部卒業。1989 年，大阪市立大学大学院経済学研究科後期博士課程単位取得退学。著書に『資本主義の多様性分析のために』（ナカニシヤ出版），翻訳書にボールズ＆ギンタス『平等主義の政治経済学』（大村書店），ホール＆ソスキス『資本主義の多様性』（共訳，ナカニシヤ出版）など。

鍋島直樹（なべしま・なおき）——序章読書案内，第 9, 10, 11 章執筆
　名古屋大学大学院経済学研究科教授（経済理論・経済学史）。1987 年，早稲田大学教育学部卒業。1993 年，一橋大学大学院経済学研究科博士後期課程単位取得退学。著書に『ケインズとカレツキ』（名古屋大学出版会），『現代資本主義への新視角』（共編著，昭和堂），翻訳書にドスタレール『ケインズの闘い』（監訳，藤原書店）など。

入門 社会経済学〔第2版〕──資本主義を理解する

2004年 6月 1日	初　版第1刷発行
2010年 2月 7日	第2版第1刷発行
2010年 11月25日	第2版第2刷発行

定価はカヴァーに
表示してあります。

著　者　宇仁宏幸　　坂口明義
　　　　遠山弘徳　　鍋島直樹
発行者　中西健夫
発行所　株式会社ナカニシヤ出版
　　　　〒606-8161 京都市左京区一乗寺木ノ本町15番地
　　　　TEL 075-723-0111
　　　　FAX 075-723-0095
　　　　URL http://www.nakanishiya.co.jp/

装丁＝白沢 正
印刷・製本＝ファインワークス
©H.Uni, A. Sakaguchi, H. Tohyama
and N. Nabeshima 2004, 2010
Printed in Japan
＊乱丁・落丁本はお取り替え致します。
ISBN978-4-7795-0416-7　C1033

制度と調整の経済学

宇仁宏幸

格差、金融危機、長期停滞……。混迷する日本経済再生のための、制度と調整の経済学。「市場対国家」という思考枠組みを乗り越え、議論の焦点を制度的調整に当てることにより、有効な制度改革の方向を提示する。

三五七〇円

貨幣経済学の基礎

坂口明義

現代の市場システムは、貨幣的金融的要因に規定されながら、どのように機能しているのだろうか。市場システムを貨幣経済と見るケインズ派貨幣経済アプローチに基づき、その機能と安定のための諸条件を平易に解説。

二五二〇円

入門制度経済学

B・シャバンス／宇仁宏幸・中原隆幸ほか訳

シュモラーや旧制度学派、オーストリア学派などの古典的な制度経済学から、比較制度分析、新制度学派、レギュラシオン理論などの最新の経済理論まで、制度をめぐる経済学の諸潮流を、コンパクトに解説する。

二一〇〇円

ポストケインズ派経済学入門

M・ラヴォア／宇仁宏幸・大野隆訳

市場への介入と完全雇用政策を主張し、新古典派経済学への体系的な代替案を提示するポストケインズ派。従来難解で知られたその理論を初学者向けに平易に解説し、その政策的インプリケーションを明らかにする画期的入門書。

二五二〇円

表示は二〇一〇年十一月現在の税込み価格です。